ANDRÉ DE BELLECOMBE.

HISTOIRE

UNIVERSELLE.

DEUXIÈME PARTIE.

HISTOIRE GÉNÉRALE,

POLITIQUE, RELIGIEUSE ET MILITAIRE.

TOME DEUXIÈME.

LES ORIGINES (suite). — L'ÉGYPTE. — GRÈCE ET ITALIE. — JUDÉE. —
PEUPLES EUROPÉENS. — AMÉRIQUE ET OCÉANIE.

PARIS,

FURNE ET Cie, ÉDITEURS,

Rue Saint-André-des-Arts, 45.

M DCCC LVI.

ANDRÉ DE BELLECOMBE.

HISTOIRE

GÉNÉRALE.

TOME DEUXIÈME.

CAHORS, IMPRIMERIE TYP. ET LITH. DE J.-A. BRASSAC.

ANDRÉ DE BELLECOMBE.

HISTOIRE

UNIVERSELLE.

DEUXIÈME PARTIE.

HISTOIRE GÉNÉRALE,

POLITIQUE, RELIGIEUSE ET MILITAIRE.

TOME DEUXIÈME.

LES ORIGINES (suite). — L'ÉGYPTE. — GRÈCE ET ITALIE. — JUDÉE. —
PEUPLES EUROPÉENS. — AMÉRIQUE ET OCÉANIE.

PARIS,

FURNE ET Cie, ÉDITEURS,

Rue Saint-André-des-Arts, 45.

M DCCC LVI.

HISTOIRE GÉNÉRALE.

LIVRE V.

DE L'ÉGYPTE.

CHAPITRE Ier.

CHRONOLOGIE ET ORIGINES. — DOCUMENTS CERTAINS. — MONUMENTS ET PREUVES.

L'histoire des temps antiques de l'Égypte ne se lit point dans des livres sacrés, dans des manuscrits restaurés ou ressuscités, dans des mémoires merveilleux échappés aux ravages du temps et aux révolutions politiques : elle se retrouve sur les portiques des temples, sur les bas-reliefs des palais, sur la pierre froide des tombeaux ou dans les grottes profondes où se célébraient autrefois les mystères célèbres d'Isis et d'Osiris.

Le bizarre hiéroglyphe qui embellit de ses dessins originaux
et de ses contours singuliers et excentriques le gigantesque obélisque ; le stèle funéraire consacré par la piété ou la reconnaissance des peuples à la mémoire des souverains passés ; le car-
touche suspendu dans les parois intérieures de la colossale pyramide, voilà les sources et les origines historiques qui nous
indiqueront, mieux que le pamphlet mordant et satirique , mieux
que le panégyrique servile et flatteur, ou que la légende fabuleuse et romanesque, quels furent, dans les siècles primitifs,
les grands et les puissants monarques de This ou de Tanis, de
Memphis et de Thèbes.

Si la Chine est le premier des peuples pour les annales et les
traditions écrites, l'Égypte a une priorité marquée que lui assurent ses monuments et ses livres de pierre et de granit.

Les Égyptiens reconnaissent pour pères les Éthiopiens ; ceux-
ci attribuent leur origine à des indiens nomades et fugitifs.
L'Inde est donc plus ancienne que l'Éthiopie ; que l'Égypte, par
conséquent. Mais à quelle époque ces indiens nomades et fugitifs choisirent-ils leur nouvelle patrie près des montagnes de la
Nubie ou dans les plaines désertes où s'élevèrent plus tard les
villes importantes d'Ibsamboul et d'Ibrim? Les premiers Éthiopiens ou Égyptiens, — car nous confondrons facilement dans
ces lignes l'histoire de ces races qui ont eu des destinées à peu
près semblables, se croisant et se mêlant l'une à l'autre avec
leurs monarques et leurs monarchies , confondant leurs couleurs,
leur sang et leurs poitrines, reconnaissant pour maîtres Rhamsés
ou Salathis, Aménophis ou Sabacon, Psammétique ou Thir-
Kabâh, adorant Isis et Osiris, Typhon et Anubis, Hermés et
Orus, taillant le marbre de Silsilis ou de Méroë, conservant et
embaumant leurs momies, se prosternant devant les taureaux
noirs, ramassant avec respect les cendres du Phénix ving-quatre
fois centenaire, — les premiers fils d'Hélios et d'Héphaïstos,
disons-nous, étaient-ils de la race perverse des Kchâtrias rebel-

les et turbulents, ou descendaient-ils des Pandous vénérés d'Astinapour et de Canoudj?

Certes, si nous n'avions à notre secours que le consciencieux pélerinage du bon Hérodote et les recherches superficielles du positif Diodore de Sicile, ce que nous saurions sur l'ancienne Égypte serait d'une médiocre et d'une assez nulle importance, et le problème que nous venons de poser approcherait d'autant moins d'une solution raisonnable quelconque.

La vieille chronique, que nous devons aux soins du savant traducteur Georges le Syncelle, l'histoire même de l'érudit Manéthon, dont Jules Africain et Eusèbe ont reproduit des fragments précieux et utiles, perdraient à coup sûr de leur autorité, si elles n'étaient appuyées, en beaucoup d'endroits, par ces témoins véridiques et impartiaux, qui font baisser le regard inquisiteur du moins croyant des incrédules, et dont la véracité ne peut laisser prise à aucune controverse sérieuse, témoins que l'on appelle des ruines et des monuments.

Le grave et honnête Rollin n'avait pas pris la peine de voyager dans l'Égypte dont il écrivait l'histoire, et d'aller explorer laborieusement les plaines de Karnâk et les bords du lac Fayoum pour y rechercher ces jalons épars et ignorés, répandus sur le sol fertile du Nil et les escarpements rudes et sauvages de la chaîne des monts arabiques.

Les renseignements plus ou moins précis qui suffisaient à contenter la curiosité du XVIIIe siècle, et qui faisaient décerner à l'auteur de l'histoire ancienne le brevet de premier historien de l'époque, ne pouvaient trouver grâce devant la perspicacité ardue et incisive du siècle produit par la grande révolution de 93.

La campagne d'Égypte, sous la direction militaire et scientifique du plus grand génie des temps modernes, de Napoléon, donna l'essor à des travaux prodigieux et infatigables entrepris par les hommes les plus éclairés de l'Europe, sous la protection de la grande épée nationale.

C'est alors que l'on vit se précipiter courageusement les Champollion, les Andréossy, les Jaubert, les Jomard, les Denon et tant d'autres, à la recherche des ruines englouties sous la terre discrète que l'on foulait aux pieds. Cette troupe illustre et glorieuse se mit à déchiffrer, à fouiller, à gratter la pierre et les murailles ; et les efforts successifs de ces explorateurs habiles furent récompensés par de nombreuses et intéressantes découvertes.

Par eux les inscriptions furent exhumées, commentées, interprétées, transcrites et dessinées; les monuments furent arrachés de leurs retraites inconnues et rendus à l'existence et à la vie des siècles présents et à venir; les pyramides furent soigneusement visitées, étudiées et examinées ; on vit apparaître au grand jour de l'histoire et de la publicité, les cartouches de tous les rois de la cinquième dynastie, reconnus par Lepsius dans les plaines des pyramides ; la célèbre chambre des rois de Karnâk, la table chronologique d'Abydos, l'antique Méroë, cette mère de Thèbes, découvertes par le voyageur Cailliaud ; enfin, dans le musée royal de Turin, un hasard bienheureux mit en la possession de Champollion le jeune des registres de comptabilité des prêtres égyptiens, où les dépenses et les recettes se trouvent consignées jour par jour, heure par heure, — une liste de quarante à cinquante rois dont les noms sont d'accord avec Manéthon, — puis encore, jusqu'à des contrats de vente portant des dates contemporaines aux Rhamsés et aux Aménophis, transportés sans doute dans l'Italie impériale par les savants des règnes d'Antonin ou de Marc Aurèle.

Sous le règne de Louis-Philippe, des relations amicales établies entre la France et l'Égypte enrichirent le musée national de plusieurs débris précieux et de chefs-d'œuvre admirables de l'art égyptien, et l'obélisque de Louqsôr, présent dû à la munificence du vice-roi Méhémet-Ali, transporté en France avec la plus vive sollicitude et les soins les plus délicats, vint dresser sa tête étincelante sur la place parisienne de la Concorde, et rejoindre sur le continent européen les obélisques de Rome et de Constantinople, apportés il y a dix-huit siècles par les conquérants de l'Égypte et les vainqueurs de Cléopâtre et des Ptolémée.

Aujourd'hui que les musées de l'Europe resplendissent tous des trésors de l'Égypte, que les sphinx et les momies du Nil s'étalent aux regards curieux des artistes et des amateurs de la Seine et de la Tamise, que le monument de l'orgueilleux Rhamsés salue chaque matin les Tuileries de Louis XIV et l'Arc-de-Triomphe de Napoléon, l'histoire primitive de l'Égypte a perdu quelque peu de sa ténébreuse obscurité d'autrefois, et c'est donc à l'aide de preuves irrécusables que l'historien peut remonter à ces époques si incertaines et si problématiques pour la plupart des autres nations anciennes.

L'Égypte a dû, certainement, comme tous les peuples, posséder dès sa plus haute antiquité, de ces traditions allégoriques et épiques produites par des aédes inspirés. Les hauts faits de Rhamsés le Grand, les conquêtes d'Aménophis, les travaux immenses des Touthmôsis et des Ménephta, ont dû remuer bien des cœurs et fait vibrer les cordes de plus d'une lyre.

Ces traditions ou poèmes, qui ne nous sont point parvenus, ont été toutefois consultés par les prêtres qui composaient des mémoires historiques, conservés depuis plusieurs siècles dans des archives spéciales et transmis religieusement à leurs successeurs dans le service des temples divins et des sanctuaires sacrés.

Hérodote, Manéthon, Diodore de Sicile et Josèphe, se sont servis de ces mémoires, rédigés sans doute d'après des poèmes originaux. Le temple de Memphis fournit surtout des documents importants à Hérodote ; Diodore puisa dans les temples de Thèbes ; Manéthon, égyptien de naissance et grand-prêtre d'Héliopolis, Manéthon, investi par la confiance de Ptolémée-Philadelphe du soin de rédiger les annales de sa patrie, dut être plus à portée qu'Hérodote et que Diodore de compulser les meilleures sources, et put ainsi terminer un travail qui, pour n'être guère venu jusqu'à nous que dans sa partie chronologique, n'en est pas moins, aujourd'hui surtout, l'un des plus précieux monuments de l'histoire égyptienne.

Pour Hérodote, qui n'était pas sans doute très fort sur l'explication des hiéroglyphes, l'histoire de l'Égypte a son point de départ au règne de Psammétique; tout ce qui a précédé ce prince est à ses yeux très vague et très incertain; les règnes d'Aménophis et de Sésostris sont presque un mythe que la version postérieure et dissemblable de Diodore est loin de rendre au domaine historique.

Mais, d'après Manéthon, c'est bien autre chose; d'accord en cela avec la vieille chronique égyptienne, traduite en grec par George le Syncelle, vieille chronique qui pourrait bien avoir été rédigée d'après lui, ou qu'il pourrait fort bien avoir consultée, Manéthon donne une liste complète et détaillée de tous les rois d'Égypte, que les découvertes de notre temps et l'explication moderne des inscriptions hiéroglyphiques viennent puissamment corroborer de leur appui, inscriptions soutenues, en outre, comme nous l'avons dit, par ces témoignages véridiques et irrécusables que l'on appelle la Chambre royale de Karnâk, la Table d'Abydos et le Canon sur papyrus, découvert par Champollion le jeune dans le musée de Turin.

Réunissons maintenant en faisceau toutes ces preuves séparées, mais corrélatives, et formons-en un corps d'armée compacte et omnipotent, sous l'égide duquel nous aborderons hardîment l'histoire authentique de l'Égypte, colonie des Pandous ou des Kourous de l'Inde fabuleuse et mythique.

Nous trouvons d'abord, comme livres :

1° Une vieille chronique, conservée par George le Syncelle, composée, dit-on, sous le règne de Nectanébus, premier roi de la trentième dynastie, réclamant pour l'Égypte primitive une série de règnes divins dont nous avons parlé dans une autre partie de cet ouvrage (1), et assignant aux familles humaines ou aux successeurs de Ménés, qui fut le premier dynaste égyptien, une durée d'environ deux mille trois cents ans, à partir de la première année du cycle sothiaque, correspondant à l'an 2,782 avant Jésus-Christ, jusqu'au règne du chef de la trentième dynastie, que nous avons cité plus haut ;

2° Manéthon, qui nous a été transmis en partie par Julius Africanus, Eusèbe et George le Syncelle lui-même, dont le système pour les dynasties divines est le même que celui de la vieille chronique, mais diffère sensiblement pour les dynasties humaines, puisqu'il place le règne de Ménés, également le premier souverain, d'après lui, environ trente siècles avant l'époque fixée par la vieille chronique, c'est-à-dire vers l'an 5,867 ans avant l'ère chrétienne. Disons en passant que le système de Manéthon, dans cette origine et cette antiquité toutes problématiques, n'est soutenu par aucun monument, par aucune tradition, par aucune preuve, jusqu'à la quinzième dynastie (2,520 ans avant Jésus-Christ), époque où les monuments viennent concorder avec ses annales et leur donner une valeur moins contestable et plus historique.

Comme inscriptions hiéroglyphiques commémoratives :

1° La table chronologique de Karnâk, qui renferme soixante figures de rois, avec leurs noms, exécutée sous le règne de Touthmôsis III (Mœris);

2° Les inscriptions et les cartouches de la seizième dynastie, retrouvés sur les temples, les palais, les tombeaux de la Thébaïde et les monuments isolés ;

3° La table royale du Memnonium de Thèbes, construit sous Rhamsés le Grand (Sésostris);

4° Le tableau général découvert par Cailliaud et sculpté en

____

(1) Voir Chronologie universelle, t. 1er.

relief dans une des salles du temple souterrain d'Abydos, se composant de trois séries horizontales, comprenant environ cinquante cartouches royaux placés de gauche à droite, dont le dernier porte le nom de Sésostris, sous le règne duquel l paraît avoir été composé, et dont les cinquante-trois qui précèdent, concordent parfaitement avec les listes fournies par Manéthon;

5° Les manuscrits sur papyrus et le canon chronologique des rois égyptiens trouvés par Champollion le jeune dans le musée de Turin, indiquant les noms de plus de cent rois renfermés dans des stèles funéraires, tous identiques avec les listes qui précèdent.

Et enfin, comme monuments :

1° Les bas-reliefs de Mérenrhés, à Cosséïr (quinzième dynastie);

2° L'obélisque d'Osortâsen Ier, à Héliopolis, seul monument de la seizième dynastie, échappé au vandalisme ou à la haine des hyksôs, ou rois pasteurs;

3° Et puis, des noms resplendissants et magnifiques, des spectateurs muets et imposants, mais incorruptibles ; des témoins dont la signature ne peut être taxée d'imposture et de contrefaçon :

Le Louqsôr avec ses obélisques ;

L'Aménophium avec sa statue parlante (le Memnon des Grecs et des Romains);

Le Ménephtéum avec ses mausolées ;

Le Rhamesséum avec ses colosses de granit et de pierre;

Le lac Mœris ou Fayoum avec ses canaux séculaires;

Et au-dessus de tous ces monuments et de tous ces chefs-d'œuvre de l'art antique :

Les colossales pyramides, ces Encelades gigantesques et impassibles, presque éternels comme le monde, dont ils ont accompagné de près la naissance, où sont venus se reposer tour à tour, comme des météores apparus de distance en distance pour illuminer l'univers, ces trois Titans humains accourus des contrées les plus éloignées de la terre, pour saluer les dépouilles mortelles du grand Sésostris, ces pèlerins sublimes réunis à travers les âges à ce rendez-vous désigné par la divine providence, en un mot, ces trois brillants soleils de l'histoire du monde et de l'humanité, le grec Alexandre, le romain César, le français Napoléon !

Après cette nomenclature, qui pourrait être plus longue et plus étendue, qui osera contester l'authenticité monumentale de l'Égypte et de ses premiers habitants ?

Qui pourra donner un démenti formel à ces pierres antiques et vénérables qui dorment sur les bords du Nil, respectées dans leur sommeil calme et profond par les alligators farouches et par les dangereux crocodiles, ces gardiens redoutables de ces ruines merveilleuses des temps passés?

Qui reniera le sphinx dédaigneux, les inertes momies, les stèles plaintives et larmoyantes, les cartouches orgueilleux, les hiéroglyphes symboliques, les obélisques altiers, les pyramides majestueuses?

Les mausolées d'Éléphantine et de Karnâ, les temples de Médinet-Habou, les hypogées d'Ibsamboul et d'Ibrim, ne sont-ils pas là pour répondre victorieusement aux incrédules? Et les tombeaux de Biban-el-Moloûk, ce saint Denis de l'Égypte, ne viennent-ils pas de s'entr'ouvrir et de rejeter pour un instant sur la terre étonnée les ombres pâles et menaçantes des Osortâsen, des Aménophis, des Touthmôsis et des Rhamsés, venant attester par eux-mêmes la réalité de leur existence mortelle, de leurs exploits militaires, de leurs conquêtes immenses et de leurs travaux admirables ?

CHAPITRE II.

RELIGION ET MYTHOLOGIE.

Nos pères ont commis de graves erreurs sur la religion nationale des Égyptiens. L'adoration emblématique de plusieurs animaux a fourni à plusieurs écrivains l'occasion de déployer envers les habitants de Memphis et de Thèbes, la plus amère et la plus implacable raillerie. Ce serait donc commettre une grave injustice à l'égard de ce peuple éclairé et intelligent, que de ne pas relever de toutes nos forces une opinion si longtemps accréditée parmi nous.

Nous ne nierons pas que le chat, l'hippopotame, le bœuf et le scarabée entre autres ne fussent en vénération dans toute l'Égypte en général ; nous ne contesterons point le fanatisme des habitants de Thèbes pour l'aigle et la belette, des Héraclécpolitains pour le rat, des Butoïtes pour la musaraigne, des citoyens de Mendés et de Tanis pour le bouc, des Saïtes pour la chouette, des Oxyrinques pour le brochet, des Aphroditopolitains pour la vache ; nous ne refuserons point d'admettre comme réels les sacrifices offerts par la ville de Captos à la chèvre, par celle d'Hiérapolis à l'épervier et aux singes, par celle de Lépidotum à la carpe, de Latopolis à la perche, de Syène au phoque ; nous ne récuserons point les autels élevés aux chiens, aux béliers, aux vautours, à l'ibis, à la cigogne, à la huppe, au crocodile, voire même à de simples plantes comme l'ognon, la moutarde, l'absynte, le pavot, et à des arbustes comme l'acacia, le palmier, le lotos surtout, la fleur consacrée de l'Inde, et l'ornement inséparable de tous les autels et de tous les temples de l'Égypte ; mais nous ne croirons jamais sérieusement que les Égyptiens aient pris ces divinités symboliques au pied de la lettre et aient en aucune façon confondu ce culte factice et superficiel avec celui de la divinité surhumaine et supérieure.

La Cérès ou déesse de l'agriculture des Grecs et des Romains, vaut-elle mieux que le bœuf Apis, l'instrument du labourage et le premier symbole de l'agriculture égyptienne ? Le Pan sylvestre ou le dieu des bergers et des pâturages est-il préférable, comme divinité, à la brebis ou à la chèvre, qui sont les emblêmes frappants de l'économie domestique ? Le chien Anubis ne représente-t-il point heureusement cette déesse invisible connue sous le nom de la fidélité, à qui l'Italie, la Grèce, l'Espagne et les Gaules ont élevé plusieurs temples et consacré plusieurs autels ? — L'aigle, ce roi du ciel et des nuages, ne figure-t-il pas aussi bien dans l'olympe égyptien qu'aux pieds du grand Jupiter dans l'olympe homérique ?— Le Cerbère infernal, l'industrieuse araignée, la légère hirondelle, la vache Io, le taureau d'Europe, le loup Lycaon, le cyprès provenu du sang de Cyparisse, l'hyacinthe de celui d'Ajax, le vautour rongeur de Prométhée, n'ont-ils pas reçu chez les païens les hommes d'une métempsychose sacrée et ne se sont-ils pas assimilés presque au rang des divinités les plus respectables et les plus vénérées?

Pourquoi reprocherait-on aux Égyptiens une aberration plus ostensible peut-être que chez les Grecs et les Romains, mais qui n'en existe pas moins réellement aussi chez ces derniers peuples?

Pourquoi se révolterait-on contre les abus d'un prétendu culte institué en l'honneur des bêtes, quand ce culte ne saurait être sérieusement admis par les esprits intègres et scrupuleux?

Pourquoi crierait-on anathème et idolâtrie contre les habitants du Nil et de la mer Rouge, et s'inclinerait-on, sans dire un seul mot, devant les idolâtres du Pirée, de l'Euripus, du Céphise ou du Tibre?

Hérodote, Jamblique et Porphire après lui, assurent du reste que les Thébains et les Égyptiens avaient l'idée d'un dieu unique, éternel et omnipotent, ayant toutefois sous ses ordres des agents actifs et secondaires.

Je me range aisément de l'avis de Porphyre, de Jamblique et d'Hérodote.

Le *Rituel funéraire*, ou livre des manifestations à la lumière, le livre d'heures de la religion égyptienne, attribué à Hermés, dont le musée du Louvre possède un exemplaire, en est lui-même une preuve frappante et convaincante. Dans ce livre sacré, qui renferme plusieurs peintures hiéroglyphiques et symboliques, on voit le jugement de l'âme humaine dans l'*amenthé* (enfer), où elle est interrogée sous la présidence de Thméï, la fille du soleil, des trois grands juges Horus, Apis et Anubis (l'Éaque, le Minos et le Rhadamante des Grecs), et des quarante-deux juges secondaires. L'âme, dont les actions sont pesées dans une balance, restera dans l'abîme infernal si ses actions sont mauvaises, ou s'envolera vers le séjour céleste, où le dieu unique et éternel appelle auprès de lui les âmes des justes de la terre.

On sait que le prêtre Bithys, ayant découvert dans le temple de Saïs un exposé de la doctrine de Thôt (Hermés) sur l'ascension des âmes à Dieu, le précieux manuscrit fut brûlé plus tard par les Romains ignorants ou intéressés à détruire tout ce qui était étranger à leur religion personnelle.

Les esprits éclairés qui adoptent ainsi l'unité d'un dieu éternel, de l'immortalité de l'âme, et qui croient fermement à une vie meilleure et à des peines et des récompenses méritées par la conduite des hommes sur la terre, doivent se purger bien facilement du foudroyant reproche qui leur est adressé, et né peuvent être sérieusement soupçonnés d'avoir attaché au culte des animaux et des plantes, une importance aussi grande que celle que les passions de parti, les luttes de religion, les exigences des dominations étrangères qui ont sillonné le sol de l'Égypte, ont bien voulu leur attribuer pour jeter un ridicule de plus sur une nation vaincue et asservie.

Le premier principe des Égyptiens, l'être absolu, infini, immuable, éternel et invisible, l'auteur de la création, a pour nom Piromi ou Piroum (le Brâm des Indiens, peut-être le Péroun des Chinois de l'île Formose), le protecteur de l'étoile Syrius qui présida à l'origine du monde.

Piroum ou Piromi, comme Brâm, après la création, se subdivise en une trinité pareille qui prend en lui sa source et son essence, et qui n'est toujours que lui malgré cette séparation distincte et conventionnelle.

Le premier membre de la trinité égyptienne est Knef, Chnouphis, l'être créateur, le rayon sacré, la lumière primitive, plus connu sous le nom d'Amon-Ra (le Brahmâ indien), ayant des temples dans toute l'Égypte, un surtout dans l'oasis de Siouha, en Lybie septentrionale, où il rendait des oracles que vinrent entendre, nous dit l'histoire, après un long intervalle d'années, Sémiramis et Alexandre-le-Grand.

Le second membre de la trinité, ou le second Piromi, se nomme Phta (l'Héphaïstos ou le Vulcain des Grecs), fils de Knef ou d'Amon-Ra et de Neith, dont nous nous occuperons bientôt ; Phta, le dieu du feu et de la destruction, le Sivâ de Bénarés et de Jagrenat, l'idole terrible des pagodes indiennes.

Le troisième personnage, enfin, qui joue en Égypte le rôle du Wischnou brahmaïque, est le Piromi Fré, ou Hélios, émanation de Phta, dieu du soleil ou de la conservation, l'illuminateur et l'organisateur du monde physique.

Chacun des trois grands dieux égyptiens ayant en outre une femme, ces épouses divines forment entr'elles une trinité féminine, nouveau point de similitude avec la trinité femelle indienne, Saraçouati, Lackmi et Bhavâni. Cette trinité se compose de Neith, mère de Phta, déesse de l'intelligence, de la volonté et de l'énergie, femme d'Amon-Ra ; d'Athor, la génération humide, épouse de Phta, dont sont issus le ciel et la terre ; enfin, de la lune humide, Bouta, la compagne de Fré, déesse de la fécondation et de la propagation de la terre et des races.

De Fré, naquit, par la permission d'Amon-Ra ou Knouphis, un dieu supérieur, Thoth Ier, l'intelligence et la science humaines déifiées, qui reçut de Piromi la mission d'organiser le monde immatériel et de classer les âmes humaines nouvellement créées. Ce Thoth Ier fit bientôt place à une seconde triade divine, inférieure à la première, chargée de régulariser et de compléter son ouvrage, triade dont les membres s'appelèrent Osiris ou Sérapis, Isis ou Ambo, sa femme, et Horus ou Haroéri ou Malouli, leur fils.

La religion égyptienne se sépare ici de la religion indienne, dont elle est issue, pour entrer de plein-pied dans les idées plus récentes du dualisme ou de la lutte de l'esprit du mal contre l'esprit du bien, du bon principe contre le mauvais principe, idées religieuses fidèlement calquées sans doute sur les dogmes persans. Osiris est l'Ormuzd envoyé par le Zervan-Akérène pour faire germer dans le cœur des génies ou des hommes l'esprit du bien et la pratique des bonnes actions ; c'est le

soleil régénérateur qui vient réchauffer la terre de ses rayons
de feu et la réveiller au travail et à l'industrie ; l'architecte sublime qui vient construire et édifier ; mais à qui le Zervan-Akérène suscite un ennemi terrible et inexorable qui doit s'attacher
à détruire et à renverser ses créations admirables, Ahrimane,
en un mot, représenté par le Typhon égyptien.

La lutte commence, en effet, aussi terrible que la lutte persane ; Osiris, à qui Piromi a donné de vaillants amis et de
courageux défenseurs, tels que la sage Isis son épouse, le
prudent Hermés ou Thoth II, son ministre, Djem, l'hercule
célèbre et le commandant de ses troupes, son fils Haroéri ou
Horus, digne de partager les exploits et les travaux de son père,
Osiris se met à l'œuvre ; il enseigne l'agriculture ; il donne des
lois douces et justes à sa patrie ; il construit la ville de Thèbes
et y élève le temple d'Amon-Ra ; il soumet l'Éthiopie, l'Arabie,
les Indes, la Thrace et la Macédoine ; enseigne aux peuples de
ces contrées l'art de cultiver la terre et rentre ensuite en Égypte
pour y jouir du fruit de ses œuvres.

C'est là que l'attend le haineux Typhon, jaloux des succès et
de la gloire de son adversaire, conseillé par son altière maîtresse
la belle Aso, reine d'Éthiopie, humiliée d'avoir été vaincue par
Osiris. Osiris, attiré dans un banquet que lui offre Typhon, est
assassiné par son rival indigne, et son cadavre, placé dans un
grand coffre, est jeté dans le Nil par les meurtriers satisfaits.
Typhon s'empare alors du pouvoir suprême et supprime les lois
sages d'Osiris pour y substituer le régime de la terreur et de
l'oppression. Le temple d'Amon-Ra est démoli, la ville de Thèbes à moitié détruite, les citoyens proscrits et tyrannisés. Les
Égyptiens réclament un vengeur à leur invisible Piromi.

Cependant Isis, la fidèle épouse d'Osiris, avait retrouvé sur
les bords de la Phénicie le corps de son malheureux époux.
Elle l'ensevelit à Phylœ, vers l'extrémité de l'Égypte méridionale, dans un tombeau dont la forme représentait un bœuf. Le

compatissant Piroum permit toutefois à Osiris de sortir quelquefois de son tombeau sous le nom de Sérapis et d'aller consoler
son épouse désolée. C'est ainsi qu'Isis devint mère de trois
autres fils, Harpocrate, Agre et Anubis, et d'une fille nommée
Poubasti. La joie des bons Égyptiens fut à son comble, et leur
reconnaissance alla si loin pour le maître dont ils regrettaient
la mémoire, qu'ils supposèrent que, puisque son corps était
ressuscité charnellement, son âme devait participer à cet avantage suprême ; ils affirmèrent donc que l'âme d'Osiris avait
passé dans le corps d'un bœuf blanc nommé Apis, qui fut sur-
le-champ déifié comme le symbole matériel représentant Osiris
disparu de la terre. Telle est l'origine du bœuf Apis, divinisé
par les Égyptiens.

Isis, après avoir assez pleuré le sort fatal du malheureux
Osiris, qui ne pouvait revenir tout-à-fait à la vie, songe toutefois à le venger d'une manière terrible. Haroéri ou Horus, son
fils aîné, le compagnon des voyages de son père en Éthiopie
et dans les Indes, le savant Hermés et le brave Djem, rassemblent des troupes, marchent contre Typhon et le font prisonnier.
Isis et Horus remontent sur le trône d'Égypte et y font reparaître
la paix et l'abondance. Typhon, grâcié par Isis, se rend de nouveau coupable d'ingratitude envers sa bienfaitrice ; il est poursuivi
par Horus furieux, se plonge dans le lac Sirbon, et va cacher au
fond de ces eaux dormantes la honte et les remords de ses crimes
passés. Nefté, sa femme, aussi méchante que lui, Aso, sa maîtresse, non moins farouche et terrible, disparaissent aussi de la
scène du monde ; Antée et Busiris, ses lieutenants, les *devs* de
l'Égypte, succombent sous la massue de Djem, le chef des *amchaspands* égyptiens.

Horus ne jouit pas longtemps du fruit de ses exploits. A dé
de ses frères Harpokrate, le dieu du silence ; Agre, l'un des
protecteurs des terres et de l'agriculture ; Anubis, si renommé
par sa fidélité, il continua l'œuvre de son père Osiris, et fit

avancer, autant qu'il dépendait de lui, la civilisation de l'Égypte et de ses habitants. Sous son règne, le sage Hermés inventa la grammaire, l'écriture, la géographie, enseigna la médecine, institua les castes sociales et régla la hiérarchie sacerdotale. Horus, brouillé d'abord, puis réconcilié avec sa mère Isis, fut assassiné par des géants amis ou partisans du terrible Typhon.

Ainsi se termine, dans la mythologie égyptienne, la première partie de la guerre des mauvais anges contre les bons anges, d'Ahrimane contre Ormuzd, de Typhon contre Osiris et Horus, dont la suite appartient à l'histoire nationale. Tels sont aussi les grands dieux adorés dans toute l'Égypte, représentant les douze signes du zodiaque. Après eux venaient les trente-six décans soumis à leur autorité directe, esprits subalternes, présidant chacun à dix jours de l'année, inspecteurs et gardiens de toutes les âmes humaines, et n'abandonnant l'homme qu'au moment de sa mort (1) ; les douze dieux planétaires subordonnés à l'autorité du soleil, et marchant sous ses ordres (2) ; enfin, Imuthis ou

(1) Voici les noms des trente-six décans ou izeds obéissant trois par trois aux douze grands dieux égyptiens, représentant les douze signes du zodiaque ou les douze mois de l'année :

MARS.	JUIN.	SEPTEMBRE.	DÉCEMBRE.
1. Assican.	10. Sathis.	19. Seruphut.	28. Senat.
2. Sénacher.	11. Sith.	20. Chontacré.	29. Épanoa.
3. Asentacer.	12. Chnoum.	21. Arpien.	30. Isro.
AVRIL.	JUILLET.	OCTOBRE.	JANVIER.
4. Assicat.	13. Aphruimis.	22. Chontaré.	31. Aloron.
5. Viiroaso.	14. Sithacer.	23. Ascu.	32. Astiro.
6. Atorph.	15. Hépé.	24. Senciner.	33. Atembouï.
MAI.	AOUT.	NOVEMBRE.	FÉVRIER.
7. Théassolth	16. Réno.	25. Ergbus.	34. Archatapias.
8. Onécé.	17. Topitus.	26. Sagus.	35. Ouéré.
9. Aphoso.	18. Aphut.	27. Chommé.	36. Atembuï.

Plus un trente-septième décan pour les jours complémentaires, appelé Ptelsion.

(2) Les douze dieux planétaires étaient :

1. Djem (l'Hercule des Grecs), et   2. Illith, ou la Lune, sa femme.
3. Pizcous ou Jupiter, et   4. Néith, ou l'éther.

Imooûth (peut-être l'Esmoun phénicien), dieu de la médecine ; Agathodémon, dieu bienfaisant, adoré sous la forme d'un serpent ; Baâl Tséphon, dieu de la propriété du sol de l'Égypte ; Béso, déesse de l'avenir ; Erneth et Paétarque, dieux de l'intelligence et de l'essence suprême, etc.

Chaque nome ou gouvernement, chaque district et chaque ville de l'Égypte avaient adopté des protecteurs ou des dieux plus spécialement adorés que les autres, sous l'invocation desquels se trouvaient placés chaque village et chaque bourg appartenant au nome ou à la province. Ce culte local et particulier n'ayant reçu aucune innovation ou altération, malgré les révolutions successives qui désolèrent le territoire de l'Égypte, sous les Perses, sous les Grecs et sous les Macédoniens, l'on vit la ville d'Ombos conserver un culte religieux pour la triade Aroéris, Tsonénoufré et Poustho ; le temple d'Edfou resplendir en l'honneur de la triade Harhat ou Harpokrate, Athor, et Harsoutho ou l'Amour ; et celui d'Esneh consacrer pendant plus de quarante siècles les noms de Chnouphis, Néith et Haké.

Chnouphis et Saté demeurèrent ainsi les patrons de Thèbes et de l'île d'Éléphantine ; Fré, d'Ibsamboul, d'Héliopolis et d'Amada ; Anouké de Maschakir, Osiris de Dandour, Isis de Philœ, Athor, d'Ibsamboul, Phta de Memphis, Thôth de Ghebel-Addh, Malouli de Kalabsch, Néith de Saïs, absolument comme on voit de nos jours les églises chrétiennes se placer sous l'invocation des saints apôtres ou des saints martyrs : Paris invoquant Notre-Dame ; Rome, Saint-Pierre ; Vienne, Saint-Étienne ; Bordeaux, Saint-André ; Londres, Saint-Paul ; Naples, Saint-Janvier ; Compostelle, Saint-Jacques, etc.

Le nom suprême d'Amon-Ra, planant toutefois au-dessus de

5. Ertosi ou Mars, et
7. Surat ou Apollon, et
9. Piermôouh ou Mercure, et
11. Remfa ou Saturne, et

6. Anouké ou Vesta (le feu terrestre).
8. Athor ou Vénus (l'eau).
10. Bouto II, ou Latone (l'atmosphère).
12. Neflé ou Cérés (la terre).

tous les temples de l'Égypte comme le nom divin de Jésus-Christ au-dessus de toutes les églises et de toutes les cathédrales du monde catholique !

Dans ces temples, les dieux étaient représentés sous trois formes : la forme humaine d'abord ; une forme mixte entre l'homme et la bête ensuite; enfin, la forme animale. Le bélier a les mêmes attributs et représente le puissant Amon-Ra ; Anubis apparaît sous la forme d'un chien et d'un chacal ; Typhon de l'hippopotame, Chronos ou Serek-Râ (le Saturne égyptien) du crocodile, Athor de la vache, Agathodémon du serpent, Apis (Osiris et Sérapis) d'un taureau noir, Néith d'un vautour, Fré d'un sphinx, Horus d'un épervier, ainsi des autres.

Ces animaux ne figuraient pas tous en effigie; plusieurs de ces représentants symboliques étaient adorés de leur vivant : l'ibis et le bœuf Apis entre autres. L'ibis, sorte de cigogne au cou déplumé, aux plumes blanches et noires, était nourri des serpens du Nil ; élevé dans l'enceinte des temples, on le laissait aller dans l'intérieur des villes, où son apparition était sacrée et regardée comme d'un heureux présage. Le meurtrier même involontaire d'un ibis était puni de mort; c'était un des plus grands outrages que l'on pût faire aux saints Piromi de l'Égypte (1).

Le culte du bœuf Apis était cependant bien plus célèbre que celui des ibis ses rivales. Il n'y avait qu'un Apis dans toute l'Égypte, et l'on exigeait certaines conditions pour l'admission des aspirants dans le temple des dieux.

---

(1) Ne voit-on pas encore de nos jours les cigognes accueillies avec joie dans beaucoup de villes du Nord, à Strasbourg, par exemple, se percher sur les flèches des clochers, se nicher sur les toits des maisons, et établir tranquillement leur domicile sur les tours et les forteresses, protégées dans leurs retraites très accessibles par l'amour et la vénération des habitants de ces contrées, qui se félicitent de ce bon voisinage? Ne sait-on pas que dans le midi, vers le commencement du printemps, les bons paysans saluent avec reconnaissance le retour de leurs hirondelles bien-aimées, et sont heureux de les voir regagner pour six mois de l'année leurs nids construits avec confiance jusques dans l'intérieur des habitations? Les Égyptiens étaient-ils donc si blâmables d'adorer leurs cigognes protectrices ?

Le bœuf Apis devait être noir, porteur des vingt-neuf marques symbolisant le nombre des jours de la révolution lunaire, avoir sur le front une tache blanche en forme de croissant, sur le dos la figure d'un aigle, sur la langue celle d'un escargot ou d'un scarabée. On conçoit facilement que le nombre des concurrents était rare et limité.

Sous le règne d'Adrien, Alexandrie et l'Égypte étaient bien tristes ; on ne trouvait pas de bœuf Apis, ce qui fut cause d'une émeute, presque d'une révolution.

L'Apis découvert était conduit avec pompe jusqu'à Héliopolis, où il était nourri pendant quarante jours par les pontifes de ce temple sacré. On l'amenait ensuite à Memphis, dans le sanctuaire de Phta, sa résidence habituelle, et là, sa présence était l'objet d'une fête immense et générale. L'Égypte entière venait adorer le nouveau dieu, que les prêtres faisaient paître dans de gras pâturages environnant l'enceinte sacrée. Mais aussi bien portant que fut le taureau divin, aussi sacré que fut son caractère, aussi puissante que fut sa protection tutélaire pour les destinées de l'Égypte, il ne lui était pas permis de vivre plus de vingt-cinq ans. L'heure fatale arrivée, si le taureau n'était pas mort, on le faisait mourir, ce qui revenait au même; triste destinée pour un dieu si bien nourri et si bien traité. Les prêtres le noyaient, du reste, avec beaucoup de cérémonies, dans le Nil, au milieu des chants et des hymnes religieux ; on célébrait ensuite ses funérailles avec une magnificence extraordinaire ; il était enterré dans le tombeau des rois ; la nation prenait enfin le deuil pour le dieu qui venait de mourir jusqu'à l'exhibition de son successeur, exhibition qui devint plus d'une fois, sans doute, très difficile pour les dociles pontifes d'Isis et d'Osiris (1).

(1) L'Égypte honorait toutefois deux autres taureaux, mais moins célèbres qu'Apis, appelés Bacis ou Pacis et Onuphis ou Omphis : de plus une vache divine, Abe, consacrée au soleil.

Le Temple de Phta, à Memphis, était destiné à l'inauguration et à l'installation des rois de l'Égypte. Le culte en était fait d'une manière imposante et majestueuse : le grand-prêtre, la tête rasée et épilée, étincelant de pierreries, portant des colliers et des bagues, revêtu d'une tunique de lin et tenant à la main la *bari* symbolique, présidait aux cérémonies religieuses ; à ses côtés on remarquait les hiérogrammates ou scribes, administrant les revenus sacrés, revêtus du *schenti* et de la *calasiris* qui lui était superposée, portant leur palette, le *kasch* ou roseau taillé, et le papyrus qui servaient à leur ministère ; les prophètes ou archi-prophètes, observateurs des astres, chaussés de *tabtebs*, sandales en papyrus ou en palmier, avec le scarabée sacré sur leurs poitrines ; les libanophores, armés de l'encensoir de bronze appelé *amschir*, et des parfums renfermés dans des coffrets d'ivoire ; les spondistes, chargés des libations, avec des cuillers, des fourchettes et des verres d'émail ; les hiéracophores, qui présentaient les offrandes funéraires ; les sphragistes ou scribes des victimes (les prêtres d'Osiris, distingués par une peau de panthère), avec les couteaux et les vases destinés aux sacrifices (1). Derrière ces premiers pontifes se tenaient debout les surveillants et les gardiens des temples ; les annalistes ou gardes des archives sacrées ; les stolistes, les phtérophores, les flabellifères, les décorateurs et les inspecteurs. Devant le grand-prêtre marchaient les chanteurs sur deux rangs, entonnant les hymnes consacrés en l'honneur d'Amon-Ra et de Phta, son fils bien-aimé, le protecteur du temple et de la ville de Memphis. Dans l'enceinte sacrée se tenaient encore les taricheutes, les paraschistes et les cholchytes, ces derniers échelons de la puissante caste sacerdotale, destinés à l'embaumement des corps morts.

Une hiérarchie aussi distincte et aussi bien établie, le respect

---

(1) Les sacrifices ordinaires étaient les bœufs, les veaux, les moutons et les oies. Les sacrifices humains, malgré les témoignages d'Hérodote et de Diodore de Sicile, sont hypothétiques pour l'histoire.

et la vénération extrêmes des prêtres inférieurs pour les prêtres supérieurs, un dévouement fanatique à leur caste et à leur religion, l'initiation aux mystères d'Isis, accordée seulement aux adeptes les plus fidèles et les plus résolus, devaient assurer au corps sacerdotal une immense influence sur les destinées de l'Égypte. Cette caste ne faiblit, en effet, sous aucune race ; rien ne put altérer la foi de l'Égypte en ses croyances religieuses ; ni la tyrannie de Cambyse, ni l'épée d'Alexandre, ni le glaive de César, ni le sybaritisme de Marc Antoine, ni l'habile diplomatie d'Auguste ; le nom du Christ devait seul mettre en fuite les taureaux de Memphis et les boucs de Mendés, et le bœuf Apis devait s'incliner devant les Athanase et les Alexandre, comme l'idole de Baal devant Moïse et Josué.

L'histoire des prêtres égyptiens est du reste la même que celle des bonzes chinois, des fakirs et des brahmânes de l'Inde, des mages de la Perse ; c'est la réunion en une seule caste de presque toutes les puissances terrestres ; puissance divine, intellectuelle, financière, politique, judiciaire ; puissance, en un mot, du corps, de l'esprit et de l'âme.

Les prêtres égyptiens devaient être instruits et savants, puissants et sages ; ils entraient dans les conseils des rois, exerçaient les différents ministères, prélevaient les impôts, rendaient la justice, présidaient aux divins sacrifices, tiraient les sorts et les horoscopes, guérissaient les malades, dirigeaient les travaux champêtres, écrivaient les annales et les livres hermétiques, composaient les hymnes sacrés ou militaires, réglaient le calendrier (1), ensevelissaient les morts ; tout, dans le royaume, passait entre leurs mains, excepté l'armée, qu'ils abandonnaient aux rois, auxquels ils prêtaient un serment, celui de fidélité.

---

(1) Le calendrier égyptien comprenait trois cent soixante-cinq jours, plus cinq jours complémentaires, représentés, comme nous l'avons vu, par les dieux planétaires et les trente-sept décans. L'invention du zodiaque fut l'œuvre des prêtres d'Osiris.

Moyennant ce serment peu coûteux , les prêtres pouvaient impunément gouverner l'Égypte et ses habitants.

Le grand-prêtre principal , celui d'Amon-Ra, à Thèbes , était le premier personnage après le roi ; les statues de ses prédécesseurs étaient rangées par ordre chronologique à côté de celles des souverains ; ses enfants étaient élevés avec ceux des princes et traités comme leurs égaux. Les prêtres se mariaient, en effet, et leurs fils étaient prêtres par droit de famille et de sang. Quoique nombreux , la multitude des temples disséminés dans l'Égypte leur assurait à tous un emploi lucratif et une honnête aisance.

En vertu d'un prétendu don fait par Isis à la classe sacerdotale du tiers des terres égyptiennes, ils jouissaient paisiblement de la possession de ce tiers et même au-delà ; et les rois pasteurs, qui ne respectaient rien , n'osèrent pas toucher aux biens temporels des protégés d'Isis. Pendant que le laboureur acquittait aux rois le cinquième de ses revenus, les prêtres n'avaient point d'impôts à payer , à moins que l'on ne compte au nombre des impôts une légère redevance que les temples offraient à l'état en toile de byssus , en blé , en argent ou en vin , et un droit insignifiant d'initiation aux mystères que le corps sacerdotal accordait volontairement au roi. Mais cette redevance était largement compensée par les revenus des biens sacerdotaux , la perception des taxes en blé et en argent sur les terres labourables , en nature sur les vignes et les prairies , la réception des prémices des fruits de la terre , les présents et les subventions des rois victorieux ou reconnaissants et les droits immenses sur l'enterrement des morts dans les tombeaux publics.

La circoncision et l'exemption de défauts physiques , étaient exigées pour les aspirants à la prêtrise ; les prêtres admis dans le corps sacré devaient se tenir propres et se purifier souvent. La viande de porc , les fèves , le poisson leur étaient rigoureusement défendus ; plusieurs évitaient même de se nourrir du froment qu'ils remplaçaient par l'olyra (sorte de seigle) ou le riz. Un pélerinage à Memphis et à Thèbes était imposé à chacun d'eux, comme le pélerinage de la Mecque à tout mahométan, comme le pélerinage du Saint-Sépulcre fut plus tard imposé aux chrétiens du moyen-âge pour le rachat et le pardon de leurs crimes ou de leurs mauvaises actions.

Les femmes furent, dès les temps les plus reculés, admises dans le corps sacerdotal. Mouthétis, fille de Touthmôsis III, fut prêtresse de la déesse Athor ; elle prenait le titre de servante d'Amon-Ra. Les prêtresses d'Isis devinrent célèbres à Rome quand le culte de la déesse égyptienne y eut été introduit, et paraissaient avec éclat dans les fêtes publiques, parmi lesquelles nous connaissons celles d'Osiris, dont on célébrait la mort le 13 novembre, la sépulture le 2 janvier, et la résurrection au commencement de mars de chaque année ; les fêtes d'Isis, ou de la fertilité des campagnes, qui dégénérèrent plus tard en combats sanglants et en bacchanales, et enfin celles en l'honneur de la mort du bœuf Apis et de l'avènement de son successeur (1).

On a trop parlé des cérémonies religieuses observées pour l'enterrement des morts pour que nous donnions ici des détails contenus dans des ouvrages spéciaux (2).

La retraite des eaux du Nil, amenant avec elle le plus souvent, la peste et des maladies épidémiques terribles, la momification ou l'embaumement des morts devint non-seulement un hommage ou un acte religieux rendu à la matière inanimée, mais encore une mesure de salubrité hygiénique et préservatrice. Bientôt l'orgueil et la vanité humaines s'en mêlèrent, et le luxe le plus effréné présida aux cérémonies qui devraient être les plus simples et les plus modestes de l'existence humaine.

(1) Les fêtes d'Isis se célébraient le 30 d'athir (octobre-novembre); celles d'Haké célèbres par le sacrifice des oies, le 1er choiak (novembre,; enfin, la principale panégyrie en l'honneur d'Amon-Ra, où l'on promenait la statue du dieu escortée par le roi lui-même, se célébrait le 19 paophi (août-septembre).

(2) Voyez Champollion, *Histoire de l'Égypte*, etc.

On vit alors le corps des rois et des pontifes déposés dans des sarcophages de granit et de bazalte ; la vallée de Biban-el-Molouk s'enrichit des tombeaux des monarques de la seizième et de la dix-huitième dynastie ; d'autres souverains se firent ensevelir dans des pyramides et des temples sacrés. Le peuple imita cet exemple. Les cercueils des morts devinrent, dit un témoin oculaire, plus magnifiques et plus somptueux que les demeures des vivants ; et de splendides mausolées vinrent s'abriter dans les flancs des montagnes lybiennes, à côté des tombeaux publics destinés aux moins riches ou aux moins orgueilleux.

La chevelure des morts se conservait toute entière ; la cervelle, les yeux et les intestins étaient extraits du cadavre que l'on imbibait d'eau pendant soixante ou soixante-dix jours (1) et que l'on faisait dessécher dans la myrrhe broyée, la cassie et d'autres plantes odorantes et aromatiques. Le corps, ainsi desséché et enduit de gomme, était lavé proprement et entouré de bandelettes de lin et de mousseline légère ; les riches prodiguaient à leurs morts les feuilles d'or et d'argent, les colliers, les figurines, les pierres précieuses, les bijoux les plus chers ; des stèles funéraires représentant l'effigie du défunt et celle de ses parents lui rendant les derniers devoirs ; des cartouches contenant le nom et la profession du défunt, ainsi que le nom de sa mère, étaient déposés dans les cercueils précieux. Les pauvres, moins heureux, se contentaient du sel commun pour la dissection de leurs cadavres et des bandelettes les plus simples et les plus grossières.

Riches ou pauvres, se couvrant le visage de cendre et de boue, accompagnaient ensuite le mort à sa dernière demeure et déposaient le cercueil dans des catacombes creusées dans le roc vif (2). Le cadavre, passé ainsi à l'état de momie, devenait un

---

(1) Voyez Hérodote, liv. 2, *des Égyptiens.*

(2) Les cérémonies hébraïques, pour l'enterrement des morts, étaient absolument les mêmes que celles des Égyptiens dont elles étaient une imitation.

gage du plus haut prix pour sa famille ; des fermiers recevaient un droit pour veiller à sa conservation dans les tombeaux publics. Un fils pressé par le besoin , exhumait la momie paternelle et la donnait en gage au créancier satisfait et adouci.

Chose singulière et étonnante , car le respect et l'amour paternel ne sont pas gravés , par malheur, au même degré dans le cœur de tous les hommes, l'histoire n'a eu à consigner aucun exemple d'un fils laissant longtemps en gage la momie bien-aimée , et n'acquittant point dans un délai raisonnable , la dette qu'il avait sanctionnée d'une garantie inviolable et imprescriptible.

Hélas ! combien de créanciers auraient besoin de nos jours de l'égide d'une momie pour rentrer dans des droits trop souvent contestés par des débiteurs insouciants ou peu scrupuleux de payer leurs dettes !

CHAPITRE III.

—

HISTOIRE ANCIENNE DE L'ÉGYPTE.

I.

Nous n'avons pas l'intention de remonter avec les prétentions des Égyptiens jusqu'au règne des dieux ou demi-dieux, qui gouvernèrent ce pays, au rapport de Manéthon lui-même. C'est assez d'arrêter nos regards sur tout ce qui vient de l'homme ; l'histoire divine n'est pas de notre domaine, et nous renvoyons au chapitre qui précède ce que nous avons à dire des dieux fabuleux de l'Égypte.

Quelles étaient cependant les croyances des Égyptiens à cet égard ? Voilà ce qu'il importe de consigner et d'écrire.

Les prêtres conservaient dans des livres sacrés, dit Diodore de Sicile, les annales historiques qu'ils transmettaient fidèlement à leurs successeurs. Hérodote nous assure qu'ils n'ignoraient point la ruine de Troïe, et nous raconte à ce sujet une légende passée dans les traditions égyptiennes, l'histoire de Memnon, fils de Tithon, chef des Éthiopiens ou Égyptiens auxiliaires du roi Priam. Mais nous savons par Homère que Tithon, prince de la race de Dardanus, était tout simplement un souverain d'Abydos en Phrygie. Impossible donc d'admettre sérieusement cette légende comme un fait historique venant à l'appui des histoires romanesques composées par l'imagination des aédes et des rhapsodes grecs.

La transmission des annales historiques dont la savante et scrupuleuse Chine nous donne l'exemple dès les temps les plus reculés, devait assurément remonter chez les Égyptiens avant la guerre de Troïe; mais l'époque de l'origine de ces annales commémoratives, perdues d'ailleurs pour nous, est absolument inconnue.

Que doit-on penser de la révolution militaire et politique qui appela Ménés ou Mani (le Menou ou le Manou des Indiens), le premier roi de la race humaine, à renverser les dynasties célestes qui l'avaient précédé sur le trône égyptien?

Des dieux, des demi-dieux ensuite, dont le dernier, dit-on, fut Horus ou Haroéri, fils d'Osiris, ont-ils gouverné réellement l'empire futur de Sésostris et de Cléopâtre?

Et si ces dieux ou demi-dieux ont effectivement régné, doit-on accepter sans hésitation l'authenticité problématique de Méroé et de la vieille Thèbes, qui seraient, de la sorte, les plus anciennes villes égyptiennes?

Le règne des dieux, au figuré, représenterait-il, en réalité, l'administration souveraine des religieux et des prêtres, en un mot, de la classe sacerdotale?

Est-il bien prouvé, cette dernière hypothèse admise, que le roi, prêtre lui-même et élu par le collége des prêtres, fut entièrement soumis à la férule des pontifes qui avaient sur lui droit de vie et de mort s'il n'administrait pas le royaume au gré de leurs désirs et de leurs caprices?

Il fallait, certes, qu'un roi, établi de cette manière, eut bien peu de pouvoir et de fermeté, ou beaucoup de faiblesse et de complaisance. Certains historiens contestent même à ces prétendus dieux le titre de rois, et leur attribuent seulement, en leur double qualité de chef des prêtres et de la nation, le simple exercice des pouvoirs religieux et politiques réunis dans leurs mains.

On peut facilement admettre, du reste, que la domination du pouvoir sacerdotal devint insupportable aux guerriers ou militaires, obligés de s'incliner et d'obéir, et qu'ils résolurent de se soustraire à cette odieuse tyrannie par une révolution qui devait changer, moralement et physiquement, la situation et la physionomie de l'Égypte nuageuse et mythique.

Le chef de cette révolution fut Ménés ou Manou, c'est-à-dire un guerrier brave et résolu, un législateur sage et prudent, un esprit innovateur et clairvoyant, un administrateur ferme et éclairé, en un mot, un chef accompli comme l'ont été tous les fondateurs de royaumes et de monarchies, les Inachus, les Cadmus, les Romulus, les Fohi, les Brahmâ, les Kaïoumors et les Moïse.

Ménés, originaire de la ville de This, lutta donc hardiment contre la caste privilégiée, et sortit triomphant de la lutte. Il porta le premier le titre de roi, qui lui fut décerné par ses soldats reconnaissants, et assura la couronne dans sa famille, en établissant l'hérédité royale et la succession des enfants dans l'exercice du pouvoir suprême et souverain.

Les prêtres, cependant, humiliés et vaincus plutôt qu'anéantis, n'en existèrent pas moins dans la nouvelle organisation sociale et politique de l'Égypte, et s'ils n'eurent pas le pouvoir absolu d'autrefois, ils participèrent du moins à tous les actes législatifs et administratifs, et formèrent une masse compacte, forte et puissante malgré sa défaite, et pleine d'influence sur les destinées du pays et de ses habitants. Ménés, tout vainqueur qu'il était, fut de la sorte obligé de transiger avec eux, de les admettre dans ses conseils et de leur abandonner le soin de rendre la justice.

Il comprit même le besoin d'installer loin de Thèbes, encore pleine des souvenirs de l'ancienne race sacerdotale, et toujours sous le poids de mystérieuses influences, le siége de son nouveau gouvernement.

Il fonda une nouvelle ville capable de rivaliser avec l'ancienne capitale de l'Égypte en splendeur, en puissance, en magnificence, en majesté.

Cette ville fut Memphis.

Le luxe qui s'introduisit sous l'inspiration de Ménés, dans les mœurs, le costume et les habitations nouvelles, attira bientôt a haine du bas peuple contre le nouveau souverain, qui mourut quelque temps après, laissant à ses descendants le souvenir glorieux de ses luttes politiques, de ses réformes sociales et de ses conquêtes militaires. Le peuple, qui l'avait respecté et craint pendant sa vie, mais qui ne l'avait jamais aimé, ne le respecta guère quand il fut mort et se vengea plus tard du luxe et des superfluités de la vie, introduits par Ménés, en mutilant es tombeaux et en macérant les statues de celui qui figure en tête de ses monarques et de sa monarchie.

Que devint l'Égypte sous ses successeurs légitimes et sous les rois des quatorze premières races égyptiennes? Le vandalisme des hyksos ou rois pasteurs, vint jeter à bas monuments magnifiques, palais gigantesques, temples sacrés, colonnes triomphales de Ménés et de ses héritiers, et vengea plus cruellement le peuple égyptien de ses tyrans passés qu'il n'avait su le faire lui-même, tout en l'opprimant cruellement d'une tyrannie nouvelle et détestable.

L'histoire mentionne toutefois, dans la première dynastie, le nom d'Atothès I, fils de Ménés, continuateur de l'œuvre de son père et fondateur de l'ancien palais des rois de Memphis.

This, Memphis, Éléphantine, Héliopolis, Thèbes, et Xoïs, sont les six villes privilégiées qui se disputent l'honneur de donner des rois à l'Égypte pendant près de quarante siècles.

Bocchos (peut-être le Bacchus des Grecs), chef de la seconde dynastie, fut un conquérant célèbre; Choüs, son fils et son successeur, s'amusa à régler les cérémonies et les rites du culte religieux; Biophis, l'un de ses descendants, appela, par une loi spéciale les femmes à la couronne, et procura, de cette manière, l'accès du trône aux grandes reines Nitocris, Scenniophrés et Cléopâtre.

Néchérophés Ier, chef de la troisième dynastie, fit la guerre aux Lybiens, qui se soumirent subitement, effrayés, disent les chroniques, par la dimension colossale de la lune. Le fils d'un roi, qui devait la possession d'une province à l'intervention des astres, fut lui-même un savant distingué. Sésorthos s'occupa beaucoup de médecine et d'astronomie et enseigna l'art de tailler les pierres pour la construction des édifices, art célèbre qui donna bientôt naissance aux pyramides de Sakkarah et de Dahkour, existant encore de nos jours et contemporaines, à ce qu'on croit, du règne de Sésorthos.

Citons ensuite le nom de Souphi, premier roi de la quatrième dynastie, souverain d'abord orgueilleux et impie, mais qui, revenu à de meilleurs sentiments, écrivit un livre sur les choses sacrées et fit construire les pyramides de Gizeh avec des pierres extraites des carrières de Thorrah, sur la rive droite du Nil, et de Messarah, dans la chaîne arabique nommée le Mottâkan.

La sixième dynastie vit apparaître la première reine égyptienne, Nitocris, rousse comme Cléopâtre, ce qui était le point culminant de la beauté en Égypte, et la plus belle, par conséquent, des femmes de son temps. Hérodote nous apprend que cette reine fit noyer dans le Nil les assassins de son frère Mentesouphis, à qui elle était tendrement attachée. Cette vengeance expiatoire ne satisfit pas sans doute tout le monde; les meurtriers du roi avaient leurs partisans ; ceux-ci se révoltèrent contre la reine Nitocris, qui se donna volontairement la mort pour échapper à leur vengeance.

Achtoës, chef de la neuvième dynastie, est regardé comme un roi guerrier, mais comme un tyran cruel et sanguinaire. Il fut dévoré par un crocodile, qui délivra son peuple de sa domination barbare.

Dans les onzième et douzième dynasties, qui ne devraient en faire qu'une, puisque le dernier roi de la onzième est le père du chef de la suivante, on remarque Amménémés Ier, Amménémoph Ier, son fils, et Sésostris l'Ancien, son arrière-petit-fils, rois conquérants et batailleurs. Sésostris l'Ancien, que l'on a confondu sans doute avec Rhamsés III (le grand Sésostris), et à qui on attribue les mêmes exploits militaires, s'empara, d'après Manéthon et la vieille chronique, de toute l'Asie, pénétra en Europe et en Thrace, laissant sur des colonnes de pierre des inscriptions qui rappelaient ses victoires. Diodore de Sicile attribue le même fait au second Sésostris, dont l'expédition eut la même durée que celle du premier, c'est-à-dire neuf années. Il y a évidemment confusion et substitution.

La paix profonde qui régna en Égypte après les trois monarques dont nous venons de parler, permit à Labarés, fils de Sésostris l'Ancien, de construire le célèbre labyrinthe qui porta son nom ; à la reine Scenniophrés, sœur d'Amménémés II, le second exemple de la succession féminine, de régner tranquillement l'espace de quatre années ; et aux cent trente-six rois inconnus des treizième et quatorzième dynasties, de se succéder sans interruption, sans éclat et sans gloire.

La quinzième dynastie (1) devait être plus heureuse que les quatorze qui l'avaient précédée. A elle appartient le plus ancien monument connu de l'Égypte avec une date certaine, le bas-relief

____

(1) 2520 avant Jésus-Christ.

sculpté sur l'un des rochers de Cosséir, consacrant l'existence de
Mérenrhés, l'un des rois de cette dynastie, peut-être le Mesraïm
de l'Écriture-Sainte, dont l'existence pourrait être facilement re-
culée jusqu'au temps d'Assur et de Nemrod, ces fondateurs de
Ninive et de Babylone.

Osymandias, l'un des successeurs et probablement le fils de
Mérenrhés, est arrivé jusqu'à nous entouré d'une assez grande
célébrité. Hécatée de Milet, cité par Diodore, nous apprend que
ce roi, dont les richesses merveilleuses s'étaient accrues dans une
expédition contre les Bactriens, fit construire dans la ville de
Thèbes un palais magnifique destiné à lui servir de tombeau,
palais où se trouvait cette précieuse bibliothèque, intitulée la
Pharmacie de l'âme, précursive, si l'on peut s'exprimer ainsi,
de la bibliothèque d'Alexandrie, témoignage parlant de l'amour
des Égyptiens pour les livres, et couronnée par le fameux cercle
d'or indiquant l'heure du lever et du coucher des astres pour tous
les jours de l'année. Malheureusement le palais, la bibliothèque
et le cercle d'or furent détruits sans doute par les hyksôs pillards
et incendiaires, et le nom d'Osymandias est encore, aux yeux de
beaucoup, entouré de ténèbres et de nuages mythiques.

Okhoureh Ier ou Uchoréüs, de la même famille, fut enfin le
fondateur ou le restaurateur de Memphis.

L'obélisque d'Héliopolis, portant le nom d'Osortâsen Ier, le
temple d'Ammon à Béhéni (Ouadi Halfats), viennent attester l'existence de la seizième dynastie, illustrée par les conquêtes et les victoires d'Amérenrhés sur les Lybiens et les Éthiopiens, victoires
et conquêtes consacrées par une inscription découverte dans l'un
des tombeaux de Béni-Hassan-el-Qâdin.

Sous le règne du roi Timaôs, dit Manéthon, les lois étaient
tombées en décrépitude ; les mœurs s'étaient relâchées ; les hommes étaient devenus pervers et méchants ; ce fut alors que Dieu,
pour punir les habitants égarés de l'Égypte, appela sur eux l'invasion de ces tribus nomades et errantes qui désolèrent le pays

sous le nom de hyksôs ou pasteurs, en réalité des Arabes ou Bédouins aventuriers. Ces brigands disciplinés s'emparèrent du sol égyptien, brûlèrent les villes, renversèrent les temples, détruisirent les monuments et opprimèrent le peuple par des impôts onéreux. Le roi Timaôs perdit la vie en essayant de repousser ces bandes de pillards et d'incendiaires.

II.

L'Égypte vit alors avec stupeur deux fractions distinctes et séparées, deux monarques et deux monarchies se partager son territoire fertile et nutritif.

Les successeurs de Timaôs, proscrits et fugitifs, se réfugièrent dans la haute Égypte, demeurée fidèle à leur cause et à leurs intérêts, et fondèrent à Thèbes une principauté mesquine, mais indépendante, qu'ils surent conserver en dépit des nouveaux conquérants. Aménendjhom Ier, fils de Timaôs, fut le premier chef de cette race vaillante, mais malheureuse, qui devait plus tard remonter sur le trône, et s'illustra par ses exploits contre les Éthiopiens ses voisins. Il prit le nom de Pharaon, qui fut donné depuis à tous ses descendants et appliqué par les étrangers à plusieurs souverains de l'Égypte, appartenant à d'autres races et à d'autres familles.

Peluse, la clé de l'Égypte, fut prise par les hyksôs, qui s'intitulaient *fléaux redoutables et vengeurs de la divinité,* et qui vinrent insolemment s'établir à Memphis, la ville royale et sacrée de Ménés, où ils élurent un souverain maître.

Salathis, le roi proclamé, devenu possesseur de la plus grande partie de l'Égypte, réduisit en esclavage une grande partie des habitants, leva des impôts, et permit seulement la culture des terres nécessaires à l'existence de ses troupes et de son armée. Mais ne se trouvant pas assez en sûreté dans Memphis pour résister aux entreprises des Assyriens et des Pharaons de Thèbes, ses rivaux, il fortifia l'antique ville d'Aouaris, dont il releva les murailles, et établit dans ses murs un camp stationnaire de deux cent quarante mille hommes. Aouaris devint en peu de temps plus importante que Memphis, Salathis y passant une grande partie de l'année pour exercer ses soldats aux manœuvres et aux exercices militaires.

Les successeurs du premier roi hyksôs continuèrent son œuvre de destruction, de vandalisme et d'impiété religieuse; n'élevant aucuns monuments, favorisant peu l'agriculture, enlevant aux habitants le fruit de leurs travaux champêtres, et se repliant sous leurs tentes et sous leurs bannières victorieuses.

Cette invasion si cruelle pour les anciens habitants eut cela de bon, toutefois, qu'elle réveilla leur courage énervé et leur indolente apathie. Les esclaves et les proscrits réfugiés dans la Thébaïde devinrent des guerriers redoutables. Aux exploits d'Aménemdjhôm, vinrent s'ajouter ceux d'Osortâsen III, le Nilus des anciens, adoré comme un dieu, et d'Aménemdjhôm III, son fils, qui soumit presque entièrement l'Arabie.

C'est alors qu'Ahmôsis, le digne héritier d'Aménemdjhôm III, qui venait de conquérir à son tour l'Éthiopie, voyant d'un œil jaloux des étrangers assis dans le palais de ses pères, rassembla des forces considérables et envahit l'Égypte par terre et par mer.

Le succès couronna ses efforts. Après six ans de combats successifs, l'Égypte revint à ses anciens maîtres; Memphis capitula avec joie; et les hyksôs, bloqués dans la ville redoutable d'Aouaris, allaient peut-être céder devant l'audace et le courage d'Ahmôsis, lorsque la mort vint l'arrêter au milieu de son triomphe et de sa gloire. Il était réservé à son fils Aménophis Ier, de ressaisir le sceptre de l'Égypte; et la victoire, pour être retardée, n'en fut pas moins certaine et imminente.

Ahmôsis, regretté de ses sujets, emporta dans le tombeau le précieux surnom de Soleil de la vigilance. Sa mort fut le dernier cri de détresse et d'agonie des Pasteurs, qui cédèrent à l'étoile brillante des Pharaons de Thèbes. Nous allons voir quel parti Aménophis Ier et sa famille surent tirer de l'Égypte après l'expulsion de leurs ennemis, et comment ils illustrèrent à jamais cette célèbre dynastie, dont le plus grand des représentants, Sésostris, allait apparaître resplendissant et redouté (1).

III.

Après le traité qui obligea les hyksôs à quitter l'Égypte, Aménophis Ier, débarrassé des luttes intestines qui avaient trou-

(1) Plusieurs historiens qui ont consacré le nom d'un des derniers rois pasteurs, Apôphis, placent sous le règne de ce prince la venue de Joseph en Égypte. Je renvoie le lecteur à ma *Chronologie universelle*. Joseph, d'après les inductions bibliques, né vers l'an **1801** avant Jésus-Christ, n'a pu venir en Égypte que vers l'an **1783** avant Jésus-Christ, et être nommé ministre que dix ans après. Le roi pasteur Apôphis régnait vers l'an **1982** avant Jésus-Christ, époque probable où Abraham, bisaïeul de Joseph, dut émigrer en Égypte. La Bible ne mentionne, du reste, tant au sujet d'Abraham que de Joseph, que l'existence de deux pharaons, et ne parle nullement des hyksôs ou rois usurpateurs.

Le pharaon d'Abraham serait ainsi cet Osortâsen III, surnommé Nilus, contemporain du patriarche juif; et celui de Joseph, Touthmôsis II, prince célèbre par ses lois, ses constructions célèbres, sa splendeur et sa magnificence. On peut voir, d'ailleurs, dans ma *Chronologie*, que la grande famine juive de sept ans concorde, année par année, avec la grande famine chinoise, également de la même durée, et que la date que j'indique est la seule probable et admissible. Voici, du reste, d'après Manéthon et la vieille Chronique, le tableau chronologique des dix-sept premières dynasties égyptiennes, y compris celle des hyksôs ou pasteurs :

DYNASTIES.	ORIGINES.	CHEFS.	DATES CHRONOLOGIQUES.
			Avant J.-C.
1re	This.	Ménés.	5,887
2e	*Id.*	Bocchos.	5,655
3e	Memphis.	Néchérophés Ier.	5,358
4e	*Id.*	Souphi.	5,151
5e	Éléphantine.	Ouserchérés.	4,673
6e	Memphis.	Othoes.	4,425
7e	*Id.*	Atothes II.	4,222

blé le repos de ses pères, s'appliqua à réparer les désastres nombreux qui avaient signalé l'invasion des barbares.

Il préluda dignement aux merveilleux travaux qui devaient signaler sa race, féconde en princes intelligents, braves et éclairés. La dynastie des Pharaons rivalise avec la fameuse race des califes abbassides de Bagdad. L'Égypte atteignit sous leur administration ferme et vigoureuse une splendeur et une prospérité inouïes : fertilité du sol, commerce, industrie, beaux-arts, constructions utiles, sciences et littérature prirent un accroissement considérable sous le long règne d'Aménophis (trente ans environ), dont la cour resplendissait d'un luxe pompeux et d'une magnificence royale. Les temples, les colonnes, les obélisques, les palais somptueux embellirent Memphis et les autres villes du royaume.

Le culte des anciens dieux rétabli, les lois et la police appliquées avec la sévérité la plus scrupuleuse, durent en outre leur restauration à cet Aménophis Ier, prince religieux et reconnais-

DYNASTIES.	ORIGINES.	CHEFS.	DATES CHRONOLOGIQUES.
			Avant J.-C.
8e	Memphis.	Gosormiés.	4,147
9e	Héracléopolis.	Achloés.	4,047
10e	Id.	Moskéri.	3,947
11e	Thèbes.	Amoutanthés.	3,762
12e (suite de la 11e)	Id.	Sésochris ou Sésostris l'Ancien.	3,703
13e	Id.	Tnéphactés.	3,417
14e	Xoïs ou Soïs.	Sasychés.	3,004
15e	Thèbes.	Mérenrhés (peut-être Mesraïm).	2,520
16e	Id.	Osortâsen Ier.	2,270
17e	Rois Pharaons à Thèbes (suite de la 16e). Rois hyksôs à Memphis.	Aménemdjbom Ier. Salathis. Aménophis Ier.	2,080
	Expulsion des hyksôs.		1,822

sant envers le grand Amon-Ra des succès de sa périlleuse et providentielle restauration.

La mort d'Aménophis Ier fut une perte pour l'Égypte, mais une perte facilement réparée par ses dignes héritiers. Bien affermis sur un trône respecté au dehors par les admirateurs d'un courage et d'une bravoure héréditaires, consolidé au dedans par une administration intelligente et consciencieuse, par une justice sévère et impartiale, les rois Pharaons voulurent, chacun pour sa part, léguer à l'histoire satisfaite un souvenir durable et impérissable de leur passage sur la terre.

Après Aménophis Ier apparurent à tour de rôle : Touthmôsis Ier, l'auteur des grands édifices de Médinet-Habou à Thèbes ; Touthmôsis II, le comtemporain de Joseph et de la famine juive ; sa sœur, la reine Amensé (1), sous le règne de laquelle furent érigés les grands obélisques du temple de Karnâk à Thèbes ; son fils, plus célèbre qu'elle, Touthmôsis III (Mœris), prince pieux et éclairé, l'ingénieur du fameux lac qui porte son nom (aujourd'hui le lac Fayoum), le conservateur de la table historique des rois à Karnâk, par les ordres de qui l'architecture monumentale égyptienne s'enrichit des obélisques apportés depuis à Saint-Jean-de-Latran, à Rome, à Alexandrie et à Constantinople ;

Puis, Aménophis II, le constructeur du temple d'Amada en Nubie, le restaurateur du palais thébain de Médinet-Habou, et Touthmôsis IV, vainqueur des Lybiens révoltés, le continuateur des travaux de son père ;

Aménophis III, le plus illustre des Pharaons, après Sésostris III ; Aménophis III, le Memnon des Grecs, devenu populaire dans tous les pays du monde par la fameuse statue parlante qui porte ce nom ; Aménophis III, le conquérant de

____

(1) La reine Amensé eut deux maris, qui, selon l'usage égyptien, ne furent que les maris de la reine. On voit de nos jours cet usage mis en pratique en Angleterre, en Espagne et en Portugal.

l'Éthiopie, le vainqueur de plus de soixante peuples ; Améno-phis III, le père de ces palais sublimes, dont les ruines gigan-tesques couvrent encore le sol de l'Égypte, l'Aménophium et le Louqsôr, noms immortels comme le monde et l'Égypte !...

Rhamsés Ier, son frère, qui termina le Louqsôr, commencé sous Aménophis ; Ménephta Ier, appelé aussi Aménophis par les Grecs, dont l'obélisque royal se voit sur la place du peuple à Rome ;

Rhamsés II, célèbre par ses expéditions guerrières en Asie et en Afrique, le créateur de cet obélisque monumental apporté en France sous le règne de Louis-Philippe, génie tutélaire qui a présidé à la naissance de Rhamsés III, aux des-tinées proscrites du malheureux Apriés, aux fêtes magnifiques du chevaleresque Amasis, aux profanations impies du farouche Cambyse ; ce témoin véridique, qui a salué Alexandre-le-Grand et les phalanges macédoniennes, qui a vu l'inauguration de la bibliothèque des Ptolémée, la tête de Pompée sanglante, le front de César resplendissant, les voluptés de Cléopâtre et le délire d'Antoine ; qui a écouté l'apologie de saint Athanase, les prédications des enfants d'Aboubekre, adoré Isis et Osiris, Ormuzd et Jupiter, Jésus-Christ et Mahomet ; qui pourrait répéter les paroles prononcées par Napoléon devant les pyramides, raconter les exploits de Kléber, la mort de Dupetit-Thouars, le massacre des mamelouks fanatiques ; aujourd'hui le concierge vigilant du palais des souverains français, le protecteur invisible et vénérable des destinées futures de notre France courageuse, intelligente et révolutionnaire !

Enfin, un nom plus grand que tous ceux qui précèdent, le nom de Sésostris, dont nous retarderons un instant l'histoire glorieuse et vaillante !

Consultez la biographie séparée de tous les pays de la terre ; lisez les vies de toutes ces grandes familles humaines qui ont dirigé l'existence des hommes ; évoquez les ombres inanimées

de ces grandes races souveraines , que l'on nomme les Achémé-
nides de Perse, les Lagides d'Égypte, les Eurysténides et les
Proclides de Lacédémone , d'où sont sortis Léonidas , Agésilas ,
Agis et Lycurgue ; les Césars Romains ; les Capets de France ,
parmi lesquels brillent les Philippe-Auguste , les saint Louis , les
François Ier, les Henri IV et les Louis XIV ; les Plantagenets et
les Stuarts d'Angleterre et d'Écosse ; les Wasa de Suède ;
les Romanoff de Russie ; les maisons impériales de Saxe, de
Bavière et d'Autriche, et demandez-vous s'il a été donné à
aucun autre peuple de l'univers de montrer, de père en fi s, de
génération en génération , de siècle en siècle, de couronne en
couronne , une dynastie plus vaillante et plus brave , une succession d'hommes plus éclairés et plus intelligents , plus justes et
plus capables, plus dignes, en un mot , de monter sur le trône et
de commander aux nations étonnées et reconnaissantes , que ces
amis des arts et des artistes , ces poètes pleins d'âme et d'imagination , ces créateurs sublimes et inspirés de tout ce que l'architecture a de plus sublime et de plus grandiose , en un mot ,
ces princes demi-dieux, désignés sous le titre générique de Pharaons d'Égypte , et qui s'appellent individuellement : Aménophis,
Touthmôsis , Ménephta , Rhamsés ou Sésostris !

Pourquoi le Louqsôr et les Pyramides, ces écrivains hiérogli-
phyques, les obélisques et les sphinx , ces acteurs muets et
énigmatiques, ne peuvent-ils nous raconter l'histoire complète,
émouvante et passionnée de ces époques si lointaines et si recu-
lées , qui doit cependant receler, sous son enveloppe de marbre
et de granit, tant de leçons profitables et de graves et sérieux
enseignements !...

IV.

Rhamsés III , le grand Sésostris ou Sésoosis , fils de Menephta Ier et frère de Rhamsés II, monta donc sur le trône d'Égypte après le règne assez court de son frère aîné. C'était un prince brave et courageux, formé depuis l'enfance à la vie des camps et aux luttes guerrières. Son éducation avait été, du reste, parfaitement soignée sous la direction d'un père intelligent et éclairé. On rapporte, en effet, que Ménephta (l'Aménophis des Grecs), fit venir à sa cour tous les enfants égyptiens nés le même jour que son fils, au nombre de dix-sept cents environ, les fit élever avec lui, et lui donna ainsi, par suite de cette prévoyance unique peut-être dans les annales de l'histoire, des officiers et des compagnons entièrement dévoués à sa personne et à ses projets gigantesques.

C'est avec cette troupe d'élite que Sésostris prit part, sous le règne de son père, à l'expédition contre les Arabes qu'il aida à soumettre; et sous celui de son frère aîné, à la guerre contre les Lybiens révoltés, guerre qui mit le sceau à sa réputation militaire.

Parvenu à la couronne, Sésostris, quoiqu'en aient dit les historiens helléniques, n'entreprit pas tout de suite ses projets de conquête et de domination universelle. Neuf ou dix ans environ durent se passer à mûrir un plan formé depuis longtemps dans la tête du jeune prince, devenu un monarque grave et sensé, quoique toujours actif et plein d'énergie.

Sa fille Athyrtis, jeune princesse d'une précocité et d'une intelligence remarquables, exerçant, au rapport de Diodore de Sicile, une immense influence sur l'esprit de son père, se mêlant aussi, dit le même écrivain, de divination et de magie, contribua beaucoup au départ de Sésostris, à qui elle avait prédit le succès et la réussite.

Cet intervalle de temps avait été d'ailleurs parfaitement employé par le nouveau souverain, qui régla l'administration de la justice, pardonna tous les criminels politiques et délivra les détenus pour dettes, dont le nombre était considérable. Par ses soins l'Égypte, de la subdivision de laquelle ses prédécesseurs avaient dû s'occuper, mais infructueusement sans doute, fut distribuée en trente-six nomes ou gouvernements, régis chacun en particulier par un nomarque, gouverneur plutôt civil que militaire, chargé de l'administration du territoire et de la perception des tributs ou impôts prélevés sur la province soumise à sa surveillance.

La répartition à peu près égale de la population égyptienne dans les trente-six nomes institués par Sésostris, facilita beaucoup à ce prince la création d'une armée permanente, formidable, vigoureuse et bien disciplinée, dont les commandants furent choisis parmi ses compagnons d'enfance. Cette armée, grossie chaque année par des levées régulières opérées dans toutes les provinces, arriva ainsi au chiffre raisonnable de six cent mille fantassins et de vingt-quatre mille soldats d'élite bien armés, bien montés et bien équipés, conduisant vingt-sept mille chars de guerre.

Avec six cent mille guerriers comme ceux de Sésostris, quels obstacles peuvent-ils résister à l'initiative de l'audace, à l'impétuosité du courage, à la volonté toute-puissante du génie?

Avec seize mille Macédoniens, Alexandre-le-Grand a passé le Granique et foudroyé les innombrables troupes persanes; avec trente mille Carthaginois, Annibal a franchi les Alpes et tué deux cent mille Romains à la Trébia, au Tésin, au Trasimène et à Cannes; avec une poignée de Français, Napoléon a soumis l'Égypte!

Sésostris se mit en marche et quitta l'Égypte, avec cette armée vingt fois plus forte que celles d'Annibal et d'Alexandre. Son inspiration le conduisit d'abord en Éthiopie, pays toujours remuant et tracassier, dont il réduisit les habitants, qu'il força de lui payer des tributs en bois d'ébène, en or et en dents d'éléphants.

Ces voisins redoutables domptés par le conquérant égyptien,

Sésostris dirigea vers la mer Rouge ses troupes victorieuses, vers la mer Rouge que son contemporain Moïse franchissait peut-être à la même heure à la tête des juifs proscrits et humiliés, vers la mer Rouge où l'attendait une flotte de quatre cents navires, construits par ses soins éclairés.

Avec cette flotte, Sésostris s'empara de toutes les îles et de tout le littoral de la mer compris entre la mer Rouge et l'Inde, où il débarqua sans coup férir.

L'Inde n'avait pas alors de Porus pour résister vaillamment à ce précurseur d'Alexandre. Plus heureux que le roi macédonien, Sésostris passa le Gange, le fleuve sacré des brahmânes, ravagea la vallée de Kachmyr et les plaines fertiles du Bengale, gagna l'Océan en foulant aux pieds les idoles indiennes, passa sur le ventre aux Scythes du Tanaïs et du Borysthène, et planta le premier sa bannière triomphante sur le sol vierge de l'Europe, d'où il put jeter un regard de dédain sur l'Asie toute entière, vaincue et subjuguée par ses armes (1).

Possesseur de deux continents, l'Afrique et l'Asie, étreignant presque le troisième dans ses serres puissantes, Sésostris, devenu plus pesant par l'âge et les fatigues guerrières, commença à regretter les plaines fécondes du Nil et le sable frémissant des hautes pyramides. Plus prudent qu'Alexandre, plus heureux que Napoléon, il comprit sagement que tout a des bornes dans notre vie passagère, et que le bras de l'homme fort, la tête intelligente et éclairée, l'infaillibilité du génie supérieur, se brisent et s'émoussent sous les lauriers et les trophées de la victoire.

La Thrace avait failli causer la perte de l'armée égyptienne, décimée par les rigueurs du climat et le peu d'abondance des

---

(1) Sésostris conquit ainsi la Nubie, l'Abyssinie, l'Éthiopie, le Semnaar, la Syrie, l'Arabie, Babylone et Ninive; l'Asie-Mineure, la Chypre, la Perse, l'Archipel, l'Inde, la Scythie et la Thrace.

vivres ; Sésostris ne voulut pas tenter plus longtemps la fortune capricieuse et inconstante ; il arrêta là son ambition dévorante et planta ses colonnes rostrales dans ce pays farouche et indépendant.

Ces colonnes, élevées par ses ordres et disséminées dans tous les pays conquis, portaient l'orgueilleuse inscription que voici :

« Le roi des rois, le seigneur des seigneurs, Sésostris, a soumis cette contrée par ses armes. »

Dans quelques endroits, on voyait se dresser la statue du roi lui-même, tenant l'arc et la lance, et foulant aux pieds les nations devenues ses esclaves.

Du fier conquérant de l'Égypte, les insolentes colonnes sont depuis longtemps dans la poussière ; de toutes les marches forcées de ces troupes courageuses, de toutes les luttes animées, de toutes les victoires resplendissantes du demi-dieu Rhamsés, il ne reste aujourd'hui que le vain éclat d'une gloire inutile !

Revenu dans sa patrie, neuf ans après son départ, Sésostris s'occupa du bonheur de son peuple, occupation plus douce et plus durable que l'exécution et l'accomplissement d'un rêve ambitieux !

Sésostris, maître de la terre, recevant chaque année des tributs de toutes les nations terrassées, riche de dépouilles immenses, entraînant à son char des prisonniers de l'Afrique, de l'Asie et de l'Europe, ne songea plus qu'à embellir l'Égypte glorieuse et honorée.

Ses officiers reçurent de lui des terres considérables ; ses soldats furent largement récompensés de leurs travaux et de leurs fatigues passées. Congédiés par leur maître et revenus dans leurs foyers, ils y vécurent paisibles et heureux. Ce premier devoir rempli, Sésostris remercia les divinités de l'Égypte en comblant les prêtres de bienfaits et en faisant ériger de nouveaux temples dans ses trente-six provinces. Les prisonniers et les esclaves furent seuls employés à ces constructions pénibles et difficiles. Sésostris se servit encore d'eux pour l'édification de nouvelles villes, la confection des canaux destinés à arroser les terres situées entre Memphis et la mer, et les fortifications de l'Égypte du côté de la Syrie, de l'Arabie et de l'Éthiopie.

Des obélisques nombreux, des statues colossales, le Rhamesséum de Thèbes, les tableaux historiques de Kournâ, le temple d'Ibsamboul en Nubie, le temple de Phta à Memphis, offrent encore au curieux voyageur des ruines précieuses attestant le génie de Rhamsés III et son amour pour les arts et les artistes, témoignages plus solides pour la gloire de ce prince que ses expéditions aventureuses et lointaines.

Sésostris, respecté par ses sujets, craint de ses ennemis, fut, comme tous les grands monarques, malheureux dans sa propre famille. Son frère Aménopht, dont on a fait mal à propos l'Armaïs ou le Danaüs des Grecs, essaya de l'empoisonner dans la ville de Peluse, quelque temps après son retour en Égypte. Sésostris fut obligé de faire mettre à mort le coupable. Après trente-trois ans de règne, selon Diodore de Sicile; après soixante-huit ans, d'après Champollion et les savants modernes, Sésostris, parvenu à une grande vieillesse, et ayant perdu Athyrtis, sa fille chérie et bien-aimée, devint complètement aveugle. Il se donna la mort lui-même dans un accès de désespoir et de dégoût pour la vie.

Telle fut la fin de l'un des plus grands monarques et souverains de la terre, dont on a, peut-être, confondu les actions avec celles de Sésostris l'ancien, que nous avons cité plus haut, mais dont les travaux et les réformes intérieures, appuyées par des monuments authentiques, n'en font pas moins un de ces personnages rares et sublimes qui apparaissent de loin en loin comme des envoyés célestes pour donner au monde et à l'univers une impulsion vigoureuse, un élan audacieux, une commotion électrique et sublime (1).

Après Sésostris, les Pharaons décroissent et dégérèrent: Ménephta II et ses enfants, la reine Thaoser et Ménephta III. Aménophis IV, rois fainéants et paisibles, laissent les peuples assujettis se soustraire au joug redouté de l'Égypte; les Hyksôs relèvent audacieusement la tête et parviennent à chasser du tróne le jeune Rhamsés, surnommé Méiamoun, fils d'Aménophis IV. Leur chef Améchelfis, dont la statue se voit au musée du Louvre, gouverne treize ans l'Égypte abâtardie. L'enfant proscrit, Rhamsés IV, devenu un jeune homme intrépide et courageux, redresse à son tour la bannière abattue de ses pères, chasse les Hyksôs odieux, et tient le sceptre d'une main ferme et vigoureuse.

Rhamsés Méiamoun, digne successeur de Sésostris, conquérant comme lui, remit sous ses lois la Chypre révoltée, attaqua et battit dans plusieurs rencontres les Assyriens, les Phéniciens et les Mèdes, et allait peut-être imiter les exploits de son aïeul par des conquêtes non moins audacieuses, lorsqu'il fut appelé en Égypte par la conspiration d'Armaïs, son frère, dont quelques savants ont voulu aussi faire le Danaüs d'Argos, qui avait fait soulever les habitants de Memphis contre son frère aîné. Armaïs prit la fuite à l'arrivée de Méiamoun ; mais celui-ci ne jugea pas à propos de quitter de nouveau sa patrie. Il termina le palais gigantesque de Médinet-Habou, à Thèbes, s'occupa sérieusement du bien de ses sujets et de ses peuples, et mourut après un règne long et heureux, laissant un grand nom de plus

(1) Moïse, d'après les traditions bibliques et la chronologie probable du peuple juif, dut être le contemporain de Sésostris. Accablés par les travaux immenses ordonnés par Sésostris pour la reconstruction des édifices publics, les Hébreux, compris au nombre des nations soumises par le souverain de l'Égypte, durent chercher à se soustraire à leur malheureux sort et s'enfuir de l'Égypte quelque temps après le retour du Pharaon vainqueur. (Voyez ma *Chronologie universelle*, t. 1, liv. 2.

à ajouter à la liste glorieuse des Pharaons célèbres ses prédécesseurs.

L'Égypte s'assoupit sous le règne des successeurs de Méiamoun. Les nouveaux Rhamsés, adonnés à leurs plaisirs, s'occupèrent fort peu de leur gloire et du bonheur de leur patrie. Les auteurs grecs indiquent seulement quelques noms obscurs et inconnus : Thuoris, Ménéphrés, Rhampsinit, Chéops, Chéphren, Mycérinus, après la mort duquel le pouvoir royal fut dirigé par deux prêtres, Pahor Amonsé et Pihmé, qui perdirent bientôt eux-mêmes la couronne pour faire place à la vingt-et-unième dynastie, que nous retrouverons sur le trône d'Égypte dans la suite de notre *Histoire*.

Nous croyons en avoir assez dit sur ces dynastes éphémères et pusillanimes dont les cartouches, les stèles funéraires et quelques inscriptions indiquent seulement le nom et l'existence (1).

---

(1) Je donne ici les dates de l'avénement au trône et de la durée du règne des rois Pharaons égyptiens.

Av. J.-C.		Av. J.-C.	
1822.	Aménophis Ier, fils d'Ahmôsis.	1471.	Améchelfis, roi pasteur.
1791.	Touthmôsis Ier.	1459.	Rhamsés IV, rétabli.
1778.	Touthmôsis II.	1404.	Rhamsés V.
1757.	Amensé, reine, sa fille.	1358.	Rhamsés VI.
1736.	Touthmôsis III, fils d'Amensé.	1339.	Rhamsés VII (Ménéphrés).
1723.	Aménophis II	1299.	Rhamsés VIII (Thuoris).
1697.	Touthmôsis IV.	1286.	Rhamsés IX (Acherrés).
1687.	Aménophis III Memnon.	1279.	Rhamsés X (Rhampsinit).
1657.	Horus.	1258.	Rhamsés XI.
1631.	Tmahumot, reine, sa fille.	1230.	Rhamsés XII.
1619.	Rhamsés Ier, son frère.	1216.	Aménemsés.
1610.	Ménephta Ier.	1209.	Rhamsés XIII (Rhaméri).
1577.	Rhamsés II.	1190.	Rhamsés XIV (Amon-Maï).
1571.	Rhamsés III (Sésostris), son frère.	1185.	Rhamsés XV (Chéops).
1503.	Ménephta II.	1163.	Rhamsés XVI (Chéphren).
1498.	Thaoser, reine, sa fille.	1137.	Rhamsés XVII (Mycérinus), mort
1481.	Ménephta III, son fils.		ou détrôné par les prêtres en
1479.	Aménophis IV.	1133.	
1472.	Rhamsés IV Méiamoun, chassé.		

CHAPITRE IV.

**ÉTAT POLITIQUE, ADMINISTRATIF, LÉGISLATIF, INDUSTRIEL
ET AGRICOLE DE L'ÉGYPTE ANCIENNE.**

1. — État politique et moral.

Les dix livres de Thoth II, le sage Hermés, l'ami et le ministre d'Osiris, étaient le code civil des Égyptiens. Tout prenait sa source dans ces livres sacrés : règles sacerdotales, devoirs royaux, lois civiles et criminelles, divisions administratives, finances, armée, industrie, commerce, agriculture. Les trois grandes familles égyptiennes, les prêtres, les militaires et le peuple durent leur création à ce régulateur universel (1).

Les prêtres occupèrent, à ce que l'on croit, le pouvoir polit-

____

(1) Le reste de la population égyptienne se composait d'esclaves.

que et administratif dans les siècles fabuleux de l'Égypte. Le gouvernement fut ainsi théocratique ou religieux sous les Osiris, les Horus, les Khronos, qui étaient avant tout les grands-prêtres du sublime Amon-Ra. La seconde classe de l'État, les militaires ou guerriers, les radjahs de l'Inde, leur mère patrie, n'arrivèrent au pouvoir qu'en la personne de Ménés, l'un de leurs chefs, regardé comme le premier souverain des races humaines. Ménés triompha donc des prêtres sans les renverser entièrement; de monarques ils devinrent ministres et conseillers d'État. Dès lors, deux villes principales furent investies des destinées du pays et de ses habitants : Thèbes fut le siége du gouvernement religieux; Memphis, la nouvelle ville fondée par Ménés, devint la demeure des rois et le chef-lieu du gouvernement civil et militaire.

Le roi, personnage principal de l'État, était soumis scrupuleusement aux lois ou aux coutumes anciennes, tracées par la main prévoyante et habile d'Hermés.

Sacré par le grand-pontife dans le temple d'Amon-Ra, à Thèbes, entouré des prêtres ou de leurs enfants qui occupaient les charges les plus importantes du palais, élevé lui-même par des pontifes chargés de lui enseigner ses devoirs civils et religieux, la connaissance du droit législatif, les sciences et les belles-lettres, le roi devait nécessairement subir l'influence de son entourage sacerdotal, alors surtout que ce roi s'appelait Ménéphrés ou Thuoris, Chéops, Chéphren ou Mycérinus, les derniers Rhamsés de l'Égypte. Il est probable que les grands Pharaons comme les Aménophis, les Touthmôsis et les Rhamsés, guerriers vaillants et redoutables, élevés dans les camps et les armées, durent se soustraire à cette obsession pernicieuse et funeste.

Le monarque qui se soumettait docilement et aveuglément aux lois attribuées à Hermés, avait tous ses moments distribués, toutes ses heures prises, tout son temps limité, besogne qui lui évitait la peine de penser et d'agir par lui-même. Le matin, à jeun, il devait ouvrir les lettres et les missives qu'on lui adressait sur les affaires publiques. Cette lecture faite, il se rendait au temple voisin pour adorer les dieux, réciter les prières sacrées et écouter le sermon du grand-pontife.

Le roi prenait ensuite son premier repas, modifié par les prêtres médecins chargés de sa nourriture quotidienne, qui, d'après la loi égyptienne, avaient seuls le droit d'ajouter ou de retrancher aux mets ou aux boissons que l'on servait sur la table royale.

Comme Sancho dans l'île de Barataria, le monarque indolent s'inclinait sans mot dire devant ces ordonnances arbitraires et irrévocables.

Il présidait ensuite le divan ou conseil d'État, composé des principaux pontifes et des grands officiers de l'armée, se baignait en sortant du conseil, et prenait ensuite en famille son repas du soir, commenté, inspecté, rogné comme le premier, après lequel il lui était permis de terminer sa journée en jouant aux échecs *(sic)* avec la reine ou ses favorites, en présidant aux exercices gymnastiques de ses enfants, s'il en avait, ou en se récréant avec son nain, ses chiens, ses chats et ses singes bien-aimés, sous les arbres touffus de ses jardins et de ses parcs délicieux.

Telle était la vie plastique, automatique, mécanique du roi taillé, pressé, étouffé, étranglé dans les serres de la terrible loi hermétique ou sacerdotale. Il est vrai que son nom était répété avec celui d'Osiris dans les sacrifices publics; que le peuple le saluait avec amour et de grandes acclamations lorsqu'il se rendait au temple sacré; qu'à sa mort toute la nation prenait le deuil; les temples demeuraient fermés pendant soixante-douze jours; des prières funèbres étaient faites sur les places publiques, et son corps, soigneusement embaumé et parfumé, était transporté dans la sombre vallée de Biban-el-Molouk, près de Thèbes, et là, sous les grands rochers noirs qui servent de dôme à cette demeure aristocratique et sacrée, descendu dans la tombe

de ses ancêtres et décoré de la légende fastueuse et mensongère :
« A toi, Seigneur du monde et puissant souverain de l'Égypte,
» Osiris t'a accordé une demeure dans la montagne sainte de
» l'Occident comme aux autres grands dieux de la terre, etc. »
Triste compensation pour tant d'esclavage réel, de servitude et de
domesticité déguisées sous le masque apparent du pouvoir despotique et suprême !

Dans les temps primitifs de l'Égypte, quand les monarques
étaient véritablement des monarques, la momie du roi défunt
était exposée pendant soixante-douze jours devant le tombeau
qu'on lui destinait ; là, chacun avait le droit de blâmer ou de louer
ses actes privés et sa conduite publique. Le tribunal des jurés,
chargé de recueillir l'expression de la volonté populaire, décidait
ensuite si le roi méritait ou ne méritait pas les honneurs de l'enterrement.

On cite plusieurs rois privés ainsi par le peuple de leur
sépulture, Ménés, tout le premier, dont les Égyptiens brisèrent
plusieurs fois les monuments et les statues.

Mais quel compte demander plus tard à des souverains inca-
pables et imbéciles, ne faisant rien par eux-mêmes, laissant
tout faire à leurs ministres, et comptant seulement leurs années
de règne par la fondation des temples religieux, ce qui était un devoir obligé de leur..... *profession*?

L'usage des jugements populaires se perdit devant la nullité
reconnue des rois Pharaons.

Les reines, — car la loi salique n'existait pas en Égypte, et les
femmes pouvaient monter sans opposition sur le trône, au préjudice même de leurs frères puînés (les reines Amensé, Tmahumot
et Thaoser en offrent un exemple), — remplissaient les mêmes fonctions que le roi quand elles régnaient elles-mêmes, où figuraient à
côté de leurs époux dans les fêtes et les cérémonies publiques. Elles
étaient sacrées à côté du roi, comme le roi lui-même, et sont

représentées à ce titre dans les cartouches commémoratifs, les stèles funéraires et les inscriptions ou bas-reliefs antiques.

Les jeunes princes, élevés sous les yeux du roi, recevaient une éducation civile, militaire et religieuse, s'adonnaient aux exercices gymnastiques, et occupaient de hautes dignités en raison de leur âge, telles que commandants de troupes, de la garde royale, d'armée, pontifes, etc. Un costume particulier et hiérarchique les désignait à tous les regards.

Nous avons peu de détails sur la division administrative de l'Égypte ancienne. On sait seulement qu'après le roi venaient les ministres; après les ministres, une sorte de conseil d'État, suivi quelquefois de réunions ou assemblées délibératives, tenues dans le labyrinthe et présidées par le roi, où l'on décrétait la nature et la quotité des impôts, la répartition des fonds publics et où l'on agitait les grandes questions de l'État, politiques, religieuses ou militaires, décidant de la paix ou de la guerre avec les nations étrangères. Ces assemblées étaient connues sous le nom de Panégyries.

Ménés divisa le premier l'Égypte en douze nomes, ou gouvernements, ou provinces. Sésostris, qui avait agrandi le territoire égyptien, porta ce nombre à trente-six nomes, obéissant chacun à un gouverneur particulier, chargé de veiller aux besoins de ses subordonnés et de faire rentrer les impôts répartis. On présume que la subdivision établie par Sésostris fut respectée par les Pharaons ses successeurs.

Nos renseignements sur la législation hermétique sont plus nombreux et plus positifs.

Les tribunaux judiciaires institués dans les trente-six nomes ou provinces, étaient placés sous la direction de trois tribunaux plus élevés, établis dans les trois villes principales, de Thèbes, de Memphis et d'Héliopolis. Ces trois tribunaux de second ordre, émanaient eux-mêmes d'un tribunal suprême, siégeant à Thèbes, et composé de trente juges dirigés par un juge supérieur, élu par eux, remplissant les fonctions de président de la haute cour.

Cette haute cour ou tribunal suprême connaissait sur appel de tous les jugements rendus par les tribunaux secondaires. Ses membres étant entretenus aux frais de l'état, elle rendait gratuitement la justice. Ses séances étaient dépouillées de tout apparat, mais importantes et majestueuses. Le président, revêtu d'une robe rouge, portait à son cou une chaîne d'or et une image en pierre de la déesse Saté (la justice). Il tenait devant lui, tout ouvert, le grand livre d'Hermés, qu'il ¡consultait et qu'il invoquait dans tous les arrêts rendus.

L'objet de la demande était exposé par écrit ; l'adversaire répondait de la même manière ; demandeur et défendeur avaient en outre le droit de réplique ; après quoi les parties étant suffisamment entendues, sans ministère inutile d'avoués et d'avocats, le fléau de notre législation actuelle, les juges, dont l'arrêt était irrévocable, et qui juraient solennellement de désobéir à toute injustice, même à un ordre émané du roi, décidaient de l'affaire soumise à leur juridiction. L'application de la loi criminelle était, du reste, simple et facile, le crime étant reconnu; le code d'Hermés se chargeait d'infliger la punition du coupable.

Une des lois les plus utiles peut-être à la moralité, à la tranquillité publiques, était celle qui rendait tout citoyen responsable d'un crime qui se commettait sous ses yeux. Son premier devoir, dans le cas d'assassinat, était d'empêcher le meurtrier d'accomplir son forfait; le second était de dénoncer le coupable et de réclamer sa punition devant les tribunaux. L'impassibilité, l'inertie devant le meurtre étaient punies comme l'homicide; c'est-à-dire de mort. Terrible, mais noble loi, celle qui ne permettait à personne de croiser les bras pendant l'assassinat de son semblable ! qui assimilait le témoin lâche et apathique d'un crime atroce à l'auteur du crime lui-même !..

Dans le second cas, celui de non dénonciation d'un délit, le spectateur indolent était battu de verges et privé de nourriture pendant trois jours.

Du reste, afin de prévenir les accusations mensongères, le serment était requis devant la loi, qui punissait de mort le parjure ou le calomniateur, et privait son corps des honneurs de la sépulture.

Les lois pénales égyptiennes, sévères, mais justes, punissaient de la peine capitale le faux serment, le meurtre et le parricide. Ce dernier crime, heureusement rare, était expié par les tortures et le bûcher. Par une bizarrerie inexplicable de la loi, l'infanticide, crime tout aussi grand que le parricide, plus grand peut-être, n'entraînait point l'exécution des coupables. Les parents convaincus d'avoir donné la mort à leurs enfants étaient seulement condamnés à tenir pendant trois jours, dans leurs bras, le cadavre de leur victime, punition de la sorte plutôt morale que physique et matérielle.

La mutilation châtiait cruellement ceux qui attentaient à la pudeur des femmes ; l'amputation du nez flétrissait et dégradait les femmes adultères, ces parjures de la foi conjugale ; le fouet ridiculisait leurs complices ; la main droite était coupée au faussaire ; la langue arrachée aux révélateurs des secrets de l'État. Il semble que la législation égyptienne avait pris à tâche de ne punir, dans la plupart des délits soumis à sa juridiction, que la partie du corps coupable des actes justiciables devant les tribunaux et la société humaine. En vertu de cet esprit de répartition impartiale, les femmes enceintes, convaincues d'un crime capital, n'étaient jugées et condamnées qu'après la naissance de leur enfant, pour que celui-ci, innocent, ne participât en aucune façon à la flétrissure méritée par sa mère.

L'application de la loi civile était moins claire et par cela même plus en dehors des règles de la bonne justice que celle de la loi criminelle. D'après une loi de Bocchoris, loi, du reste, postérieure au code hermétique, une dette était annulée par le serment du débiteur s'il n'existait aucun titre qui pût en prouver l'identité, alors même qu'elle fût certifiée par des témoins oculaires. On devine sans peine où pourrait aller l'abus d'une loi pareille, mise à profit par les débiteurs sans conscience et sans bonne foi. Le débiteur pouvait engager du reste tous ses biens à son créancier, jusqu'à la momie paternelle, qu'il était obligé de racheter sous peine d'être privé de sépulture, mais jamais sa personne, la contrainte par corps étant regardée par les juges égyptiens comme contre-nature. L'intérêt d'une créance pouvait aller jusqu'à un taux très élevé, sans cependant pouvoir dépasser jamais le capital.

Mais que penser d'une législation tolérant le vol, moyennant patente, comme une industrie honorable et ordinaire? Le vol organisé comme une maison de commerce moderne, avec ses chefs et ses commis, ses bureaux, ses magasins et ses correspondances? Le vol pratiqué sur une grande échelle, en présence de toute une ville, en face de tous les habitants, et assuré, qui plus est, de l'impunité judiciaire?

Un propriétaire, pour jouir en paix de son bien légtime, était obligé d'en céder le quart aux voleurs, et ce pacte incompréhensible était dûment autorisé par la loi et par les tribunaux! Des bijoux précieux, des colliers, des diamants, des pierreries, venaient-ils à disparaître, — on s'adressait directement au chef des bandits réunis qui, moyennant salaire raisonnable, ordonnait aux voleurs subalternes de faire la remise des objets volés et réclamés, que d'autres fripons plus adroits escamotaient peut-être le lendemain, toujours au compte de l'association légale et autorisée!

Le fisc royal ne perdait pas sans doute à ce trafic si blessant pour la morale publique; mais la sécurité de tous devait certainement en souffrir!

Cette dissemblance visible de la législation égyptienne, si sévère contre le parjure, si indulgente contre les voleurs, n'était pas la seule : une loi non moins choquante, en dépit de la loi de Ménés, sur l'institution des mariages, autorisait la polygamie, défendue toutefois aux prêtres, qui ne pouvaient avoir qu'une femme, et permettait ainsi l'établissement de nombreux sérails placés sous la surveillance des eunuques, à l'instar des sérails de la Perse et de l'Inde; seulement, les enfants provenus de la première femme avaient seuls le droit de prétendre à la succession paternelle, nouvelle injustice frappante que nous consignons ici, à la honte de la législation civile d'Hermés ou de ses modificateurs.

Ce que nous savons des autres lois de l'Égypte appartient à des temps plus reculés et rentre dans le domaine des invasions successives du territoire égyptien par les étrangers, Persans, Macédoniens ou Romains.

L'armée avait sa hiérarchie comme la magistrature ; mais cette hiérarchie, au lieu de remonter directement aux prêtres, remontait directement au roi.

Le roi avait seul le commandement souverain et absolu de ses troupes ; après lui venaient ses fils et les autres officiers dans l'ordre de leur rang et de leurs commandements. Les militaires, composant la deuxième caste sociale, possédaient des terres comme les prêtres, terres également exemptes d'impôts. Une portion des revenus publics était affectée à défrayer les dépenses des soldats de l'armée active et permanente, chargés de la défense de l'État et de repousser les attaques étrangères.

Cette armée permanente ne dépassait pas, en temps de paix, cent quatre-vingt mille hommes ; quatre cent mille en temps de guerre. L'armée de Sésostris, forte de six cent mille combattants, fut une exception qui ne saurait infirmer en aucune façon la règle générale.

Deux classes distinctes de guerriers composaient cette armée, destinée à surveiller les frontières et à garder les villes fortes : Daphné, qui protégeait l'Égypte contre les Arabes ; Éléphantine, qui la garantissait des Éthiopiens ; Maréa, des Lybiens ; Aouaris, la forte citadelle des Hyksôs ; Peluse , devenue plus tard la clé de l'Égypte, etc. Ces deux classes s'appelaient les *calasiris* et les *hermotybies ;* les calasiris pouvant fournir jusqu'à deux cent cinquante mille hommes, les hermotybies seulement cent soixante mille.

Cent hommes de chaque classe militaire , recevant de plus que les autres soldats cinq livres de pain , deux livres de viande et deux mesures de vin par jour , composaient la garde royale des Pharaons. Leurs officiers se reconnaissaient par une plume d'autruche qu'ils portaient sur la tête.

En temps de paix , le soldat s'occupait à la gymnastique et aux autres exercices militaires , et accomplissait devant le roi et ses enfants des évolutions et des mouvements enseignés avec patience et appris avec peine.

Lorsque la guerre était déclarée , pendant que les temples retentissaient de prières et d'invocations , l'armée se mettait en marche de la manière suivante : les frondeurs d'abord , avec leurs arbalètes ; les archers ensuite , avec leurs carquois , leurs arcs et leurs flèches aiguées ; les piquiers, couverts de leurs casques , de leurs cuirasses et de bonnes cottes de mailles , armés de piques et de lances et portant des poignards longs et effilés à leur ceinture ; puis le reste des fantassins , avec leurs enseignes déployées , suivant au pas de guerre les tambours et les trompettes composant la musique militaire et dirigeant la marche des troupes réunies.

L'effigie du dieu Amon-Ra , portée par un aide-de-camp du roi , précédait le monarque , monté sur son char de guerre , entouré des troupes légères , et suivi de sa garde , au milieu de laquelle un conducteur spécial menait en laisse son lion favori.

La cavalerie étant inconnue alors en Égypte , les chars de guerre , tous à deux roues , ouverts par le fond et attelés de deux chevaux , fermaient la marche guerrière. Chacun de ces chars était monté par un combattant tenant un bouclier à la main gauche, la hache-d'armes ou des flèches à la main droite, ayant assis devant lui un guide chargé de conduire et de diriger les chevaux, faisant voltiger un fouet sur leurs têtes ou leur cinglant les reins avec une cravache.

Des camps volants destinés à protéger l'armée en pleine campagne étaient entourés de palissades; un peloton de fantassins en gardait la seule et unique entrée; au fond était la tente royale; sur les côtés, les chars étaient rangés sur deux files, ainsi que les ambulances, les chevaux et ânes de transport, le fourrage, et les tortues et les béliers destinés à servir à l'attaque des places.

Pendant la guerre, la discipline était strictement observée; tout soldat coupable de désobéissance devait réparer sa faute par une action d'éclat, punition morale plus efficace cent fois que les punitions corporelles et matérielles.

Le roi donnait le signal de l'action, l'ordre de poursuivre l'ennemi, entrait le premier dans les villes conquises et dictait les tributs à imposer aux vaincus.

A son retour en Égypte, il se rendait, enseignes déployées, portant le vautour et l'épervier symboliques de ses victoires, et suivi de ses prisonniers, dans la ville de Thèbes, où l'attendait une pompe triomphale et royale. La reine venait au-devant de lui pour le conduire au temple d'Amon-Ra, où il devait remercier le principal dieu de l'Égypte des succès de ses armes. Le roi, ce devoir accompli, partageait le butin entre ses officiers et ses soldats, et distribuait des récompenses militaires. Des peintures, des bas-reliefs et des inscriptions venaient ensuite représenter et consacrer les victoires royales.

La marine jouait un rôle médiocre dans les destinées de l'Égypte. Néanmoins il y avait une sorte de marine et de flotte égyptienne, témoin la flotte de Sésostris, forte de quatre cents navires, conduits à la rame et à la voile, qui, dans un combat naval, abordaient l'ennemi avec des crocs. On cite même un amiral égyptien, Ahmôsis, commandant de la flotte sous Touth-môsis Ier. Toutefois l'ancienne marine égyptienne ne fit jamais des merveilles !

2. — État agricole et industriel.

On nous affirme que la position du peuple égyptien ne fut pas malheureuse sous le règne des anciens Pharaons. L'agriculture, le commerce et l'industrie lui étaient exclusivement réservés ; une loi sévère attachait les enfants à la profession paternelle qu'il leur était défendu de quitter.

La fertilité du sol de l'Égypte, qui demande peu de labeurs soutenus, et qui supporte facilement deux récoltes (1) ; les traces du luxe antique que l'on remarque sur plusieurs bas-reliefs représentant les costumes populaires ; la douceur et la salubrité du climat, malgré le souffle des mauvais vents, en particulier du simoun, ou vent du midi, qui donne la peste, ont dû contribuer à faire regarder une pareille hypothèse comme un fait physique acquis à l'histoire.

Il est cependant difficile de supposer que le bonheur matériel, dépouillé de tout prestige de félicité morale et intuitive, pût rendre heureux le peuple égyptien. Un troupeau de bœufs parqué dans de gras pâturages pourra se contenter de la somme de bonheur qui lui est accordée ; il n'en est pas de même d'une classe sociale qui raisonne et qui pense.

Le peuple n'était rien, en effet, dans cette grande machine

(1) On sème les blés en novembre ; le mois suivant les blés couvrent la terre ; en janvier paraissent les épis que l'on coupe à la fin de mars ; nouvelle semence au mois d'avril, qui arrive au mois de juillet en pleine maturité.

administrative et politique qui régissait sa destinée et qui contrôlait ses actes privés ; il ne pénétrait jamais, en vertu d'aucun titre, dans cette cour imposante et majestueuse, dont les pontifes et les guerriers possédaient seuls les entrées ; il saluait, il est vrai, de ses acclamations, la famille royale se rendant dans les temples publics ; il assistait aux fêtes splendides célébrées en l'honneur des dieux ou des victoires nationales ; il payait humblement ses impôts au fisc royal et au trésor public ; — mais il ne lui était point permis de jouer un rôle quelconque dans ces scènes émouvantes où le conduisait sa curiosité animale et son admiration stupide. Plus d'une âme d'élite dut se sentir froissée de cette loi divine ou humaine qui lui interdisait le manteau sacré de ministre du culte, la tunique blanche de membre du tribunal judiciaire, la cuirasse et la hache-d'armes du soldat.

Le seul droit du peuple, dans les temps les plus reculés de la monarchie, était de donner son opinion sur la conduite des rois défunts, et de le priver du tout ou d'une partie des honneurs affectés à la sépulture des monarques qui avaient bien mérité de leur pays et de leurs sujets. Plusieurs tombeaux royaux furent ainsi martelés par l'influence populaire ; plusieurs statues insolentes furent brisées et anéanties. Là furent tous les actes émanant de la volonté du peuple, à qui l'on attribue gratuitement un droit qui n'a jamais existé, ni sous le gouvernement théocratique des prêtres qui se choisissaient eux-mêmes un souverain, ni sous la monarchie humaine, qui se transmettait de père en fils sans opposition, le droit d'élire ou de participer à l'élection de ses rois.

Si le peuple, du reste, trouvait heureuse sa position morale et physique, la condition des esclaves était affreuse et insupportable. Les esclaves étaient les prisonniers faits dans les pays étrangers, qui servaient aux travaux les plus pénibles, les plus difficiles et les plus humiliants. Le grand Rhamsés fit travailler les esclaves seuls aux travaux et aux embellissements qui décrèrent l'Égypte sous son règne brillant et magnifique. On se servait de ces malheureux captifs comme des bêtes de somme que l'on pouvait torturer ou faire mourir à volonté, sans que leur mort entraînât la moindre conséquence fâcheuse ou fut suivie d'aucune punition. Parmi ces esclaves, nous citerons les Hébreux qui, sous la conduite de Moïse, n'eurent d'autres ressources que la fuite pour échapper à leurs bourreaux et à leurs persécuteurs. Quoiqu'il en soit, la race égyptienne était belle, grande, vivant longtemps, mais grêle et mince toutefois; la physionomie des deux sexes était douce; la taille généralement bien prise; le nez légèrement aquilin; les cheveux longs et coquettement soignés. Les colonies éthiopiennes qui s'y établirent et qui cimentèrent leur union avec les indigènes par des mariages successifs, croisèrent la race primitive d'un teint brun-jaune, surtout chez les femmes qui s'en ressentirent plus que les hommes.

La haute Égypte paraît avoir été la première habitée, soit par les familles indiennes qui vinrent s'y établir, soit par les races éthiopiennes et abyssiniennes qui reconnaissaient également l'Inde comme leur mère commune. De Méroé, l'antique capitale de l'Éthiopie, la population descendit à Louqsôr, à Karnâk, à Thèbes, à Kenéh; puis dans l'Égypte moyenne, et enfin dans la basse Égypte, qui fut la dernière peuplée d'habitants et parsemée de villes.

Les familles se propagèrent avec rapidité, transmettant de génération en génération des mœurs intérieures douces et unies : la vénération pour les vieillards, l'amour des parents pour leurs enfants, de l'époux pour l'épouse; mais aussi une haine profonde et invétérée pour tous les étrangers.

Les habitations, d'abord simples et petites, devinrent bientôt vastes et commodes; les rez-de-chaussée se transformèrent en maisons à plusieurs étages, pourvues d'un grenier destiné à recevoir les provisions des ménages; des terrasses charmantes, défendant des jardins agréables, étaient couronnées par des berceaux de vigne et des allées de grenadiers et de citronniers ; dans les appartements privés, des meubles en bois rare, dorés, sculptés et ciselés vinrent prendre la place des meubles rustiques des premiers colons ; des lits à tête de lion, des divans moelleux, des canapés, des fauteuils, des guéridons et des tables de jeu ajoutèrent aux commodités et au sybaritisme de la vie égyptienne.

Les habits et le costume devaient suivre également le progrès de la civilisation monumentale et antique. Les hommes adoptèrent une courte tunique de lin, serrée par une ceinture au-dessus des hanches, avec de courtes manches, et la chaussure en papyrus, qui servait d'abord seulement aux prêtres sacrés. Les femmes, toujours plus coquettes et plus vaniteuses, décorèrent de bandeaux, de boucles, d'anneaux et de bijoux précieux leurs jupes de lin ou de coton rayées ou coloriées, fermèrent leurs larges manches par de riches bracelets, arrêtèrent leurs cheveux parfaitement tissés avec des épingles brillantes, suspendirent à leurs oreilles des émeraudes ou des topazes, se firent accompagner par des femmes esclaves qui leur servaient de suivantes et de domestiques, et se firent traîner en public (les plus riches s'entend) sur des chars et sur des palanquins.

Dans les campagnes, les progrès du luxe furent, à la vérité, moins rapides et moins avancés que dans les villes. Les habitants des champs, les bons fermiers des villages s'occupaient de choses bien autrement importantes pour la prospérité de l'Égypte : la culture et le labourage.

La première fête des campagnes était celle de l'inondation du Nil, inondation périodique, commençant vers le milieu du mois d'août et durant quelquefois cent trente jours, mais s'arrêtant d'ordinaire au mois de novembre. On rompait alors les digues des canaux utiles à l'irrigation des terres, dont la garde était confiée à des postes militaires qui les refermaient après la durée de l'inondation.

Le Nil, rentré dans son lit naturel, la culture des champs

s'inaugurait par une cérémonie absolument semblable à celle des Chinois. Le roi, revêtu d'habits somptueux, dirigeait la charrue et ouvrait le premier sillon de l'année. Les laboureurs suivaient aussitôt cet exemple. Un simple tour de charrue suffisait à ces terres fraîches et friables (1); on semait ensuite le blé dans les sillons que l'on faisait fouler par des chèvres et des moutons.

La seconde fête populaire, celle de la végétation de la terre, annonçant la venue des produits de l'année, venait réveiller les populations agricoles de leur calme et de leur apathie. Elle avait lieu vers le commencement de mars. Mais la plus joyeuse des trois grandes fêtes de l'année était, sans contredit, celle de la récolte. Les blés étaient coupés par les moissonneurs, l'épi d'abord, en particulier; la paille après. Le grain s'arrachait ensuite de l'épi par poignées. Mesuré par le propriétaire, on le vannait et on l'enfermait dans des sacs ou des urnes couvertes où on pouvait le conserver pendant plusieurs années.

Le blé n'était pas cependant la nourriture usuelle des Égyptiens; on vendait le blé, mais on ne le consommait point. Le pain ordinaire était le doura, fait avec de la farine de maïs, ou le lotus, dont on faisait également un aliment recherché. La tige du papyrus cuite au four, la figue du sycomore, les légumes et le poisson apparaissaient le plus souvent sur les tables. On buvait de préférence le vin blanc de Maréotis, aux parfums délicats, et celui de Coptos en Thébaïde, conservés dans de grandes amphores. Pour les cultivateurs pauvres, l'eau du Nil, fort bonne, du reste, était mise à contribution et remplaçait les vins que nous venons de citer.

Les terres agricoles de l'Égypte, appartenant toutes au roi et payant au fisc royal le cinquième de leurs produits, comprenaient de vastes prairies artificielles où l'on élevait en grande quantité les bœufs, les ânes, les brebis et les chèvres, sans ou-

______

(1) Les chars à deux roues, traînés par des chevaux, des bœufs et des ânes, servaient au labourage.

blier les chevaux , dont la race était belle et en haute réputation dans les pays étrangers. Les plus beaux chevaux du roi Salomon venaient de l'Égypte , où ils avaient été achetés par ses officiers. Les poulets éclos dans les fours étaient vendus au boisseau , comme les grains , et rapportaient aux éleveurs de poules des sommes énormes et incroyables.

Le roi , qui avait un droit sur les mines existantes dans le territoire de l'Égypte , percevait également un impôt assez considérable sur les pêcheurs à la ligne, à la cordelle , au filet et au trident , les plus anciens instruments de pêche de l'Égypte. Enfin la chasse , cette première passion de l'homme, était permise au menu peuple , qui pouvait librement, pendant ses loisirs , poursuivre les hyènes et les gazelles dans les montagnes abyssiniennes ou les autruches dans les plaines du Nil.

L'industrie commerciale jouait aussi un grand rôle dans les destinées de l'Égypte.

Thèbes était le point central du commerce entre la Méditerranée , la mer Rouge et l'Éthiopie. De son enceinte partaient des routes allant à Méroé, soit en suivant le cours du Nil , soit en traversant les déserts de la Nubie ; d'autres se rendant à Cosséir, à Edfou , à l'Océan , quelques siècles après à Carthage.

Memphis , la digne rivale de Thèbes , communiquait avec les côtes de la Méditerranée, par le canal des deux mers avec la mer Rouge ; par des routes bien entretenues, avec la Phénicie, l'Arménie , l'Assyrie , l'Inde et la Perse. Les Hébreux , souvent en contact avec les Égyptiens , prirent beaucoup de leurs mœurs commerciales et trafiquantes.

Les caravanes de marchands , remplaçant le commerce maritime , encore à l'état d'enfance en Égypte , emportaient dans les pays étrangers le blé, la principale richesse agricole de l'Égypte ; les étoffes riches et communes, brochées , brodées , blanches ou coloriées en lin et en coton , provenant des fabriques immenses et des magasins de teinture établis sur les bords du Nil ; les cottes d'armes en lin peintes et brodées en or ; les bandelettes et les toiles de byssus servant aussi à attacher et à embaumer les momies ; les vases sculptés et les paniers et les corbeilles faits avec les dattiers du désert.

En revanche, les peuples du midi de l'Afrique apportaient dans les ports de la mer Rouge l'or, l'ébène, l'ivoire et les dents d'éléphants ; l'Arabie envoyait à l'Égypte l'argent, le fer, le cuivre, le myrrhe et l'encens destinés à l'embaumement des momies ; Memphis recevait des négociants indiens les étoffes de Kachmir et d'Astinapour et les perles et les pierres précieuses dont se parèrent bientôt les femmes des grands seigneurs et qui passèrent plus tard dans le domaine de la bourgeoisie commerçante ou du peuple des villes.

Les conquêtes de Sésostris et la création de sa flotte de quatre cents voiles contribuèrent beaucoup au développement du commerce égyptien et à l'étendue de ses relations. Les nations vaincues et soumises par l'épée de Rhamsés étaient obligées de payer des tributs en anneaux d'or ou d'argent, cornalines, grenats, corail, anneaux et lingots d'argent ; vases en argent ou en or émaillés ; arcs, carquois, flèches et massues ; chars de guerre ; bois d'ébène, peaux de panthère, œufs et plumes d'autruche ; antilopes, panthères, girafes vivantes ; singes, ours et chevaux vivants ; esclaves noirs ; enfin, jusqu'à des femmes qui remplissaient le sérail des rois ou étaient employées aux services domestiques chez les particuliers aisés.

Dans les siècles suivants nous verrons les conquérants persans, macédoniens et romains, imposer l'Égypte à leur tour et lui demander son blé, ses femmes, ses momies, ses obélisques et ses crocodiles.

Le sage Hermés, qui connaissait un peu de tout, n'avait eu garde d'oublier dans ses livres sacrés la destinée commerciale future du peuple d'Osiris. Les Égyptiens lui attribuent l'invention des poids et mesures utiles aux marchands et aux négociants, invention qui mit en usage dans les mœurs égyptiennes la coudée en bois ou en pierre calcaire, divisée en six palmes de quatre doigts chacune, et les anneaux d'or ou d'argent servant à peser les marchandises, dont se servaient les contemporains des Hyksôs et des Pharaons. Les scarabées servirent de monnaie jusqu'à la création et la régularisation du système monétaire par Darius Hystaspes, qui mit en vogue, à Memphis et à Thèbes, les dariques royaux de la Perse.

3. — État physique et géographique.

L'Égypte!.. c'est le Nil. Le Nil est aussi le dieu de prédilection de l'Égypte. De lui dépend l'*heur ou malheur* des Égyptiens : les récoltes abondantes ou chétives, les moissons fécondes ou stériles. Les plaines desséchées par les rayons de feu du soleil brûlant de l'Afrique ou par le terrible simoûn, redouté des voyageurs et des chameaux, attendent avec impatience l'heure de la rupture de ses digues et reçoivent de ses canaux nombreux cette eau nourricière qui retrempe leurs flancs altérés de soif et échauffés de poussière.

Le fleuve gigantesque entrait dans le sol de l'Égypte par la cataracte placée au-dessus d'Assouan et d'Éléphantine. Bondissant d'abord et se précipitant, il ne reprenait une marche plus calme et plus tranquille qu'auprès de Memphis et de la vaste plaine du Fayoum. A sa droite apparaissaient quelques terres fertiles se perdant bientôt dans les sables ; puis la chaîne des monts Arabiques ; la mer Rouge dans le lointain. A gauche on distinguait les déserts Lybiques et les oasis. C'est alors que la vallée de l'Égypte, jusque là resserrée par les deux montagnes parallèles, s'élargissait ensuite pour devenir une grande plaine triangulaire, traversée par les bras protecteurs du Nil subdivisé en canaux irrigateurs, et parsemée de lacs d'une assez grande étendue dans le voisinage de la mer. Cette partie de l'Égypte pouvait se comparer elle-même à une mer immense pendant l'inondation périodique du fleuve ; le fleuve retiré, le regard étonné plongeait dans une prairie magnifique étincelante de fleurs et d'épis ; près du Fayoum resplendissaient des roses odorantes, des vignes rampantes, des orangers, des oliviers et des palmiers verdoyants. La force de la végétation était si grande que les rigueurs de l'hiver ne pouvaient en arrêter le cours. Sous le ciel pur et beau de Thèbes, la vallée du Nil, quoique plus étroite, l'emportait de beaucoup sur celle de la basse Égypte par les produits vigoureux du sol et le pittoresque du coup d'œil, surtout près de la cataracte de Syène et les carrières de granit rose de Philœ. C'était une véritable forêt de sycomores, de bananiers, de grenadiers, de dattiers, de papyrus ombrageant des champs de melons, de concombres, de pastèques, de lentilles et de raves (1).

La chaîne des monts Arabiques finit brusquement au Caire ; celle des monts Lybiques se termine au nord par une pente insensible dont une des ramifications embrasse le lac Fayoum (lieu aqueux), construit par Mœris, lac de soixante lieues de tour, communiquant au Nil par un canal construit par les soins du même prince.

Dans l'occident de la chaîne Lybique se trouvent encore les oasis, dont les sources d'eau si rares dans ces contrées sont si précieuses pour les voyageurs (2) ; à l'orient du Nil est le désert

_____

(1) La seule dépense en raves, disent Pline et Hérodote, faite par le roi Chéops pour les ouvriers travaillant à sa pyramide, monta jusqu'à la somme de six cents talents d'argent (huit millions).

(2) La grande oasis des anciens était placée à Elkhargéh, dans la Thébaïde ; celle où était le fameux oracle d'Ammon à Syouah, oasis remarquable aussi par sa fontaine, dont les eaux changeaient de température trois fois dans le jour. C'est cette dernière oasis qui fut visitée par Alexandre-le-Grand et Sémiramis.

qui conduit jusqu'à la langue droite de la mer Rouge, dont Memphis est éloignée d'environ vingt-cinq lieues. Le bras gauche de la même mer se dirige vers l'Arabie et va baigner les flancs du Sinaï sacré des israélites.

Les habitants du sol de l'Égypte ancienne, quadrupèdes, poissons, oiseaux, insectes et reptiles devaient être en proportion avec la grandeur colossale des monuments, la hauteur prodigieuse des temples et des obélisques. Aussi l'éléphant gigantesque, l'ours robuste, la panthère agile, le lion rugissant, le chacal et la hyène sanguinaire avaient-ils élu leur domicile sur les hauteurs des montagnes hérissées ; le vautour, l'aigle majestueux, le cormoran, l'ibis et la cigogne planaient-ils sur les temples et les palais de Thèbes et de Memphis, sur le Louqsôr et la statue de Memnon, comme la vipère céraste et le tupinambis ou grand lézard se glissaient sur le sable des plaines du Fayoum. L'hippopotame, l'alligator et le crocodile, ces mastodontes antidiluviens, défendaient les abords du Nil contre les voyageurs indiscrets et téméraires.

Et pour compléter le panorama de l'Égypte antique, la liste que nous ajoutons plus bas des villes égyptiennes existantes avant la monarchie hébraïque, nous donnera une idée assez précise de la puissance des Pharaons d'autrefois, en même temps qu'un tableau général des monuments existant de nos jours, apprendra au lecteur curieux quels hommes étaient les sublimes architectes de ces pyramides qui nous ont passagèrement appartenu et sur lesquelles ont plané pour un instant nos bannières victorieuses et triomphantes !

CHAPITRE V.

—

MYTHOLOGIE ET RELIGION DE L'AFRIQUE.

L'Afrique est presque un mythe, à cette époque où Carthage
est à peine fondée ; et le commerce de Tyr et de la Phénicie
vient de la réveiller depuis trop peu de temps pour nous éclairer sur sa situation physique, morale et intellectuelle. L'histoire
des temps primitifs n'a rien à démêler avec les habitants du Congo
et de la Sénégambie, les Hottentots ou les Cafres, les nègres de
la Guinée et les sauvages de Madagascar, que nous ne connaissons, du reste, guère mieux de nos jours.

Les voyageurs modernes, ces explorateurs hardis qui n'ont
reculé ni devant les dangers les plus sérieux, ni devant les expéditions les plus périlleuses, nous apprennent toutefois, mais
sans assigner aucune date probable, que les Abyssiniens avaient

des rois et une monarchie (1), et qu'une partie de ces populations obscures et farouches reconnaissaient et adoraient des cieux.

La mythologie de ces parages inconnus, de ces enfants de Cham maudit par Noé, le bon patriarche des juifs, nous donne toutefois les noms de quelques-unes des divinités protectrices ou malfaisantes de cette partie de l'Afrique dépourvue de ois et de civilisation. Nul doute que les prêtres indiens, égyptiens et hébreux, n'aient laissé quelques germes peu développés dans ces contrées désertes et malheureuses, car on retrouve dans les croyances primitives de ces peuples, un mélange bizarre, mais informe de toutes les nations dont nous venons de parler (1).

Ainsi les autels d'Achgouia Xerax (l'Osiris de l'Égypte) se dressaient dans l'île de Ténériffe, à côté de ceux de son rival Gonaïotta (le principe du mal, le Typhon des Égyptiens); les Canaries adoraient Tynne, idole malfaisante, sorte de Sivâ des Indiens, dieu destructeur de la race humaine, offrant à ses adeptes le suicide et la mort volontaire comme un sacrifice agréable aux dieux; la Guinée rendait hommage à Agoïe (le même qu'Achgouia), dieu du bon conseil, l'Hermés trismégiste d'Osiris et d'Isis; à Borsom, le principe du bien ou l'ange blanc des nègres, opposé à Démonio, l'ange noir ou le principe du mal; China, dieu des champs et des laboureurs, était invoqué en Sénégambie et dans l'île de Casamanza.

Les naturels du Congo et du Loango se prosternaient devant Bombo, idole de la volonté et de la lasciveté; devant Horéi, le mauvais génie; Kikokko, qui veille au repos des ânes et qui les empêche de revenir sur la terre; les fétiches Kissi, détournant l'action pernicieuse des poissons sur le corps humain; le sac de terre Kossi, distributeur de la pluie et le protecteur de la navigation; Makembo, dieu de la médecine; Maramba, patron des

(1) Voyez ma *Chronologie universelle*, t. 1.

(2) Nous dirons plus tard comment la sainte religion de Jésus-Christ pénétra dans le cœur même de l'Abyssinie.

pêcheurs et des chasseurs ; les Mokissos, génies des âmes, provenus des *fervers* de la Perse ; Moumbo Ioumbo, gardien de l'honneur conjugal ; Ngoïa Chilvani, roi d'Angola, le conducteur de la foudre, etc.

Les habitants de Benin admettaient un être suprême, Orissa ou Onissara, créateur de tout ce qui existe, et souverainement bon, l'Adonaï des Hébreux, opposé toutefois au démon, qui lutte quelquefois avec avantage contre lui et qui prend à tâche d'arrêter les effets de sa toute-puissance. Les Hottentots reconnaissaient aussi un dieu supérieur, Goundja-Tikoa ou Mourimo, le dispensateur des biens ou des maux terrestres, opposé à Tikoa ou Toukoa, dieu malfaisant, dont les attributions sont problématiques, mais qui persécuta le premier couple humain, Nôh et Hingnôh, sauvé par l'entremise de Mourimô ou Goundjâ Tikoa. Enfin les Malaïgha ou Zambi du Madagascar, anges du premier ordre, chargés de veiller aux étoiles et aux planètes, et de surveiller les actions privées et publiques des hommes, ne sont, sous un autre nom, que les décans ou dynastes égyptiens.

Le peu que nous connaissons de ces religions ou mythologies diverses, nous donne ainsi le droit de supposer que l'ignorance des peuples civilisés de l'Europe sur l'histoire, les mœurs et les habitudes des habitants de l'Afrique australe, ignorance partagée, du reste, par ces peuples eux-mêmes, n'entraîne avec elle la perte d'aucune idée originale, d'aucun dogme excentrique, d'aucunes traditions utiles et nécessaires pour l'histoire générale du monde et de l'univers. Nous renvoyons donc la mise en scène des Abyssins, des Nubiens et des Cafres, à une époque plus rapprochée ou plus historique, et nous n'oublierons pas de mentionner alors les documents précieux que les Combes, les Tamisier, les Vogel, les Barth et d'autres voyageurs célèbres nous ont transmis sur ces pays peu civilisés et presque *incivilisables*.

PREUVES MONUMENTALES

DE L'ÉGYPTE PRIMITIVE,

Depuis les temps les plus reculés jusqu'à la vingt-deuxième dynastie.

---

1. Villes égyptiennes connues dans l'Histoire avant la monarchie juive. (1080 avant Jésus-Christ).

PREMIÈRE DIVISION.

Villes égyptiennes appartenant aujourd'hui à l'Éthiopie et à la Nubie.

1. Méroë, l'ancienne capitale des dieux, dont il n'existe de nos jours aucun débris.
2. Ibsamboul, en Nubie, remarquable de nos jours par le grand temple creusé dans une montagne et par les colonnes monolithes qui en décorent l'entrée.
3. Semné, en Nubie.
4. Ibrim, en Nubie, célèbre par ses spéos ou temples sacrés.
5. Amada, en Nubie, avait un temple d'Amon-Ra dont les ruines sont encore imposantes.
6. Talmis (aujourd'hui Kalandri), en Nubie.

7. Ghinché ou Ghiuché, en Nubie.

8. Philœ, bâtie par les Lybiens, dans l'île d'Éléphantine, limite entre l'Éthiopie et l'Égypte, avec un temple dédié à Knouphis.

9. Snem (aujourd'hui Béghé), en Nubie, près de Philœ.

10. Béhéni (aujourd'hui Ouadi-Halfâts), près de la cataracte du Nil.

DEUXIÈME DIVISION.

Villes appartenant aujourd'hui à la haute Égypte ou Thébaïde.

1. Thèbes, capitale de l'Égypte sous le gouvernement, puis capitale des Pharaons pendant l'invasion des Hyksôs. On y voit encore aujourd'hui les ruines du Rhamesséum ou Aménophium, du temple de Karnâk, des palais de Médinet-Habou, d'El-Assassif, du Ménephtéum, etc. Près de Thèbes était la vallée de Biban-el-Molóûk, où furent enterrés les rois Pharaons.

2. Syène, aujourd'hui Assouan, limite de l'Égypte méridionale et de l'Éthiopie, près de la cataracte du Nil.

3. Edfou, célèbre par ses temples.

4. Esnêh, *id.*

5. Ombos, *id.*

6. Louqsôr, près de Thèbes, où était le fameux palais de ce nom, dont l'un des obélisques orne la place de la Concorde, à Paris.

7. Silsilis, sur la rive orientale du Nil, avec des carrières renommées.

8. Dendérâh, célèbre par son zodiaque.

9. Élethya, dont il ne reste plus aucun vestige.

10. Apollinopolis Parva (aujourd'hui Khous).

TROISIÈME DIVISION.

Villes appartenant à la moyenne Egypte ou Heptanomide.

1. Memphis, fondée par Ménés et siége du gouvernement monarchique, fut la capitale de toute l'Égypte et le chef-lieu du gouvernement des Hyksôs et des Pharaons rétablis. Cette ville possédait, entr'autres monuments, le temple du dieu

Phta, l'objet du pélerinage de toute l'Égypte et la résidence ordinaire du bœuf Apis.

2. Sahkaráh, où se trouve l'ancien cimetière de Memphis, appelé la *Plaine des momies*, et la pyramide de ce nom.

3. Dahschour, où sont les plus hautes pyramides.

4. Ghizèh, *id.*

5. Thorrah, dans la chaîne Arabique, lieu renommé par ses carrières, à peu de distance de Memphis.

6. Massarah, *id.*, *id.*

7. Mendés, où le bouc avait des autels particuliers.

8. Abydos, dont on a découvert récemment le canon chronologique.

9. This, qui n'existe plus, fut avec Memphis, Tanis et Thèbes l'une des quatre premières villes de l'Égypte et donna son nom à plusieurs dynasties royales. C'était la patrie de Ménés.

10. Le lac Mœris ou Fayoum, construit par Touthmôsis III, dans les plaines de ce nom, à une certaine distance de Memphis.

QUATRIÈME DIVISION.

Villes appartenant à la basse Egypte ou Delta.

1. Héliopolis, capitale de la basse Égypte, possédait un temple dédié au soleil.

2. Héracléopolis, dans le dôme de Hnés, berceau de dynasties royales.

3. Xoïs ou Saïs, *id.*

4. Tanis, qui fournit également des rois d'Égypte, occupait le troisième rang dans les anciennes villes égyptiennes.

5. Aouaris, restaurée par les rois Hyksòs, sur la rive orientale du Nil, dans le nome Méthraïte, devint leur résidence militaire et fut la dernière ville qui se soumit aux Pharaons rétablis.

6. Bubastis (aujourd'hui Béni-Hassan-el-Quâdin), près du Caire, connue par ses tombeaux royaux.

7. Peluse (aujourd'hui Damiette), destinée à jouer plus tard un rôle important dans l'histoire.

8. Canope (aujourd'hui Rosette), célèbre dans l'histoire des Croisades, dédiée au dieu Canopus.

9. Naucrate, également dans la basse Égypte.

10. Apollinopolis Magna, entièrement ruinée de nos jours.

2. Principaux monuments des anciennes dynasties égyptiennes existants et découverts de nos jours.

Sans dates connues, mais évidemment antérieures à la quinzième dynastie. — Les pyramides de Sakkarah, Dahkour et Gizêh.

1. Depuis la quinzième dynastie jusqu'à l'expulsion des Hyksôs.

15e dynastie. — Mérenrhés (peut-être le Mesraïm de la Bible), 2,520 avant J.-C.		Bas-relief de Cosséir, le plus ancien monument de l'Égypte.
16e *id.* — Osortâsen Ier, 2,150 avant Jésus-Christ.		Obélisque d'Héliopolis. Stéles funéraires. Temple d'Amon, à Ouadi Halfâts.
id. *id.* — Aménémbé Ier, 2,100 avant Jésus-Christ.		Inscriptions à Cosséir. Tombeau à Béni-Hassan-el-Quâdin.
id. *id.* — Aménendjhom Ier, premier roi Pharaon à Thèbes, 2,082 avant Jésus-Christ.		Stèles funéraires, au musée de Genève.
id. *id.* — Osortâsen II, 2,053 avant Jésus-Christ.		Stèles funéraires et inscriptions.
id. *id.* — Aménendjhom II, 2,017 avant Jésus-Christ.		Stèles et inscriptions. Statuette au musée du Louvre. Stèle en calcaire blanc. Tombeau à Béni-Hassan.
id. *id.* — Osortâsen III (Nilus), 1,988 avant J.-C.		Temple et bas-relief de Semnô, en Nubie.
id. *id.* — Aménendjhom III, 1,921 avant J.-C.		Stèle funéraire à la bibliothèque royale. Amulette en terre émaillée, à Florence. Stèles des rochers d'El-Majarah, en Arabie.
id. *id.* — Ahmôsis, 1,850 avant Jésus-Christ.		Stèle et cercueil de momie, à Turin. Stèles sculptées dans la montagne de Massarah. Ouverture des carrières de ces mêmes montagnes, la 22me année de son règne. Réparations des temples de Phta, d'Apis et d'Amon, à Memphis, après l'expulsion des Hyksôs.

2. Depuis l'expulsion des Hyksôs jusqu'à Sésostris.

Aménophis Ier (1822 avant Jésus-Christ). — Statue d'Aménophis I, en calcaire blanc, au musée de Turin. Bas-reliefs au musée égyptien de Paris. Statue de la reine Nofré-Ari, sa femme, au musée de Turin.

Touthmôsis Ier (1791 avant J.-C.) — Palais de Médinet-Habou, à Thèbes. Spéos ou temple à Ibrim. Statue colossale de Touthmôsis Ier, à Turin. Bas-relief du temple d'E-Assassif, à Thèbes.

Touthmôsis II (1778 avant Jésus-Christ). — Édifices d'Esnêh, en granit rose. Décoration de six salles au palais de Médinet-Habou. Temples de Semné, en Nubie.

Amensé, sa fille, reine (1757 avant Jésus-Christ). — Bas-reliefs d'El-Assassif. Temple d'Amon-Ra, à Thèbes. Grands obélisques du temple de Karnâk, à Thèbes.

Touthmôsis III Mœris (1736 avant J.-C.) — Salles à Médinet-Habou. Temple de Knouphis, à Élethya et Esnêh. Temple d'Har-Hat, à Edfou. Mur d'enceinte d'Ombos. Propylées du grand temple de Memphis. Mur à Éléphantine. Fin du temple d'El-Assassif. Constructions à Karnâk. Temple à Ouadi-Hafâts. Temple à Ibrim. Temple d'Amada. Obélisque de Saint-Jean-de-Latran, à Rome. Obélisques d'Alexandre et de Constantinople. Lac Fayoum ou Mœris. Statue colossale de Touthmôsis III, à Turin. Table historique de Karnâk. Premier manuscrit égyptien, daté de la cinquième année de son règne, au musée de Turin.

Aménophis II (1723 avant Jésus-Christ). — Colosses de Karnâk. Temple d'Athor, à Snem. Statue colossale d'Aménophis II, à Snem. Temple de Malouli à Calabschi (Talmis). Salles d'Amada. Temple à Ibrim. Statue colossale d'Aménophis II, en granit rose et monolithe, à Turin.

Touthmôsis IV (1697 avant Jésus-Christ). — Fin du temple d'Amada. Inscription commémorative (sur les rochers de Philœ) d'une victoire remportée sur les Lybiens. Tombeau à Kournâ.

Aménophis III Memnon (1667 avant Jésus-Christ). — Palais de l'Aménophium, à Thèbes. Grand palais de Louqsôr. Sphinx en granit rose, représentant Aménophis III. Tombeau à Biban-el-Melouk. Célèbre statue vocale d'Aménophis III Memnon. Inscription commémorative sur les rochers de Philœ. Temple de Knouphis, à Éléphantine. Ouverture des carrières de Silsilis. Contrat manuscrit du règne d'Aménophis III, à Turin. Statue hémiocéphale d'Aménophis, à Turin. Statue colossale du même Aménophis, à Paris. Stèles près de la montagne Lybique, à Thèbes. Statuettes funéraires en basalte. Amulettes et scarabées du temps.

Horus (1657 avant Jésus-Christ). — Temple de Ghédel-Addéh, en Nubie. Temple d'Amon-Ra, à Silsilis. Colonnes du palais de Louqsôr. Groupe en pierre calcaire blanche, représentant Horus et sa fille, au musée de Turin. Autre groupe en granit noir, au même musée.

Tmabumot, sa fille, reine (1631 avant Jésus-Christ). — Groupe et coudée, au musée de Turin.

Rhamsés Ier, son frère (1619 avant J.-C.) — Les quatre dernières colonnes de Louqsôr. Stèle du temple d'Amon, à Ouadi-Halfâts. Tombeau à Biban-el-Melouk, près de Thèbes.

Ménephta Ier (1610 avant Jésus-Christ). — Tombeau de Ménephta. Temple à Bubastis. Palais de Kournâ ou Ménephtéum, à Thèbes. Temple au dieu Fré, dans le désert. Temple monolithe, à Silsilis. Statue d'Amon-Ra, au Vatican. Obélisque de la place du peuple, à Rome. Contrat en écriture hiératique, à Turin. Statue colossale de la reine Twéa, sa femme, à Rome, musée capitolin.

Rhamsés II (1577 avant Jésus-Christ).	Monuments commémoratifs de Beit-Oually, en Nubie. Bas-reliefs au Ménephtéum et au palais de Kournà, à Thèbes. Obélisque de la place de la Concorde, à Paris. Chapelle à Silsilis. Salle hypostyle, au palais de Karnâk.

3. Depuis Sésostris jusqu'au temps de la monarchie juive.

Rhamsés III le Grand (Sésostris), 1571 avant Jésus-Christ.	Tableaux historiques de Beit-Oually. Stèle du musée égyptien, à Paris. Monument commémoratif à Béirout, en Syrie. Temples de Phta et d'Athor à Memphis. Le Rhamesséum, à Thèbes. Tableaux historiques de Kourma. Réparations aux palais de Louqsôr et de Karnâk. Temple d'Ibsamboul, en Nubie. Chaussées préservatrices du Nil. Un obélisque à Louqsôr. Obélisques faminiens de la rotonde de la villa Mattéi, à Rome. Un autre à Florence. Statues monolithes au temple d'Éphaïstos, à Thèbes. Papyrus au musée d'Aix et de Turin. Tombeau à Biban-el-Molouk. Table d'Abydos. Statue de Rhamsés III, au musée de Turin. Statue monolithe, au même musée. Statue de Rhamsés III, en albâtre oriental, au Louvre.
Ménephta II (1503 avant Jésus-Christ).	Groupe monolithe de Tanis. Chapelle à Silsilis. Stèles. Tombeau à Biban-el-Molouk.
Thaoser, reine, sa fille (1498 avant J.-C.)	Stèle à Silsilis. Tombeau à Biban-el-Molouk.
Ménephta III (1481 avant Jésus-Christ).	Tombeau à Biban-el-Molouk. Stèles à Kourma. Cartouches et inscriptions, à Louqsôr, Karnâk, etc.
Aménophis IV (1479 avant Jésus-Christ).	Tombeau à Biban-el-Molouk.
Améchelfis, roi pasteur (1471 avant J.-C.)	Statue monolithe, au musée égyptien de Paris.

Rhamsés IV Méiamoun, fils d'Aménophis IV (1459 avant Jésus-Christ).

Le grand palais de Médinet-Habou, à Thèbes. Tableaux historiques et inscriptions à Kourma et à Karnâk. Stèle à Appollinopolis (Khous). Actes en papyrus, au musée de Turin. Tombeau à Biban-el-Molouk. Sarcophage de Rhamsés IV Méiamoun, au Louvre. Statue monolithe du même roi, etc.

Rhamsés V Rhapsakés (1419 avant J.-C)

Statue dans la salle hypostyle de Karnâk. Tombeau à Biban-el-Molouk.

Rhamsés VI (1358 avant Jésus-Christ).

Tombeaux à Biban-el-Molouk. Stèles au musée de Berlin.

Rhamsés VII (1339 avant Jésus-Christ).

Idem.

Rhamsés VIII Thuoris (1322 avant J.-C.)

Idem.

Rhamsés IX Ménophrés (1286 avant J.-C.)

Monuments à Thèbes. registres des recettes du temple de Thèbes. Sanctuaire du temple de Khous. Édifices de Karnâk. Tombeau à Biban-el-Molouk.

Rhamsés X Rhampsinit (1279 avant J.-C.)

Tombeaux à Biban-el-Molouk.

Rhamsés XI, chef de la vingtième dynastie (1258 avant Jésus-Christ).

Idem.

Rhamsés XII (1232 avant Jésus-Christ).

Idem.

Aménemsés (1216 avant Jésus-Christ).

Idem.

Rhamsés XIII Rhaméri (1209 avant J.-C.)

Légende à Silsilis.

Rhamsés XIV Amon-Maï (1190 avant Jésus-Christ).

Fragment des murs de Karnâk.

Rhamsés XV Chéops (1185 avant J -C.)

Temple de Khous, à Thèbes. Décorations de la salle hypostyle. Tombeau à Biban-el-Molouk.

Rhamsés XVI Chéphren (1163 avant Jésus-Christ).

Tombeaux à Biban-el-Molouk. Réparation des pyramides.

Rhamsés XVII Mycérinus (1137 avant Jésus-Christ).

Idem.

Pahor Amonsé, grand-prêtre et roi (1133 avant Jésus-Christ).

Pronaos du temple de Khous, à Thèbes.

Mandouftef ou Smendis, chef de la 21me dynastie (1994 avant Jésus-Christ).

Inscription à Cosséir.

Aasen, son fils, contemporain de Samuël (1088 avant Jésus-Christ).

Stèle d'Abydos, à Turin.

LIVRE VI.

GRÈCE ET ITALIE.

CHAPITRE Ier.

ANTIQUITÉ DE LA GRÈCE ET DE L'ITALIE. — PREUVES ET DOCUMENTS

Plus le champ de bataille des premiers âges historiques se rapproche de nous, plus les faits mythiques et divins prennent des proportions plus humaines ; plus les prétentions orgueilleuses de race s'effacent et s'humilient, plus le voile obscur et ténébreux des temps primitifs du monde s'éclaircit et se déchire à nos yeux.

Nous venons de rencontrer sur notre route une nation puissante et florissante, l'Égypte, cette terre du Nil, où les monuments les plus admirables fournissent à la postérité leurs extraits de naissance, qui avait cru cependant devoir ses titres de noblesse à une race plus ancienne et plus noble qu'elle, l'Inde brahmaïque du Bengale et du Malabar.

Nous avons fait remarquer les coïncidences frappantes, les rapports fréquents, les similitudes nombreuses qui existent entre la mythologie, la religion, la législation, les mœurs et les usages des Égyptiens et des Indiens leurs aïeux.

On a pu se convaincre, dans le parallèle des deux familles, l'une génératrice et l'autre procréée, que la trimourti indienne se trouve consacrée dans presque tous les temples nubiens, éthiopiens et égyptiens ;

Que Piromi, l'esprit créateur, le dieu unique, universel de l'Égypte, n'est autre que le Bhagâvan générateur de l'Inde ;

Qu'Amon-Ra, le fils aîné de Piromi, n'est autre que Brahmâ le législateur, le soleil, la lumière céleste, adoré par les brahmes;

Que Phta, le dieu du feu de l'Égypte, est Sivâ, le dieu du feu, le génie de la destruction et des malheurs terrestres de l'Inde ;

Que Phré ou Fré, le troisième Piromi égyptien, dieu de la fécondation, est très certainement Wischnou, le génie de la fécondation indienne ;

Que l'Égypte a trois classes sociales distinctes comme l'Inde, sa mère bien-aimée, les prêtres, les rois ou les guerriers, les laboureurs et les ouvriers;

Que les hiérogrammates égyptiens sont comme les brahmanes indiens, à la fois ministres, conseillers d'état, juges, pontifes des autels, savants, médecins, astronomes et astrologues, et exercent, en un mot, une influence immense sur les destinées de leur nation ;

Titres légitimes d'une filiation successive et non interrompue ; legs héréditaire et traditionnel, modifié depuis par les expéditions guerrières et par les conquêtes, mais conservé néanmoins intégralement dans plusieurs de ses parties; traits saillants de ressemblance physique et morale, qui ne permettent pas de renier une origine, et qui font reconnaître aux enfants les foyers primitifs de leurs pères et de leurs aïeux.

Devant nous apparaissent maintenant des peuples plus humbles et moins prétentieux encore, puisqu'ils reconnaissent devoir l'existence à une émigration étrangère, égyptienne, chaldéenne ou phénicienne, phrygienne, juive peut-être, ce qui les placerait, en admettant la première hypothèse, seulement en troisième ligne dans l'ordre chronologique des créations terrestres, puisque l'Égypte elle-même cède le pas à l'Inde, sa précursrice.

Les partisans de l'origine égyptienne, — et nous citerons entr'autres le bon Hérodote, ce père de l'histoire grecque, — nous apprennent que les fondateurs des principaux royaumes pélasgiques étaient égyptiens d'origine : Inachus d'Argos, Cécrops d'Athènes, Égialée de Sicyone, Azan d'Arcadie, Ogygés de Thèbes, et enfin le fameux Danaüs ou Armaïs d'Argos, qui apporta dans la Grèce une grande partie de la mythologie et des traditions égyptiennes, et qui institua la fête des Thesmophories, en l'honneur d'Isis, déesse égyptienne, passée sous le nom de Cérés dans les mœurs helléniques.

D'après d'autres auteurs, les telchines, originaires de Crète, habitants de la Grèce avant l'arrivée des races pélasgiques, ne seraient, dans les temps reculés, que des colons arrivés de la Chaldée ou de la Phénicie, des adorateurs de Baal et d'Astarté transplantés sur le sol européen. Astérion de Crète, le ravisseur d'Europe la phénicienne, appartiendrait ainsi à la même race que Cadmus, fils d'Agénor, le restaurateur de Thèbes et le créateur de l'alphabet hellénique; Danaüs, lui-même, neveu de Cadmus, par son père Phénix, ne serait autre chose qu'un prince phénicien dévoré du désir de régner, brouillé avec son frère Égyptus, à qui serait échu le domaine de ses pères, et venant chercher fortune à Argos , alors sous le sceptre redouté de la race pélasgique d'Inachus.

Les défenseurs de l'origine phrygienne (Diodore de Sicile est du nombre) admettent l'arrivée en Grèce d'un certain Uranus, fils d'Acmon le phrygien , que nous rencontrerons plus bas au rang des dieux de la Grèce. Cet Uranus (le ciel) épousa Titaïa , sa sœur (la terre), dont il eut plusieurs enfants : les titans, parmi lesquels Japet (le Japhet peut-être des traditions mosaïques), Océanus et Saturne , les cyclopes et les géants.

De Japet , chef des Japétides ou Atlantides , vinrent Atlas et Prométhée, rois de Thessalie; puis Deucalion et ses enfants Candibus, roi de Lycie ; Amphyction , roi d'Athènes; Hellen , roi de Phtiotide. Thessalus , fils d'Æmon et petit-fils de Deucalion, donna son nom à la Thessalie; Aïthonus , l'un des fils d'Amphyction , régna en Béotie. Hellen eut trois fils : Éole , le chef des races éoliennes qui fondèrent plusieurs colonies en Asie ; Dorus , la tige des races doriennes qui régnèrent plus tard sur une grande partie du Péloponèse ; Xuthus , le père des Ioniens et des Achéens , issus de ses fils Ion et Achéus.

Tectamus , l'un des fils de Dorus, gouverna la Crète ; Athamas , fils d'Éole , s'empara d'Orchomène ; Déionée, son frère , s'établit en Phocide ; ses autres frères (car la race d'Éole était très nombreuse), s'établirent, Sisyphe à Corinthe , Salmonée en Thessalie, Magnés en Magnésie , Perriérés en Messénie , Cercaphe chez les Dolopes , Borée en Thrace , Macarée à Lesbos , Mimas en Sicile , Céphale à Ithaque , etc. (1).

Océanus , le frère de Japet et le cinquième titan uranide , la

<hr>

(1) Nous ne suivrons pas la race des Japétides ou Uranides (Doriens, Ioniens, Éoliens, Achéens) dans toutes leurs ramifications généalogiques; nous arrêterons ici cette nomenclature suffisante à établir les prétentions originelles dont nous parlerons dans le chapitre consacré aux développements historiques; nous avons d'ailleurs quelques lignes à consacrer aux deux autres races phrygiennes, les Océanides et les enfants de Saturne.

personnification de l'Océan, passé à l'état d'homme et de dieu, eut de Thétis, sa sœur, les rois fleuves et les souverains de la mer, Nérée, père des Néréides, et les Océanides. Parmi les rois fleuves issus d'Océanus ou de l'Océan, on distinguait Nilus ou le Nil, fondateur de la monarchie égyptienne (l'Osortâsen III de Manéthon); Strymon, roi de Thrace; Méandre, roi de Phrygie; Pénée, roi d'Andréide ou Orchomène; Caïque, roi de Mysie; Scamandre, roi de Troade; Inachus, roi d'Argos; Céphise, roi de Phocide; Asope, roi de Phéocie; et bien d'autres célèbres sous les noms d'Achéloüs, de Simoïs, de Xanthe, d'Achéron et d'Indus.

De Méandre vinrent Méon, premier roi de Lydie, Car, le père des Cariens, et Tyrrhénus, fils d'Atys Ier, chef des pélasges tyrrhéniens qui passèrent en Italie et donnèrent leur nom à la mer Tyrrhénienne. Inachus, roi fondateur d'Argos, donna naissance aux royaumes de Sicyone et d'Arcadie par ses fils Égialée et Azan; de Mégare et de Sparte par Car et Spartus, ses petit-fils; de Tirinthe, d'Épidaure, par Tirinx et Épidaurus, ses arrière-petit-fils; aux Œnotriens, aux Thesprotiens et aux pélasges sortis de la famille arcadienne; aux Phéniciens, par Agénor Ier, fils de Mycénéus, descendant de Phoronée; et, par suite, aux Thébains de Cadmus, à la nouvelle race argienne de Danaüs, aux Tyndarides et aux Héraclides de Sparte et de Mycènes.

La race de Saturne, le dernier des Titans, fut une race de dieux et de demi-dieux. Jupiter, son fils aîné, occupa, dit-on, le trône d'Athènes; Neptune, voyageur habile et marin intrépide, fût régner sur les côtes africaines et fonda les royaumes de Mauritanie et de Lybie; la Thessalie échut à Pluton, le dernier des trois frères. Saturne, chassé du trône par ses enfants révoltés, se réfugia en Italie, qu'il poliça et qu'il civilisa. Il eut pour successeur Janus, grand législateur comme lui, qui fut la tige des royaumes d'Italie, d'Étrurie, d'Espagne et des Celtes ou premiers habitants de la Gaule sauvage et inhabitée (1).

Telles sont les opinions nationales des Grecs et des Romains sur les créateurs de leur race et sur les ancêtres qui les ont procréés.

A ces opinions nous ajouterons celle que nous ont léguée les traditions mosaïques, qui nous apprennent que Javan (nom que les savants modernes assimilent à Ion, fils de Xuthus), fils de Japhet, passa de l'Asie-Mineure dans l'Europe, s'établit dans le Caucase et dans les îles du Nord, d'où ses descendants se rejetèrent dans la Thrace, la Macédoine, la Thessalie et la Grèce, qu'ils peuplèrent entièrement. Thyus, autre fils de Japhet, régna le premier dans la Thrace; Tubal, son frère, chez les Espagnols ou Celtibères; Magog chez les Gêtes ou Scandinaves; Samothés, fils d'Ascenas, chez les Celtes ou Gaulois; Céthim, fils de Javan, en Macédoine, etc. Mais ces traditions n'ont d'autre authenticité que les livres sacrés de Moïse, et les historiens ou les écrivains nationaux de la Grèce et de Rome n'ont jamais accepté ou accrédité cette nouvelle généalogie.

Ce qu'il y a de plus probable dans ces opinions différentes, c'est que la Grèce, habitée d'abord par les Telchines, originaires de Crète et par suite de la Phénicie, fut conquise vers le commencement du vingtième siècle avant Jésus-Christ, par les pélasges égyptiens ou océanides, Inachus et ses fils Phoronée, Azan, Égialée et leurs descendants, laissant les races divines ou les enfants de Saturne rélégués dans un territoire plus conforme aux fables ou aux traditions, c'est-à-dire le territoire de la mythologie. Ces pélasges primitifs, après avoir fondé des villes puissantes et établi de nombreuses dynasties, furent à leur tour

____

(1) On sait que Dardanus, l'un des descendants de Janus, passa de l'Italie dans l'Asie-Mineure à la tête d'une émigration de pélasges et fonda la ville de Dardanie, appelée depuis Ilion et Troïe, patrie d'Énée, qui, par un contre-coup bizarre du destin, vint, après la guerre de Troïe, régner dans le Latium, habité par ses pères.

expulsés par une nouvelle invasion de pélasges phéniciens ou égyptiens, commandés par Cécrops, Cranaüs, Danaüs, et les pélasges atlantides qui, sous la conduite de Deucalion, inondèrent les plaines et les montagnes de la Thessalie et se dispersèrent après sa mort dans une grande partie du Péloponèse, où ils fondèrent plusieurs dynasties.

La chronologie des membres de Paros, qui remonte jusqu'à Cécrops, rapportée à Londres par le comte d'Arundell, est le premier document historique de quelque valeur qui vienne à l'appui des traditions pélasgiennes et constate l'existence des fondateurs et des premiers souverains de la Grèce. Mais cette chronologie, apparue un peu tard dans le monde savant, a trouvé de nombreux contradicteurs et beaucoup d'adversaires.

L'écrivain et l'historien sérieux sont donc forcés de se replier sur le peu de documents fournis par les chants des poètes orphiques et cycliques, Orphée, Linus, Olen de Lycie, Amphion, Thamyris, Marsyas, Hyagnis et de reculer ainsi jusqu'à Hésiode et Homère, ces deux aèdes historiens dans lesquels Cadmus de Milet, Acusilaüs d'Argos, Myrsile de Lesbos, Eumélus de Corinthe, Hécatée de Milet, Xanthus de Lydie, et le carien Hérodote lui-même, ont dû puiser leurs matériaux et leurs notions mythologiques.

Hésiode, le premier de ces aèdes immortels, nous donne la théogonie ou la mythologie des dieux de l'Olympe ; il nous montre les dieux protecteurs de l'agriculture, du commerce, de l'industrie, encourageant les hommes et veillant à la prospérité de leurs œuvres, punissant le parjure et les crimes et récompensant ceux qui pratiquent l'hospitalité ; toutefois, de sa généalogie divine s'échappent à peine quelques parcelles lumineuses qui peuvent être recueillies avec profit pour l'histoire des hommes. Hésiode est le guide le plus sûr de la mythologie grecque ; mais il ne peut être invoqué sérieusement comme le cicerone de l'histoire des temps reculés.

La lecture d'Homère est à la fois plus instructive, plus humaine, plus historique que celle d'Hésiode. Le chantre de la guerre de Troie, tout en faisant intervenir activement les dieux dans sa célèbre épopée, n'abandonne pas pour cela les hommes et s'en occupe spécialement. Causeur et conteur lui-même, il fait causer et raconter ses héros. Deux guerriers qui se rencontrent sur le champ de bataille ne se portent pas seulement des grands coups de pique et d'épée ; avant de lancer le javelot ou le dard, ils se racontent leur histoire, celle de leurs aïeux, de leur patrie, ce qui est un peu contraire aux manières militaires et guerrières, mais qui devient très intéressant pour le lecteur, qui prend part au sort des héros, et qui apprend à connaître dans des pages émouvantes la vie active, énergique, passionnée de ces hommes de fer appelés Agamemnon, Achille, Ajax, Hector, Ulysse, Diomède, Nestor, Ménélas, Idoménée.

Au milieu de cette poésie palpitante, entraînante, élevée, on voit percer l'amour de la patrie, cet orgueil de race, cet amour-propre national qui rehausse la Grèce aux dépens de l'Asie, cette partialité sublime qui compare les mœurs dissolues, énervées, efféminées des Phrygiens sybarites de la cour de Priam, à la force brutale, mais audacieuse, terrible et souveraine, aux bras nerveux et aux robustes poitrines des enfants de Sparte et de Mycènes (1).

Poésie sublime et impétueuse qui fit marcher plus d'une fois les phalanges grecques contre les troupes persanes et asiatiques, qui éleva les cœurs de Thémistocle et d'Alcibiade, qui berça le jeune Alexandre et qui le poussa à l'accomplissement de ses rêves de conquêtes et de gloire, en foulant aux pieds cette Asie

---

(1) Dans la troisième partie de cet ouvrage, nous discuterons sur l'authenticité des poésies d'Homère, et nous en ferons ressortir l'unité et la poésie monochrone. Un seul poète a dû composer l'Iliade et l'Odyssée, et ce poète ne peut être qu'Homère.

odieuse qui avait tué Patrocle et Achille, l'aïeul chéri des héros macédoniens.

On a associé de nos jours aux poésies d'Homère deux histoires contemporaines de la guerre de Troïe, attribuées au pontife Darés de Phrygie, ami de Laocoon et d'Anchise, et à Dyctis de Crète, compagnon du sage Idoménée. Ces histoires, évidemment façonnées de la même main, doivent être rejetées comme apocryphes ou postérieures à la date assignée.

Après Homère, le mendiant célèbre dont les poésies ont été recueillies par Créophile de Samos, Arctinus de Milet, continuées par Augias de Trézène, Stésichore et Virgile, éditées par Pisistrate, Alexandre-le-Grand et Cicéron, nous n'avons plus qu'à ouvrir le bon Hérodote ou à lire le consciencieux Diodore, et à évoquer comme seuls souvenirs d'un passé héroïque, les murailles colossales de Tyrinthe, la porte des lions, le tombeau d'Atrée de Mycènes et les remparts de la citadelle Larissa d'Argos, les seuls monuments restant debout, après tant de siècles et de révolutions, des races et familles pélasgiques.

Ou bien encore à aller chercher au Cap Sigée ces tumulus antiques, respectés et vénérés, quoique problématiques, mais revêtus fastueusement du titre de : Tombeaux d'Achille, d'Hector, d'Ajax, de Patrocle et d'Antiloque ! (1)

---

(1) Parmi les anciens auteurs à consulter pour les temps primitifs de la Grèce, nous citerons, outre Hérodote et Diodore, Plutarque, dans sa *Vie des grands hommes ;* Denys d'Halicarnasse qui raconte l'émigration pélasgique en Orient ; le savant Strabon, l'érudit Pausanias, dont le voyage en Grèce offre des détails précieux etc.

CHAPITRE II.

MYTHOLOGIE ET RELIGION.

Tout polythéistes que fussent les Grecs du temps d'Homère et d'Hésiode, qui ont consacré les premiers la pluralité des dieux de la Grèce, il est certain que les telchines qui habitèrent les premiers cette contrée de l'Europe, originaires de la Phénicie, apportèrent avec eux le culte d'un Baal créateur et organisateur du monde, d'un Jupiter, enfin, dont les fables postérieures ont fait un personnage semi-mythologique réduit à des proportions plus mesquines et moins gigantesques. Ce que nous savons des chants ou des poèmes orphiques, attestent l'idée d'un dieu unique et souverain du monde.

Mais l'asservissement ou l'expulsion des telchines phéniciens par les pélasges égyptiens ou atlantides, furent suivis de l'introduction d'une foule de dieux étrangers, apportés par les nouveaux conquérants de la Grèce, accueillis ou tolérés par les populations indigènes, et passés enfin dans les mœurs du pays avec tous les honneurs dus à leur rang et toutes les cérémonies convenables à des divinités. Nul doute que leurs pontifes habiles, comme les boudhistes dans l'Inde, n'aient cherché à propager plus sûrement leurs nouvelles doctrines dans l'esprit récalcitrant de leurs prédécesseurs, en flattant leur amour-propre et leur vanité par l'association ou l'élévation olympique de plusieurs de leurs héros ou de leurs sages célèbres, dont le souvenir s'était conservé précieusement dans le cœur des vaincus. Les Apollon, les Mars, les Mercure, les Minerve, les Vulcain, les Neptune, durent ainsi leur déification à la stratégie pontificale et religieuse des nouveaux ministres des autels.

Avec les nouveaux dieux, la Samothrace accepta sans façon les cabyres phéniciens, métamorphosés plus tard en dioscures et remplacés par les tyndarides Castor et Pollux, deux nouveaux hommes célèbres déifiés par la postérité. Thèbes (nommée ainsi sans doute de la Thèbes d'Égypte) adora le Bacchus conquérant, le Bocchos memphite ou le Rama de l'Inde brahmaïque; l'histoire de Saturne (Chronos) et des titans fabuleux fut apportée d'Égypte par l'augure Mélampe; Anubis devint le Cerbère et le Caron des Grecs; Danaüs célébra le culte d'Isis ou de la déesse de l'agriculture par l'institution des Thesmophories, suivies plus tard des Éleusiniennes, en l'honneur de Cérés et de Triptolème: Olen de Lycie institua à Délos le culte d'Apollon et de Latone: Cybèle et Atys, Vénus et Adonis, arrivèrent de Tyr et de Sidon, de Paphos et de Chypre; il y eut un enfer comme l'enfer indien, présidé par un dieu suprême, Pluton, et dirigé par trois juges souverains : Minos (Manés, peut-être, ou Menou), Éaque ou Radamanthe (l'Aménenthés égyptien); Athènes accola le crocodile du Nil à la statue de sa patronne Minerve; l'aigle indien Garoudha fut placé sur les genoux du grand Jupiter; le serpent Python joua dans l'histoire mythique de la Grèce le même rôle que l'Ingeramandhom de Lanka; enfin, à cette nnée de dieux indigènes et étrangers, la superstition des pélasges ajouta un nombre infini de dieux ou de divinités subalternes ; Thémis ou la justice ; Mnémosyne ou la mémoire ; les neuf Muses du Parnasse, les Parques et les Euménides, Pomone et Vertumne, les protecteurs des fruits et des jardins ; Flore, la déesse des fleurs ; Pan, aux pieds de bouc, le surveillant des troupeaux et des pâturages ; puis chaque arbre eut son sylvain ou son faune, chaque fontaine sa naïade, chaque caverne sa dryade ou son hamadryade, et les bords du fleuve et de la mer furent habités par un essaim de jeunes nymphes charmantes, les néréides, les océanides, déesses protectrices et tutélaires des naufrages et des naufragés.

Les dactyles de l'Ida, les corybantes de Phrygie, les curètes de Crète assignèrent bientôt des attributs distincts aux dieux adorés dans la Grèce Appienne ou Pélasgique. Le conseil suprême des douze dieux, les douze signes du zodiaque égyptien, fut formé ; on supposa que les divinités supérieures se rassemblaient sur le mont Olympe pour veiller au salut et à la prospérité des peuples placés sous leur protection. Dans ces assemblées privées, d'où partaient les décrets de vie ou de mort d'une nation, d'un souverain ou d'un héros, — car les dieux ne s'occupaient pas des infimes mortels, — Jupiter présidait, le front grave et sérieux, armé de la foudre qu'il était prêt à lancer dans les airs, à côté de Junon, sa compagne, sa conseillère hautaine et irascible, haineuse et passionnée, coquette et impérieuse ; Neptune y tenait le trident qui soulevait les vagues furieuses contre les navires égarés ou abandonnés sur la mer ; le farouche Mars faisait entendre son terrible cri de guerre ; le boîteux Vulcain songeait à incendier le Simoïs ou le Scamandre. Des dieux plus aimables et plus doux modéraient les décisions de cette partie violente et redoutable de l'aréopage divin : Apollon charmait les oreilles des dieux par les suaves accords de sa lyre ; Minerve les dirigeait de sa voix prudente et sensée ; Vénus amollissait leurs cœurs par ses grâces et ses attraits incomparables ; Cérés plaidait la cause de ses bons laboureurs et de ses champs dévastés par la guerre et le pillage ; Diane la chasseresse vantait les plaisirs de la chasse ; la bonne Vesta (la féconde Cybèle), réclamait en faveur des ménages paisibles et des jeunes vierges timides ; enfin Mercure, le messager céleste, n'attendait qu'un signe de Jupiter pour annoncer aux mortels les ordres du céleste empyrée.

A ce conseil suprême on adjoignit un conseil de second ordre, dans lequel furent placés le vieux ou podagre Saturne, le dieu du temps et de la paix ; le terrible et sombre Pluton ; le joyeux Bacchus ; le savant Esculape ; la vive Proserpine ; la fraîche Amphitrite ou Thétis ; Uranus, le ciel déifié, et Titaïa, la terre, sa compagne fidèle et inséparable.

Puis venaient les principaux officiers de l'Olympe : Ganymède, le grand échanson de Jupiter ; Éole, le dieu des vents ; Momus, le bouffon ; Hébé, la charmante ; les Grâces enchanteresses ; Cupidon ou l'amour ; Iris, la suivante de Junon, et les trente mille divinités dont parle le poète Hésiode, telles que le Sommeil, la Mort, le Silence, la Nuit, etc.

Puis enfin les demi-dieux ou héros de la Grèce, tels que Persée, Hercule, Thésée, Castor et Pollux, Jason, Cadmus, OEdipe, Pélops, ces grands personnages des temps chevaleresques et mythiques.

Janus en Italie ; Dardanus à Troie, qu'il dota des cabyres ; les poètes Olen en Lycie ; Thamyris, Linus et Orphée en Grèce, instituèrent les honneurs et les cérémonies à rendre aux dieux, honneurs et cérémonies empruntées à la Phénicie et à l'Égypte. On prétend, mais sans fondement, qu'ils firent renoncer les pélasges aux sacrifices humains. Nous avons la preuve du contraire dans les sacrifices de Calophonie par Érichtée d'Athènes, d'Iphigénie par son père Agamemnon, de la fille d'Aristodème de Messénie, postérieurs aux époques orphiques ou gnomiques.

Ce fut alors l'époque des devins et des sybilles, ces interprètes divins qui eurent tant d'influence sur les destinées de la Grèce et de l'Italie. Les chênes se mirent d'abord à rendre des oracles ; du haut d'une colonne, la colombe de Dodone prédisait l'avenir ; le plus petit ruisseau, la moindre fontaine étaient interrogés par la superstition de ces croyants faciles à convaincre et à persuader. L'art de prédire l'avenir se personnifia bientôt ; on comprit qu'il n'était pas convenable de laisser exposer aux intempéries de l'air ou aux caprices de la nature les interprètes des volontés des dieux ; les temples donnèrent l'hospitalité aux mandataires célestes ; celui de Delphes, bâti dit-on par les Amazones, en forme de hutte, devenu plus tard un simple tronc d'arbre où les abeilles déposaient leur miel, restauré depuis par Vulcain, Agamède et Trophonius, qui lui donnèrent une forme monumentale plus en rapport avec le dieu du Pinde et du Parnasse, vit apparaître sur un trépied d'airain la pythie inspirée, les cheveux épars et la parole vibrante, l'objet du respect et de la vénération de toutes les races pélasgiques.

Cette pythie, vierge de cinquante ans, choisie et élue par ses compagnes, pénétrait seule dans le sanctuaire du dieu, offrait de l'orge et brûlait du laurier pendant les sacrifices. Il lui était défendu de se parfumer, de se parer, de revêtir les ornements d'or et de pourpre. L'entretien du feu divin, confié à sa surveillance, était alimenté jour et nuit par les prêtresses inférieures et subordonnées.

Nous ne pouvons dire jusqu'où s'étendit la réputation de l'oracle de Delphes, traversant les mers et passant de l'Europe en Asie et en Afrique ; l'antre de Trophonius, en Béotie, correspondait directement avec la pythonisse sacrée d'Apollon ; les amphyctions prirent sous leur protection spéciale le temple de Delphes, où ils allaient tenir leurs séances une fois chaque année ; les rois les plus puissants de la Grèce consultaient cet oracle avant de partir pour leurs expéditions guerrières ; la guerre de Troie reçut ainsi la sanction divine, malgré la haine d'Apollon pour les Grecs, certifiée par le poète Homère; aussi les dons les plus brillants, les offrandes les plus précieuses, les présents les plus magnifiques venaient-ils de toute part enrichir le sanctuaire du fils bien-aimé de Jupiter et récompenser les prêtres qui desservaient ses autels, dont le nombre était considérable et illimité (1).

L'oracle de Delphes, tout en faisant payer fort cher ses prédictions orales, n'était cependant pas aussi banal et aussi commun que l'on pouvait le supposer. La pythie n'était point, il faut se garder de le croire, à la disposition du premier venu. Elle ne rendait d'abord ses oracles qu'au printemps, après s'être baignée dans la fontaine Castalie, bu de son eau merveilleuse et mâché les feuilles du laurier inspirateur. Apollon annonçait sa présence en faisant trembler le temple jusques dans ses fondements ; alors la pythie interprétait ses volontés au milieu des spasmes les plus effrayants et des convulsions cataleptiques les plus affreuses, prononçant çà et là quelques paroles à peine articulées et sans suite, recueillies avec soin par les prêtres attentifs, chargés de donner un sens à ces lambeaux de phrases entrecoupées et de mettre en mauvais vers ces arrêts incohérents et bizarres de la pythonisse surexcitée.

L'antre de Trophonius, composé d'une suite de labyrinthes et de cavernes inextricables, frappait de terreur les simples mortels assez courageux pour descendre dans ses profondes cavités, après avoir accompli les formalités d'usage, c'est-à-dire : passé

---

(1) Il paraît que ces dons successifs se continuèrent longtemps dans les siècles à venir, puisque du temps de l'invasion de la Grèce par les Gaulois, Brennus et ses compagnons n'oublièrent pas de piller le temple de Delphes, dont les richesses étaient immenses. Quand on voit de nos jours les offrandes et les dons précieux en or et en argent qui décorent les églises romaines, richesses splendides et inutiles suspendues aux colonnes de marbre ou de porphyre (notamment à St.-Pierre, Ste-Marie-Majeure, St.-Jean-de-Latran, St.-André-de-la-Vallée, St.-Louis des Français, etc.), il est facile de se rendre compte des présents et des dons offerts par la générosité, la reconnaissance ou le fanatisme des peuples, aux dieux redoutables du paganisme idolâtre.

quelques jours dans une chapelle dédiée au bon génie et à la
fortune, s'être baigné dans l'Hercynus, avoir sacrifié à Jupiter
et à Trophonius, consommé les viandes consacrées ; bu de l'eau
du Lethé et de Mnémosyne, ces deux eaux célèbres qui faisaient oublier le passé et conserver le souvenir du présent ; s'être
enfin incliné respectueusement devant la statue de Trophonius,
cé larron coupable de la mort de son frère Agamède. Revêtus
d'une tunique de lin, ornée des bandelettes sacrées, couchés à
plat ventre dans un conduit souterrain que l'on parcourait sous
l'attraction et la direction d'une force étrangère inconnue, les
clients de Trophonius entendaient ses paroles prophétiques, sortaient épouvantés de la grotte, inscrivaient dans la chapelle du
bon génie, sur un tableau dédié à Mnémosyne, les paroles prononcées par l'oracle et recevaient de la bouche des prêtres l'interprétation convenable de ces paroles inintelligibles et incompré-
hensibles pour eux (1).

L'hyperboréen Abaris apporta chez les Scythes ces croyances
égyptiennes passées dans les mœurs pélasgiques, qu'il perfectionna par l'institution de l'art augural, si célèbre depuis dans
les fastes romains, connue depuis longtemps du reste en Chaldée
et en Phénicie. Comme les augures chaldéens et phéniciens, les
augures scythiques et pélasgiques se mirent à interroger le vol
et le chant des oiseaux, à fouiller dans les entrailles des victimes
offertes en holocaustes aux dieux de l'Olympe, à considérer et à
expliquer les météores et les phénomènes célestes, à consigner
enfin le résultat de leurs expériences dans des livres classiques

____

(1) Ces oracles fameux entre les oracles, eurent bientôt des confrères et des
imitateurs ; après l'oracle de Delphes et celui de Trophonius, on citait les oracles
d'Apollon à Didyme, desservis par les prêtres Branchides, à Claros, à Délos, à
Milet, à Patare, à Ténédos, à Apollonie ; de Jupiter dans la forêt de Dodone, de
Mars en Thrace, de Mercure à Patare, de Vénus à Paphos, De Minerve à Mycènes,
de Diane à Iolchos, de Pan à Mégalopolis, d'Esculape à Épidaure, d'Hercule thébain à Athènes, d'Hercule lybien à Cadix, de Junon à Samos, etc.

destinés à régulariser leurs connaissances divinatoires. Les ti-raillements ou les palpitations du cœur, le froncement des sourcils, le clignement des yeux, les tintements et les bourdonnements des oreilles, les éternuments, les chutes et les accidents imprévus, la rencontre de certains animaux, de certaines personnes, le quantième des mois, les jours de la semaine, les noms propres, les oscillations des lumières, devinrent des signes palpables, ostensibles et irrécusables de la destinée des hommes et des empires. Le chant du coq arrêta plus d'une fois les comices romains ; l'apparition de l'aigle décida de plus d'une victoire ; le cri des oies sauva le Capitole et Rome (1).

La Grèce et l'ancienne Italie virent apparaître plus tard les sybilles, ces prophétesses célèbres, au nombre de quatre selon les uns, de dix suivant les autres, de plus de vingt suivant une troisième opinion. Les villes de Claros, de Samos, de Delphes, de Cumes en Italie, d'Érythrée, de Marpesse, d'Ancyre, de Tibur, s'honorèrent de leurs sybilles particulières; l'érythréenne assura le succès des Grecs partant pour l'expédition de Troie ; Nicostrate ou Carmenta d'Arcadie fut célébrée surtout par les mères de famille, désireuses de connaître l'horoscope de leurs enfants nouveaux nés ; la plus illustre de toutes fut néanmoins la sybille de Cumes, Amalthée, que nous retrouverons dans l'histoire romaine. Il y avait en outre dans la Thessalie, la Lycie et la Béotie, des magiciennes terribles et redoutables par leurs enchantements. Il nous suffira de citer Circé et Médée, ces célèbres empoisonneuses d'Ulysse et d'Aétés.

Ces oracles, ces devins, ces augures, ces prophètes et ces

---

(1) Nous citerons parmi les augures grecs les plus célèbres, Amphiaraüs d'Argos, et son fils Amphiloque ; André, grand-prêtre d'Apollon, fils d'Anius; Calchas, fils de Thestor, immortalisé par Homère ; Carnus, l'instituteur des fêtes Carnéennes; Idmon l'argonaute; Mopsus ; Tamnachus, qui prédit le déluge de Deucalion ; Télème le cyclope; Tirésias de Thèbes, etc. Les femmes furent aussi célèbres dans l'art augural, entr'autres Bagoë de Toscane ; Manto, fille de Tirésias et femme d'Alcméon ; Ocyrhoë, fille de Chiron le centaure; Cassandre, fille de Priam, etc.

sybilles durent mettre singulièrement à profit la crédulité publique et exploiter au profit des temples et des ministres des autels l'esprit superstitieux de ces hommes braves et courageux, chez qui le destin était tout et qui luttaient sans cesse contre lui, tout en respectant ses décrets. Cependant la multitude des oracles et des prophètes divins, la vénalité de leurs prophéties, la servilité des augures sacrés, forcés souvent d'interpréter le sort au bon plaisir des rois de la terre, empêchèrent toutefois les prêtres de jouir en Grèce de la même influence qu'en Égypte, d'occuper tous les emplois et de gouverner les royaumes et les monarchies (1).

Le droit d'asile fut néanmoins accordé aux sanctuaires sacrés ; le grand-prêtre des cabyres de Samothrace pouvait absoudre de l'homicide, de tous les crimes et du parjure commis dans l'enceinte des temples ; on avait souvent besoin du ministère des prêtres pour les invocations divines ; mais les prêtres tremblaient devant les rois, écoutaient leurs reproches, obéissaient à leurs ordres, exécutaient leurs volontés avant celles des dieux. Calchas et Chrysés s'inclinaient devant Agamemnon ; Ménalippe de Cythère devant le tyran Nicocrate ; Anius de Délos devant Bacchus, qui séduisit ses trois filles.

Puis à côté des prêtres, qu'ils combattaient de toute la force de leur génie et de leurs inspirations sublimes, se dressait une puissance morale et intellectuelle, plus influente sur l'esprit des Grecs que l'influence religieuse ou sacerdotale. Nous voulons parler des poètes, de ces aèdes divins qui sont parvenus à la

---

(1) Les prêtres se vengeaient quelquefois de leur domesticité et de leur esclavage d'une manière terrible et sauvage envers leurs souverains : Calchas, blessé plusieurs fois par Agamemnon, se servit de l'intervention des dieux pour exiger le sacrifice de sa fille Iphigénie, sacrifice qu'Agamemnon n'osa refuser devant l'armée grecque, dont les destinées étaient attachées à ce sacrifice; Achille, tout fils de Pélée qu'il était, Néoptolème, son fils, Ulysse lui-même, furent contraints de quitter leurs tentes paternelles pour obéir aux ordres présumés des dieux; Philoctète, réfugié dans l'île de Lemnos, arraché, malgré ses blessures, à sa solitude et à son repos volontaires, etc.

postérité sous les noms d'Amphion , de Linus et d'Orphée. En dehors des prêtres et des prophètes , les poètes apprenaient aux hommes à connaître les dieux et à leur rendre hommage ; ils leur enseignaient la civilisation , la vie sociale , exemptes de haines et de jalousies ; la récompense des bonnes actions et la punition des mauvaises ; la sainteté du foyer garantie par les Euménides vengeresses ; les lois de l'hospitalité sauvegardées par les dieux ; la bonne foi dans les engagements ; l'horreur du parjure ; l'amour de Thémis ou de la justice. Les fables de Philémon et Baucis , de Lycaon changé en loup , de Prométhée enchaîné , rongé par un vautour, commencèrent à circuler dans les veillées, à s'asseoir au foyer domestique, à charmer les oreilles des guerriers et des laboureurs. Doués de la prédestination comme les augures , presque tous musiciens et compositeurs , les poètes passaient aux yeux du vulgaire pour être revêtus de facultés divines et surnaturelles : Amphion avait construit les murs de Thèbes au son de la lyre ; Orphée charmait les lions et les tigres , les serpents et les oiseaux de proie ; Arion devait la vie à un poisson qu'il avait séduit par ses chants harmonieux. La saine morale était peut-être un peu négligée dans ces hymnes voluptueux qui racontaient les faiblesses divines, les amours et les voluptés de Vénus , la vie luxurieuse de Jupiter, les orgies de Priape ; mais le peuple et les grands applaudissaient aux poètes , et les rois avaient toujours auprès d'eux un chantre préféré pour égayer leurs repas ou leurs festins. Phémios chantait devant Ulysse ; Démodocus devant Alcinoüs ; Crétée devant Énée ; Alcinoüs, — différent du roi de Phéacie, — devant Agamemnon ; Orphée stimulait les argonautes errants sur les mers.

Les prêtres ainsi combattus avantageusement par les aèdes, se réfugiaient dans l'intérieur de leurs temples où ils aiguisaient leurs grands couteaux pour égorger les victimes humaines ou animales offertes en l'honneur des dieux. Le couteau sacré se plongeait indistinctement dans la gorge d'une jeune fille , dans la poitrine d'un bœuf robuste, ou dans le cou tendre des jeunes agneaux. Cette coutume barbare ne fut abolie que plus tard , malgré les efforts des poètes plus humains et moins féroces que les ministres des dieux.

Divisés en six classes , — les hiérophantes ou grands-prêtres, les dadouques ou pontifes de second ordre, les hiérocéryx, les épibomiens, les hiéropoles ou sacrificateurs, et les épimélètes ou administrateurs, — les prêtres se vantaient de descendre des plus grandes et des plus anciennes familles pélasgiques. L'hiérophante ou grand-prêtre de l'Attique, qui devait renoncer aux femmes et prendre un nom mystérieux en acceptant ses hautes fonctions, était choisi dans la race d'Eumolpe. Les asclépiades étaient grand-prêtres de l'île de Cos ; Athènes avait les eunides et les déda-lides ; Élis, les héliades ; Éleusis, les rumalpides ; Dodone, les selles ; Sparte, les talthybiades, descendants du héraut Talthybius, l'un des compagnons d'Agamemnon à Troïe.

Les prêtresses s'appelaient aussi hiérophantides et prophantides et jouissaient des mêmes prérogatives que les hiérophantes et les dadouques.

Les fêtes principales de la Grèce étaient les Dendrophories, en l'honneur de Cybèle, à l'équinoxe du printemps, où l'on plantait le pin protecteur d'Atys ; les Cybélées, en l'honneur de la même déesse, présidées par les corybantes ; les Vestalies, en l'honneur de Vesta ; les Pélories thessaliennes, sous l'invocation de Saturne, devenues plus tard les Saturnales romaines ; les Jeux olympi-ques, en l'honneur de Jupiter ; Junon était célébrée par les Hérées, à Argos ; les Callistées à Lesbos ; les Épidémies à Milet ; les Athéniens invoquaient Vulcain dans les Céramicies ; les anciens Italiens Mars dans les Ancylies. Diane était adorée à Amarynthe dans les Amarysies ; à Éphèse dans les Éphésiennes ; à Athènes dans les Thargélies. Esculape avait les Épidauries à Athènes ; Apollon les Carnées à Lacédémone, les Delphinies à Delphes, les Arasties à Argos, les Hécatombées à Athènes , les Polyées à Thèbes , les

Pythiques en mémoire de sa victoire sur le serpent Python (1) ; Bacchus les Bacchanales ; Vénus les Aphrodisiaques, etc. Cérés, enfin, pour clore une liste qu'il nous serait facile d'étendre prodigieusement, Cérés, l'Isis des pélasges, avait vu son culte consacré par les Thesmophories et les Éleusiniennes, célèbres par les mystères égyptiens introduits dans le culte de la déesse grecque.

Tout athénien libre, sous peine de passer pour impie, devait se faire initier à ces mystères, dont la révélation lui étai. interdite et sacrée. L'initié devait lutter contre les quatre éléments symbolisant l'univers, l'eau, le feu, l'air et la terre, c'est-à-dire parcourir seul de sombres et profondes cavernes, traverser des fournaises embrasées, passer à la nage dans des torrents factices, se suspendre au-dessus des abîmes ; après ces épreuves, qui décidaient de son sort, car la mort l'attendait s'il marchait d'un seul pas en arrière, il jurait, l'épée sur la gorge, fidélité, dévouement et discrétion ; les mystères alors, inconnus pour lui, étaient dévoilés au néophyte.

Les fêtes en l'honneur de la déesse, que nous connaissons mieux que l'initiation aux mystères, duraient neuf jours et se terminaient par des jeux gymniques. Les étrangers, les esclaves, les bâtards, les meurtriers, les courtisannes dont les prières avaient tant de pouvoir auprès de Vénus, étaient exclus de ces fêtes, dont les initiés étaient divisés en trois catégories : les Télestes ou parfaits, les Mystes ou novices, les Époptes ou contemplateurs, et qui dégénèrent plus tard en orgies, en scènes d'ivresse et en obscénités. Le premier jour, les initiés, hommes et femmes, se préparaient par le jeûne à prendre part aux mystères de la bonne déesse ; on se baignait le second jour dans l'Ilyssus ; le troisième jour on sacrifiait un mulet ; le jeûne était rompu et les orgies commençaient pendant la nuit et continuaient

_____

(1) Nous parlerons plus bas des jeux héroïques de la Grèce, pythiques, néméens, olympiques, etc.

le quatrième jour ; le cinquième était la cérémonie publique des flambeaux promenés dans les rues, sous la présidence du dadouque ; le sixième était la promenade du *phallus* dans le Céramique et sa translation à Éleusis, où on arrivait le septième jour et où avait lieu l'exaltation du *phallus*, par le hiérophante ou grand-prêtre ; le huitième jour, ou Épidaurie, était consacré à élever les initiés aspirants aux degrés ou aux classes supérieures ; le neuvième enfin, appelé Plémochoë (vaisseau de terre), était le renversement du vin et le brisement de deux vases sacrés, après lesquels l'hiérophante congédiait l'assemblée avec ces deux mots énigmatiques : *Koux Ompax*, dont le sens est encore intraduisible et inexplicable.

Il était réservé plus tard à la philosophie de combattre ces abus odieux et ces mystères devenus infâmes et ignobles, et de déraciner ces idées superstitieuses et fanatiques, dont le secret fut si bien gardé par les initiés. On sait assez ce que furent à Paphos et à Thèbes les Bacchanales et les Aphrodisies, pour que nous couvrions d'un voile épais ces tableaux dégoûtants de la prostitution passée à l'état de culte, des bacchantes nues et frémissantes, des satyres hurlants et pantelants, des voluptés dégradantes et abrutissantes, des lubricités abominables et contre nature qui ont déshonoré et flétri les mœurs pélasgiques et romaines.

Le culte des dieux établi, il nous reste à faire connaître leur généalogie, dont les poètes s'occupèrent plus tard. Il était nécessaire, en effet, de classer toutes ces divinités nombreuses, disparates, étrangères ou nationales, de les réunir en une souche commune, de rattacher au même arbre tous ces rameaux convergeant en sens divers, et de constituer ainsi une sorte d'unité de race concentrant en un point culminant tous ces jalons épars et disséminés sans ordre sur le terrain mythique et fabuleux. Hésiode fut le premier poète qui se chargea de cette tâche pénible et difficile, et qui rassembla toutes les traditions, toutes les

légendes, toutes les fables antérieures à son siècle et en composa
sa théogonie, qui est parvenue jusqu'à nous. Mais il fut bientôt
suivi de plusieurs autres dont nous allons essayer de résumer
les opinions.

Orphion ou le chaos, symbole de l'espace vide, uni à Démogorgon
ou génie de la terre, représentant la génération et la procréation,
sont les êtres primordiaux d'Hésiode. De leur union naquirent
le Tartare, personnification mythique de la création retournant
au chaos; et l'Amour, l'opposé du Tartare, destiné à mouvoir, à
conserver, à cimenter les choses créées, le génie de la conservation, en un mot, de la mythologie grecque-romaine. Le chaos,
sans le secours de Démogorgon, mit encore au monde l'Érèbe
et la Nuit, qui donnèrent ensemble ou séparément la vie à une
postérité nombreuse, dans les rangs de laquelle nous mentionne-
rons Némésis, la Fortune, mère de la Nécessité, les Hespérides, les Songes, le Sommeil, le Destin, la Mort, l'Éternité,
Momus, la Fraude, les Parques, le Jour, l'Éther, Charon et
la Discorde, avec ses enfants la Dispute, le Meurtre, les Batailles, la Fatigue, l'Oubli, la Faim, les Douleurs, les Injures, les
Faux Serments, l'Injustice, etc.

De Démogorgon ou de la terre seule, procréant sans le secours
du chaos, sortirent les Ténèbres, le Soleil et Pitho, ou la Persuasion. Nous ferons observer en passant que les Ténèbres et le
Soleil, issus de Démogorgon, nous paraissent identiques avec
la Nuit et le Jour ou Éther, mentionnés dans la descendance
directe du chaos. Ce mélange des choses morales et physiques
dans la cosmogonie grecque devait amener l'aéde inspiré du ciel
à la mise en scène de la matière intelligente et animée d'une
essence supérieure, la race humaine élevée au rang de divinité
suprême.

Acmon, le premier homme-dieu de la théogonie grecque, qui
n'est autre qu'Orphion ou le chaos créateur, établi, dit-on, en
Phrygie ou en Arménie, devint père d'un fils et d'une fille,

Uranus (le ciel) et Titaïa (la terre), qui s'unirent ensemble et vinrent régner dans la Grèce , dont ils furent les premiers législateurs et les premiers souverains. Uranus et Titaïa eurent plusieurs enfants, les six titans : Crius, Céus, Japet, Hypérion, Océanus et Saturne ou Chronos; les six titanides, Eurybie, Phœbé, Clymène, Thia, Thétis et Cybèle ou Rhéa, qui épousèrent leurs frères ; trois autres filles appelées Dioné, Thémis et Mnémosyne; enfin les cyclopes et les géants, qui habitèrent les montagnes et exploitèrent les ruines. Uranus (l'Autochton de la Phénicie), chassé et mutilé par ses enfants, perdit la couronne et par suite la vie, comme nous l'avons raconté dans le chapitre consacré à la mythologie chaldéenne et phénicienne, dont la légende grecque est entièrement tirée.

Des six titans parricides, les plus connus de nous sont Japet, Océanus et Saturne. Crius fut le père d'Astrée, de Pallas et d'Aloéüs, tige des aloïdes. Céus engendra Latone, mère d'Appollon et de Diane, et Astérie. Hypérion donna le jour aux trois astres personnifiés : Hélios (le soleil); Séléné (la lune), et la belle Aurore, femme d'Astrée, son cousin, et mère de Lucifer, Zéphyre et Nothus ; ces deux derniers , la personnification des vents connus sous ce nom.

La généalogie de Japet et de sa famille se rattache presque entièrement au domaine de l'histoire. Les noms d'Atlas et de Prométhée, fils de Japet, dégagés de toutes les fictions poétiques qu'on a rassemblées autour d'eux , sont des noms purement historiques. Atlas fut un grand astronome ; Prométhée un célèbre chimiste et minéralogiste ; il fut d'ailleurs le père de Deucalion, dont les descendants occupèrent plusieurs trônes et furent la souche de plusieurs dynasties.

Océanus (l'Océan déifié) fut, comme nous l'avons dit, le père de tous les fleuves dont on a fait des rois et de demi-dieux. De la sorte, les grandes familles royales dont l'orgueil et la vanité étaient flattées par cette injurieuse fiction poétique, les

races argiennes, arcadiennes, spartiates, sicyoniennes et mé-
gariennes, issues d'Inachus ; les dynasties messéniennes issues
d'Alphée ; orchoméniennes, issues de Pénée et d'Andréus, son
fils ; phéaciennes, issues d'Asope ; phrygiennes, cariennes, lydiennes, et, par suite, étrusques ou tyrrhéniennes, descendues
du dieu fleuve Méandre, se trouvaient remonter jusqu'aux races
divines. Ainsi les fleuves qui sillonnaient une contrée de la terre,
les montagnes qui parsemaient la surface du globe, furent autant
de rois ou de chefs de races humaines avoués et déifiés par
l'imagination féconde des poètes orphiques, par la superstition et
la crédulité du peuple.

Saturne ou Chronos, le sixième titan, le véritable héritier
de la puissance paternelle, devait continuer, malgré lui, la race
divine de son père Uranus. Nous disons malgré lui, car Saturne
(dont la biographie est imitée de la biographie indienne de Kansa,
craignant pour lui-même de la part de ses fils le même traitement
qu'il avait infligé à son père Uranus, dévorait ses enfants mâles
aussitôt après leur naissance. Il en avait ainsi dévoré plusieurs,
lorsque Cybèle, sa femme, voulant sauver ses derniers enfants,
imagina de présenter une pierre emmaillotée à son vorace époux ;
la pierre fit son effet, et Saturne, aussi facile à tromper que le
roi Kansa, l'engloutit sans autre formalité. Cybèle sauva de la
sorte Jupiter (le Krichnâ de la Grèce), Neptune et Pluton, élevés
par ses soins dans l'île de Crète ; elle les instruisit plus tard des
méchancetés paternelles et leur inspira le désir de s'en venger.
Devenus plus grands, en effet, ils jettent ouvertement le masque,
font la guerre à leur père et le forcent à prendre la fuite. Saturne,
chassé de la Grèce, se réfugie dans le Latium, qu'il régularise
et qu'il police, et y marie sa fille Vesta avec Janus, tige des
premières races du Latium, de l'Étrurie, et des Dardaniens ou
Priamides de Troie.

Les titans, qui convoitaient les biens immenses de leur frère
Saturne, ne laissèrent pas leurs neveux se partager tranquille-

ment l'héritage paternel. Réunis aux géants dont les races s'étaient perpétuées et développées sur une grande échelle, ils déclarent la guerre à Jupiter et à ses frères. Ceux-ci furent vainqueurs. La poésie nous a raconté l'escalade du ciel par les géants; les efforts infructueux et la mort d'Encelade, d'Astrée, d'Alcyonée, de Titée et de Typhon, les plus célèbres d'entre eux. Ce fut après la guerre des titans qu'eut lieu le partage des états de Saturne, renouvelé des fils de Noë, l'hébreu, ou des fils d'Afridoun le persan. Au point de vue de l'histoire, — mais nous avouons humblement que l'histoire n'a rien à faire dans ce labyrinthe de fables et de récits merveilleux, — Jupiter aurait eu la Grèce en partage et établi sa résidence à Athènes; Neptune serait un roi de Lybie et de Mauritanie; Pluton (l'Aïdonée des Épirotes) un simple roi de Thessalie ou d'Épire, vivant bourgeoisement et paisiblement avec sa femme Proserpine. Aux yeux de la mythologie et de la fable, Jupiter, comme petit-fils d'Uranus, eut le ciel en partage; Neptune, grand navigateur, eut la mer pour son lot; Pluton obtint l'enfer. La terre resta commune aux trois héritiers, et l'Olympe, la montagne sacrée de la Grèce, le Mérou des pélasges, devint la résidence présumée de Jupiter qui y réunit plus tard le conseil des dieux et y tint sa cour plénière au milieu des nuages.

Nous ne raconterons point quelles furent les expéditions guerrières et les amours romanesques du grand Jupiter, sur le dos duquel on a rejeté toutes les folies de l'époque héroïque, toutes les séductions des jeunes filles, tous les adultères cachés ou publics, tous les déguisements les plus bizarres et toutes les métamorphoses les plus singulières. Mythologiquement parlant, Jupiter eut de ses sœurs Junon et Cérés, et de plusieurs maîtresses, parmi lesquelles on doit signaler Astérie, Latone, Mnémosyne, Vénus et les atlantides, un essaim de fils et de filles, partie historiques, partie fabuleux, dont les plus connus sont : Mars, que l'on a fait régner sur les Thébains; Vulcain, que les Crétois reconnaissent pour premier souverain; Proserpine, femme de Pluton, née de Cérés; Vénus, femme de Vulcain; Thébé, femme d'Ogygés, roi de Thèbes; Apollon, roi de Delphes; Diane la chasseresse; Mercure, roi d'Éleusis; Minerve, qui eut Athènes pour héritage à la mort de Jupiter; Pan, roi d'Arcadie; les neuf Muses, les Heures, Locres, roi de Locride; Corinthus, fondateur de Corinthe; Acragas, fondateur d'Agrigente, etc.

Mars, dont les amours avec Vénus ont inspiré les aèdes, fut dit-on le père de Phlégyas, roi de Thèbes, de Thrax, roi de Thrace, de Périphas, roi d'Athènes, et d'Hermione, femme de Cadmus le thébain. Rhadamanthe et Minos, rois de Crète, juges des enfers, et leur confrère Éaque, roi d'Égine, aïeul d'Achille, descendaient de Vulcain. Apollon, célèbre comme son père par sa beauté et ses nombreuses amours, donna le jour à plusieurs fondateurs de royaumes : Chius, de Chio; Arabus, d'Arabie; Cicnus, de Ligurie; Macarée, de Lesbos; Orchame et Cercaphe, de Rhodes; Syrus, de Syrie, etc. Les poètes se vantaient aussi de descendre de lui; Philammon, Thamyris, Phaëton, célèbre par ses infortunes, Linus, se disaient issus des rayons lumineux de l'astre du jour. Les principaux enfants de Mercure furent Éleusion, Damascus, fondateur de Damas en Syrie; Norax, premier roi de Sardaigne, et le voleur Autolycus, trisaïeul ou bisaïeul d'Ulysse. Les satyres et les lares reconnaissaient également Mercure pour leur créateur.

Neptune, second frère de Jupiter, marié à la fidèle Amphitrite qu'il trompa plusieurs fois, engendra aussi une belle et nombreuse postérité. Le géant Antée, si redoutable dans l'Égypte par sa force colossale, mis à mort par un adversaire plus fort que lui, l'Hercule lybien; Asope, roi de Platée; l'astronome Orion, souverain de Lybie; Althépus, roi de Trézène; Éole l'ancien, roi des îles Éoliennes, le dieu des vents et le père d'Aquilon, de Borée, de l'Auster et d'Autan; Asplédon, fondateur de la ville de ce nom; Myto, de Mytilène; Astachus, d'Astaque; Dyrrachius, de Dyrrachium ; Ogygés, roi de Thèbes, sous le règne duquel arriva le premier déluge pélasgique ; Cenchrius, roi de Salamine ; Aon, roi d'Aonie ; Tara, roi de Tarente ; Albion, roi d'Angleterre ; le cyclope Polyphème, passaient pour les enfants de Neptune, qui compta en outre parmi ses descendants l'Ammon Corniger (le Jupiter Ammon de l'Égypte); Atlas, le mauritanien, Hercule le lybique, qui terrassa Antée, Atlas et Cacus, assimilé avec Hercule le thébain, personnage plus historique que lui.

Quant au pauvre Pluton, doué de peu d'avantages personnels, trompé par sa femme Proserpine qu'il fut obligé d'enlever de vive force, et moins privilégié que ses frères aînés, la mythologie, qui en a fait le monarque terrible des enfers et le juge souverain des morts, ne lui accorde aucun héritier direct.

Telle fut la généalogie mythique et fabuleuse des dieux de l'Olympe, consacrée par Hésiode et les autres poètes grecs, et la postérité présumée d'Uranus, à laquelle nous n'avons point rattaché plusieurs noms qui appartiennent rigoureusement à l'histoire, tels que Persée, Hercule, Castor et Pollux, Amphion et Bacchus, dont les mères se proclamaient amantes du grand Jupiter.

Ces dieux pélasgiques, vulgarisés singulièrement par Homère, qui les introduit sur les champs de bataille, qui leur assimile les passions et les actions humaines, qui rend leur vie mortelle et périssable, tout en leur supposant le pouvoir de rester invisibles aux yeux des mortels, quand ils le jugent convenable, et leur attribuant des proportions et des formes gigantesques, habitaient de préférence l'Olympe, où ils savouraient la divine ambroisie. Cependant plusieurs de ces dieux avaient, outre l'Olympe, des montagnes favorites et des contrées privilégiées : le Pinde et le Parnasse convenaient à Apollon, qui protégeait avec les Muses l'Hélicon et la fontaine Castalie ; Vénus aimait le mont Ida et les bords du Simoïs et du Scamandre ; Minerve favorisait Athènes ; Argos était aimée de la fière Junon ; Sparte d'Arès ou de Mars, etc.

Nous arrêterons ici cette théogonie divine, que l'on peut consulter dans les ouvrages spéciaux, dont nous avons résumé plus haut les attributions respectives, et qui nous ouvre les portes d'airain de l'histoire, cette fille de Thémis et de la Vérité (1).

---

(1) Nous faisons grâce à nos lecteurs d'une nomenclature fastidieuse et insignifiante ; qu'il suffise de savoir que la Justice, la Force, la Générosité, la Douceur, la Tempérance, l'Amitié, l'Ambition, l'Humanité, la Bienfaisance, l'Hospitalité, la Vengeance, la Prudence, la Colère, l'Avarice, l'Ivrognerie, la Jeunesse, la Virginité, l'Année, l'Argent, la Paresse, la Miséricorde, l'Occasion, la Faveur, l'Envie, et *tut i quanti* avaient des autels chez les Grecs et les Romains.

CHAPITRE III.

HISTOIRE DES TEMPS HÉROIQUES DE LA GRÈCE ET DE L'ITALIE. — TRADITIONS DES SIÈCLES FABULEUX.

1. Depuis l'invasion pélasgique jusqu'au déluge d'Ogygés. (1986 à 1769 avant Jésus-Christ).

Nous avons vu dans le chapitre qui précède que les Telchines de Crète, phéniciens de naissance (1), étaient les premiers habitants de la Grèce avant l'arrivée des Pélasges, ces derniers, originaires d'Égypte, ou peut-être même formant une seconde émigration de phéniciens aventuriers. Jupiter, dont nous rélé-

(1) Le nom générique de Telchines vient-il de Telchinus, roi de Sicyone? Nous croyons impropre cette dénomination adaptée aux habitants primitifs de la Grèce, que nous désignerons quelquefois par l'épithète plus convenable d'Uranides ou de Japétides.

guons l'histoire parmi les fables et les allégories, avait été élevé dans l'île de Crète. Quant à la race historique de Japet, représentée principalement par Atlas et Prométhée, on peut supposer facilement qu'elle jouait un rôle considérable parmi ces Telchines chassés par les Pélasges envahisseurs. Atlas et Prométhée, ces grands savants et ces puissants monarques, contemporains d'Inachus et de ses enfants, régnaient dans la Thessalie à l'époque des fondations des royaumes d'Argos et de Sicyone. Nous ferons observer encore une fois le rapprochement frappant du nom de Japet l'uranide avec le Japhet hébreu, dont les descendants, dit l'Écriture-Sainte, passèrent, sous la conduite de Javan, de l'Asie-Mineure dans l'Europe, et y fondèrent plusieurs établissements considérables, entr'autres dans les environs du Caucase et dans l'Hyperborée des anciens (Scythie, Sarmatie ou pays du nord). Ces nouveaux habitants se divisèrent bientôt en familles ou tribus principales, parmi lesquelles nous citerons les Skolotes, dont on a fait les Celtes, les Cimmériens peuplant les bords du Danube, du Borysthène et du Tanaïs, tige des Kimris ou des Cimbres, et enfin les Amazones, race féminine chevaleresque dont l'origine est obscure et entourée de mystères. Nous dirons dans l'histoire ancienne des peuples scandinaves comment les hordes de la mer Caspienne et du Pont-Euxin, débordant par les monts Karpaths, pénétrèrent en Italie et en Épire; puis, se subdivisant en plusieurs rameaux, s'établirent sur les bords du Rhin, franchirent les Pyrénées, colonisèrent les Gaules et l'Espagne, passèrent en Asie-Mineure où elles fondèrent des villes importantes, donnèrent le nom de Chersonèse Taurique au pays compris entre le Danube et le Dniéper, habitèrent les bords de la mer Baltique et créèrent les royaumes de Norwège, de Suède et de Danemarck.

Nous ne partagerons pas toutefois l'opinion de César Cantu sur l'origine des races pélasgiques, venues selon lui des Kimris ou des Cimmériens dont nous avons parlé, et que nous maintenons ne pouvoir découler que de l'Égypte ou peut-être de la Phénicie, comme les Telchines leurs adversaires.

Le nom générique de Pélasges vient-il de Pélasgus, gendre de Lycaon Ier, roi d'Arcadie, et arrière-petit-fils d'Inachus, qui eut ainsi l'honneur, comme notre Mérovée, de donner son nom à sa famille ou à sa race? Doit-on l'attribuer à un autre Pélasgus, son parent, de la race d'Égialée, roi de Sicyone? A Pélasgus, fils de Larissa, qui se disait fils de Neptune le titanide? ou remonte-t-il à quelque Pélasgus plus ancien? C'est ce que nous n'essaierons point de décider, la question de nom étant assez indifférente par elle-même. Ce que nous pouvons fixer du moins, c'est l'époque probable de l'arrivée d'Inachus en Grèce, c'est-à-dire vers le vingtième siècle avant Jésus-Christ (1).

Inachus, fils d'Océanus, dit la mythologie, prince égyptien ou phénicien, dit l'histoire, fonda le royaume d'Argos dans le même temps environ où le deuxième Bélus d'Assyrie s'empara de Babylone, où le patriarche Abrâm ou Abraham quitta la Chaldée, — sans doute pour se soustraire à la domination de Bélus — pour aller habiter la terre de Chanaan ; où les rois Pasteurs et Pharaons se disputaient l'Égypte ; où, selon la fable persanne, régnait le mythique Afridoun chez les Irâniens. Inachus (Ananké) pouvait bien être un prince pharaon, un fils ou un frère d'Osortâsen III (le Nilus des Grecs), chassé et persécuté par les Hyksôs, ce qui confirmerait l'hypothèse admissible de son origine égyptienne.

Quoiqu'il en soit, Inachus, après avoir expulsé une partie des Telchines qui se réfugièrent en Thessalie sous la protection des Japétides ou Atlantides leurs parents, après avoir fait un traité de paix avec ceux des premiers habitants qui voulurent bien se soumettre à ses lois, bâtit au fond d'un golfe sûr et abrité une ville qui porta probablement le nom d'Inachia, puis de ville

---

(1) 1986 avant Jésus-Christ, d'après ma *Chronologie*.

Phoronique, et enfin décidément celui d'Argos, en l'honneur d'Argus, le quatrième de ses rois. Les fils d'Inachus furent aussi des fondateurs de royaumes et ajoutèrent aux conquêtes paternelles. Azan, le second des fils d'Inachus, devint le premier roi d'Arcadie; Égalée, le troisième, roi de Sicyone; Phoronée, l'aîné (Pharaon peut-être), resta dans Argos (1); enfin une fille d'Inachus, Io, fut enlevée par des corsaires égyptiens et devint mère d'Épaphus (le roi hyksôs Apôphis), qui régna dans l'Afrique lybienne et mauritanienne (2). Le troisième roi d'Argos fut Apis, nom dont nous n'avons pas besoin de faire ressortir l'étymologie égyptienne (3). Cet Apis eut pour frères Car, qui fonda la ville de Mégare; Spartus, premier roi de Sparte; et une sœur, Niobé, mère de Pélasgus.

Vers le commencement du dix-neuvième siècle avant l'ère chrétienne, Ogygés, prince telchine, s'empara, avec le secours des Japétides, de la Béotie, et érigea une ville qui porta le nom d'Ogygie, avant de prendre le nom égyptien de Thèbes, dernier nom qui lui vint de Cadmus. Un autre japétide, Strymon, fut investi du royaume de Thrace. Un troisième prince de cette famille, Nannus, sorte de roi-prophète, régna dans une partie de l'Arcadie, malgré les efforts des enfants d'Inachus pour l'en chasser. Enfin, deux autres japétides, Mélisséus et Crés, gouvernèrent successivement la Crète, qui prit son nom du dernier de ces rois. Les Japétides étaient encore si puissants, leurs noms étaient si populaires et le souvenir de leur domination encore si enraciné

(1) 1926 avant Jésus-Christ.

(2) Le roi Apôphis mourut vers l'an 1911 avant Jésus-Christ. Il était donc contemporain d'Inachus, dont il pouvait avoir été le petit-fils. Le successeur d'Apôphis se nomma Anân (Anavké, Inachus).

(3) Nous aurons soin de signaler, quand l'occasion s'en présentera, toutes ces ressemblances de noms avec les noms de l'histoire égyptienne. L'Apis dont il s'agit, différent, du reste, d'un autre Apis, roi de Sicyone, donna le nom d'Apia à la terre pélasgique, qui porta depuis le nom de Péloponèse.

dans le cœur des anciens habitants, que les Pélasges ne dédaignèrent point de contracter avec eux des alliances durables.

Argus, fils d'Apis, le quatrième roi d'Argos, épousa de la sorte Évadné, fille du roi Strymon; Lycaon Ier, roi d'Arcadie, Mérope l'atlantide, fille d'Atlas, prince de Thessalie.

Plusieurs rois dont les actions nous sont inconnues occupèrent les trônes d'Argos, de Sicyone, d'Arcadie, de Sparte et de Mégare; Sicyone prit le nom de Sycion, fils d'Égialée; les villes de Mycènes, de Phégée, de Tirinthe, d'Épidaure furent fondées par les princes inachides Mycénéus de Sparte, Phégée d'Arcadie, Épidaurus et Tirinx d'Argos; Pélasgus, gendre de Lycaon Ier, monta sur le trône d'Arcadie au préjudice de ses beaux-frères OEnotrus, Peucétius et Thesprotus, qui s'expatrièrent volontairement à la tête de plusieurs mécontents, et vinrent se fixer en Italie où ils transmirent le nom pélasgique aux OEnotriens, aux Peucétiens, aux Thesprotiens,- aux Morgètes, aux Sicules et aux Liburnes; Janus, l'un d'eux, conseillé dit-on par Saturne, chassé par ses enfants du trône d'Athènes, se fixa dans le Latium, rassembla les indigènes épars sur les montagnes, leur donna des lois, institua l'égalité des conditions et la communauté des biens, fit régner la paix dans ses états, ce qui valut à son règne la dénomination de l'*âge d'or*, et fut l'auteur des Saturnales, fêtes solennelles qu'il fit célébrer en l'honneur de Saturne, son précepteur et son ami. Lamus et Lestrigon, ses fils, lui succédèrent et donnèrent naissance aux Sicules, dont Lamus fut le premier roi.

L'établissement des colonies pélasgiques en Italie fut suivi d'une seconde émigration tout aussi importante que la première. Les Pélasges convoitaient depuis longtemps la Phénicie, leur patrie ou celle des Telchines, leurs prédécesseurs. Mycénéus, roi de Sparte, avait épousé sa cousine Lybie, fille d'Épaphus (l'Apôphis d'Égypte) et d'Io. A la mort de Mycénéus, Lélex, son fils aîné, qui donna à ses descendants le nom de Léléges,

ayant eu par droit d'aînesse le royaume de Sparte , son frère
Agénor, demeuré sans biens et sans héritage , fut obligé de se
conquérir un royaume par la seule force de son bras et de son
épée. Excité par sa mère Lybie , il jeta les yeux sur la Phénicie
et profita des troubles qui désolaient ce pays pour s'y établir avec
des compagnons et des amis qui s'étaient dévoués à sa fortune.
Les Grecs attribuaient au pélasge Agénor la fondation de Tyr ,
comme .celle de Sidon à Sidon , son fils, dont le nom se trouve
mentionné dans la Bible.

Tous ces évènements s'étaient accomplis dans l'espace d'environ deux siècles, depuis l'arrivée des Pélasges inachides à Argos.
Ce fut alors qu'un phénomène étrange fut observé dans la planète Vénus. Cette planète changea dit-on à la fois de couleur, de
diamètre et de cours. Le prophète-roi Nannus annonça aux Pélasges un évènement sinistre et déplorable. Le lac Copaï déborda
dans l'Attique ; les plaines de l'Ogygie furent submergées ; e, le
roi Ogygés , enveloppé dans le commun désastre , périt dans
cette inondation avec une partie de sa famille.

Cette inondation partielle , qui ne submergea qu'une partie de
la Grèce , est cependant connue dans l'histoire sous le nom de
Déluge d'Ogygés. On place cette inondation ou ce déluge vers
l'an 1769 avant Jésus-Christ.

2. Depuis le déluge d'Ogygés jusqu'au déluge de Deucalion.
(1529 avant Jésus-Christ.)

L'Apia , ou terre pélasgique, ne se ressentit point de la violente
irruption diluvienne qui l'avait submergée. Tout reprit , après la
mort d'Ogygés , sa marche accoutumée. Le lac Copaï rentra dans
son lit. La planète Vénus revint à son cours primitif et reprit sa
couleur précédente.

Cadmus Ier, fils d'Ogygès, régna dans l'Ogygic ; le japétide Pénée dans le pays d'Orchomène ; Phorbas continua de régner dans la ville d'Argos ; Europs à Sicyone ; Milés à Sparte ; Érectus en Arcadie. Atlas, fils de Japet, monta sur le trône de Thessalie, s'occupa, comme par le passé, de ses recherches astronomiques ; Prométhée, son frère, de ses expériences minéralogiques.

C'étaient de grands savants qu'Atlas et que Prométhée. Le premier, dont on a fait également un prince de Numidie ou de Mauritanie, avait fait construire un observatoire au sommet d'une montagne, où il se rendait chaque nuit pour observer les astres. On lui attribuait la découverte des hyades et des pléïades. Ce monarque avait aussi de grands trésors renfermés dans de délicieux jardins. Ces trésors tentèrent sans doute la cupidité des voleurs, car une nuit où ce prince avait quitté son palais pour aller observer les planètes, selon son habitude, il fut assassiné, et ses richesses furent enlevées. Le corps d'Atlas ne se retrouvant point, on supposa que les dieux, jaloux de ses grandes connaissances, l'avaient changé en montagne.

Prométhée, du reste, ne fut pas plus heureux que lui. Artiste et sculpteur habile, forgeron célèbre et ingénieur distingué, Prométhée, représenté dans la fable comme en guerre ouverte avec les dieux par ses grands travaux et ses fouilles dans les montagnes, où il passait une partie de sa vie, trouva la mort dans un éboulement ou une explosion du Caucase, où il s'était rendu pour exploiter une mine qu'il y avait découverte. De là le conte mythique de Prométhée attaché jour et nuit sur le Caucase et rongé par un vautour affamé.

Cependant les Pélasges ne restaient pas inactifs et insouciants : de nouvelles découvertes venaient d'être faites ; de nouvelles villes venaient d'être bâties. Xanthus, fils de Phorbas, cultiva l'île de Lesbos et y établit sa demeure ; Eurotas, nouveau roi de Sparte, fit creuser le fleuve de ce nom ; Locrus le telchine fonda le royaume de Locride ; Asope celui de Platée ; Corinthus édifia Corinthe ; Lycaon II, qui venait de monter sur le trône d'Arcadie, fit bâtir la ville de Lycasure, qui tint bientôt l'un des premiers rangs dans le cercle des villes pélasgiques.

C'est alors que les deux races ennemies de l'Apia, les Telchines ou Japétides et les Pélasges, que le sort des batailles et des combats avaient rendues à peu près aussi puissantes et aussi riches l'une que l'autre, adoptent une nouvelle dénomination qui doit scinder les deux familles dans les âges à venir et éviter toute confusion dans leur vie politique et privée. Les Japétides prennent le nom de Grecs, qu'ils vont changer quelques années plus tard en celui d'Hellènes. A l'époque où nous sommes, les Japétides occupent ainsi l'Italie ou Étrurie, la Sicile, l'Andréide ou pays d'Orchomène, qui prit le premier nom d'Andréus, le second de ses rois, l'Aonie, fondée par le telchine Aon, Aspédon, Astaque et Corinthe, l'Attique et l'Ogygie, Éleusis, la Crète et la Locride, la Phéacie, la Phocide, le pays des Lapithes, Platée et Salamine, une partie de la Thessalie et la Thrace presque toute entière, l'Étolie, l'Acarnanie, etc. Ils s'appelaient ainsi tour à tour Aoniens, Lestrigons, Orchoméniens, Curètes, Locriens, Phéaciens, Lapithes, Thessaliens, Étoliens, Acarnaniens et Thraces. Aux Pélasges devenus Léléges, Laconiens ou Spartiates, Argiens, Arcadiens, etc., appartiennent les royaumes florissants d'Argos et de Sicyone, l'Arcadie, Lycasure, Élatée et Tégée, la majeure partie de la Thessalie dans le continent européen ; les royaumes de Lesbos, de Lydie, de Phénicie, de Phrygie et de Troade dans le continent asiatique. Mais un grand mouvement se prépare, et dans quelques années seulement nous verrons presque toutes les nations dont nous venons de parler changer de place comme par enchantement, les pays appartenir à de nouveaux maîtres et recevoir la loi de nouveaux conquérants, véritable changement de scène théâtrale, où toutes les races se croisent, se mêlent, se heurtent, se foulent, se chassent et se dissipent mutuellement.

Avant d'arriver à ce changement prévu dans les destinées des Grecs et des Pélasges, nous nous occuperons encore de plusieurs personnages parmi lesquels nous rencontrons d'abord Lycaon II, roi d'Arcadie. Ce prince, immortalisé dans la fable par sa funeste métamorphose, était un puissant monarque et un grand législateur, ce qui lui mérite à plusieurs titres l'admiration et l'estime de la postérité. Fondateur de la belle ville de Lycasure, Lycaon civilisa ses sujets, publia des lois, régla les cérémonies religieuses, institua le culte de Jupiter et mit en usage les sacrifices humains, usage qui annonce encore toute la barbarie et la férocité de ces premiers temps. « Lycaon, dit la fable, fut changé en loup par Jupiter, blessé de ses sanglants sacrifices. » D'après l'histoire, il périt frappé par la foudre. L'un des fils de Lycaon, Macédo, fut, dit-on, le premier roi de Macédoine; un autre, nommé Atrax, résida dans la Thessalie, divisée après la mort de Prométhée entre plusieurs races belligérantes; enfin, un troisième de ses descendants, Bunus, bâtit dit-on un temple en l'honneur de Junon, dans la nouvelle ville de Corinthe.

Au milieu de ce dédale inextricable de rois et de dynasties, de royaumes telchines ou pélasgiques, de fondation de villes et de conquêtes diverses, survient tout à coup à notre aide un guide précieux, quoique peut-être apocryphe, un cicerone utile, malgré le peu d'authenticité qu'on lui accorde : nous voulons parler de la chronologie des marbres de Paros.

Si nous en croyons ces marbres, ce fut l'an 1570 avant Jésus-Christ, du temps de Moïse et de Sésostris, que l'égyptien Cécrops, originaire de Saïs, peut-être l'un de ces hyksôs opprimés par les Pharaons qui reparurent sur le trône d'Égypte un siècle plus tard en la personne d'Améchelfis, chassé par Rhamsés IV Méiamoun, arriva dans l'Akta ou Actée, depuis Attique, avec une colonie égyptienne, et y épousa la fille d'Actéus, Agraule, descendante de Mars et princesse de ces contrées. L'Attique se ressentait, sans doute, à cette époque, de la terrible inondation qui la désola sous le règne d'Ogygés, puisque le nouveau venu réunit sur ce point une foule assez nombreuse d'habitants sauvages et dispersés dans les champs incultes, leur fit connaître les avantages de la vie sociale, les civilisa, leur donna des lois, institua la propriété, le mariage et les droits civils, et classa ses nouveaux sujets dans douze dèmes ou bourgades, dépendants d'une citadelle qu'il fit bâtir au centre de ces bourgs, citadelle qui fut plus tard la Cécropie de la ville d'Athènes, formée par la réunion des douze dèmes sous ses successeurs. Cécrops enseigna en outre aux habitants de l'Attique l'agriculture, la culture de l'olivier, le commerce et la navigation, et leur apprit à adorer les dieux, parmi lesquels étaient Jupiter, Minerve, Apollon, Mars et Neptune, en l'honneur de qui il fit élever plusieurs temples. Cécrops mit le comble à sa gloire par l'institution de l'aréopage, ce conseil suprême ou sénat administratif et politique, destiné plus tard à jouer un grand rôle dans l'histoire hellénique. Il se rendit recommandable par sa douceur et son humanité en abolissant dans ses états les sacrifices humains, sanctionnés par le roi Lycaon d'Arcadie. Moins heureux père qu'heureux monarque, Cécrops n'eut que des filles, dont l'aînée, Agraule, se dévoua à la mort pour sauver sa patrie des désastres d'une guerre longue et ruineuse. Les Athéniens reconnaissants érigèrent des temples en l'honneur d'Agraule et donnèrent son nom à un des dèmes d'Athènes; son dévouement fut éternisé par les Agraulies, fêtes célèbres où les jeunes athéniens juraient fidélité à la patrie sur l'autel de la fille de Cécrops. Ce fut sous le règne de ce monarque que l'hyperboréen Abaris, grand-prêtre d'Apollon chez les Scythes, envoyé par les siens en ambassade dans l'Attique, composa pour la ville de Cécrops une statue de Minerve, protectrice de la nation athénienne, statue qui devint le palladium de la Grèce.

C'était l'heure des voyages et des émigrations célèbres. Quelque temps après l'arrivée de l'égyptien Cécrops dans l'Attique, (1558 avant Jésus-Christ), le telchine étrurien Dardanus, frère de Jasion, ayant — on ne sait trop pour quel motif — assassiné son frère, s'enfuit de sa patrie, traversa la Grèce où il recueillit les institutions de Cécrops, et arriva en Phrygie, où il épousa la fille d'un petit prince indigène nommé Teucer. Dardanus fixa sa résidence au pied du mont Ida et y construisit une ville qu'il appela de son nom, Dardanie, et qu'il dota d'un palladium protecteur, à l'instar de la Cécropie athénienne.

L'Ogygie, aussi heureuse que l'Attique et que la Phrygie, vit à son tour arriver son législateur et son fondateur véritable. On se souvient d'un certain Agénor, frère de Lélex, roi de Sparte, de la race pélasgique ou inachide (1), que sa mère Lybie anima de la soif des conquêtes et des expéditions aventureuses, et qui s'établit dans la Phénicie où son fils bâtit la ville de Sidon. L'an 1530 avant Jésus-Christ, le trône de Phénicie était occupé par Agénor II, descendant du premier Agénor. Ce monarque avait plusieurs fils, beaux, braves, intelligents, instruits, qu'il aimait beaucoup sans doute, mais cependant moins que sa fille, la belle et charmante Europe. Cette fille bien-aimée, se promenant un jour sur les bords de la mer, fut enlevée par des corsaires grecs ou telchines, ou tout simplement par Astérion, fils de Rhadamanthe Ier, roi de Crète, qui en était amoureux et qui avait su se faire aimer de la princesse, si tendrement regrettée par son père.

L'enlèvement d'Europe plongea le vieux Agénor dans la douleur la plus grande et la plus profonde. Il ordonna à ses fils de poursuivre le ravisseur de sa fille chérie, mit à la disposition de

(1) Inachus ?.. Ce nom, qui est l'Anan ou Ananké égyptien, ne serait-il pas aussi l'Innoach, le Noach ou le Noë hébreu ? Comme le patriarche hébreu, le fondateur de la race pélasgique eut trois fils qui fondèrent trois royaumes et trois dynasties.

chacun des vaisseaux et des hommes, et leur défendit de revenir dans leur patrie sans avoir rempli leur mission. Les jeunes princes partirent pleins de courage et d'ardeur pour accomplir le désir paternel ; mais aucun d'eux ne put revenir près d'Agénor, et fut obligé, n'ayant plus d'héritage à attendre, d'en conquérir un à la pointe de l'épée et par la force des armes. De la sorte Thasus, l'un des fils d'Agénor, s'établit dans l'île de Thasos ; Membliarés dans l'île de Théra (depuis Cyrène); Cilix en Cilicie; Athymnius à Gortys; Car en Lydie ; Phénix en Éthiopie ; Phinée en Thrace ; Cadmus, le plus célèbre et le plus illustre de tous, arriva dans le pays d'Ogygés.

Tel est le récit de la fable, dont le sens historique est facile à comprendre. On retrouve dans le vieux Agénor, Tyr et la Phénicie personnifiées ; ses enfants sont ses vaisseaux et ses commerçants insatiables et avides, se dispersant et s'établissant sur le littoral des deux mers ; Europe, le continent européen convoité par la ville industrielle et florissante de l'Asie ; le siége de nouveaux comptoirs, de nouveaux entrepôts, de nouvelles colonies; une portion de l'héritage terrestre à conquérir, à posséder, à fertiliser, à civiliser. Nous trouvons, du moins, pour ce qui nous concerne, cette interprétation satisfaisante et probable.

Cadmus fut peut-être celui de tous les fils d'Agénor qui s'occupa le plus de sa sœur Europe. Il aborda d'abord dans l'île de Rhodes, où il éleva un temple à Neptune. Il parcourut ensuite la Samothrace et la Thrace, où il se sépara de son frère Phinée après avoir fait exploiter, de concert avec lui, les mines d'or de Scapta-Hyla, qui lui servirent merveilleusement pour la réussite de ses projets. L'oracle de Delphes, qu'il consulta, lui indiqua l'Ogygie comme le but de son voyage. La ville de Thèbes, dont le nom tout égyptien décèlerait une erreur dans l'origine attribuée à Cadmus, fut ainsi fondée par le fils d'Agénor, qui donna son nom à la citadelle de la nouvelle ville, la Cadméide, comme Cécrops avait donné le sien à celle d'Athènes. Cadmus, comme

Cécrops, fut le législateur de sa nouvelle patrie ; mais, plus instruit que lui, il dota la Grèce de l'alphabet et de l'écriture, qui en fut l'heureuse conséquence. A Cadmus appartient donc l'initiative du mouvement intellectuel dans la terre pélasgique, initiative qui donna naissance aux arts et aux belles-lettres, et qui créa, dès son début, des poètes et des hymnographes tels qu'Orphée, Thamyris, Marsyas et Linus.

Cadmus eut à défendre sa nouvelle colonie contre les anciens Béotiens qu'il chassa de l'Ogygie, et qui, suivant la fortune de Deucalion, s'établirent à Arné et à Iolchos en Thessalie. Par contre-coup, les pélasges de Thessalie, chassés par Deucalion, vinrent chercher un refuge près de Cadmus, qui les accueillit avec joie et s'en servit pour coloniser son nouveau royaume. Parmi ces pélasges était le divin Aristée, qui épousa Antonoë, fille de Cadmus, et qui acquitta largement la dette sacrée de l'hospitalité en apprenant aux Thébains l'art de cailler le lait, la manière d'élever les abeilles et la culture des oliviers, connue déjà dans l'Attique, comme nous l'avons vu.

L'expulsion des Pélasges de la Thessalie eut un grand retentissement dans toute la Grèce. Deucalion, leur ennemi, fils de Prométhée, longtemps persécuté par les Inachides qui avaient usurpé les biens de son père, avait à venger sur eux ses propres souffrances et celles de toute sa famille. Aussi instruit que son père, aussi savant qu'Atlas, son oncle, plus guerrier et plus courageux que tous les deux, Deucalion, mari de sa cousine Pyrrha, la fille de cette Pandore que la mythologie a illustrée par sa merveilleuse boîte, réunit ses amis dispersés et errants comme lui, remporte plusieurs combats partiels sur ses adversaires, dissipe les uns, met les autres en fuite, et finit par les détruire entièrement sur les bords du fleuve Pénée, où il les passa tous au fil de l'épée.

L'extermination des Pélasges sur les bords du Pénée, la conquête de la Thessalie, de la Phocide et de la Phtiotide par Deu-

calion, qui fut la suite de cette bataille, la nouvelle colonie d'Inachides établie dans les champs de Larisse et aux environs du
Parnasse, donnèrent lieu à une seconde fable imitative du déluge d'Ogygés, fable accréditée par Deucalion lui-même, qui
institua à Athènes les Hydrophories en l'honneur de sa conservation miraculeuse, et fit bâtir dans la même ville un temple dédié
à Jupiter protecteur. C'est à l'an 1529 avant l'ère chrétienne que
les marbres de Paros placent le déluge de Deucalion et de Pyrrha.

3. Depuis le déluge de Deucalion jusqu'à la mort de Bacchus. (1529 à 1489 avant Jésus-Christ).

L'établissement de Deucalion fut prospère et durable. Il laissa
un beau patrimoine à ses enfants qui surent l'accroître et l'étendre. Æmon, son fils aîné, eut la Thessalie en partage et la tran-
smit lui-même à son fils Thessalus, dont les Thessaliens tirent
leur nom. Hellen obtint la Phtiotide, et dans la suite la Thessalie
qu'il enleva à son neveu. Les Grecs, en son honneur, se firent
appeler Hellènes, et continuèrent à s'appeler ainsi pendant plusieurs siècles. Un autre fils de Deucalion, Candibus, chercha
fortune et fonda le royaume de Lycie. Enfin, Amphyction, le
plus jeune, arriva dans l'Attique où il épousa Cranaë, fille de
Cranaüs, gendre et successeur de Cécrops.

Pendant ce court intervalle de quarante ans, les évènements
se succèdent, au reste, pressés et rapides. Les rois se renversent
et se multiplient pendant que les villes s'organisent et se civilisent. Ainsi la ville d'Athènes a vu Cranaüs, le second de ses
rois, le fondateur du premier temple de Jupiter olympien, chassé
par Amphyction, son gendre, qui institua les Amphyctionies,
cette association politique, administrative et religieuse, première
source d'unité nationale, offensive et défensive, entre les peuples

séparés et occupant le sol hellénique, et les races uranides et pélasgiques si longtemps séparées. Amphyction est à son tour détrôné par le pieux Érechtée ou Érichtonius, fils naturel de Cranaüs, qui honore le culte de Minerve par la création des Panathénées, l'une des plus belles fêtes de la Grèce, et qui fait battre le premier la monnaie pélasgique.

Argos, la ville d'Inachus, voit débarquer un jour devant ses remparts une troupe de hardis aventuriers. Ce sont des égyptiens conduits par Danaüs, petit-fils de cet Agénor qui avait envoyé ses enfants à la recherche d'Europe introuvable, recherche dont ses petits-enfants devaient s'occuper aussi. On a voulu faire de Danaüs l'Armaïs égyptien, révolté contre son frère Rhamsés IV Méiamoun, personnage historique, à peu près son contemporain.

D'après la fable, dans les nuages de laquelle nous cherchons à découvrir l'histoire, Danaüs aurait eu pour frère Égyptus, devenu roi de Phénicie après la mort de son grand-père Agénor, avec lequel il avait eu de violentes querelles. Obligé de fuir sa patrie, Danaüs avait pris la Grèce pélasgique pour le but de son voyage et la ville d'Argos pour le terme de ses exploits.

Le faible inachide Hélanor ou Gélanor veut en vain s'opposer à l'invasion de ces corsaires affamés. Il est tué dans une bataille, et la ville d'Argos ouvre ses portes au vainqueur. Danaüs apporte dans cette ville plusieurs institutions égyptiennes : la langue d'Hermés qui se croise avec la langue pélasgique ; l'agriculture memphitique et les fêtes d'Isis, la Cérés grecque, connues sous le nom de Thesmophories. Nous tenons pour très fabuleuses les cinquante Danaïdes ses filles, si cruelles pour leurs cinquante maris, fils d'Égyptus, leur oncle. Nous savons seulement que les fils d'Égyptus fondèrent de nouvelles colonies en Lybie et en Mauritanie, bâtirent la ville d'Utique, et que l'un deux, Lyncée, régna chez les Argiens après Danaüs, son oncle, mort sans enfants mâles.

De nouveaux royaumes sont fondés dans l'intérieur des terres et dans l'Archipel des deux mers ; les uranides Péon, Épéus et Étolus, fils d'Endymion, fondent les royaumes de Pannonie et de Péonie (1) sur les bords du Danube et dans les Alpes tyroliennes, d'Élide et d'Étolie ; Lycotherses règne dans l'Illyrie ; Rhodes, Cos, Naxos, s'érigent en monarchies florissantes ; Éryx, fils de Butés, construit la ville d'Érycie en Sicile.

Pendant ce temps, une révolution immense a lieu en Étrurie et en Italie ; le jeune Tyrrhénus, fils d'Atys I, roi de Lydie, fuyant avec de nombreux compagnons une cruelle épidémie qui désolait les populations lydiennes, s'expatrie pour obéir à l'oracle, et apporte dans l'Italie ce mélange de langue pélasgo-asiatique dont le latin est issu, et qui a gardé avec elle tant de ressemblance et de similitude. Les bords de la mer Adriatique, le littoral de la Méditerranée, qui prend le nom de mer Tyrrhénienne, a Sardaigne et la Corse, sont envahis par les Pélasges tyrrheniens, dont le chef, le véritable fondateur de la race Étrurienne, épousa dit-on la fille de Corybante, le dernier descendant d'Uranus dans les pays Latins.

La race de Cadmus est malheureuse à Thèbes. Sa fille Sémélé devient enceinte d'un officier du palais et donne le jour à Bacchus, que l'on fait passer pour fils de Jupiter ; Ino, sœur de Sémélé, femme d'Athamas, roi d'Orchomène, se déshonore par ses crimes ; les deux autres, Agavé et Antonoë, deviennent folles. Le jeune Actéon, fils d'Aristée et petit-fils de Cadmus, est dévoré par ses chiens dans une partie de chasse ; un autre petit-fils, Penthée, successeur désigné de Cadmus, est assassiné par ses tantes, qui déchirent son corps en morceaux à la suite d'un de leurs accès de folie ; Cadmus lui-même est détrôné par Échion, son gendre, et obligé de se réfugier en Illyrie auprès du roi Lycotherses, qui l'accueille avec bienveillance.

____

(1) Les Romains appelaient Pélasges tous les Germains et les Allemands

Bacchus, le Bocchos égyptien, le Rama de l'Inde, est devenu grand. Sa jeunesse troublée par beaucoup de vicissitudes, exposée à de grands périls, en a fait un homme fort et puissant, ambitieux et résolu, intelligent et supérieur, en un mot, un de ces hommes dont on fait des dieux. Le petit-fils de Cadmus a dans le cœur une haine profonde et une passion violente, une haine inexhorable contre les ennemis de son grand-père, contre cet Échion qui a chassé sa famille, et la soif inextinguible, insatiable de guerres et de conquêtes. La passion passe avant la vengeance. Monté sur un char traîné par des tigres, la tête ceinte d'une couronne de pourpre, un thyrse à la main, accompagné de ses amis Pan et Silène (l'Hanouman et le Sougriva de l'Inde), de son oncle Aristée, qui a, lui aussi, à venger sur Échion la mort de son fils Actéon, en réalité assassiné par ce parent barbare, et d'une foule de compagnons décidés à partager sa bonne ou mauvaise fortune, il pénètre dans les Indes avec une témérité inouïe, tue les rois Myrrhanus et Lycurgue qui s'opposaient à son passage, et, secondé de la tribu guerrière des Amazones, qui se réunissent à lui, il soumet sans coup férir cette grande contrée qu'Alexandre lui-même n'a pu soumettre plus tard. Des Indes, qu'il a subjuguées et civilisées, Bacchus se rend en Phrygie, où il se fait initier aux mystères de Cybèle, et passe en Égypte et en Lybie, qui l'accueillent avec des transports de joie. La véritable force de Bacchus, son véritable pouvoir ne sont pas les armes ; les instruments tout-puissants de ses conquêtes sont trois grandes découvertes dont il dote l'humanité : le blé, le vin, les troupeaux ; l'agriculture, en un mot, ou la science complète de l'économie domestique. Les peuples, séduits par les bienfaits de Bacchus, érigent des autels au créateur de la vigne ; ses compagnons, Pan, Silène, Aristée, les trois éléments principaux de l'agriculture, — la houlette du berger, le pressoir du vigneron, la charrue du laboureur, — partagent avec lui les honneurs divins ; les Bacchanales sont instituées ; les bacchants et les bacchantes apparaissent alors avec leurs cheveux épars, leurs yeux égarés, leurs bouches fumantes, leurs pampres verdoyants, leurs torches incendiaires et leurs effroyables orgies.

C'est avec ces prêtres dévoués, ces compagnons électrisés par l'ivresse et par la débauche, sa réputation grossie par ses exploits et ses conquêtes, que Bacchus, dont la passion de domination est satisfaite, songe à l'accomplissement de ses projets de vengeance et de haine. Le conquérant des Indes et de l'Égypte revient un jour à Thèbes, sa patrie, force l'usurpateur Échion à rendre honneur au nouveau culte qu'il a introduit en Grèce, le fait massacrer dans une de ses fêtes par les bacchantes furieuses qui l'accompagnent, enveloppe dans la même punition le malheureux Orphée, qui avait abandonné le parti de Cadmus, et place sur le trône de Thèbes son oncle Polydore, le dernier rejeton de la race royale, dont la postérité ne sera pas plus heureuse que celle de son père.

Content de la réussite de ses projets divers, Bacchus, qui contribue à réparer le temple d'Apollon delphien, tout récemment pillé par le roi Phlégyas d'Andréide, fonde la ville d'Éleuthère en Béotie, et y meurt quelque temps après dans la tranquillité ou l'obscurité la plus complète, laissant un nom illustre et vénéré, des sectateurs ardents et dévoués, des temples nombreux, mais une réputation fort douteuse et très équivoque aux yeux clairvoyants de l'histoire.

4. De Bacchus à Hercule. (1489 à 1361 avant Jésus-Christ).

Un siècle sépare à peine ces deux héros fabuleux de la Grèce, placés au rang des dieux par l'admiration de leurs compatriotes. Dans ce siècle, où chaque famille n'a pas encore pris sa

place distincte et marquée dans la terre pélasgique, nous retrouverons les familles uranides et inachides, se croisant et se rencontrant, se heurtant et se froissant, se disputant et se querellant.
La poésie, élevée par Orphée l'ancien presque au rang de sacerdoce, occupe les esprits les plus éminents de la Grèce ; des rois
puissants, tels que Midas de Phrygie, le fondateur de la ville
d'Ancyre, le fils du laboureur Gordius, élevé sur le trône par la
vénération de ses concitoyens, Tmolus de Sipyle, père de Tantale, ne dédaignent pas d'entrer dans l'arène poétique avec les
Hyagnis et les Marsyas, et de se disputer les lauriers du divin
Apollon. Philomèle et Progné, filles du roi Pandion d'Athènes,
deviennent célèbres par leurs connaissances musicales.

Les enfants de Deucalion continuent d'accroître leur puissance
et leur domination. Hellen, cependant, vient de mourir ; mais il
laisse trois fils qui héritent des projets ambitieux de leur père.
Éole, l'aîné, règne en Thessalie et engendre une famille nombreuse ; Dorus fonde le royaume de Doride ; Xuthus, chassé par
ses frères, se retire à Athènes où il épouse Créuse, l'une des
filles du roi Érechtée II, qui le rend père d'Ion et d'Achéus,
les souches des deux branches célèbres uranides Ionienne et
Achéenne.

Les enfants d'Éole surtout font des établissements avantageux.
La Thessalie échoit par indivis à Crétée et à Salmonée ; Athamas
occupe le royaume d'Orchomène, Sisyphe règne à Corinthe,
Déionée en Phocide, Magnés en Magnésie, Perriérés en Messénie, Cercaphe chez les Dolopes, Borée le Jeune en Thrace,
Macarée à Lesbos, Céphale à Ithaque, Mimas en Sicile, où il
fonde le royaume des Éoliens sicaniens.

Au milieu de ces révolutions successives, de ces expéditions
téméraires, de ces exploits chevaleresques qui caractérisent le
siècle héroïque de la Grèce, les mœurs se relâchent de leur
sévérité primitive, et le libertinage le plus effréné s'introduit
dans les mœurs populaires et dans les palais des rois. Des jeunes

et belles princesses se laissent séduire par leurs esclaves ou se font enlever par des corsaires. On met sur le compte du grand Jupiter, du suave Apollon ou du voluptueux Neptune toutes les aventures scandaleuses de ce temps fécond en aventures. A l'exemple d'Europe la phénicienne, la jeune Danaë, fille d'Acrisius, roi d'Argos, devient enceinte d'un étranger ; elle accouche d'un fils qu'on nomme Persée, dont on attribue gratuitement la naissance au père des dieux. Persée, enfant abandonné comme tous les grands hommes d'alors, isolé comme Rama, comme Bacchus, comme Œdipe, jouera bientôt un rôle distingué dans l'histoire et se rendra célèbre par ses exploits.

En attendant, Minos et Rhadamanthe, ces fils d'Astérion et d'Europe, dont la naissance est également attribuée à Jupiter, règnent dans les îles de Crète et de Chio et donnent à leurs peuples des lois si sages et si équitables, qu'on leur attribue, après leur mort, le droit de juger les âmes et de les envoyer dans le Tartare ou les Champs-Élysées. Tros fait construire la forteresse d'Ilion, à Troie ; Œbalus règne à Lacédémone ; Lycurgue, roi des Dauliens, proscrit la vigne dans ses états ; l'apulien Pylumnus découvre le blé et enseigne l'art de fumer les terres ; Myrina, reine des Amazones, à la tête de cinquante mille femmes, attaque et soumet les Atlantes, les habitants de Cercée, les Gorgones, fonde la ville de Myrina, en Atlantide, et périt dans une bataille contre le thrace Mopsus.

C'est alors que Persée, parvenu à l'adolescence, reparaît sur la scène historique. La fable nous le représente d'abord tuant Méduse, la reine des Gorgones, aux serpents fascinateurs ; puis Polydectes, roi de Magnésie, descendant d'Éole, qui avait maltraité sa mère fuyant les persécutions d'Acrisius. Véritable paladin du temps de Charlemagne, Persée délivre ensuite une jeune princesse éthiopienne, Andromède, exposée à un monstre marin, extermine les prétendants de l'héroïne délivrée, et l'épouse enfin pour prix de ses victoires successives. Le héros, poussé par sa

bizarre destinée, arrive dans la cour de Larisse, où l'on célébrait des jeux funèbres en l'honneur du roi Teutamias, qui venait
de mourir ; il paraît dans ces jeux avec éclat, selon sa coutume,
et y frappe mortellement le roi Acrisius, son grand-père, retiré
à Larisse après son expulsion du trône d'Argos par son frère
Prœtus. La mort de celui-ci et la conquête d'Argos sont le terme
des exploits du brave Persée, qui y règne tranquillement avec
son épouse Andromède, et qui va mourir à Mycènes, accablé
d'années et de fatigues, après avoir restitué, par remords de
conscience, l'Argolide à son cousin Mégapenthe, de la race de
Prœtus. Hélios, l'un de ses fils, s'établit dans la Colchide ; les
autres, Alcée, Électryon et Sténélus apparaissent à tour de rôle
sur les trônes de Tyrinthe et de Mycènes.

La race d'Éole, insolente et fière de sa prospérité, est cruellement punie par les dieux irrités. Salmonée, qui voulait être
adoré comme une divinité, est frappé de la foudre ; Sisyphe,
véritable brigand, souillé de crimes et de meurtres, quoique
l'instituteur des jeux Ithmiques, est assassiné par un de ses sujets;
Céphale, aveuglé par une fureur jalouse, se donne la mort
après avoir tué Procris, sa femme, qu'il suspectait injustement ;
Crétée, roi de Thessalie, est détrôné par Achéus, fils de Xuthus, son oncle, qui donne son nom à l'Achaïe ; Glaucus, fils de
Sisyphe, roi d'Éphyre, est dévoré par ses chevaux excités.

Rhadamanthe et Minos viennent de mourir. Les enfants du
premier, législateurs comme lui, Thoas, Égyde, Pamphyle,
Évambée, Andréus et Alcée, organisent et civilisent les îles de
Lemnos, de Scyros, de Péparéthos, de Léros, d'Andros et de
Paros. Lycastes, fils de Minos, chassé vingt ans de la Crète par
les Doriens, remonte sur le trône de son père après avoir tué
Teutamus, fils de Dorus, qui avait usurpé sa couronne.

Les villes de Milet en Carie et d'Iolchos en Thessalie deviennent célèbres par leur commerce et leurs richesses immenses ; la
ville de Pise, en Olympie, est fondée par Pisus, fils de Perriérés,

de la race d'Éole ; Tantale, célèbre par l'enlèvement du beau Ganymède et Ilus, père de Laomédon, règnent à Sipyle et à Troïe ; le prince éleusinien Triptolème, après avoir voyagé en Scythie, dans l'Inde et en Égypte, revient à Éleusis et enseigne aux Grecs l'agriculture. Pour la première fois, les campagnes de Rharie sont ensemencées d'orge et de blé ; les compagnons de Triptolème, Hémiogyre, Mylés et Mégalarte apprennent à leurs compatriotes l'art d'atteler les bœufs à la charrue, de tracer les sillons, de piler le grain avec des meules de moulin et de fabriquer le pain.

Pour célébrer cette importante découverte, Eumolpe de Thrace, envoyé par le roi Tégyre, son père, arrive à Éleusis et institue les célèbres mystères Éleusiniens, en l'honneur de Cérés et de Triptolème, mystères dont il s'institue le souverain pontife.

Les Athéniens ne peuvent voir sans une secrète jalousie un étranger, un Thrace, accaparer sur sa tête des honneurs aussi insignes, presque à la porte de leur cité redoutable. Animés peut-être aussi par plusieurs vieilles querelles de la cour d'Athènes contre celle de Thrace, telles que l'assassinat de Progné, fille de Pandion I, par son mari Thérée, roi de Thrace ; l'enlèvement de la princesse Orythie, fille du roi régnant d'Athènes, Érechtée II, par Borée, fils d'Éole, roi de Thrace, et oncle d'Eumolpe, ils déclarent la guerre aux Éleusiniens qui protégent leur grand-prêtre, et, par suite, aux Thraces qui protégent les Éleusiniens.

La fortune n'est pas d'abord favorable aux Athéniens ; battu par Eumolpe et réduit à la dernière extrémité, le roi Érechtée immole sa fille Calophonie pour apaiser la colère de Minerve, sacrifice qui change complètement la situation terrible d'Athènes : Ion, fils de Xathis, retiré dans l'Attique et irrité contre ses parents les Éoliens qui l'avaient banni de sa patrie, prend le commandement de l'armée aux acclamations du peuple et sur les instances du roi, qui consent à servir sous ses ordres. Tous les deux marchent contre les Éleusiniens et les Thraces et remportent sur eux une victoire décisive. Eumolpe et son fils Immaragde trouvent dans l'action une mort glorieuse ; le roi Érechtée y périt lui-même en combattant à la tête des siens.

Mais les Athéniens sont vainqueurs. Les Éleusiniens sont obligés de placer leurs mystères sous la protection de leurs ennemis, représentés par le roi Cécrops II, fils et successeur d'Érechtée ; Ion seul, mal récompensé par les Athéniens, est forcé de quitter la ville qu'il vient de sauver d'une position désastreuse et de s'enfuir en Asie, où il s'établit avec des compagnons dévoués, dans cette partie du territoire asiatique qui prit de lui le nom d'Ionie.

Nous avons laissé la malheureuse famille de Cadmus sur le trône de Thèbes où la protection de Bacchus venait de la restaurer. La colère des dieux était loin d'être apaisée ; Laïus, fils de Labdacus, chassé du trône par les Échionides ; les frères Nyctée et Lycus, fils de Chtonius, périssant dans une guerre sanglante contre les sicyoniens Aloéus et Épopéus, descendants de Persée ; les désordres d'Antiope, fille de Nyctée ; les violences de Dircé, sa tante, exercées sur cette malheureuse princesse ; la naissance d'Amphion et de Zéthus, fils d'Antiope, naissance attribuée selon l'usage à Jupiter ; les malheurs d'Amphion, prince brave et courageux, grand législateur, grand musicien ; son avènement au trône de Thèbes qu'il réédifie complètement ; la mort affreuse des enfants de ce prince et de Niobé, fille de Tantale, massacrée par Laïus qui remonte sur le trône de son père, tels sont les évènements funestes, saisissants, dramatiques que doivent couronner bientôt l'histoire de l'incestueux Œdipe et celle des fratricides Étéocle et Polynice, entraînant avec eux la ruine et la destruction de Thèbes leur patrie.

Ce sont de tristes tableaux que ceux qui nous sont légués par ces siècles appelés héroïques. Partout ce sont des crimes et des

meurtres, des rapines et des assassinats, des trahisons et des
violences. Ici c'est Bellérophon, fils de Glaucus et petit-fils de
Sisyphe, coupable du meurtre de son frère Bellen, réfugié à la
cour d'Argos, et victime des persécutions amoureuses de la reine
Sténobée, femme du roi Mégapenthe, qui, désespérée de voir
son amour rejeté, veut se venger des dédains et du mépris qui
font naître la haine dans son cœur irrité. Bellérophon, toutefois,
sort heureusement de sa lutte avec la chimère, ce monstre mythique de la fable qui déguise sous le voile du mystère ses combats et ses guerres contre les Solymes, les Amazones et les Lyciens qu'il soumet à la pointe de l'épée et sur lesquels il règne
par droit de conquête et de victoires. Là c'est Œdipe, la fatale
victime des prophéties sinistres de l'oracle de Delphes, exposé
aux bêtes sur un rocher escarpé ; le jeune Pélops chassé de Sipyle par Ilus le troyen, amenant dans la terre apienne sa jeune
sœur Niobé, qui doit y trouver une mort terrible et cruelle ;
Amphytrion, fils d'Alcée, tuant son oncle Électryon, coupable
de la mort de son père, se réfugiant à Thèbes avec sa femme
Alcmène qui va donner le jour à Alcide, l'Hercule thébain, élevé
par les soins de Chiron le centaure ; plus loin Aétés, ce roi de
Colchide, qui enseigne à ses filles Circé et Médée l'art criminel
des empoisonneuses ; Amithaon, fils de Crétée (personnification
des Éoliens), chassant les enfants de l'usurpateur Achéus (les
Achéens) de la Thessalie et les forçant à se rejeter dans l'Argolide ; Œnomaüs, ce roi d'Olympie qui fait périr les prétendants
de sa fille Hippodamie, dont le vainqueur doit être Pélops, qui
va donner son nom au Péloponèse ; enfin Laomédon et Tyndare,
ces pères malheureux d'une génération fatalement maudite.

Au milieu de ces scènes affreuses qui désolent les populations
terrifiées ou qui font mugir d'effroi l'intérieur des palais, les
Athéniens, qui viennent de coloniser l'île d'Eubée, rappellent
leur libérateur Ion, proscrit depuis plusieurs années, et prennent
de lui le nom d'Ioniens en reconnaissance de ses services passés ;

le médecin Mélampe, de la race d'Éole, qui vient de guérir les filles de Mégapenthe d'une maladie mortelle, reçoit en récompense la main d'une des princesses argiennes et une partie de l'Argolide qu'il partage généreusement avec son frère, qu'il aimait tendrement; le brave Nélée, père de Nestor et gendre d'Amphion, érige la ville de Pylos en royaume; Minos II, aussi sage que son grand-père, règne en Crète; Éaque, le troisième juge des enfers, l'aïeul d'Achille, célèbre par ses lois sages et modérées, rend heureux les habitants de l'île d'Égine; Pélops épouse Hippodamie, fille d'OEnomaüs, et célèbre son mariage par des fêtes brillantes où durent apparaître le jeune Hercule, qui va bientôt commencer ses exploits gigantesques; les deux frères Calaïs et Zéthés, ces jumeaux étroitement unis, si courageux et si beaux, fils de Borée et d'Orythie; Ixion, fils du roi des Lapithes, immortalisé par sa fin malheureuse; les enfants d'OEbalus, roi de Lacédémone, ceux d'Agénor, roi d'Étolie, la belle Léda, depuis femme de Tyndare, Hypermnestre, femme d'Oïcléus, l'élite, en un mot, des princes et des princesses grecques.

Abandonnant le langage poétique pour passer au langage plus prosaïque de l'histoire, nous résumerons ce chapitre en faisant remarquer que les transformations pélasgiques ou helléniques qui, sous le voile de la fable et de la mythologie, ont bouleversé le sol de la Grèce quelques années avant la naissance d'Hercule, peuvent se réduire aux migrations et aux translations suivantes :

La dispersion des races Éoliennes et Doriennes, issues d'Hellen et de Deucalion, sur une grande partie du territoire pélasgique (Thessalie, Thrace, Doride, Phocide, Andréide ou Orchomène, Messénie, Corinthe, Éphyre, Ithaque, pays des Dolopes, Pise et Olympie, etc.);

Les Doriens renversant les Uranides de Crète et chassés par eux ;

Les Éoliens, Thraces et Thessaliens chassés par les Achéens de Thessalie ;

Les Doriens chassés de Crète, envahissant la Macédoine et la Béotie, et refoulés par les Ioniens sur les côtes de l'Asie-Mineure ;

Les Achéens chassés de nouveau de Thessalie par les Éoliens, repoussant les Ioniens qui se replient sur l'Attique, la Béotie et dans les colonies de l'Asie-Mineure ;

Les Pélasges sicules chassant les Sicaniens de la Sicile et s'établissant à leur place, fondant les villes de Zancle et de Rhége, etc.;

Enfin, l'expulsion des Hellènes par le phrygien Pélops d'une partie du sol pélasgique et l'appellation de l'ancienne Apia du nom de Péloponèse, dérivé de Pélops, nom qui s'étendit bientôt à toutes les parties de la Grèce.

**5. Hercule. — La chasse du sanglier de Calydon. — Les Argonautes.
(1361 à 1320 avant Jésus-Christ.)**

Nous augurerions mal des mœurs de la Grèce ancienne, si nous devions prendre au sérieux toutes les fables plus ou moins mythiques que l'imagination des poètes ou la fécondité des conteurs d'autrefois ont attribuées à cet illustre brigand que l'on appelle Hercule. La mort du lion de Némée, le massacre de l'hydre de Lerne, celle du sanglier d'Érymanthe, la prise de la biche du Ménale, les vautours du lac Stymphale, le taureau de Marathon, les chevaux de Diomède, les étables d'Augias, les pommes d'or des Hespérides, les Thespiades et les autres exploits formant avec ceux qui précèdent les douze travaux de l'Hercule classique, doivent être repoussés et rejetés parmi les contes de fées et servir à l'amusement des enfants crédules ou des esprits ignorants et naïfs. Ces fables nous montrent cependant jusqu'où peut aller le génie et la puissance de l'homme, lorsqu'ils sont accompagnés de ces aides précieux que l'on nomme le courage, la force, l'adresse, la patience et l'intelligence ; elles sont l'allégorie évidente des luttes passées de l'humanité contre la nature, et de son triomphe sur les éléments.

L'Hercule grec, dégagé de tous les dehors splendides de la fable, doit restituer encore au Melkarth de Tyr, au Djem de l'Égypte et à l'Hercule lybien des exploits personnels à ces homonymes fameux ; ainsi les luttes contre Antée, Géryon, Atlas, Cacus, Charybde et Scylla, les fameuses colonnes de Calpé et Abila, etc.

Réduit ainsi au seul point de vue de l'histoire, Alcide, tel est le nom de l'Hercule thébain, nous apparaît comme un fils d'Amphytrion et d'Alcmène, prince brave parmi les plus braves, fort parmi les plus forts, guerrier parmi les plus guerriers.

L'enfance d'Alcide ou d'Hercule, puisque le nom d'Hercule a survécu au premier de ces noms, fut comme celle de Rama, de Krichnâ, de Jupiter, de Bacchus, de Moïse, malheureuse et fatale. Son cousin Eurystée, fils de Sténélus et roi de Mycènes, fut son persécuteur. Ce prince, qui avait à venger la mort d'Électryon, son oncle, sur Amphytrion, père d'Hercule, mit le jeune prince à la tête de plusieurs expéditions dangereuses, dont il revint toujours sain et sauf. Après avoir assez travaillé pour le compte d'Eurystée, Hercule, dont le père Amphytrion venait d'être tué par les Myniens, se mit en campagne pour son propre compte. La massue à la main, une peau de lion sur son corps, un arc et un carquois sur la tête, Hercule se met à exterminer les tyrans et se pose en don Quichotte de l'humanité outragée. Il tue ainsi Eurypyle de Cos, Lytiersés de Phrygie, Eurytion le centaure, qui lui avait refusé sa fille Hippodamie, Mygdon le bébryce, Ormémus le dolope, les rois driopes Laodamas et Théodomas, son fils, et les tyrans Achéloüs et Nessus, qui lui disputaient Déjanire , liste raisonnable de victimes que nous complète-rons dans les pages suivantes.

Malheur aux ennemis d'Hercule ! gloire et prospérité à ses amis ! — Le pourfendeur des hommes est recherché , caressé , bien reçu par les uns , craint et redouté par les autres. La cause de ceux qui l'aiment est la sienne ; les princes détrônés , les rois mendiants , les amants désespérés ne s'adressent jamais en vain à ce farouche bandit qui ne veut pas régner, et qui distribue à tout venant trônes , couronnes et royaumes , qu'il enlève aux monarques régnants par la seule force de son bras et de sa massue. Ergynus, roi de Doride , ami d'Hercule , implore son appui pour repousser les Lapithes qui voulaient envahir ses états : Hercule chasse les Lapithes des états d'Ergynus ; Tyndare vient d'être expulsé de Lacédémone par son frère Hippocoon : Hercule tue Hippocoon et rend Lacédémone à Tyndare ; le roi des Maryandiniens, Lycus, l'appelle contre les Bébrices : Amycus, roi de ces derniers, est vaincu et tué par Hercule. Les Pyliens se liguent avec Augias, roi d'Élide, l'un des implacables ennemis d'Hercule ; celui-ci marche sur Pylos avec ses compagnons , — car Hercule n'est rien moins qu'un chef de brigands exercés et disciplinés , et il a de vaillants et dévoués séïdes à ses ordres , — met la ville au pillage et massacre le roi Nélée avec ses enfants, à l'exception du seul Nestor qui parvient à se soustraire à sa fureur ; il rend la fidèle Alceste à son mari Admète, roi de Thessalie, à qui on l'avait enlevée ; accourt à Troïe sur les instances du roi Laomédon , dont le royaume était en proie à l'inondation et à la peste, déli-vre la ville de Dardanus de ces fléaux redoutables, et revient en Grèce sans réclamer d'autre récompense que la main d'Hésione, fille de Laomédon , que ce prince s'engage à lui envoyer à sa première réquisition.

La plus haute réputation devient le prix des exploits d'Her-cule , dont le nom est populaire dans la terre hellénique ; trésors enlevés, villes pillées, princesses séduites, enlevées et abandonnées, marquent seulement le passage de l'heureux brigand, qui se souille de tous les crimes et qui commet toutes les tyrannies tout en punissant lui-même les rois coupables et criminels.

Suspendons un instant le récit merveilleux des exploits successifs du héros fabuleux de la Grèce pour nous occuper de quelques épisodes, moins brillants, moins connus, mais non moins dramatiques de cette époque sanglante et farouche.

Athènes avait vu la famille d'Érechtée remonter sur le trône en la personne d'Égée, fils du roi Pandion I, chassé par les Métionides. Égée vient de donner le jour à un prince qui ne serait qu'un pâle imitateur d'Hercule, s'il n'était avant tout un grand législateur; le jeune Thésée, exilé on ne sait trop pourquoi par un père qui doit mourir un jour par trop d'amour pour lui, reçoit de son grand-père maternel, Pithée, roi de Trézène, le fondateur des écoles publiques, et du sage Chormidas, son gouverneur, cette éducation à la fois militaire et politique qui doit en faire un des premiers héros de la Grèce et un des grands hommes de Plutarque.

Ixion, qui vient de tuer le roi phocéen Déionée qui lui refusait la main de sa fille, règne sur les Lapithes; à ses côtés grandit Pirithoüs, son fils, le futur ami de Thésée.

Les amours honteux de la reine Pasiphaë, femme de Minos de Crète, ont donné l'essor aux arts pélasgiques; Dédale, le grand architecte, et Icare, son fils, patron de la mer Icarienne, viennent de construire le labyrinthe, ce chef-d'œuvre de l'antiquité. Le descendant d'Aristée, Esculape, donne les premières règles de la médecine; Arion de Milet perfectionne la musique sacrée; le temple de Minerve Aléa est construit à Tégée par le roi Aléüs. C'est l'heure où l'intelligence travaille, où la pensée rêve, où le génie conçoit.

Les Crétois, que les intrigues de la cour de Minos ne peuvent arrêter dans leurs excursions lointaines, débarquent en Sicile sous la conduite de l'étolien Iolaüs, et y établissent la colonie des Yapiges messapiens. Une partie des Pélasges tyrrhéniens, affligés par une épidémie, franchit les Alpes et se rejette dans les Gaules et la Germanie. Le vieux Æson d'Iolchos, chassé par son frère Pélias, s'occupe avec ses filles d'expériences chimiques et pharmaceutiques, et dispose le jeune Jason, son fils, à la recherche des mines et des trésors enfouis dans le sein des terres étrangères et éloignées.

Thèbes est un pays maudit ; sa destinée est fatale ; les dieux ont décrété sa chute. Le roi Laïus mystérieusement assassiné par un inconnu ; la tyrannie de Créon, son beau-frère, nommé régent du royaume ; l'assassinat de Clymène, roi d'Orchomène, par les Thébains : la victoire d'Ergynus, fils de Clymène, sur Créon et un tribut honteux imposé aux habitants de Thèbes, vaincus et humiliés ; l'explication des énigmes du sphinx par Œdipe ; son mariage avec la reine Jocaste, veuve de Laïus, sont suivis d'un mal plus redoutable encore que la guerre : une peste violente ravage la Béotie et la dépeuple de ses enfants.

L'oracle consulté ordonne de venger la mort du roi Laïus. Le coupable, découvert par l'implacable volonté du souverain maître de l'Olympe, n'est autre que le roi Œdipe, le fils meurtrier de son père, l'incestueux époux de sa mère, dont les enfants seront un jour des assassins et des fratricides, tristes héritiers d'une race vouée au crime et à l'infâmie ; le roi Œdipe, ce martyr sublime qui inspira plus tard les grands poètes Eschyle de Pylos et Sophocle d'Athènes. Renfermé par les ordres du barbare Créon, Œdipe, qui s'est aveuglé lui-même pour ne plus voir les rayons du soleil, va s'exiler bientôt suivi de sa fille Antigone, dans la ville de Colones, où il pleurera ses malheurs terribles, ses grandes infortunes, ses cruels remords, son père assassiné, Jocaste sa mère et son épouse, qui s'est pendue de désespoir dans le palais maudit de Cadmus !

Pendant que Thèbes pleure le sort funeste de ses rois et se
prépare à supporter les maux terribles qui la menacent encore,
une fête nationale, qui doit jeter entre les races Pélasgiques et
Uranides le premier germe d'une bonne et solide amitié, qui doit
cimenter l'union des rois et des familles, consolider l'affection des
peuples voisins et limitrophes, faire converger les intérêts généraux et les besoins de tous en un point unique de centralisation,
qui doit rassembler à la fois toutes les nations parlant la langue
hellénique, et corroborer enfin ces utiles assemblées patriotiques
instituées par le roi Amphyction, a lieu dans un royaume obscur
de l'Étolie, encore obscure elle-même, la province de Calydon,
petit pygmée donnant à la terre uranienne un exemple qu'il eût
été glorieux à l'illustre Athènes, à la fière Sparte, à la royale
Argos, à la commerçante Corinthe ou à la malheureuse Thèbes
elle-même, de donner aux autres villes grecques.

La chasse du fameux sanglier de Calydon appelle tout ce que
la Grèce possède de héros, de guerriers, de princes braves et
illustres, qui viennent dans ce canton de l'Étolie, à la faveur
d'une partie de plaisir, former la première conjuration contre
l'Asie, cette rivale d'outre-mer, dont le nom seul est antipathique
aux Hellènes (1).

Un nouvel évènement vient donner plus de gravité et plus
d'importance aux projets politiques arrêtés dans la première réu-

---

(1) On remarque parmi eux : Méléagre, fils du roi d'Étolie ; Atalante, fille du roi
de Scyros, dont Méléagre aspire à la main ; les princes Ancée et Céphée d'Arcadie ;
Adraste et Amphiaraüs d'Argos, dont les bras seront armés contre Thèbes; le sage
Phénix, fils d'Amyntor, roi des Dolopes, le futur compagnon d'Achille; Castor et
Pollux, les deux jumeaux de Tyndare, roi de Lacédémone; Pirithoüs, prince des
Lapithes; Nestor, fils de Nélée de Messénie; Protée de Mycènes ; Hippasus de Pho-
cide; Admète et Jason de Thessalie ; Télamon et Pélée, chassés d'Égine par leur père
Éaque, à cause d'un meurtre involontaire; Dryas et Mopsus de Thrace ; Hippothoüs
d'Éleusis ; Laërte d'Ithaque, tous les représentants, en un mot, de ces grandes races
Éoliennes, Doriennes, Achéennes, Ioniennes, Phéniciennes ou Égyptiennes, dont
nous avons vu les pères se partager, se disputer et s'enlever le territoire primitif de
la terre Apienne.

nion générale dont nous venons de parler. Hercule, furieux du manque de foi de Laomédon, roi de Troïe, qui avait massacré Oïclés l'argolide, l'un de ses amis, envoyé par lui avec des vaisseaux pour réclamer la princesse Hésione, arrive avec Télamon devant Troïe, met la ville à feu et à sang, tue le roi Laomédon, place sur le trône Priam, fils de ce prince, et donne la jeune Hésiode à son compagnon de fortune. L'expédition d'Hercule et de Télamon remplit la Grèce de joie ; de tous côtés on murmure contre les Asiatiques menteurs, fourbes et parjures.

Hercule reprend le cours de ses hauts faits. Il fait prendre la fuite aux Perrébiens, commandés par le roi Coronus, met à mort Diomède de Thrace et Pyroëchmés, prince des Abantes, et tue Phylas, nouveau chef des Dryopes, dont les sujets se réfugient chez Eurysthée, roi de Mycènes, le persécuteur d'Hercule, qui leur permet de bâtir les villes d'Arimna, d'Élion et d'Hermione. Pendant cet intervalle, de jeunes héros se distinguent et se signalent à l'imitation d'Hercule qu'ils prennent pour modèle. Castor et Pollux purgent la mer des pirates qui la désolent. Nestor tue Éreuthalion, roi de Tégée ; Tydée se fait un nom par ses exploits et épouse une fille d'Adraste, roi d'Argos ; Thésée part enfin de Trézène pour se rendre à Athènes et s'amuse à tuer sur son chemin les géants Périphétés, Cercyon, Scyron, Procuste et le terrible sanglier de Crommyone. Égée reçoit avec joie un fils aussi accompli ; mais le jeune Thésée ne reste pas longtemps à la cour d'Athènes, se rend auprès d'Hercule qui l'accueille avec affection, se lie avec le brave Pirithoüs, et tous les trois vont de concert enlever la belle Aïdonée, femme de Pluton, prince épirote, expédition dans laquelle Pirithoüs, devenu le prisonnier du mari outragé, fut sauvé par le dévouement de Thésée et d'Hercule.

Un jeune prince, brave et entreprenant, mais sans fortune et sans patrimoine, le fils du vieil Æson, chassé de Thessalie par son frère Pélias, annonce tout-à-coup une expédition lointaine et dangereuse pour ces temps peu experts en marine et en navigation. Il ne s'agit de rien moins que d'enlever les trésors immenses du roi de Colchide Aétés et les merveilles du palais de ce roi, objets des rapports les plus incroyables et les plus exagérés. La voix de Jason trouve un écho puissant dans le cœur de tous ces jeunes aventuriers, avides de gloire et de renommée ; presque tous les princes qui se trouvaient à la chasse de Calydon accourent pour prendre part à la nouvelle entreprise, dont Hercule a promis de prendre le commandement (1); le navire *Argo* fend les ondes. Les Argonautes sont partis. Ils s'arrêtent d'abord sur les côtes de Thrace, dont le souverain inhospitalier, Phinée, est massacré par Hercule avec ses officiers ; puis, dans l'île de Cyzique, où, par une fatalité déplorable, le malheureux roi Cyzicus, qui les avait bien accueillis, subit le même sort que le malhonnête Phinée ; enfin, dans l'île de Lemnos, habitée par des femmes seules, venant tout récemment, par excès d'une jalousie imprudente, de donner la mort à leurs maris également infidèles. Ces charmantes veuves et leur reine Hypsipyle reçoivent les Argonautes comme des envoyés du ciel. Hercule s'y sépare de ses compagnons, laissant l'expédition sous la conduite de Jason, et va rejoindre ses amis Thésée et Pirithoüs guerroyant contre les Amazones.

Le navire *Argo* continue sa marche téméraire. Il mouille à

---

(1) Ancée, Amphiaraüs, Méléagre, Castor et Pollux, Nestor, Admète, Télamon et Pélée, s'y retrouvent avec joie et y renouvellent leur ancienne amitié. Parmi les nouveaux venus, sont Ascalaphus et Jalménus d'Orchomène, Pénélée le béotien, Hylas l'ami de cœur d'Hercule, Iphilus de Corinthe, Augias d'Élide, Laocoon d'Étolie, Oïlée le locrien, Idas et Lyncée de Messénie, Eurytus d'OEchalie, Iphiclus de Phocide, Acaste de Thessalie, Calaïs et Zéthés de Thrace, Nauphius d'Eubée, Deucalion de Crète, Philoctète de Péonie, et plusieurs autres que nous retrouverons devant les murs de Thèbes ou les remparts d'Ilion. N'oublions pas de citer avant tous ces noms Argus, le constructeur du navire qui doit transporter sur la mer les voyageurs hardis et téméraires ; le poète Orphée le jeune, fils d'Aéagre, dont la lyre doit charmer les ennuis d'une longue navigation ; le médecin Esculape, dont la science est infaillible, etc.

l'embouchure du fleuve Rhyndacus, de là sur les côtes de la Bébrycie, où Pollux et Castor, défiés au pugilat par le roi Amycus, remportent la victoire. Les Argonautes débouchent enfin dans le Pont-Euxin, longent le pays des Maryandiniens et ennemis des Bébryces, rencontrent les fils de Phyxus dans l'île d'Arécie ou de Stymphalide, et arrivent la nuit sous les murs d'Aea en Colchide, à l'embouchure du Phasus.

Le succès couronne les efforts des guerriers de la Grèce ; les trésors du vieil Aétés sont enlevés ; sa fille Médée, séduite par Jason, fuit avec les ravisseurs ; le jeune Absyrthe, qui la poursuit, est tué par Jason, et l'*Argo*, victorieux et triomphant, après quelques tempêtes, regagne les côtes du Péloponèse où il est consacré à Neptune par les princes revenus sains et saufs.

Cette expédition, la seconde expédition hellénique contre l'Asie, expédition moitié guerrière et commerciale qui fut le second anneau de l'union nationale des Grecs, nous a fait abandonner Hercule et ses compagnons, auxquels nous allons maintenant revenir.

La guerre d'Hercule contre les Amazones avait entraîné la soumission de ces vaillantes et intrépides guerrières. Marpésie et Alcippe devinrent la proie d'Hercule ; Antiope et Hippolyte s'étaient livrées à Thésée ; Pirithoüs, qui aimait Hippodamie, fille du roi d'Argos Adraste, convia ses compagnons, à ses noces, qui furent ensanglantées par le combat des Centaures contre les Lapithes.

Les trois amis se séparent alors pour ne plus se revoir. Pirithoüs, vainqueur des Centaures, va régner en paix chez les Lapithes avec sa nouvelle épouse ; Thésée se rend à Athènes, qu'il trouve plongée dans la douleur et la consternation. Androgée, fils de Minos II, roi de Crète, ayant remporté tous les prix aux fêtes Panathénées, avait été assassiné par les Athéniens jaloux de son triomphe. Le vieux Minos avait juré de venger la mort de son fils et avait tenu parole. La prise de Mégare, le pillage de l'Attique et un tribut annuel de cent jeunes garçons et de cent jeunes filles imposé sur les Athéniens venaient de consacrer sa vengeance. Le brave Thésée jure d'affranchir sa patrie de l'odieux tribut qui lui est imposé ; il s'embarque pour la Crète où, sous la fiction mythique du minotaure vaincu, il oblige le roi Minos à annuler les conditions imposées, et séduit sa fille Ariane, qu'il abandonne pour épouser Phèdre, autre fille du roi Minos.

Thésée revient en triomphe à Athènes. Mais ayant oublié de faire un signal convenu avec son père Égée, celui-ci, croyant son fils mort, se précipite dans la mer. Thésée arrive à Athènes pour présider aux funérailles paternelles et pour ceindre la couronne royale qui lui appartient par cette mort imprévue.

Jason, le chef des Argonautes, n'est pas récompensé par les dieux. Établi à Thèbes avec sa femme Médée, il la répudie pour épouser la fille de Créon, régent de Thèbes pendant la minorité d'Étéocle et de Polynice. Médée s'en venge en empoisonnant Créon et toute sa famille. Les Thébains chassent de leur ville Jason et sa criminelle épouse. Affligé de tant de malheurs, l'infortuné Jason se suicide pour échapper à la destinée.

Cependant Hercule, dont les années n'ont pas affaibli l'énergie, se signale par des actes d'une férocité révoltante et brutale. Devenu furieux et affamé de sang et de carnage, il tue le roi Eurytus d'OEchalie, dont il vient de déshonorer la fille Iole ; il massacre les braves jumeaux Calaïs et Zéthés, ses anciens compagnons sur le navire *Argo ;* Iphitus, roi de Phocide, le roi Augias d'Élide, sont immolés par ce héros frénétique ; Mégare elle-même, fille de Créon de Thèbes, Mégare, la première femme qu'il ait aimée, devient aussi l'une de ses victimes.

Hercule institue ensuite les jeux Olympiques en l'honneur de ses victoires et de ses luttes héroïques ; puis, devenu l'ombre de lui-même, il devient amoureux de la belle Omphale, reine de Lydie, qui l'asservit dans un honteux esclavage. C'est alors que

Déjanire, jalouse d'Omphale et peut-être d'Iole, qu'Hercule a traînée à sa suite, envoie à Hercule la tunique fatale du centaure Nessus, allégorie singulière des attaques de frénésie ou de catalepsie d'Hercule qui finit par se donner la mort, laissant à son ami Philoctète l'héritage de ses flèches empoisonnées, si terribles et si redoutables !

Les enfants nombreux d'Hercule, connus sous le nom d'Héraclides, persécutés après la mort de leur père par leur parent Eurysthée, leur ennemi irréconciliable, se réfugient en Attique, auprès de Thésée, l'ami d'Hercule, qui les reçoit avec bienveillance et leur accorde sa protection.

Nous verrons bientôt ces Héraclides, d'abord persécutés, devenir puissants et respectés et s'établir quelques siècles après sur les trônes les plus vénérés de la Grèce.

6. — Les deux guerres de Thèbes. — Les sept Preux et les Épigones. — Histoire des Atrides. — (1320 à 1296 avant Jésus-Christ.)

Si la civilisation des peuples se réalisait à coups de massue, on pourrait dire qu'Hercule fut le grand civilisateur de son époque. Tous les grands évènements du temps se rattachent à lui ; son nom se trouve dans toutes les expéditions glorieuses, dans toutes les aventures héroïques. Il est le chevalier de toutes les femmes, le défenseur de l'opprimé contre l'oppresseur, l'ami dévoué de ses compagnons de fortune, le meurtrier de tous les rois. Sans ce monopole de brigandage qu'il se réserve à lui-même et qu'il ne peut souffrir chez autrui, Hercule serait un personnage accompli. Il l'est du moins dans ces temps de barbarie où le vol et le pillage sont regardés comme des actions d'éclat, les meurtres comme des évènements simples et naturels, les enlèvements

et les séductions comme les conséquences inévitables du droit
des guerres et des batailles.

Après lui la Grèce se divise un instant en deux camps opposés.
C'est un éclair rapide qui sillonne l'horizon, dont la teinte sombre et unie ne fait que s'illuminer par son passage. Étéocle et
Polynice, ces fils du malheureux OEdipe, viennent de monter
sur le trône de Thèbes ; égaux tous deux en âge, en naissance,
en bravoure, les jumeaux conviennent de régner alternativement
l'un après l'autre l'espace d'une année ; Étéocle, désigné par le
sort, tient le premier le sceptre de Cadmus ; Polynice se retire
à Argos pour le laisser jouir tranquillement de son pouvoir
annuel.

L'année expire ; Polynice revient à Thèbes pour ceindre à son
tour le diadème ; mais Étéocle, qui a trouvé le trône de son
goût, refuse de tenir sa parole. Polynice irrité invoque les dieux
vengeurs et revient à Argos, qu'il remplit de ses cris de vengeance. Le roi Adraste épouse sa querelle et lui donne sa fille
Argie en mariage ; des princes unis à Adraste par les liens du
sang et de l'amitié, se joignent à lui pour seconder Polynice ; ces
princes sont : le devin Amphiaraüs, beau-frère d'Adraste et mari
d'Ériphyle ; Tydée, fils d'OEnée, roi d'Étolie, autre gendre d'A-
draste ; Capanée, Hippomédon, Parthénope, formant avec
Adraste et Polynice les sept Preux ou héros de la première
guerre de Thèbes. Tous ces braves guerriers jurent la mort
d'Étéocle et la ruine de Thèbes.

Cette guerre s'annonce sous de tristes auspices : du côté des
Thébains, le prince Mécistée, fils de Créon l'ancien et père ou
frère d'un autre Créon, se perce de son épée pour contenter l'oracle qui assurait la victoire au parti d'Étéocle moyennant ce dévouement volontaire ; du côté des Argiens ou de Polynice, le
sage Amphiaraüs, qui prévoit le triste sort qui le menace, est
obligé, trahi par sa femme Ériphyle, de prendre part à la guerre
projetée ; il charge son fils Alcméon de venger sa mort sur son

épouse coupable : un des amis dévoués des sept Preux, Lycurgue, roi de Némée, perd en route son fils Opheltés, blessé mortellement par un serpent, et institue en son honneur les célèbres jeux Néméens.

Ces mauvais présages n'empêchent point les combattants de s'avancer sous les remparts de Thèbes. Tydée, envoyé par les princes alliés vers le roi Étéocle, revient vers ses compagnons sans avoir rien obtenu du monarque intraitable. La ville, assiégée sur sept points différents, résiste vaillamment à ces attaques diverses. Capanée, Hippomédon, Parthénopée, du parti de Polynice, périssent les premiers. Tydée y trouve la mort de la main de Ménalippe qui est lui-même tué par Amphiaraüs. Pryas et Étéocle, princes des Dauliens ; Atys, beau-frère d'Étéocle, et les six fils de Mélas, tombent dans les rangs des Thébains. Polynice, voulant faire cesser cette horrible boucherie, propose un combat singulier à son frère ; celui-ci accepte ce duel réprouvé par les dieux, qui punissent les deux adversaires en les faisant s'entre-tuer l'un l'autre.

Après cette catastrophe imprévue, les assiégeants se retirent abandonnant sur le champ de bataille les corps des deux fratricides. Les assiégés sortent des murs avec des cris de joie et poursuivent leurs ennemis. Amphiaraüs, dont la prophétie se réalise, se noie dans le fleuve Isménus, avec ses principaux officiers. Adraste seul, emporté par son cheval Arion, survit à ce carnage horrible et peut regagner la ville d'Argos. Les Thébains vainqueurs abusent de leur victoire par des actes d'une cruauté atroce. Argie, femme de Polynice, est mise à mort par ordre de Créon, frère de Mécistée, tuteur du jeune Laodamas, fils d'Étéocle ; Antigone, la fille dévouée d'Œdipe, condamnée à mort par le même Créon pour avoir rendu les derniers devoirs au corps de son frère abandonné aux oiseaux de proie, s'étrangle elle-même pour échapper au supplice ; Évadné, femme de Capanée, est brûlée vive avec le cadavre de son mari.

Tant d'horreurs ne doivent pas rester impunies ; les sept Preux ont laissé des enfants. C'est à ces guerriers, connus sous le nom d'Épigones, qu'appartient l'honneur de s'emparer de la ville de Thèbes. Alcméon, le fils et le vengeur d'Amphiaraüs, Alcméon, le meurtrier de sa mère Ériphyle, obligé de s'expatrier pour apaiser la colère des dieux, Alcméon et Thersandre, fils de Polynice et d'Argie, sont les chefs de cette seconde expédition, qui s'honore de compter dans ses rangs le brave Diomède, fils de Tydée, et son ami Sténélus, fils de Capanée, deux des illustrations futures de la guerre de Troie. Les Épigones, soutenus en secret par le roi d'Athènes Thésée qui vient de tuer Créon, tuteur du fils d'Étéocle, dans une guerre sanglante, rencontrent le jeune Laodamas dans les environs de Glisas en Béotie, le mettent en déroute et l'obligent à se retirer en Illyrie. Thèbes vaincue ouvre ses portes au fils de Polynice, qui vient régner dans ses murs vingt ans après la mort funeste de son père. Avec cette guerre finissent les malheurs de Thèbes, et les scènes atroces qui ont sillonné la biographie des enfants de Laïus.

Athènes se police et se civilise pendant que Thèbes se querelle et se bat. Les lois de Minos, apportées de Crète par Thésée, sont appliquées au peuple et aux dèmes ou bourgades de l'Attique. Par les soins de Thésée, la population des douze bourgs de Cécrops est réunie dans la ville d'Athènes ; l'égalité devant la loi, la juste répartition des biens et des fortunes, l'aptitude de tous les citoyens aux fonctions publiques, la distribution de ces fonctions entre les gens capables et instruits, dépendants toutefois de l'autorité protectrice du roi, telles sont les réformes importantes qui changent la face d'Athènes et qui attirent sur le roi législateur les bénédictions de la multitude et les malédictions des grands. Thésée célèbre la propagation de ses nouvelles lois par le rétablissement des Panathénées, fêtes en l'honneur de Minerve, détruites ou tombées dans l'oubli depuis plusieurs années.

Thésée n'est pas seulement un grand administrateur, un bon citoyen et un monarque sage et courageux, c'est encore un ami dévoué, un légataire fidèle, un tuteur consciencieux et sincère. Les enfants d'Hercule, confiés par le héros mourant à son amitié éprouvée, sont reçus et traités par Thésée comme ses propres enfants. Non content de leur donner à Athènes une hospitalité toute paternelle, il assiste Hyllus, le chef des Héraclides, dans une guerre contre leur persécuteur Eurysthée, qui est tué dans une bataille de la main du fils chéri d'Hercule. Il aide Thessalus, Astyochus et Phestus à s'emparer de la ville de Cos, à soumettre les Dryopes, à gouverner Sicyone, et lorsque Hyllus, reconnaissant de sa victoire, quitte la ville d'Athènes qu'il a dotée d'un temple de la Miséricorde, pour aller recueillir la succession d'Épalius, roi de Doride, qui l'a institué pour son héritier, Thésée, les larmes aux yeux, l'accompagne jusqu'aux portes d'Athènes et lui renouvelle l'assurance de sa protection et de son appui tutélaire. D'autres héraclides deviennent rois à la même époque; Agathyrsus, Télèphe, Tlépolème, fils de cet Hercule qui n'a pas voulu de couronnes, règnent en Asie chez les Agathyrses, les Mysiens et les peuples commerçants de l'île de Rhodes.

Une famille coupable et sacrilége, celle de Pélops, semble avoir reçu de celle de Laïus l'héritage des malheurs les plus inouïs, des crimes les plus atroces, de l'inceste et du parricide. Le destin, qui vient de terrasser l'une pour jamais, s'empare avec acharnement de la seconde de ces races fatalement proscrites.

Eurysthée, roi de Mycènes, tué par Hyllus, a eu pour successeur son gendre Atrée, fils aîné de Pélops, mari d'Érope, sa fille, dont il a déjà plusieurs enfants, Agamemnon, Ménélas, Anaxibie et Mélampe. Cette Érope, séduite par Thyeste, frère d'Atrée, son mari, a deux enfants de cet adultère coupable; une fille, Pélopée, élevée loin de la cour de Mycènes, et un fils Plisthène, dont la naissance révèle à Atrée le crime enveloppé

jusque-là d'un voile épais et mystérieux. La fureur d'Atrée ne
peut se contenir; il fait périr sa femme et le fils innocent qu'elle
vient de mettre au monde ; il fait couper en morceaux le corps
de cet enfant, et oblige le malheureux Thyeste à manger de ces
lambeaux encore tout sanglants.

Thyeste, furieux à son tour, se venge d'Atrée en lui donnant
traîtreusement la mort. Père incestueux sans le savoir, le hasard
lui fait aimer sa propre fille Pélopée, qui devient enceinte de lui.
Et pour clore le premier acte de ce drame terrible que l'on nomme
l'histoire des Atrides, Thyeste périt bientôt de la main de ses
neveux Agamemnon et Ménélas, sur lesquels la colère divine va
s'appesantir à son tour.

La vie de Thésée, jusqu'alors presque pure et vertueuse au
milieu des excès et des crimes de son époque, vient de se dégra-
der par deux actes également odieux. Le premier est l'enlèvement
de la jeune Hélène, fille de Tyndare, roi de Lacédémone, déjà
célèbre par sa beauté merveilleuse. Castor et Pollux, frères de la
jeune princesse, s'empressent de l'arracher des mains du vieillard libertin. Le second de ces actes est la mort de son fils Hippolyte, victime des accusations calomnieuses de Phèdre, fille de
Minos, sa belle-mère, odieusement condamné par son père barbare et dénaturé.

Ces fautes sont expiées par le roi coupable et malheureux.
Les grands, blessés de ses tendances et de ses lois démocratiques, se soulèvent, s'emparent de sa personne, le précipitent
du haut d'une tour, et confient les rênes de l'état à son parent
Ménesthée, fils de Pétéus, prince aristocrate et despote. Hyllus,
arrivant à Athènes pour réclamer le secours de Thésée dans une
guerre contre Échéraüs, roi de Tégée, trouve Thésée mort et
ses enfants proscrits. Aussi malheureux que son protecteur, il
périt bientôt après dans une bataille avec son ennemi.

Cette époque est du reste marquée par des morts malheureuses. Castor et Pollux, les deux jumeaux Tyndarides, qui
viennent d'assister aux noces de leurs sœurs Clytemnestre et

Hélène, avec les fils d'Atrée Agamemnon et Ménélas, sont tués dans un combat singulier avec les frères Idas et Lyncée, leurs cousins, fils d'Apharée, roi de Messénie.

La fortune est favorable pour quelque temps aux Atrides. Agamemnon, roi de Mycènes et de Corinthe par son père Atrée, héritier du premier de ces royaumes et conquérant de l'autre, vient de s'emparer sur les Héraclides du royaume de Sicyone, dont il dépossède Hippolytus, fils de Phestus. Ménélas, son frère, est lui-même devenu roi de Sparte par l'abdication de Tyndare, son beau-père, et la mort de Castor et Pollux, ses beaux-frères, tués en Messénie.

C'est alors qu'un évènement futile en apparence, mais terrible et important dans ses conséquences, vient apporter de nouveau le trouble dans la maison des fils d'Atrée, et réunit les Grecs, divisés un instant par la guerre de Thèbes, en une croisade longue et périlleuse, funeste et redoutable pour tous, mais glorieuse et héroïque pour des âmes seulement animées de la soif inextinguible des guerres et des combats.

La Grèce s'est soulevée cette fois toute entière, et, pour la première fois, la civilisation européenne va lutter corps à corps avec la civilisation corrompue de l'Asie, l'étreindre dans ses serres terribles, et la dévorer dans ses baisers de feu !

7. Guerre de Troie. — Mort d'Achille. — Dispersion des Troyens et des Grecs. — (1296 à 1260 avant Jésus-Christ).

Hélène, femme de Ménélas, vient d'être enlevée par l'efféminé Pâris, l'un des fils du vieux Priam, roi de Troie. Ménélas et Agamemnon, son frère, blessés de ce rapt et furieux contre le ravisseur, font de cet évènement de famille un acte d'intérêt général et parviennent à le faire envisager aux autres peuples de l'Hellade comme un affront fait par des étrangers à l'amour-propre national. Ce nom d'Asie sonne mal aux oreilles grecques. L'appel parti de Sparte et de Mycènes trouve un écho chaleureux dans tout le Péloponèse.

Avant d'ouvrir la campagne guerrière, les Grecs observent des formes diplomatiques vis-à-vis de leurs ennemis. L'époux outragé, Ménélas, qui s'inquiète peu de brûler Troie pourvu qu'on lui rende sa femme, et l'éloquent Ulysse, fils de Laërte d'Ithaque, sont les ambassadeurs choisis par les Grecs. Ils reviennent sans avoir réussi dans leur négociation pacifique, malgré les prophéties terribles de la princesse Cassandre, qui engage son père à satisfaire à la demande des Grecs.

La guerre est alors déclarée. Agamemnon, roi de Mycènes, élu chef de l'expédition, convoque l'armée des alliés dans la baie d'Aulis, en Béotie, où doit avoir lieu le départ général (1).

(1) Dans ce port se trouvent réunis les guerriers de Corinthe, de Sicyone, de Mycènes et d'Hélice, sujets d'Agamemnon ; les Spartiates, commandés par Ménélas ; les Argiens, les Trézéniens, les Épidauriens, par Diomède et Sténélus, qui se sont illustrés au second siége de Thèbes ; les Messéniens et les Pyliens par le vieux Nestor et ses fils Antiloque et Thrasymède ; les OEchaliens, obéissant aux deux fils d'Esculape, savants médecins comme lui, Machaon et Podalyre ; les Arcadiens, sous les ordres d'Agapénor, fils d'Ancée ; les Éléens, de Polyxène et d'Amphimachus ; les Athéniens, ayant à leur tête Ménesthée, l'usurpateur du royaume sur Démophoon et Acamas, fils de Thésée, qui assistent eux-mêmes à la guerre de Troie comme simples capitaines ; les Béotiens, sous la conduite de Pénélée et Léitus ; les Thébains, de leur roi Thersandre, fils de Polynice ; les Phocidiens, des princes Schédius et Épitrophus ; les Étoliens, de Thoas, fils d'Andrémon ; les Orchoméniens, des frères Ascalaphus et Jalménus.

Ajax, fils d'Oïlée, commande les Locriens ; Protésilas et son cousin Podarcés les habitants de Phylacé, ville florissante d'alors ; Eumèle, fils d'Admète, les Thessaliens de Phères et d'Iolchos ; Philoctète et Médon, frère d'Ajax Oïlée, les Thessaliens d'Alyzon, de Méthone et de Mélibée ; Eurypyle, fils d'Évémon, les troupes d'Ormène ; Polypoëtès, fils de Pirithoüs, et Léontée, les Lapithes ; Gonéus les Perrhébiens ; Prothoüs les Magnètes du mont Pélion ; Ulysse, fils de Laërte, les troupes d'Ithaque et de Céphallénie ; Mégés, les soldats de Dulichium et des îles Échinades ; Éléphénor, ceux de l'île d'Eubée ; Idoménée et Mérion, les Crétois ; Épéus, les habi-

La guerre de Troie, dont le nom est une période importante pour l'histoire, la guerre de Troie, que doit chanter Homère, ne laisse pas que d'avoir de malheureux débuts. La flotte, partie d'Aulis, égarée par des vents contraires, au lieu de débarquer dans la Troade maudite, est poussée sur les plages de la Mysie, dont le roi Télèphe, tout fils d'Hercule qu'il est, ami du vieux Priam, reçoit les Grecs comme des ennemis, les disperse dans un combat sanglant et y tue de sa propre main le roi Thersandre de Thèbes, qui s'était imprudemment séparé du reste de l'armée. Les alliés, dont la première expédition se trouve sans résultat, reviennent dans leurs pays respectifs et indiquent dans le port d'Aulis un nouveau rendez-vous pour le printemps de l'année qui va suivre.

Cet intervalle, amené par la volonté du hasard ou les caprices de la destinée, est mis à profit par le roi Priam, à qui la renommée a appris les grands préparatifs des Péloponésiens contre lui. Le monarque troyen fait retentir aussi, comme Agamemnon vient de le faire en Grèce, un appel général à toutes les nations ses voisines. L'Asie toute entière prend les armes à sa voix vénérée et cette fois, ce n'est plus un seul royaume qui est en cause, c'est bien tout un continent qui marche contre un autre (1).

---

tants d'Élis; Tlépolème, l'un des Héraclides, les peuples insulaires de Rhodes, de Lynde et de Camyros; Nirée, le plus beau des Grecs après Achille, les guerriers de l'île de Syme; Phéidippe et Antiphus, petit-fils d'Hercule, ceux de Cos.

Enfin, Ajax, fils de Télamon et son frère Teucer, dirigeaient les troupes de Mégare et de Salamine; et le plus beau et le plus brave de tous les Grecs, le divin Achille, fils de Pélée, cousin d'Ajax, fils de Télamon, commandait les braves troupes de Larisse, aidé de son fidèle Patrocle et du sage Phénix, fils d'Amyntor, l'ami dévoué de sa famille.

Tels sont les peuples, les guerriers et les rois qui se trouvent réunis au port d'Aulis, sous le commandement supérieur du grand Agamemnon. En tout, cent trente-six mille six cent dix combattants, répartis sur onze cent quatre-vingt-six vaisseaux, la plus grande armée qu'on ait jamais vue sous les armes, la plus belle flotte qui ait sillonné les mers jusqu'à cette époque mémorable.

(1) La ville de Troie avait vu successivement arriver dans les plaines du Simoïs, du Xanthe et du Scamandre qui avoisinent la mer, Télèphe avec les Mysiens déjà

L'armée grecque, sanctifiée par le meurtre d'Iphigénie, fille d'Agamemnon (1), s'élançant pour la seconde fois du port de la Béotie, débarque enfin sur les rivages de Phrygie et perd l'un de ses chefs, Protésilas, tué par Hector, Protésilas qui avait le premier mis le pied sur le sol ennemi.

Le siége de Troïe, qui doit durer dix ans, est le théâtre de plusieurs faits héroïques, de plusieurs exploits particuliers, de nombreux épisodes romanesques qui viennent orner de couleurs brillantes et variées, comme l'aventure de nos croisés modernes devant les murs d'Acre et de Jérusalem, le récit uniforme, pâle et sans reflet de l'histoire. Sans nous étendre plus qu'il ne le faut sur un terrain qui est plutôt celui du romancier que de l'historien, il est un fait cependant qu'il ne nous est point permis de passer sous silence.

Pendant que Diomède et Ulysse s'amusent à enlever le palladium de Dardanus, à détruire le tombeau de Laomédon, à

aguerris par une première victoire; les vaillantes Amazones avec leur reine Penthésilée; Otryntée et les Lydiens; Pylœménés et les Paphlagoniens; Amphimachus et les Cariens ; Ascanius et les Dauniens; Adraste, roi de Pitye, Sarpédon, Glaucus et Pandarus de Lycie, Aétion, beau-père d'Hector, et les Ciliciens; Prothoüs de Sériphe, Astéropée de Péonie, les Ihraces Polymnestor, Rhésus, Pyroëchmés, Acamas, Euphémus, Odius et Épistrophus; Mestlés et Antiphus de Méonie ; le pannonien Agastrophus; Asius, fils d'Hyrtacus, d'Arisba; Hippothoüs et Pyléus de Larisse en Éolie, capitaines braves et expérimentés, amenant avec eux l'élite de leurs troupes et de leurs soldats.

Troïe avait elle-même de courageux et illustres défenseurs : Énée, fils d'Anchise, et le sage Polydamas ; les fils de Priam, entre lesquels il faut citer Hélénus, Déiphobus, Cébrion, Polydore, Troïle, Pâris lui-même, brave par moments entre les plus braves; Alcathoüs, gendre d'Anchise et beau-frère d'Énée; Othryonée, l'un des gendres désignés de Priam ; les fils d'Anténor, Agénor, Acamas, Archiloque, Coon, Laodamas, Thersiloque; Asius, fils de Dymas, frère d'Hécube, etc.

Le commandant général de l'armée troyenne était le fils bien-aimé de Priam et d'Hécube, le brave Hector, mari d'Andromaque de Cilicie. On ne peut évaluer, même approximativement, le nombre des défenseurs de Troïe, nombre qui devait être certainement le double et peut-être le triple de celui des assaillants.

(1) Iphigénie, fille d'Agamemnon, fut, sur la demande du grand-prêtre Calchas, sacrifiée aux dieux pour les rendre favorables aux Grecs.

enlever les chevaux du roi thrace Rhésus, que Palamède est lapidé par les Grecs sous prétexte de trahison, à l'instigation de son ennemi Ulysse, que dans une suite de combats partiels, Penthésilée l'amazone, Philomélidés le lesbien, Alcathoüs, tombent sous les coups d'Achille, d'Ulysse ou d'Idoménée, la voix des dieux vient de se faire entendre dans les camps des alliés et réclamer de leur chef un terrible et douloureux sacrifice.

Achille vient de prendre et de piller les villes de Lyrnesse et de Colones, de brûler les palais de leurs rois et de faire mourir Cycnus, Aétion de Cilicie, père d'Andromaque, et ses enfants Événus, Ménés et Épistrophus ; il a saccagé le pays des Léléges, dont le roi Althés est le beau-père de Priam ; il a tué Tecnés, roi de l'île de Ténédos ; il s'est illustré par les actes héroïques ; mais Troie se défend encore et ne tombera pas de longtemps sous les coups de ses ennemis.

Apollon protége les Troyens qui honorent ses autels et respectent ses temples ; il persécute les Grecs qui ont souillé, profané ses temples et ses autels, enlevé jusqu'à ses prêtresses. Le vénérable Chrysés, grand-prêtre d'un temple d'Apollon, est venu réclamer sa fille Chryséïs, dont Agamemnon a fait sa maîtresse ; celui-ci refuse d'abord et renvoie le malheureux père avec brutalité.

L'armée des Grecs, dont le chef vient d'outrager un dieu puissant de l'Olympe, est frappée de la peste et décimée par l'épidémie. Le grand-prêtre Calchas ne connait qu'un moyen d'apaiser la colère divine : il faut qu'Agamemnon renvoie Chryséïs à son père.

La venue de Chrysés dans le camp des Grecs est le point de départ de ce poème sublime qu'on appelle l'*Iliade*. Il faut lire dans le divin Homère la fureur d'Agamemnon, ses imprécations et sa colère ; les regrets de la perte de sa captive calmés par l'enlèvement de Briséïs, maîtresse d'Achille ; la rage terrible de celui-ci, si mal récompensé de ses hauts faits militaires, rage concentrée dans une inaction terrible, inaction qui rehausse encore plus la valeur du héros grec par les désastres qui accablent ses compagnons, privés de son appui tutélaire.

Laissons à l'*Iliade* le soin de raconter la mort du héros grec Tlépolème, le fils d'Hercule, tué par Sarpédon; la mort de celui-ci tué par Patrocle, l'ami fidèle et dévoué d'Achille; Patrocle tué par Hector; la douleur d'Achille pleurant son ami, consolé par sa mère Thétis; sa réconciliation avec Agamemnon ; son apparition devant les phalanges troyennes ; sa course furieuse et désordonnée sur les bords du Simoïs et du Xanthe; son bras redoutable frappant Lycaon, Polydore, Astéropée, blessant l'agile Agénor et plongeant enfin le fer homicide dans la gorge fumante d'Hector, cet ennemi acharné, ce rival illustre, le meurtrier coupable de de Patrocle; le corps d'Hector, traîné par Achille autour des murailles de Troie, les jeux funèbres célébrés en l'honneur de Patrocle, les larmes du vieux Priam venant réclamer le cadavre de son fils bien aimé, sont de ces tableaux du temps, terribles, frappants, saisissants, véritables, que l'on doit renoncer à traduire et à interpréter quand ils ont été chantés par la voix d'un poète tel que l'illustre Homère.

Homère a tracé de sa main de maître les types complets de ces héros, personnifiant les passions, les vertus ou les vices de l'humanité, types devenus immortels comme l'*Iliade* et l'*Odyssée*. Le courage téméraire est représenté par Achille ; la valeur brutale par Ménélas ou Diomède ; la force par Ajax, fils de Télamon ; la sagesse par Nestor ; l'adresse et la ruse par Ulysse ; la majesté par Priam ou Agamemnon ; la prudence par Idoménée ; la vivacité par Ajax, fils d'Oïlée ; l'étourderie par Antiloque ; la beauté par Hélène ; les vertus domestiques par Hécube et Andromaque ; l'expérience par Anténor ; l'amour de la patrie par Hector; la fourberie par Dolon ; la lâcheté morale par Pâris ; la lâcheté physique par Thersite ; la cruauté, — le vice ordinaire de l'époque, — la cruauté et la férocité, par tous !..

Revenons au récit historique. Après la mort d'Hector, Troie

se défend encore ; la lutte continue avec une vigueur égale des deux parts. Les Troyens ont perdu cependant plusieurs de leurs champions illustres : Acamas, Amphiloque, les braves fils d'Anténor, ont été tués par Ajax, fils de Télamon ; Antiphus et Troïle, fils de Priam, viennent de succomber sous les coups d'Achille ; Glaucus, l'ami de Sarpédon, chef des braves Lyciens, vient encore de périr de la main d'Ajax.

Cependant la plus jeune des filles de Priam, Polyxène, qui a suivi son père venant au camp des Grecs, a touché le cœur du fier Achille. Le vainqueur d'Hector demande au vieux Priam la main de la sœur de sa victime ; ces noces sacriléges ont lieu dans le temple d'Apollon, dans l'intérieur de la ville assiégée ; mais avant leur accomplissement, Hector est vengé par son frère Pâris, qui assassine traîtreusement Achille au pied de l'autel divin. Ce lâche guet-à-pens exaspère les Grecs et redouble leur acharnement contre Troïe.

L'assassinat d'Achille est suivi d'un autre assassinat non moins terrible et non moins épouvantable. Ajax, fils de Télamon, qui disputait les armes d'Achille à Ulysse, est trouvé mort dans sa tente les flancs percés de son épée. Les Grecs accusent Ulysse de cet odieux forfait.

C'est alors qu'arrivent dans les rangs de l'armée grecque deux héros de la présence desquels dépend la proie de Troïe, le jeune Néoptolème, fils d'Achille et de Déidamie, et le vieux Philoctète, qui porte avec lui les flèches empoisonnées d'Hercule, son ami et son bienfaiteur. Memnon, prince éthiopien, arrive aussi dans le camp des Troyens. Ce dernier, précédé par une belle réputation de courage, se signale par la mort de Pénélée et d'Antiloque, tombés sous son bras redoutable. Mais rien ne peut résister au jeune Néoptolème, favorisé des dieux, qui venge bientôt la mort d'Antiloque et de Pénélée par celle de Memnon, leur meurtrier.

Ulysse, fécond en ruses et en stratagèmes, Ulysse, accusé de la mort d'Ajax et de celle de Palamède, se disculpe de cette double accusation en inventant le fameux *cheval de bois,* qu'il fait construire par son ami Épée et qu'il fait approcher des murs de Troie, après être entré avec vingt de ses compagnons dans ses flancs épais et caverneux.

En vain le sage Laocoon s'oppose à l'introduction du cheval de bois, si funeste à sa patrie. Le cheval et les héros grecs sont admis dans la ville. Virgile et d'autres poètes on dit l'histoire de cette nuit désolante et terrible où Troie fut pillée et incendiée, Priam et ses enfants massacrés, le lâche Pâris égorgé, Cassandre violée par Ajax Oïlée dans le temple d'Apollon, Polyxène immolée par Néoptolème sur le tombeau d'Achille, Astyanax précipité du haut d'une tour, Énée emportant son père Anchise et sauvant son jeune fils Ascagne, Anténor fuyant pour jamais sa patrie, Hécube et Andromaque vouées à l'esclavage, la misérable Hélène, enfin, source de tant de malheurs et de désastres, reconquise, après douze ou quinze ans d'absence, par son mari peu délicat!

L'honneur des Grecs est vengé ; l'affront de Pâris est lavé dans son sang ; Troie est incendiée et détruite ; — l'Europe a vaincu l'Asie!.. Les rois alliés peuvent donc reprendre le chemin de cette terre grecque qu'ils n'ont pas revue depuis dix années.

Peu de ces glorieux martyrs des siècles héroïques reverront cependant le toit de leurs pères, les palais où s'est écoulée leur enfance, le ciel de leur premier amour! Ajax, fils d'Oïlée, le sacrilége, périt le premier dans une tempête furieuse ; la même tempête poussa Agapénor et Teucer, frère d'Ajax Télamon, sur les rivages de Chypre, où ils fondèrent Paphos et Salamine, si toutefois elles n'existaient pas déjà ; Idoménée dans la grande Grèce, où il bâtit Salente ; Eurypyle, fils d'Évémon, devenu fou, sur les côtes de Patres, en Achaïe ; Épéus l'éléen, en Sicile, où il construisit Métaponte.

Et ceux-là furent les plus heureux ; car les plus grands malheurs attendaient dans leur patrie ceux qui eurent le triste avantage d'y revenir. Diomède, après un naufrage sur les côtes de Phalères, où il fut dépouillé par des corsaires, arrive à Argos, trouve sa femme Égialée infidèle, et, poursuivi par les nombreux amants de sa femme, est obligé de s'embarquer sur-le-champ avec quelques amis qui veulent s'associer à sa fortune. Les dieux le conduisent en Apulie, où il fonde une colonie grecque.

Une mort affreuse attend Agamemnon à Sparte. Clytemnestre, sa femme, digne sœur de la coupable Hélène, s'est abandonnée au fils de Thyeste, Égysthe, à qui son cousin Agamemnon a confié la régence de ses états.

Le parent coupable et la femme adultère n'attendent point que leur indigne conduite soit dévoilée au mari outragé. A peine Agamemnon, accompagné de ses amis, a-t-il mis le pied dans le palais de Mycènes, qu'il est frappé de coups de poignard. Cassandre, fille de Priam, qu'il avait eue pour sa part de butin, partage le sort d'Agamemnon, avec les enfants qu'elle en avait eu depuis son départ de Troie. Le jeune Oreste, fils d'Agamemnon et de Clytemnestre, n'est sauvé des fureurs d'Égysthe que par le dévouement de sa sœur Électre, qui l'emmène avec elle en Phocide auprès de son oncle Strophius, mari d'Anaxibie, sœur d'Agamemnon. Ménélas, frère d'Agamemnon, rentre dans Sparte avec sa femme Hélène, qui toujours infidèle et volage, fut enfin mise à mort par son mari jaloux et irrité!

Homère a pris soin de nous raconter dans un second poème, l'*Odyssée*, le récit des infortunes d'Ulysse. Ce malheureux prince, après avoir erré longtemps sur les mers, visité l'île de Calypso, celle des Lestrigons, s'être sauvé des mains de Polyphème et de Circé, reçu l'hospitalité du roi phéacien Alcinoüs, n'arriva à Ithaque qu'environ vingt ans après son départ. Plus heureux, du moins, qu'Agamemnon, retrouvant son fils Télémaque et Pénélope, sa femme, le type de la chasteté conjugale de tous les temps et de tous les siècles.

Le sage Nestor, les deux vaillants fils d'Esculape, Machaon et

Podalyre, l'étolien Thoas, fils d'Andrémon, furent les seuls des Grecs qui purent regagner tranquillement leurs foyers. Démophoon, fils de Thésée, parvint à ressaisir la couronne d'Athènes, où il institua le tribunal des éphètes; Mérion fut régner en Crète, au lieu et place d'Idoménée, son cousin; enfin Corinthe, secouant le joug du coupable Égysthe, profita de l'absence d'Oreste pour reprendre ses anciens maîtres, les descendants de Sisyphe l'éolide.

Les héros troyens, d'ailleurs, ne sont guère plus heureux que leurs ennemis. Anténor, après beaucoup de traverses, s'établit en Illyrie, et fonda, dit-on, la ville de Padoue. Énée erre successivement en Crète, en Épire, en Thesprotie; puis en Sicile, où il est reçu par le roi Oreste, et où il perd son père Anchise. Il arrive ensuite dans l'île de Polyphème, vient aborder sur les côtes d'Afrique, où Carthage a été bâtie par une princesse phénicienne nommée Didon, sœur d'un Pygmalion de Paphos, ville et princesse que l'on fait d'ailleurs postérieures à Énée et à son siècle.

Le Latium est le terme des voyages d'Énée. Il y devient amoureux de Lavinie, fille du roi Latinus, contracte alliance avec Évandre, prince grec établi en Italie, fondateur de la ville de Pallantium, met en fuite les Rutules et tue leur roi Turnus, qui lui disputait la main de Lavinie.

Après la mort de Turnus, Enée épouse Lavinie, bâtit en son honneur la ville de Lavinium, et est tué quelque temps après dans une guerre contre les Étrusques. Ascagne, son fils aîné, lui succède et repousse les Étrusques vainqueurs, et fonde la ville d'Albe, qui doit donner le jour à Romulus.

Un rapide coup d'œil sur la Grèce, sera maintenant notre dernier chant de cygne sur la guerre de Troie et les héros qui y prirent part. Néoptolème, fils d'Achille, rentré dans l'Épire, sa patrie, épouse la jeune Hermione, fille de Ménélas et d'Hélène, dont la possession lui est disputée par Oreste, fils d'Agamemnon, qui vient de tuer Égysthe et sa mère Clytemnestre, et de conquérir la couronne d'Argos, vacante par le départ ou la mort de Diomède, à l'aide de son ami et de son compagnon Pylade. Poursuivi quelque temps par les Euménides vengeresses, Oreste comparaît devant l'Aréopage d'Athènes, qui le déclare innocent; les furies abandonnent alors le fils d'Agamemnon qui, pour achever sans doute de tranquilliser sa conscience, assassine son rival Néoptolème et épouse sa cousine Hermione, digne fille d'Hélène et digne nièce de Clytemnestre.

Le vieux Nestor est mort à Pylos. Andropompus, son neveu, fils de Borus, lui succède à Pylos et en Messénie; Amphilochus et Ambrax fondent les villes d'Amphilochie et d'Ambracie; le sage Ulysse vient d'être tué dans une expédition contre les Rhodiens; Télémaque lui succède sur le trône d'Ithaque; et la fille du roi des Léléges, la veuve inconsolable d'Hector, la mère d'Astyanax, la sage et fidèle Andromaque, après avoir eu trois enfants de Néoptolème, qui l'avait emmenée de Troïe en Épire, accepte encore en troisièmes noces la main de son beau-frère Hélénus, fils de Priam, avec lequel elle règne dans un petit état, la Chaonie, qu'elle doit à la munificence ou à la commisération du généreux fils d'Achille.

Triste et pauvre conclusion morale de tant de malheurs, d'adversités, de douleurs et de dévouement, mais complément utile qui nous donne le dernier trait véritable, caractérisant ces siècles héroïques, si respectés par l'histoire et si illustrés par la divine poësie, et cette célèbre guerre de Troïe, source de haine entre l'Europe et l'Asie, dont le souvenir animait encore les soldats d'Alexandre luttant contre ceux de Darius.

**8. Depuis la guerre de Troie jusqu'aux temps demi-historiques. —
(1260 à 1080 avant Jésus-Christ.)**

La guerre de Troie, qui déplaça tant de monarques, eut la
plus grande influence sur le sort des peuples. Les Héraclides ou
descendants d'Hercule, profitèrent habilement de la dispersion et
de la division des princes grecs, pour mettre à exécution un
plan rêvé par Hyllus et peut-être par Hercule lui-même, malgré son indifférence pour le pouvoir royal, c'est-à-dire, un plan
de domination et de monarchie générale, réunissant aux mêmes
lois et sous le même sceptre, toutes les terres du Péloponèse. Cet
immense projet, qui devait réussir en partie, sinon en totalité,
rencontra cependant beaucoup d'obstacles, comme tout projet
immense et supérieur.

Le rêve des Héraclides avait été, mais sur une plus petite
échelle, le rêve du fils d'Agamemnon, de cet Oreste qui venait
de venger d'une manière si terrible son père assassiné. Oreste,
que l'on considère à tort comme le chef des migrations éoliennes,
Oreste, descendant de Pélops et non d'Éole, non content de
régner à Argos et à Mycènes, avait détrôné ses cousins, Nicostrate et Mégapenthe, fils de Ménélas, et s'était emparé de Sparte,
où il fit pendant quelque temps sa résidence habituelle. Les enfants de Néoptolème, fils d'Achille, princes braves et entreprenants,
Molossus, qui régnait chez les Épirotes, Alévas I, roi de Larisse,
et Amphialus, qui cherchait fortune en attendant le moment pro-
pice de la fondation de Pergame, dans cette Asie phrygienne,
où la destinée lui réservait un trône, s'étaient réunis à Oreste,
malgré les haines et les dissensions de familles pour repousser
l'ennemi commun du Péloponèse. Ce furent les efforts de ces
princes réunis qui firent échouer la première expédition des

Héraclides , commandés par Cléodée , fils d'Hyllus et petit-fils d'Hercule , et par son oncle Alcée, propre fils d'Hercule, qui fut , dit la tradition , après cette tentative malheureuse , habiter la Lydie et y fonder la dynastie héraclide dont Candaule devait être le dernier représentant.

Les idées et les institutions républicaines commençaient à prendre faveur en Grèce. Les peuples se lassaient des rois, qui les fatiguaient et les harassaient de guerres et de batailles. Mégare et la Crète furent les premières provinces helléniques qui se constituèrent en république, sous la direction de magistrats annuels ou décennaux. Thèbes, qui n'était pas encore mûre pour les idées républicaines, Thèbes, lassée des descendants de Cadmus, vit avec indifférence l'expulsion d'Autésion , arrière-petit-fils de Polynice, par Damasichton, petit prince de la Béotie révolté contre lui. La ville d'Ithaque ne vengea point la mort de son roi Télémaque, fils du sage Ulysse, assassiné par sa femme Cassiphone , et ne songea point à lui donner de successeur.

Si la puissance monarchique des Grecs allait en s'affaiblissant dans certaines parties de l'Hellade , il n'en était pas de même de l'Étrurie et de la Sicile : les colonies grecques et troyennes avaient pris de profondes racines ; Albe prospérait sous la tutelle éclairée du sage Ascagne; Auson et Italus, descendants d'Ulysse, donnaient leurs noms à l'Ausonie et à l'Italie (1) , et fondaient chez les Sicules les villes de Liparis , de Léontium , de Reggio , de Messène et d'Agathyrne. En Chypre, les descendants de Teucer , prince religieux et dévot , vivaient dans la mollesse et le sybaritisme; Ajax , fils de Teucer, construisait le temple d'Olba, en Cilicie, et instituait les Ajaxties en l'honneur de son oncle Ajax, fils de Télamon ; Aérias, son fils, élevait à Paphos un

____

(1) Au milieu des documents contradictoires et obscurs qui existent en Italie, nous ne pouvons guère nous étendre ici sur la position d'un peuple encore inconnu. Nous aurons, du reste, l'occasion d'y revenir plus tard.

temple en l'honneur de Vénus, dont le culte était devenu encore plus célèbre par la mort tragique du jeune Adonis, fils de Cynire, prince cypriote, amoureux d'une prêtresse de cette divinité voluptueuse et légère.

Cependant Damasichton, nouveau roi de Thèbes, pour appuyer sa nouvelle administration, avait appelé dans les murs de cette ville les débris de ces Pélasges, chassés par Deucalion, et dont les descendants erraient misérablement dans quelques cantons de la Thessalie. Il y eut un conflit entre ces nouveaux venus et leurs devanciers, Pélasges comme eux de naissance et d'origine. Les premiers, plus guerriers, quoique moins nombreux, chassèrent les seconds, qui se réfugièrent à Athènes, et construisirent, sous le roi Thymétés, qui régnait alors, le célèbre mur pélasgique qui défendait cette ville contre les invasions étrangères.

Quelque temps avant l'arrivée des Pélasges béotiens à Athènes, une troisième tentative — si nous y comprenons celles d'Hyllus et de Cléodée — avait été faite par les Héraclides, guidés par Aristomaque, fils du dernier, qui perdit la bataille et la vie dans cette expédition malheureuse comme les autres, mais qui ne rebuta point pour cela sa famille et ses partisans. La partie fut remise jusqu'à la majorité des trois enfants d'Aristomaque, Aristodème, Cresphonte et Téménus, encore en bas âge. Tisamène et Penthile, fils et successeurs d'Oreste, s'emparèrent alors de l'île de Lesbos sur les Éoliens, descendus de Macarée.

Les fils d'Aristomaque grandissaient. Aristodème, l'aîné, épousa la fille d'Antésion, banni de Thèbes; Cresphonte, son frère, devint le gendre de Cypsélus, roi d'Arcadie; Téménus, le troisième, choisit pour épouse une princesse étolienne. Ces brillantes alliances mirent bientôt les trois chefs Héraclides en mesure d'organiser une nouvelle guerre contre le Péloponèse. Cette guerre, mieux combinée ou plus habilement dirigée que les précédentes, fut couronnée d'un succès complet. Alcméon et Mélanthus, descendants de Nestor, furent d'abord chassés de Pylos et de la Messénie. Les trois frères marchèrent ensuite contre les petit-fils d'Agamemnon, Penthile et Tisamène, et s'emparèrent d'Argos, de Sparte et de Mycènes. L'île de Lesbos suivit pendant quelques années le sort de ces royaumes. Alors eut lieu entre les trois conquérants le partage des terres conquises : Aristodème s'établit à Lacédémone ; Cresphonte obtint la Messénie ; Téménus fut roi d'Argos et de Mycènes. L'île de Lesbos resta indivise entre les Héraclides.

Le sort des vaincus doit réclamer cependant l'attention de l'histoire. Les Pélopides, appelés aussi Achéens par plusieurs historiens, se rejettent dans l'Égialée, encore habitée par les Ioniens éolides. Les Ioniens refusent de les recevoir ; on en vient à une bataille près de la ville d'Hélice. Les Achéens sont vainqueurs, mais Tisamène, leur chef, l'un des fils d'Oreste, reste parmi les morts. Ses enfants n'en partagent pas moins l'Égialée avec leur cousin Damasius, fils de Penthile, et lui donnent le nom d'Achaïe, que cette province garda toujours depuis. Par suite de leur mauvaise fortune, les Ioniens, chassés d'Égialée par les Pélopides achéens, expulsés eux-mêmes d'Argos et de Mycènes, passèrent en Asie-Mineure, où ils furent habiter les colonies fondées par leurs aïeux. Quelques-uns d'entre eux se dirigèrent toutefois sur l'Attique où ils s'établirent.

Mélanthus, fils d'Andropompus, fut aussi heureux que les Orestides. Chassé de Messénie, il se réfugie à Athènes, alors en guerre avec les Thébains. Xanthus, roi de Thèbes, voyant que la guerre traînait en longueur, propose au roi d'Athènes Thymétés de la terminer par un combat singulier ; celui-ci refuse honteusement le combat proposé et est détrôné par ses concitoyens, indignés de sa faiblesse et de sa lâcheté. Mélanthus se propose à sa place ; il tue le roi Xanthus par trahison, mais n'en est pas moins proclamé roi par les Athéniens, qui récompensent ainsi la victoire douteuse de leur champion favorisé des dieux, et instituent en son honneur la fête des Apaturies, en commémoration de ce service signalé!

Thèbes, dont le roi Xanthus ne laisse pas d'enfants, profite de l'occasion pour s'ériger en république.

Déjà les conquérants héraclides sont morts. Aristodème laisse deux jeunes fils, Eurysthène et Proclès, sous la tutelle de leur oncle Théra, l'instituteur des fêtes Carnéennes, en l'honneur d'Apollon. Cresphonte, assassiné avec sa famille par un courtisan nommé Polyphonte, ne laisse pour héritier que le jeune prince Téléphon, qui se retire à la cour du roi Cypsèle, son aïeul, père de la reine Mérope. La jeunesse d'Eurysthène et de Proclès, l'exil de Téléphon relèvent le courage des Orestides. Archélaüs, fils de Penthile, et Graüs, son fils, reprennent l'île de Lesbos sur les Héraclides et chassent de Lemnos les Myniens qui se rejettent dans la Triphylie, où ils fondent les villes de Lépréum, de Macistos, de Phryxos, de Pyrgos, d'Éprium et de Nodium.

Mais les Héraclides reprennent déjà leurs projets de conquête hellénique. Le jeune Téléphon, soutenu par les rois d'Arcadie et d'Élide, ses parents, tue Polyphonte et reprend le sceptre de la Messénie; les fils d'Aristodème héritent du royaume de Cléonée par leur mariage avec les filles du roi Thersandre, mort quelque temps après; la sagesse de l'administration de leur tuteur Théra a pourvu les jeunes rois de troupes disciplinées, de trésors nombreux, de villes florissantes; Alétés, l'un de leurs cousins, descendant d'Hercule par Phylas, vient de s'emparer de Corinthe; une nouvelle expédition est résolue pour agrandir les conquêtes paternelles.

L'armée des Héraclides débute par la prise de Mégare et se met en marche contre la fière Athènes, objet de leur ambition et de leur convoitise. Codrus, fils de Mélanthus, prince brave et prudent, régnait alors sur les Athéniens. L'oracle avait annoncé que la victoire resterait à celle des deux armées dont le chef périrait dans la mêlée. Codrus, le Décius d'Athènes, s'illustre par une mort volontaire et sauve ainsi sa patrie de la domination des Héraclides.

Les Athéniens vainqueurs ne connaissent, disent-ils, aucun prince qui puisse remplacer dignement le roi qui vient de mourir pour sa patrie. La république athénienne est proclamée sous la direction d'un archonte perpétuel, choisi, lui et ses successeurs, dans la seule famille de Codrus. Médon, fils aîné de ce roi, est le premier archonte perpétuel d'Athènes.

La proclamation de la république ne satisfait point tout le monde ; les autres fils de Codrus, dont la position se trouve rabaissée, protestent, mais en vain, contre le décret de l'Aréopage. Ne pouvant vivre en qualité de particuliers dans une ville où leur père a commandé en maître, excités par les Ioniens réfugiés d'Hélice, ils se décident à entreprendre, chacun de son côté, des voyages lointains et à former des établissements dans des pays étrangers. Cette émigration amène les plus heureux résultats ; elle donne naissance à de riches et puissantes colonies qui accroîtront dans peu de temps la puissance d'Athènes, leur mère et leur créatrice. Ainsi Androclès et Nilée colonisent Samos, Milet et Colophon, et fondent les villes de Gnide et d'Halicarnasse en Carie ; Cyarétus s'installe à Myonte, Andrémon à Lébédos, Damasus et Nauclus à Téos et Néontichos, Cnophus à Érythres. Toutes ces colonies acquièrent de la valeur et de l'importance sous la direction intelligente et paternelle des braves fils de Codrus. Une ville célèbre, celle de Sardes, fondée par Agron, roi de Lydie, devient l'entrepôt principal du commerce dans l'Asie-Mineure, et rivalise de luxe et d'opulence avec Milet, Éphèse et Halicarnasse.

Si Athènes fait beaucoup pour la liberté du commerce, pour la propagation de l'industrie, pour l'indépendance de ses citoyens, Sparte, qui se pique cependant d'une certaine liberté malgré les deux familles royales qui la gouvernent depuis Eurysthène et

Proclès, s'amuse à faire des esclaves. Les habitants d'Élos sont soumis par le roi Agis Ier, fils et successeur d'Eurysthène, et deviennent les misérables serfs connus dans l'histoire sous le nom d'Ilotes, type devenu populaire de l'humiliation et de l'asservissement des hommes.

A l'époque où se ferment pour nous les mystères des temps héroïques, où le soleil de la vérité historique va resplendir sur les Grecs de ses rayons brillants et lumineux, la Grèce se divise en deux camps. Dans le premier de ces camps domine la forme gouvernementale monarchique; dans l'autre, on voit surgir la liberté politique et civile sous la tutelle de la forme républicaine; tous les citoyens prennent part aux affaires selon leur mérite et leur capacité; les municipes et les dèmes sont représentés par des délégués qui en défendent les intérêts respectifs; la ligue achéenne vient de jeter déjà ses puissantes racines et condenser ces grands projets d'unité hellénique formés par les rois, par les idées puissantes d'unité nationale et patriotique, consenties et ratifiées par les peuples.

Dans le premier de ces camps, le camp monarchique, apparaissent encore l'Arcadie, l'Argolide, Corinthe, l'Élide, l'Épire et la Messénie; dans le parti républicain figurent les noms d'Athènes, de Thèbes, de Delphes, de Platée, de Sicyone et de l'île de Crète. Puis enfin un gouvernement mixte, qui n'est point républicain, puisqu'il a deux rois, qui n'est point monarchique quoiqu'il ait deux monarques, le gouvernement bizarre, singulier, excentrique, de ces excentriques et bizarres habitants de Sparte ou de Lacédémone, le seul pays de la terre, peut-être, où deux représentants du pouvoir despotique ont dirigé utilement et loyalement, pendant plusieurs siècles, des peuples essentiellement républicains par leurs goûts et leur caractère.

CHAPITRE IV.

—

MOEURS ET COUTUMES DES TEMPS HÉROIQUES.

⸺ ⸺ ⸺ ⸺

1. État politique et administratif.

C'est assurément une triste société que celle qui élève au rang des dieux des brigands comme Hercule, et laisse mendier des poètes comme Homère ; c'est un pauvre gouvernement que celui qui n'a point de lois répressives pour arrêter les pillages et les rapines organisés en associations publiques et ostensibles ; point de couronnes de laurier à ceindre sur le front des poètes, point de récompenses à donner au mérite, au travail, au génie, quand la force physique, l'adresse du corps, les talents matériels, tels que la lutte, la course, la danse, le tir, sont proclamés hautement dans les jeux Olympiques, Néméens et Pythiques. Défectueuse époque que cette époque primitive où l'acrobate et le gladiateur l'emportent sur le penseur et sur le philosophe; où celui qui dompte un cheval indompté est l'objet de l'admiration de tous, tandis que les regards s'arrêtent à peine sur le vieil aveugle à cheveux blancs qui va mendier de porte en porte son pain de tous les jours, en récitant les vers sublimes de l'*Iliade* et de l'*Odyssée*.

Qu'étaient-ce donc, en définitive, que ces premiers gouvernements, ces premières monarchies fondés dans la Grèce par les premiers rois Pélasges et leurs successeurs?

Transportons-nous dans le moyen-âge, au temps des états feudataires de l'Italie, des vagabondages des routiers et des compagnies franches dans l'intérieur de la France. Un chef de routiers, un capitaine de bandits, un commandant de pirates, aperçoit au-dessus d'une forêt, sur la crête d'une montagne, sur les bords de la mer ou d'une rivière, un village paisible et tranquille, une position agréable ou utile, un site pittoresque, une terre fertile, un port caché, offrant à la fois abri, sûreté, fécondité, abondance; ce chef, ce capitaine, ce bandit, ce corsaire montre à ses compagnons l'endroit, le lieu, le site désigné : « Cette terre vous plaît-elle, amis? ce village vous convient-il? » ce fleuve est-il à votre goût? ces plaines sont-elles assez riches » et assez florissantes?.. — S'il en est ainsi, tirez vos épées, » égorgez les hommes qui résistent, emparez-vous des femmes » qui pleurent, massacrez les enfants inutiles, cette terre est à » vous! je vous la donne! » Et le chef donnait le signal de l'attaque; les épées brillaient, le fer se rougissait, le sang coulait, et la terre, le village et les plaines changeaient de seigneur et de maître.

Ainsi furent les conquêtes et les conquérants pélasgiques. Un corsaire errant sur les mers, un aventurier intrépide, Inachus, se réfugie pour échapper à une tempête furieuse dans un golfe resserré qui le préserve lui et les siens du danger qui le menaçait. Le golfe lui convient, la terre lui plaît, le séjour lui paraît agréable, et malgré les indigènes ou premiers habitants qui veulent s'opposer à ses projets, il débarque audacieusement, s'installe sur la plage et y construit une ville, la ville d'Argos. Cette ville est bientôt un royaume, puisqu'à dix lieues plus loin, les compagnons d'Inachus viennent travailler les terres conquises et récolter les produits du sol qu'ils travaillent. Un royaume de dix lieues, — une petite sous-préfecture de nos jours, — est un grand royaume, une monarchie immense pour ces siècles primitifs et obscurs. Inachus n'est pas ambitieux; Argos lui suffit; mais il a trois fils, et deux d'entr'eux n'ont point d'apanage. Ils feront comme leur père, ils chercheront et ils trouveront; c'est ainsi qu'Égialée fonde Sicyone, Égée ou Azan le royaume d'Arcadie. Tous les états de la Grèce hellénique sont établis de la sorte : Athènes, Thèbes, Sparte n'ont pas d'autre origine.

Ces pays ont tous des rois séparés et distincts; une monarchie héréditaire qui se transmet de père en fils, d'oncle à neveu, de frère à frère, de cousin à cousin, au préjudice des femmes qui filent leur quenouille et qui ne règnent point. Le roi est le même partout; il porte un sceptre d'or ou d'olivier, sur son front est un bandeau de pourpre, sur ses épaules flotte un manteau de même couleur; un héraut le précède portant le caducée; c'est Minos, Thésée, Ulysse, Agamemnon ou Achille. A la voix du héraut, le peuple se rassemble et écoute les proclamations royales; les soldats sortent de leurs tentes et reçoivent les ordres souverains. Devant le roi tremble le grand-prêtre prêt à faire céder la volonté des dieux devant la volonté absolue des souverains de la terre; et s'incline le guerrier, qui attend de son maître l'ordre de vivre ou de mourir. Derrière les rois apparaissent cependant des ministres et de sages conseillers : Priam est entouré de Panthoüs, d'Ucalégon, d'Anténor; Patrocle et Phénix ne quittent point Achille; Achate n'abandonne point Énée; Polydamas marche à côté d'Hector. Mais les plus sages conseils, les meilleurs avis cèdent devant l'expression de la volonté du maître, qui les accepte ou qui les refuse sans appel. Au roi seul appartient l'initiative de la paix et de la guerre, le droit de prendre ou de quitter les armes. Il peut enfin statuer sur les différends entre parties, et condamner les criminels comme juge ; sacrifier aux dieux comme pontife.

Ses revenus consistent en propriétés particulières, en tributs ou redevances annuelles payés par ses peuples, en butin pris sur l'ennemi. Des esclaves mâles où femelles, des trésors, des pierreries et des terres composent ordinairement la part du roi dans ses conquêtes.

Telle est la puissance absolue, décisive, tyrannique des rois, ou plutôt des chefs de nations de cette époque barbare et ignorante. La condition des reines, toute privée qu'elle fût, toute dépouillée qu'elle pût être des splendeurs toutes puissantes de la couronne (1), leur permettait cependant de prendre part par leurs intrigues aux révolutions et aux commotions violentes qui ébranlèrent l'intérieur des royaumes et compromirent le repos de la Grèce. Hélène causa la guerre de Troie ; Clytemnestre fit monter Égysthe sur le trône ; Antigone et Argie suivirent Polynice, leur frère et leur époux, sur les champs de bataille ; Pénélope administra le royaume d'Ithaque en l'absence d'Ulysse ; Égialée obligea Diomède à quitter sa patrie ; Cassandre osa prédire la chute de Priam et de sa famille ; mais les reines modestes et réservées, telles qu'Hécube, Andromaque, Arété, femme d'Alcinoüs, Nausicaa, sa fille, ne sortaient guère de l'intérieur de leurs palais, s'occupaient des soins du ménage ou de l'éducation de leurs enfants.

Cécrops gratifia Athènes d'une sorte de gouvernement constitutionnel par l'institution de l'Aréopage, espèce de sénat déli-

---

(1) Le diadème et le manteau de pourpre distinguaient seulement les reines des femmes de condition inférieure.

bérant sur les affaires publiques, mais vraisemblablement soumis à la direction toute puissante du roi. Minos l'ancien, qui profita sans doute des lo s de Cécrops, comme Thésée profita plus tard des siennes, avait établi dans chaque ville de l'île de Crète un sénat composé de douze cosmes ou magistrats chargés de proposer les lois au peuple, qui avait le droit de les admettre ou de les repousser, sans toutefois pouvoir les modifier en aucune façon (1). Mais ces faux semblants de chambre représentative et de suffrage universel émanaient tous deux de l'autorité directe du roi, qui pouvait briser ceux des juges récalcitrants à ses désirs, et influencer efficacement sur les motions ou les adhésions populaires.

Thésée, roi démocrate, qui conçut le premier le projet de centralisation de ses peuples, comme Amphyction avait conçu le projet de la grande unité nationale hellénique, et qui réunit les quatre districts de l'Attique en un seul gouvernement, ayant pour chef-lieu la ville d'Athènes, fut le premier monarque qui osa prononcer les mots jusqu'alors inconnus de liberté et d'égalité devant la loi, qui chercha à immiscer tous les citoyens capables dans les secrets des affaires publiques, qui jeta enfin dans les esprits peu éclairés de ses compatriotes le germe d'un gouvernement alors peu en harmonie avec les besoins ou les nécessités des hommes. Nous avons dit quelle fut la triste récompense des réformes du malheureux roi d'Athènes.

La guerre de Troie, en cimentant d'un côté l'amour-propre et la fraternité nationale des peuples grecs, en ouvrant de l'autre un nouveau cours au commerce et à l'industrie, avait plongé plusieurs états dans d'affreux malheurs et de terribles vicissitudes. Les rois partis pour une guerre éloignée avaient laissé leurs trônes chancelants, leurs sceptres frémissants, leurs couronnes

____

(1) Gnosse, Gortyne et Cyden avaient ordinairement la prépondérance sur les autres villes de Crète.

tremblantes. Le peuple commença à sentir que c'était un grand tort à lui de faire dépendre sa tranquillité personnelle de la prudence et de la tranquillité de ses rois. Il commença à s'indigner de prendre part à des guerres fort indifférentes et très inutiles pour ses intérêts privés, de supporter tout le fardeau de querelles de famille qui ne l'intéressaient en aucune façon. Il se mit alors à chasser les rois et à défaire les royaumes.

Mégare, Sicyone et la Crète donnèrent les premières à la Grèce l'exemple de républiques se gouvernant par des lois, sans l'aide de monarques et de souverains. Mégare établit ses prytanes ; Sicyone et la Crète eurent leurs magistrats. Cet exemple fut suivi par les Platéens, par les Thébains ensuite après la mort du vieux Xanthus. Athènes, enfin, qui avait eu le temps de réfléchir et de comprendre les institutions démocratiques établies par Thésée, secoua le joug de la royauté, tout en respectant le sang de ses rois. Médon, le fils aîné de Codrus, mort pour la patrie, fut le premier archonte perpétuel d'Athènes, titre réservé comme un legs d'honneur héréditaire dans sa seule famille. L'Aréopage, qui avait joué le second rôle dans les destinées d'Athènes sous les rois, devint tout-puissant sous les archontes, et se réunissait sous l'invocation du dieu Mars. L'archonte lui rendait compte de son administration et demandait son approbation pour décider les questions de guerre ou de paix. On appelait le peuple dans le sein de l'Aréopage pour qu'il exprimât librement sa manière de voir sur les affaires politiques et criminelles ; le peuple avait le droit de pénétrer dans le Prytanée pour émettre son avis sur les causes civiles. Sparte elle-même eut un sénat contrôlant les actes de ses rois.

Telles furent les nouvelles institutions républicaines de la Grèce qui, loin d'affaiblir les projets d'unité nationale et d'alliance offensive et défensive entre les peuples pélasgiques, donnèrent un nouvel essor aux assemblées générales, les Amphyctionies, tombées pendant quelque temps en désuétude.

Les Amphyctionies étaient l'œuvre d'Amphyction, gendre et successeur de Cranaüs, roi d'Athènes. Ce prince, supérieur pour son siècle, résolut de cimenter les intérêts généraux des peuples Helléniques par des réunions générales où chaque peuple enverrait des représentants chargés de faire valoir ses droits et ses réclamations. Cette ligue patriotique, en resserrant les liens d'amitié qui pouvaient exister entre les nations convoquées, avait l'avantage réel et sérieux de s'opposer aux envahissements et aux invasions des barbares — les Grecs appelaient ainsi tous les étrangers — et de maintenir l'intégrité du territoire mis ainsi sous la protection de tous les co-intéressés.

Les réunions avaient lieu deux fois l'an : à Anthéla, près des Thermypoles, vers l'équinoxe d'automne ; au printemps, dans le temple d'Apollon à Delphes. Deux députés ou deux votes étaient réservés à chacune des villes confédérées. Ces députés prêtaient le serment au nom de leur pays de protéger et de défendre leurs alliés en cas de guerre, de ne pas nuire à leurs intérêts respectifs ; ils s'occupaient ensuite des questions d'administration publique, et leurs délibérations, timbrées du sceau des temples consacrés, étaient, en outre, inscrites sur les colonnes des deux sanctuaires. Les pays ou les peuples qui manquaient à leur serment étaient de droit exclus et bannis de la communauté.

Les Macédoniers, les Thessaliens, les Béotiens, les Phocidiens, les Locriens, les Doriens, les Eubéens, les Athéniens, les Mégariens, les Arcadiens, les Laconiens et les habitants de Nicopolis et de Delphes, se réunissaient ainsi dans le temple d'Apollon, où se confondaient tous les costumes divers, tous les dialectes, tous les idiomes du sol hellénique. L'exemple de cette confédération fut bientôt suivi par les colonies de l'Asie-Mineure ; les nouvelles républiques instituées donnèrent une grande impulsion à ces réunions rétablies. Les Achéens, les Doriens, les Éoliens et les Ioniens asiatiques constituèrent aussi entr'eux une ligue solide et puissante.

Outre les Amphyctionies, les temples d'Olympie et de Délos devinrent les chefs-lieux de nouvelles réunions politiques. Les habitants d'Épidaure, d'Hermione, d'Égine, d'Athènes, de Prusie, de Nauplie et d'Orchomène se donnaient rendez-vous dans le temple de Neptune, placé dans l'île de Calaurie à peu de distance de Trézène.

La solennité des fêtes de la Grèce, la célébrité des mystères d'Éleusis, des Panathénées, la célébration des jeux Pythiques, Néméens et Isthmiques, tombés en désuétude, mais relevés par les idées républicaines, furent autant de gages d'union et de concorde générales.

Sous le règne des rois et sous les nouvelles républiques, la noblesse guerrière, la première classe des peuples Pélasgiques, ne cessa toutefois de conserver la suprématie sur le peuple et de diriger les affaires administratives et politiques. Les nobles enrichis par la guerre, fiers de leurs généalogies anciennes, de leurs races de preux et de héros, jouissaient de droits et de priviléges attribués au rang et à la naissance ; ils étaient seuls juges, pontifes et guerriers ; au peuple était dévolu l'agriculture, l'industrie et les emplois inférieurs.

Cependant la barrière qui séparait la noblesse du peuple n'était pas insurmontable. Tout homme célèbre par sa force herculéenne, par sa beauté physique, par l'agilité de son corps, par la ruse de son esprit, pouvait s'élever facilement dans les rangs illustres de la noblesse et tenir convenablement sa place dans une société qui n'appréciait que les avantages matériels et extérieurs.

2. État législatif.

A cet âge héroïque où l'emportement des passions, l'amour frénétique de la gloire et la force brutale dirigeaient les actions

des hommes, les lois de la sagesse et de la raison devaient diffi-
cilement retenir dans de justes limites ces têtes ardentes et impé-
tueuses, ces poitrines chaudes et brûlantes, ces bras robustes et
vigoureux. Les droits de l'humanité, les accents de la faiblesse,
nul sentiment de commisération et de pitié ne pouvaient arrêter
ces paladins excités par l'ardeur des combats, enivrés du feu des
batailles. La jeunesse de Lycaon, la beauté de Troïle, les pleurs
du jeune Astyanax, les larmes et les cris de Cassandre, la majesté des temples des dieux, ne sont point un obstacle au glaive
d'Achille, à la haine d'Ulysse, aux embrassements sacriléges
d'Ajax, fils d'Oïlée. Les cheveux blancs du vieux Priam ne trouvent point grâce devant l'épée vengeresse de Néoptolème. La
massue d'Hercule frappe sans cesse et sans relâche; elle abat toutes les têtes; elle immole les pères coupables et les enfants innocents; elle protége le viol, les rapines et les meurtres les plus révoltants.

Phoronée et Cécrops ont essayé cependant de soumettre à des
lois ces hommes sans freins et sans lisières. Ces lois, mises en vers
par les poètes, sont promulguées par les hérauts au son de la
lyre; les peuples s'y conforment seuls; les grands et les puissants
sautent dédaigneusement par dessus.

Le mariage, cette institution célèbre de Cécrops, l'objet de
sa sollicitude, ne peut arrêter la polygamie que le législateur
veut en vain réprimer; les articles de cette loi sociale sont cependant clairs et précis, justes et raisonnables, sages et prudents; le
consentement libre de l'épouse, l'adhésion des parents, l'adultère
flétri et sévèrement puni par la lapidation des coupables, l'exposition publique et la perte de tous les droits civiques, tout cela
ne peut éviter l'introduction des esclaves ou des servantes dans
le lit conjugal, l'enlèvement des jeunes filles, la multiplicité des
femmes, le manque de foi des conjoints. Hélène est enlevée par
Thésée et Pâris, Déjanire et Iole par Hercule, Égialée se livre
à la prostitution dans son propre palais, Clytemnestre vit hon-

teusement avec Égysthe, Cassandre et Chryséis sont les maîtresses d'Agamemnon pendant l'expédition de Troie. Tous ces
crimes qui blessent la morale publique, qui brisent tous les liens
de famille, qui détruisent toute pudeur et toute dignité, tous ces
délits prévus par la législation pélasgique, ne sont pas punis cependant par les lois répressives. Hercule se soustrait aux lois par
les meurtres d'Achéloüs, qui lui dispute Déjanire, d'Eurytus qui lui
réclame sa fille Iole ; Pâris disparaît sur les mers emportant son
butin précieux ; Égialée veut faire périr son mari Diomède,
Clytemnestre, plus habile, fait assassiner Agamemnon. Une faute
entraîne à une seconde faute ; un crime excuse et fait oublier
un autre crime. La vengeance divine doit être satisfaite par la
tunique empoisonnée de Nessus, par l'incendie de Troïe et par
le bras d'Oreste ; les lois humaines ne peuvent rien pour relever
l'honneur de la société si cruellement outragée. L'exposition des
enfants était encore à la mode dans les hauts rangs de la société
primitive ; nul ne punit Laïus pour avoir exposé Œdipe,
Acrisius pour avoir abandonné Persée ; les dieux seulement se
chargèrent de ce soin.

Le pauvre souscrit cependant à ses lois dont le riche se
moque ; il marche humblement dans le sillon légal labouré par
Cécrops ou par Phoronée. L'homme acquiert sa femme par des
services et des présents réitérés ; les parents donnent une dot à
l'épouse ; l'adultère fait rendre au mari les présents qu'il a donnés
à sa fiancée, les avances qu'il a faites à celle dont il voulait faire
sa femme. Le divorce justifié par preuves ou simplement
consenti par les deux parties, est permis par les lois, qui
tolèrent également les secondes noces et permettent le mariage
aux prêtres et aux prêtresses des dieux. Témoins Anius, grand-
prêtre de Délos, dont Bacchus épousa l'une des filles ; Chrysès,
père de Chryséis, Tirésias, père de Daphné, Manto, femme
d'Alcméon, Théano, d'Anténor. On pourrait citer d'autres
exemples encore.

Après le mariage, ce lien sacré de toute société humaine, l'attention des législateurs de la Grèce héroïque de Minos, de Rhadamanthe et d'Éaque, qui suivirent Cécrops et Phoronée, de Thésée l'athénien qui profita des leçons de Minos, cette attention, disons-nous, dut se porter sur les biens et les héritages, dont la propriété et la transmission héréditaires furent encore l'œuvre de Cécrops l'égyptien. Le laboureur, qui n'était pas cependant l'égal des guerriers devant la loi, dut être admis depuis les temps les plus reculés, au partage des terres conquises; seulement, son lot était plus faible que celui des conquérants, dont il devenait en quelque sorte le régisseur ou le fermier. Minos exigea que dans ses états les prisonniers de guerre ou esclaves, s'occuperaient seuls des travaux pénibles des champs et de l'agriculture; en revanche, il institua les fêtes Mercuriennes pour les esclaves qui, ces jours-là, commandaient et se faisaient servir par leurs maîtres eux-mêmes.

Nous ignorons quelle fut l'intention du législateur en instituant cette coutume ou cette loi bizarre; probablement voulait-il rappeler à ses sujets que tous les hommes, même les esclaves, ont une origine commune, et persuadait-il par ce moyen ingénieux, aux maîtres et aux chefs de familles, à traiter avec plus d'indulgence leurs serviteurs et leur subordonnés.

Les Spartiates, peuples fiers et hautains, adoptèrent, sous le roi Agis Ier, une partie des institutions crétoises; les ilotes ou esclaves de cent villes et villages soumis par Agis à la domination de Sparte, furent consacrés aux travaux des champs et de la terre, et placés sous la surveillance des Lacédémoniens ou habitants de la campagne qui remplissaient autrefois ces fonctions regardées presque comme avilissantes, et qui se contentèrent depuis de payer aux Spartiates ou habitants de la ville les tributs ordinaires de de l'année, et de fournir le contingent militaire réclamé d'eux par la mère-patrie.

Chez les Crétois, et probablement chez les Athéniens leurs imitateurs, le produit des terres était divisé en trois portions égales, dont l'une était consacrée à l'entretien des temples et des sacrifices, l'autre était réservée à l'hospitalité; la troisième était mise en commun et servait à la vie ou à l'utilité de tous.

Les héritages, mobiliers ou immobiliers, ainsi grevés ou imposés, étaient divisés en parts égales entre les enfants légitimes (1). On a vu, dans les commencements de l'invasion des Pélasges, les fils aînés recueillir seuls l'héritage paternel; les plus jeunes, Égialée, Azan, Agénor Ier, Cadmus, fils d'Agénor II, et ses frères, obligés de se conquérir un apanage l'épée à la main et par la force des armes.

Les notions de transmission par voie d'hérédité et d'exclusion des bâtards, sont à peu près les seules que nous connaissions sur les anciens temps de la Grèce. Nous savons que des lois commerciales et industrielles furent données par Minos aux Crétois, ses sujets, grands commerçants et riches industriels; que Cécrops régla les rites funéraires; enfin qu'une loi de Thésée, provenant sans doute d'une loi crétoise analogue, obligea pendant quelque temps tous les Athéniens à porter toujours des armes sur eux, même pendant la danse, et à s'asseoir à des tables communes, loi et obligation qui irritèrent les grands seigneurs, et qui causèrent la chute et la mort du téméraire réformateur des mœurs athéniennes.

Nous sommes plus heureux pour les lois criminelles que pour les lois civiles. Les causes criminelles, soumises d'abord au jugement de l'Aréopage d'Athènes, à ceux des cosmes ou juges de Crète et des rois de la Grèce comme grands justiciers du royaume, furent portées plus tard devant le tribunal des Amphyctions, quelque temps après l'absolution d'Oreste, fils d'Agamemnon, coupable d'avoir tué sa mère Clytemnestre, par l'Aréopage athénien.

---

(1) Une loi sur l'agriculture, attribuée à Triptolème, défendait à tout laboureur de posséder plus de terrain qu'il n'en pouvait cultiver.

Delphes possédait un tribunal semi-religieux et judiciaire contre les meurtriers; Démophoon, roi d'Athènes et fils de Thésée, établit le tribunal Palladien pour les homicides involontaires, tribunal composé d'un président et de cinquante juges choisis dans les dix tribus de l'Attique ; il y avait, en outre, le Prytanée, tribunal singulier dont l'origine était attribuée à Erechtée, connaissant des meurtres accidentels causés par des objets inanimés ; mais si les tribunaux répressifs existaient sur le sol du Péloponèse, les lois étaient loin d'être sévères, et les coupables savaient facilement se soustraire à l'application des peines prononcées contre eux.

L'homicide, crime médiocre et commun à ces époques d'assassinats et de vengeances privées ou politiques, était puni seulement de l'exil et de l'amende, ou prix du sang, exigée du coupable en or ou en argent. Quand, ce qui était très rare, la peine du Talion était appliquée au meurtrier, celui-ci échappait à la mort en se réfugiant dans l'enceinte consacrée d'un temple, d'où il faisait aux parents de la victime de nouvelles offres pécuniaires, qui ne manquaient jamais leur effet, et où il attendait le moment favorable pour passer dans une terre étrangère. Le parricide, e fratricide, l'inceste, tous ces crimes horribles contre la nature et l'humanité, se rachetaient avec de l'argent. On était aussi sévère envers l'objet inanimé coupable d'une mort accidentelle, qu'envers le criminel mûrissant lentement son crime et l'accomplissant avec tranquillité ; l'objet, condamné par le Prytanée, était transporté hors du territoire et puni de l'exil.

Quant au vol, ce n'était pas un crime ; c'était même un mérite ; mais il fallait voler adroitement ; le voleur maladroit surpris dans sa tentative, en était quitte seulement pour la restitution.

Telle était la législation criminelle de ces héros et de ces peuples de la Grèce chez qui la faveur des dieux, l'estime publique, les suffrages de la postérité étaient les seules récompenses dignes de l'ambition des hommes, et qui mettaient chaque vertu, chaque passion, chaque vice sous la protection d'un génie protecteur ou d'une divinité tutélaire. Au milieu de ces croyances erronées et naïves, qui admettaient le meurtre comme une nécessité de l'existence humaine, la violence et le rapt comme des parties de plaisir, le vol comme un exercice gymnastique agréable; de ces esprits grossièrement superstitieux qui plaçaient la rapine et le brigandage sous la direction des dieux, qui dressaient des autels en l'honneur des bandits célèbres, se faisaient remarquer comme des vertus dominantes, quoique antipathiques aux idées de sang et de carnage, l'hospitalité la plus touchante accordée aux pauvres et aux étrangers, le profond respect pour la vieillesse et les infirmités, le dévouement conjugal poussé jusqu'au sacrifice de la vie, l'amour d'Alceste et d'Admète, d'Orphée et d'Eurydice, et ces touchantes fraternités militaires qui cimentaient les Achille et les Patrocle, les Castor et les Pollux, les Oreste et les Pylade, les Thésée et les Pirithoüs, les deux Ajax de ces siècles fabuleux et héroïques!

Mais les Arabes bédouins, ces Grecs héroïques de nos époques plus rapprochées n'ont-ils pas, au milieu de leurs courses vagabondes, de leurs brigandages effrénés, de leur vie habituelle de meurtres et de rapines, leurs scènes touchantes d'hospitalité sublime et généreuse, de dévouement fraternel, de respect filial et de tendresse conjugale, poussées jusqu'à leurs plus extrêmes limites?...

Le théâtre du monde est toujours le même; les acteurs seuls changent de nom et de lieu. Si l'on retrouve tant de similitude morale et physique dans les mœurs pélasgiques et les mœurs arabes, c'est que les Grecs anciens n'étaient et ne furent en réalité que les Bédouins d'aujourd'hui.

3. État militaire.

La guerre était la principale étude des Grecs. Les premiers exercices des enfants étaient la course, la lutte, le pugilat. Tout citoyen fut guerrier jusqu'au temps de Cadmus. Cadmus ayant institué deux classes sociales, les nobles seuls se chargèrent de défendre à main armée les intérêts de leur pays et d'étendre les conquêtes nationales. Quelquefois cependant, les laboureurs quittaient leurs charrues et venaient prendre leur place sur les champs de bataille. Quelques privilégiés passaient ainsi dans les rangs de la noblesse, où ils avaient mérité d'entrer par leur courage et leurs exploits. A l'époque des institutions républicaines, chaque famille fut obligée de fournir un soldat à pied et d'être représentée à l'armée par un de ses membres.

Les nobles et les grands, malgré l'obligation qui leur était imposée, ne dédaignaient pas d'employer la ruse pour se soustraire aux dangers des expéditions lointaines et des guerres éloignées. Ulysse contrefit le fou pour rester dans sa bonne Ithaque ; le prévoyant Pélée fit élever son fils Achille sous les habits de femme à la cour du roi Lycomède ; Échépolus, roi de Sicyone, se racheta du service par le don d'un coursier à Agamemnon ; Philoctète prétexta ses blessures pour se dispenser d'arriver jusqu'à Troie ; le reste des commandants de l'armée obéit plutôt à un sentiment d'amour-propre qu'à la voix impérieuse du devoir ou à l'inspiration du courage. Une fois sur le champ de bataille, à peine hors de portée des montagnes natales, ces princes réfractaires devinrent des héros. Les villes pillées, les monarques égorgés, les filles enlevées, le butin partagé entre les chefs et les soldats, comme seule rétribution des services, venaient aiguillonner les timides et encourager les plus faibles. Le seul Thersite fut un lâche et ne craignit pas de passer pour tel. Mais cet exemple fut unique dans les rangs de l'armée grecque. Pâris, lâche parfois, était cependant brave dans quelques occasions.

Le roi conduisait lui-même ses troupes et avait droit de vie et de mort sur ses soldats. Agamemnon, comme généralissime de l'armée grecque, pouvait l'exercer sur tous les soldats des alliés ; mais cependant l'exercice de l'autorité absolue ne pouvait atteindre la personne des chefs. Un conseil formé par les principaux guerriers modifiait, du reste, les résolutions du chef de l'armée et venait régler ses opérations. Homère, qui est notre unique guide pour tout ce qui tient à la vie des camps et aux coutumes guerrières, consacre cette force d'opposition à la volonté du généralissime par les violentes disputes d'Achille et d'Agamemnon, où l'épée, à demi sortie du fourreau, fut sur le point de remplacer plusieurs fois le sceptre pacifique.

Les hérauts, presque tous remarquables par leur voix forte et sonore, et souvent les chefs, qui réunissaient cet avantage, Ménélas, Ajax Télamon entr'autres, donnaient le signal de l'attaque et de la retraite, ou demandaient des renforts et des secours aux ailes attaquées plus vigoureusement par l'ennemi. Un grec obscur, nommé Stentor, qui s'était fait une réputation dans l'armée grecque par l'étendue de sa voix, immortalisé par Homère, qui a immortalisé tout ce qu'il a chanté, a donné lieu au mot proverbial : *voix de Stentor !*

Les chars marchaient sur le front de l'armée, les troupes ordinaires formaient le centre, l'arrière-garde était soutenue par les fantassins les plus braves et les plus valeureux. Le général en chef, les principaux officiers, précédaient leurs troupes et donnaient ainsi l'exemple de la bravoure et de l'intrépidité. Agamemnon et Ménélas, son frère, se jetaient hardiment dans la mêlée, devançant leurs soldats de plusieurs pas ; Achille et les deux Ajax, les plus braves des Grecs, avaient le commandement des deux ailes de l'armée les plus exposées aux attaques, c'est-à-dire le poste le plus périlleux. Dans le camp, la même distribution était suivie ; les tentes d'Achille et des deux Ajax étaient aux extrémités opposées ; les autres grecs dormaient tranquilles et calmes sous la protection de la vigilance et de la valeur de ces chefs éprouvés. Les camps étaient divisés par quartiers séparés par des rues ; il y avait des marchés publics, des magasins de vivres, des autels où l'on sacrifiait, des emplacements réservés aux cérémonies et aux jeux funèbres. Les tentes des chefs, faites avec des pieux et des branches entrelacées, couvertes avec des planches, étaient entourées de palissades avec des planches sol-des ; elles contenaient les logements des serviteurs et des esclaves, un vestibule et un portique. Les soldats avaient des tentes parei-les, mais sans palissades et sans bâtiments attachés à leur de-meure. Ils couchaient sur des nattes ou couvertures de jonc qui leur servaient également pour le repos de la journée. Un mur, surmonté de tours crénelées sur le devant et terminé de chaque côté de la mer par les vaisseaux tirés à sec, était le seul rempart du camp, qui n'avait aussi qu'une porte, gardée la nuit par des patrouilles permanentes. Chaque tente de chef était reconnaissable à ses devises et à ses armoiries, qui servaient également de marque distinctive aux bataillons et aux compagnies servant sous ses ordres.

Les chars attelés de deux chevaux composaient la principale force des armées. La cavalerie n'était pas encore organisée chez les Grecs, qui appréciaient pourtant les chevaux, surtout ceux de race Thessalienne, renommés entre tous les autres. Ces chars, ordinairement à deux roues, étaient fermés par devant et ouverts sur le derrière, afin de donner la facilité aux guerriers d'en descendre pour combattre à pied et d'y remonter ensuite pour échapper à une mêlée dangereuse (1). Les chevaux étaient guidés par un cocher armé d'un fouet, d'une pique ou d'un javelot, prêt à se servir du premier pour exciter les animaux confiés à sa direction, du second, pour protéger sa propre vie si elle était menacée. La tunique collante, le manteau flottant, le casque surmonté d'une aigrette resplendissante, le bouclier attaché au cou et tenu de la main gauche, l'épée ou la pique à la main droite, désignaient le guerrier ou le héros combattant sur son char. A côté de lui se voyait souvent un archer avec son carquois et ses flèches, tendant son arc, le genou en terre, et décochant un trait homicide. L'adroit Teucer suivait son frère Ajax de la sorte, descendait du char pour combattre l'ennemi, et venait ensuite s'abriter sous le large bouclier de son frère, qui lui servait de rempart protecteur. Mérion, cousin d'Idoménée, Pâris, frère d'Hector, le Lycien Pandarus, passaient avec Teucer pour les plus habiles archers des deux armées.

Les armes défensives des Grecs étaient le casque d'airain au cimier surmonté d'une plume, une cuirasse en airain se bouclant sur le dos, la cotte de mailles descendant jusqu'au genou et s'unissant au cothurne, le bouclier, d'abord en osier ou en bois de figuier, puis en peaux recouvertes de lames de métal, plus tard, entièrement en airain ou en fer, tenu de la main gauche pendant le combat et rejeté sur le dos pendant la marche des troupes.

Achille portait un panache d'or sur son casque ; son bouclier, sculpté de dessins admirables, était un chef-d'œuvre de l'art pélasgique ; Ulysse avait un casque d'airain extérieurement tout hérissé de dents de sanglier ; celui de Diomède était en cuir de

___

(1) Les cochers ou écuyers des princes étaient souvent des princes eux-mêmes ; Cébrion conduisait le char de son frère Hector ; Automédon celui d'Achille, ayant remplacé Patrocle dans l'amitié et la confiance d'Achille ; il fut remplacé à son tour par Alcimédon, propre frère d'Ulysse ; Médon conduisait le char d'Ajax, fils d'Oïlée, son frère.

taureau ; une gorgone était peinte sur le bouclier d'Agamemnon ;
un dauphin, sur celui d'Ulysse ; le bouclier de Nestor était in-
crusté d'or.

La massue, les pierres, les cornes des animaux, furent les
premières armes offensives des Uranides. On se meurtrissait à
coups de poings, on se déchirait avec les ongles, on s'écharpait
avec les dents. La pique, la hache à deux tranchants, les dards
et le javelot, le glaive enfin, agrafé à l'épaule et suspendu au
côté, remplacèrent ces armes grossières et naturelles après a
découverte du fer par Cécrops. L'épieu servit à la chasse des
bêtes féroces, qui était une des passions et des exercices ordinaires des temps héroïques. Le sanglier de Calydon fut frappé
d'un coup d'épieu par Méléagre ; Thésée tua de la même façon
celui de Crommyone. Hercule tua le lion de Némée avec sa massue qui, pour lui, remplaçait avantageusement toutes les autres
armes.

Apollon inventa, dit-on, l'arc dont les cordes étaient tressées
avec des crins de cheval et s'en servit contre le serpent Python.
Les flèches, en roseau ou en bois léger, couronnées d'une pointe
de cuivre aiguë et tranchante, étaient emmanchées d'une plume
qui servait à leur donner plus de vitesse et de rapidité. Il y
avait encore les frondes et les scythalides ou traits enflammés.

Les machines de guerre destinées au siége des villes, n'é aient
point en usage dans les temps héroïques, où les fortifications
étaient cependant connues depuis Cécrops et Cadmus, qui construisirent les citadelles d'Athènes et de Thèbes. Les premières
larisses ou forteresses de la Grèce, les murs de Tyrinthe et de
Mycènes, remontent aux premiers temps pélasgiques. Amphion et
Zéthés, son frère, qui rebâtirent Thèbes, fortifièrent la ville de
remparts crénelés. Troïe était elle-même une des plus fortes
cités de l'époque ; ses hauts remparts, surmontés de tours menaçantes, étaient seulement percés de deux portes, dont l'une, la

porte Scée, est citée souvent dans *l'Iliade*. De là, la longue défense des habitants d'Ilion, et la pénible attente des Grecs pendant dix années.

Il n'y avait point de corps de marine dans la terre Pélasgique, à moins toutefois d'appeler de ce nom ces petites flotilles de canots en papyrus, en aulne, en peuplier, employés par les négociants et les commerçants des premiers âges. On ne sait sur quel genre de navire le corsaire Inachus aborda dans le golfe d'Argos. Mais depuis l'arrivée des phéniciens Danaüs et Cadmus à Argos et à Thèbes, la marine des Grecs se perfectionna en raison de l'extension du commerce et des produits agricoles et industriels. Les habitants de l'île d'Égine et de Salamine furent les premiers qui imitèrent les Phéniciens dans leurs expéditions aventureuses. Nous parlerons dans le chapitre suivant de la marine commerciale des Grecs. Quant à la marine militaire, elle fut longtemps encore à se développer. Le premier navire de guerre ou vaisseau long construit par les Hellènes fut l'*Argo*, qui portait Jason et les Argonautes, ainsi nommé d'Argus, son constructeur. Ce navire, à un seul rang de rames, n'était conduit que par cinquante rameurs. Hercule, au retour de l'expédition, le consacra à Neptune, souverain des mers et protecteur des navires. Ses compagnons l'élevèrent au rang des astres. Après Jason, les vaisseaux se multiplièrent sans doute, puisque les corsaires interceptaient la navigation des marchands et entravaient ainsi le commerce et l'industrie.

A l'époque de la guerre de Troïe, c'est-à-dire quarante ans après l'expédition des Argonautes, les Crétois avaient une marine puissante et bien organisée ; les Athéniens commençaient seulement à organiser la leur. La flotte des Grecs se composait de onze cent quatre-vingt-six vaisseaux. Les vaisseaux des Béotiens portaient chacun cent vingt hommes ; ceux d'Alyzon et de Mélibée n'en contenaient que cinquante ; d'autres encore ne comptaient que vingt combattants. Ces navires, sans ancre, avec un seul mât et un seul timon, attachés à une corde, étaient tirés sur la plage pendant le siége et servirent aux fortifications du camp des alliés.

Agamemnon, comme roi de Mycènes, de Corinthe et de Sicyone, villes situées sur le bord de la mer, avait avec lui cent vaisseaux. Il en prêta en outre soixante aux Arcadiens qui n'en avaient pas. Après lui, les peuples qui fournirent à la coalition le plus de navires, étaient les Pyliens et les Messéniens, qui envoyèrent quatre-vingt-dix vaisseaux sous la conduite de Nestor; Diomède et Sténélus, chef des Argiens, et Idoménée et Mérion, généraux des Crétois, commandant quatre-vingt vaisseaux pour chacune des deux nations. Achille avait cinquante vaisseaux sous ses ordres; Ménélas et les Spartiates soixante; Ajax, fils d'Oilée, quarante; les Béotiens cinquante, les Athéniens cinquante. Enfin Ajax, fils de Télamon et Ulysse, ne menaient avec eux que douze vaisseaux; Philoctète sept; Nirée, roi de la petite île de Syme, n'en avait que trois à sa suite. Les habitants de Corinthe et de Sicyone, les Messéniens ensuite, puis les Crétois et les Argiens, occupaient donc les premiers rangs dans la marine militaire des Grecs. Les Athéniens prirent bientôt le dessus après la guerre de Troie, et leur marine, à la mort de Codrus et à l'établissement de la république, était florissante et renommée. Ce fut, du reste, pour eux, l'époque des fondations de plusieurs colonies célèbres, Samos, Naxos, Milet, Colophon, Halicarnasse, Éphèse, etc.

Si la vie sociale était farouche et licencieuse, brutale et désordonnée, que devait être celle des camps, peuplée de soldats et de guerriers, qui obtenaient par la victoire tous les droits possibles, droit de meurtre et d'incendie, de pillage, de rapine et de viol? Les camps étaient peuplés de jeunes captives, servant aux plaisirs des chefs et des soldats, chargées en outre d'apprêter leurs repas et de s'acquitter des travaux domestiques. Chryséis servait Agamemnon, Briséis était l'esclave d'Achille, Androma-

que, la veuve d'Hector, devint ainsi la part de butin de Néoptolème. Les devins ou grands-prêtres qui accompagnaient les armées dans leurs expéditions, qui présidaient aux sacrifices divins
et interprétaient les volontés des dieux, n'exerçaient aucune
influence sur l'esprit des soldats, encore moins sur l'esprit des
chefs dont ils étaient les jouets et les instruments.

Les banquets étaient l'une des principales occupations de ces
héros qui n'avaient qu'à suivre l'impulsion ou l'entraînement de
leurs passions brutales. Les banquets dégénéraient en orgies que
couronnaient des scènes d'ivresse et de débauche. Les soldats
recevaient leur nourriture quotidienne par bataillons et par compagnies. Homère nous montre ainsi Achille égorgeant lui-même
un agneau blanc, qui est apprêté, dépouillé et embroché par ses
compagnons ; Ajax Télamon dévorant une épaule de taureau ;
Ulysse, deux porcs nouveaux-nés ; les entrailles des animaux
mangées chaudes et fumantes, et les coupes d'or écumantes d'un
vin rouge et généreux.

Mais deux choses cependant passaient avant les banquets dans
l'estime et la préférence des jeunes et bouillants guerriers. C'é-
taient les combats singuliers et les jeux funèbres célébrés en
l'honneur des morts. Il n'est pas rare de voir deux armées s'arrêter d'un commun accord, déposer leurs armes sanglantes et
contempler ainsi avec l'attention la plus profonde et la plus re-
cueillie, la lutte isolée de deux héros illustres, de deux athlètes
forts et vaillants. Le sort et la destinée de la guerre sont quelquefois confiés aussi à l'habileté, au courage, à l'adresse de deux
champions désignés.

Heureux sont les héros qui tiennent ainsi l'admiration de tous
en haleine ! qui voient toute une armée gémir des coups qu'ils
ont reçus, applaudir à ceux qu'ils portent à leur adversaire,
mettre bas les armes après leur défaite, triompher après leur
victoire !.. Ajax et Hector, le grand Achille, le brave Patrocle,
Ménélas et Pâris, font tenir ainsi la lance en arrêt aux Locriens

agiles, aux Thessaliens intrépides, aux fiers Athéniens, aux Dardaniens courageux, aux Lyciens indomptables! Dans la mêlée pourtant, combien de ces combats singuliers, de ces duels terribles qui restent dans l'oubli et dans l'obscurité! Le corps d'un chef tombé à la tête des siens, devient le centre d'un terrible carnage; on se dispute à outrance ce cadavre sans vie et sans intelligence : les compagnons du mort pour l'ensevelir avec pompe et croiser une lance en son honneur; ses ennemis pour abandonner sans sépulture le héros dont ils ont eu peur pendant la vie, aux vautours et aux oiseaux de proie, qui font de sa chair leur pâture et la déchirent en lambeaux!

Mais si le corps du héros est enlevé par ses compagnons fidèles; si Patrocle est apporté sanglant au malheureux Achille; si Hector est rendu par la pitié du vainqueur à son père qui vient le réclamer à genoux : que d'honneurs sont réservés à ses cendres! quels hommages vont être rendus à sa mémoire!...

Le cadavre, respecté pendant huit jours, exposé huit jours à la vénération et à la douleur de tous, est placé sur le bûcher qui doit l'embraser de ses flammes dévorantes! La trève se fait entre les deux camps: les jeux funèbres sont ouverts; les vieillards souriants président la cérémonie et distribuent les prix qu'ils ne peuvent plus disputer; les plus jeunes se mettent sur les rangs pour obtenir les récompenses promises. Ici c'est un trépied d'or ou d'airain qui attend le vainqueur à la course des chars; un cheval écumant qui est destiné au coureur le plus habile; un glaive damasquiné d'or qui sera le partage de l'athlète le plus fort et le plus robuste; une coupe d'or ciselée, une cuirasse étincelante, un baudrier éclatant, sont destinés aux autres triomphateurs. Dans l'*Iliade* on voit ainsi les chefs les plus illustres lutter entr'eux et concourir pour les prix du disque, du ceste, de l'arc, de la course, de la lutte; Ménélas descendre au niveau d'Antiloque; Agamemnon de Teucer; Diomède enlacer Ajax dans ses bras musculeux; Ajax secouer Ulysse dans ses jambes nerveuses ; le bras d'Épéus lancer le disque étincelant ; la flèche de Mérion frapper l'oiseau dans l'espace ; l'agile Ajax de Locride rouler dans la poussière ensanglantée !

Les prix sont distribués ; les libations commencent ; la coupe circule autour des vainqueurs et des vaincus. Le chantre divin, Phémius, Alcinoüs ou Démodocus, fait entendre sur la lyre des chants improvisés ; le grand-prêtre, Calchas ou Tirésias, aiguise le couteau sanglant des sacrifices !

Car des sacrifices humains accompagnent toujours les jeux funèbres ; les mânes du héros mort veulent du sang humain pour les apaiser ; douze jeunes guerriers prisonniers sont ainsi immolés en l'honneur de Patrocle.

Et la fête est complète et brillante ! Car la nuit, les jeunes et belles captives attendent dans leurs bras langoureux les farouches héros, ivres morts par l'orgie, héros qui ont massacré leurs pères, leurs frères ou leurs fiancés, mais qui n'en ont pas moins droit à leurs tendres et à leurs suaves caresses !

4. État physique, moral, industriel et agricole.

Nous abandonnons dans leurs camps les soldats farouches, pour retrouver dans leurs campagnes les laboureurs paisibles et inoffensifs ; nous quittons le glaive et la cuirasse, pour la charrue et la bêche, ces autres armes offensives et défensives destinées à attaquer, à combattre et à dompter cet ennemi bienfaisant et éternel que l'on appelle la terre. La terre a été domptée peu à peu, à pas lents, mais continus et progressifs. L'orge, le principal produit de la terre Pélasgique, a été remplacé par le blé, apporté de l'Égypte par Cécrops ou découvert par Triptolème. Les chasseurs des montagnes et les pâtres errants dans

les forêts se sont réunis dans les champs pour défricher, ensemencer et cultiver les plaines abandonnées. Bacchus vient de
planter la vigne et de léguer à la postérité le jus succulent du
raisin ; Aristée, compagnon et parent de Bacchus, a enseigné
l'art d'élever les abeilles et de composer l'huile avec les fruits de
l'olivier. Picumnus et Pilumnus, ces deux disciples de Triptolème, ont appris aux habitants du Latium et de l'Étrurie l'usage
de labourer les champs et de fumer les terres.

A l'époque des républiques, les plaines de l'Attique et de
l'Ogygie, les campagnes d'Argos et de Corinthe, sont riches et
prospères ; des bœufs et des mulets sont attelés à des charrues
de bois ; les moissonneurs coupent les épis avec leurs faucilles
tranchantes ; le grain, foulé sous les pieds des bœufs, est réduit
en poudre avec des mortiers ; la farine pétrie avec de la viande
sans levain ; un pain savoureux, salubre et nourricier est déposé
sur les tables rustiques dans de fraîches corbeilles d'osier. Dans
les prairies, croît une herbe abondante et robuste, nourriture
des troupeaux de moutons, de chèvres et d'autres animaux
domestiques, qui s'y ébattent sous la conduite d'un berger, aidé
dans ses travaux de surveillance par des chiens épirotes renommés pour leur vigueur et leur agilité. L'orge et l'avoine, nourriture des chevaux thessaliens, croissent en quantité sur les bords
des rivières ou sur le penchant des collines.

Le raisin, cultivé surtout dans l'Attique et la Béotie, est
exposé, après la vendange, dix jours et dix nuits au soleil chaleureux et à la rosée du matin ; on le met ensuite à l'ombre,
mais toujours sous l'influence de l'air extérieur, pendant cinq
jours ; on le presse le sixième et on le vide dans des outres ou
dans des amphores, où il est conservé avec le plus grand soin.
Les olives de Thèbes, les poires d'Argos, les figues d'Athènes,
les châtaignes d'Arcadie, les pommes et les raisins de Corinthe
ou de Sicyone, sont estimés dans toute la Grèce. L'Arcadie pro-

duit en outre des glands pleins de saveur ; la Béotie d'excellents fromages dont l'usage est encore attribué à Aristée.

Des jardins délicieux précèdent l'entrée des maisons des riches et des grands seigneurs ; les maisons étaient de simples huttes ou cabanes en bois sous Phoronée ; l'ancien temple de Delphes était lui-même une chaumière couverte de branches de lauriers ; l'Aréopage une masure d'argile ; les palais de l'*Iliade* et de l'*Odyssée*, plus luxueux sans doute que ceux de Cécrops et de Phoronée, apparaissent soutenus par des colonnes ou poteaux en bois hérissés de chevilles où l'on suspendait les armes. Le toit en était plat ; les portes plus solides qu'élégantes ; un anneau de fer était suspendu au côté extérieur. Le palais d'Alcinoüs, qui est la merveille des temps héroïques, et dont les jardins ont été chantés par Homère, était soutenu par des piliers d'argent ; ses portes en or, placées sur des seuils de bronze, étaient ornées d'un anneau d'or au lieu de fer ; il y avait de vastes salles ou portiques, où entraient et où couchaient les étrangers ; un vestibule où se donnaient les repas et les festins et des chambres particulières réservées au roi et à sa famille. On voyait dans ces appartements somptueux pour le temps, des chiens sculptés en or et en argent ; des candélabres en or sculptés contenant des torches d'huile ou de pin résineux ; des statues en bois et en pierre représentant les dieux et les déesses (1), revêtues d'étoffes précieuses et de tuniques de lin fin ; des vases d'or à deux anses remplis d'encens et de parfums odoriférants, apportés par les commerçants arabes ; des siéges couverts d'étoffes fines ; des lits et des épées incrustés d'ivoire ; des bassins, des coupes, des tasses, des trépieds et des coffres en or et en argent ; c'était un véritable palais des *Mille et une nuits* pour cette époque de civilisation encore à l'état d'enfance.

(1) La première statue grecque fut celle de Minerve, apportée d'Égypte par Cécrops l'athénien, statue qui devint le palladium d'Athènes.

On apportait une aiguière à l'étranger accueilli toujours avec bienveillance chez ces peuples où l'hospitalité est un devoir rigoureux à remplir; on lui lavait les mains et on le conduisait à table, où on le faisait asseoir sur des peaux douces et molles, selon l'usage. On invoquait ensuite les dieux pour se les rendre favorables (1); la coupe circulait autour des convives. Un repas modeste et sans apprêts était ensuite servi; les plats ordinaires se composaient de bœufs, de boucs ou de porcs, jamais de poisson et de gibier. On dépeçait soi-même et on mangeait avec les mains, sans couteaux ni fourchettes. On apportait ensuite les fruits et l'on demandait alors seulement le nom du convive à qui l'on offrait l'hospitalité. L'étranger disait son nom et racontait sa vie ou son histoire. Le maître de la maison donnait un signal : aussitôt un chantre apparaissait avec sa lyre et improvisait des chants de guerre ou d'amour.

Chaque roi possédait un chantre dans son palais et l'entourait de sa protection et de toute sa confiance; on le regardait comme le gardien sévère de la chasteté et de la fidélité des femmes. Agamemnon laissa Alcinoüs à sa femme Clytemnestre; et celle-ci, ne pouvant tromper sa vigilance, le fit assassiner pour se livrer à Égysthe; Phémius charmait les ennuis de Pénélope, inquiète de l'absence d'Ulysse; Démodocus, aïeul d'Homère, égayait la cour d'Alcinoüs, roi de Phéacie. Une coupe d'or était souvent la récompense du chantre assez heureux pour plaire à son maître et à ses convives.

Aux accents inspirés du chantre succédaient les exercices du corps, tels que la lutte, la danse, inventée, dit-on, par Castor et Pollux, les deux Tyndarides, et les instruments de musique, en petit nombre, tels que la flûte, découverte par le roi Midas, et la harpe, dont l'invention est attribuée à Orphée. Dans les mariages protégés par les dieux, après la cérémonie des eaux lustrales

____

(1, Les Grecs faisaient trois repas par jour précédés d'une offrande et de libations

répandues sur les deux époux, on jouait des crotales, des cas-
tagnettes et des clochettes employées par les corybantes ; l'ac-
compagnement de la mariée aux flambeaux et des cantiques
d'hyménée, se faisait au son des trompettes, des cymbales, de la
flûte et du hautbois.

Les autres divertissements de l'époque étaient les échecs et les
dés, dont Palamède l'eubéen passait pour l'inventeur.

Les femmes, même les princesses, restaient confinées la plupart
du temps dans l'intérieur de leurs appartements, arrangeant avec
soin leurs beaux cheveux dans des miroirs rustiques, s'occupant
aux travaux d'aiguille, à la quenouille et à la navette, issues
d'Arachné la mynienne ; élevant leurs enfants qu'elles aimaient
avec plus d'affection que leurs indifférents époux. Vêtues de
robes longues et ajustées, retroussées avec des agrafes d'or et
retenues aux bras et à la poitrine par des bracelets et des corde-
lières en or et en perles, les oreilles ornées de pendants de prix,
le voile rabaissé sur leur visage, souvent fardées, elles sortaient pour aller dans les temples prier pour le succès de leurs
compatriotes et pour la délivrance de leur patrie ; Hélène,
Andromaque et Hécube se visitaient dans l'intérieur de leurs palais
respectifs, et apparaissaient parfois resplendissantes de beauté
dans les fêtes publiques et les cérémonies importantes du culte.

Les esclaves vendues à l'encan tissaient, filaient et faisaient le
ménage ; le lavage du linge, le puisage de l'eau, la moulure du
grain, l'entretien du feu, leur étaient dévolus ; elles devaient
baigner, coucher et parfumer leurs maîtres. Les princesses elles-
mêmes n'étaient pas exemptes des travaux les plus infimes et
les plus grossiers ; Nausicaa étendait le linge sur les bords de la
mer à l'arrivée d'Ulysse ; Andromaque pansait les chevaux de
son mari et leur donnait du vin et de l'orge.

Les hommes, vêtus d'abord de peaux de bêtes, puis de four-
rures ceintes à la taille avec des nerfs des animaux ou des épines,
tannèrent ensuite les peaux et tissèrent le lin et la laine pour les

vêtements. Ils adoptèrent la tunique légère , le manteau agrafé sur l'épaule au-dessus de la tunique , manteau et tunique qu'ils lavaient dans l'eau en les foulant aux pieds ; enfin le brodequin et le cothurne , montant au-dessus des genoux. Les grands personnages portaient la barbe et les cheveux longs comme le reste du peuple ; mais cette barbe et cette chevelure étaient soignées et parfumées ; un manteau de pourpre à l'agrafe d'or remplaçait le manteau ordinaire ; un bâton ou sceptre en bois , dégagé de ses branches , annonçait le rang et la dignité ; Ulysse et Télémaque étaient suivis par des chiens dévoués dans leurs excursions et dans leurs promenades. C'était là toute l'escorte officielle et honorifique des princes et des rois.

Il est difficile d'admettre que les rapports entre époux fussent bien tendres et bien amicaux. L'époux, toujours occupé de la guerre , de ses biens, de ses troupeaux , de ses armes ou de ses esclaves , avait peu de douces paroles pour son épouse, presque sa domestique au milieu de ses jardins ou de ses palais. La mort d'Hector n'empêcha point Andromaque d'accepter deux nouveaux époux , Néoptolème et Hélénus ; Ménélas reprit sans façon l'infidèle Hélène et la ramena de force dans le lit nuptial qu'elle avait laissé quinze ans inoccupé ; Cassandre, violée par Ajax, fils d'Oïlée , fut aimée d'Agamemnon ; Briséis passa de la tente d'Achille dans celle de ce prince et y rentra sans la moindre opposition. Une femme était donc une esclave déguisée , un meuble de prix ou de rebut , selon sa beauté et son âge , quels que fussent d'ailleurs son mérite et ses vertus privées ; la nourrice et la mère des enfants à naître et à venir. Cependant quelques ménages heureux viennent donner un démenti aux désordres et à l'immoralité du plus grand nombre : Ulysse aima tendrement Pénélope et en fut aimé ; Alceste et Admète s'immortalisèrent par leur tendre dévouement ; Orphée se donna la mort pour rejoindre sa chère Eurydice ; Argie se pendit après la mort de Polynice ;

Alcyone ne put survivre à Ceyx. Mais ces exemples sont rares ; très rares même dans tous les âges de la vie humaine !

Cependant le besoin des superfluités du luxe, des inutilités de la vie s'étant glissé dans les mœurs des Hellènes, y assura bientôt le commerce et l'industrie, qui y répandirent une vitalité et une énergie nouvelles. Phoronée avait enseigné l'usage du feu aux Pélasges ; Cécrops découvrit le fer, que le feu dirige à sa fantaisie ; les cyclopes ou les mineurs-forgerons se mirent à exploiter les mines de Thrace, de la Samothrace, de la Macédoine, de Lemnos, de Sicile, de l'Asie-Mineure ; le cuivre, l'argent, l'or, l'étain et le bronze furent travaillés ; le fer et le cuivre de l'île de Crète, extraits par les ouvriers Dactiles et Curètes, devinrent l'objet d'un commerce important avec l'Italie ; les peaux de bœufs, les esclaves, le vin, cimentèrent les relations commerciales et favorisèrent l'établissement des colonies grecques dans l'Asie-Mineure. Les architectes, les charpentiers, les menuisiers, les mécaniciens, les géomètres, durent leur existence à Dédale, qui inventa la hache, la scie, l'équerre et le compas. L'écriture phénicienne apportée par Cadmus, qui remplaça ainsi l'écriture uranide ou primitive, développa les arts en même temps qu'elle agrandit l'empire de la pensée. Les sciences seules furent grandement en retard ; l'astronomie hellénique se bornait à la connaissance de quelques astres, tels que la grande et la petite Ourse, les Pléiades et les Hyades, les étoiles Orion et Syrius. La médecine, plus heureuse, avait fait un grand pas sous l'impulsion donnée par Chiron et Esculape, qui découvrirent les simples et appliquèrent les remèdes aux maladies humaines. Machaon et Podalyre, fils d'Esculape, furent aussi des médecins célèbres et firent partie de l'expédition contre Troie ; enfin Hercule, Jason et Achille, les plus grands héros de la Grèce, firent eux-mêmes un cours de médecine sous la direction de l'habile Chiron.

Le commerce prit alors une extension considérable ; les relations avec les Tyriens et les Phéniciens avaient entraîné les Crétois, les Éginètes, les Argiens à des expéditions lointaines ; les migrations des Pélasges en Asie-Mineure, en Afrique même, avaient introduit les idées d'exportation et d'importation dans les têtes martiales et guerrières des compagnons d'Eurotas ou d'Érechtée ; les voyages d'Hellé dans le Pont-Euxin, de Phryxus dans la Colchide, l'enlèvement d'Europe par le crétois Astérien, les ailes de Dédale, le dauphin d'Arion, sont les précurseurs ou les signes symboliques qui annoncent les irruptions et les colonisations doriennes, ioniennes et éoliennes.

L'expédition des Argonautes amena l'établissement de plusieurs colonies hellespontiques ; la guerre de Troïe, par la dispersion des héros grecs errants dans l'immense étendue des mers, provoqua l'établissement de plusieurs villes et de plusieurs royaumes sur le littoral des mers Adriatique, Tyrrhénienne et dans l'Archipel océanique ; et les fils de Codrus, bannis d'Athènes par le régime républicain, se vengèrent noblement de l'ingratitude de leur patrie en la dotant de colonies riches et importantes, dont l'énumération tiendra place dans le chapitre suivant.

Enfin, la Grèce sut attirer toutes les nations ses voisines, les peuples les plus éloignés, par la célébrité de ses jeux et de ses fêtes nationales, entre lesquels nous citerons les jeux Olympiques, Isthmiques, Pythiques et Néméens. Les jeux Pythiques, institués en l'honneur de la victoire d'Apollon sur le serpent Python, se célébraient tous les cinq ans, dans le mois d'avril, par des courses de chevaux, de chars, d'hommes armés et le pancrace ; une couronne de laurier récompensait les vainqueurs. Les jeux Néméens, établis par Lycurgue, roi de Némée, en commémoration de la mort de son fils Archémore, dévoré par un serpent pendant la première expédition de Thèbes, étaient consacrés par des couronnes d'ache mortuaire distribuées aux triomphateurs par un vieillard en habits de deuil.

Les jeux Isthmiques, en l'honneur de la victoire de Thésée sur le Minotaure, ou plutôt de l'abolition d'un tribut odieux imposé aux Athéniens par les Crétois, se tenaient sur l'isthme de Corinthe. Sisyphe passait aussi pour l'instituteur de ces jeux.

Les plus célèbres furent sans contredit les jeux Olympiques, institués par Hercule après la campagne des Argonautes, où les vainqueurs recevaient une couronne d'olivier ; mais à cette époque ils étaient tombés en désuétude et ne se relevèrent que trois siècles environ après les temps dont nous nous occupons maintenant. Ces quatre jeux principaux étaient précédés ou suivis des Panathénées et des Éleusinies, à Athènes, en l'honneur de Cérès et de Minerve ; des Ajaxties, en l'honneur d'Ajax Télamon ; des Æacines, en l'honneur d'Éaque ; des jeux Oïléens, sur le tombeau d'Ajax, fils d'Oïlée ; des Géresthies, pour Neptune ; des Alcathées, pour Alcathoüs ; des Épidauriens, pour Esculape ; des Larisséens, pour Achille ; des Herculéens, pour Hercule, etc.

Toutes ces fêtes, tous ces jeux, qui attiraient une immense quantité d'étrangers et de nationaux dans les villes, contribuèrent au développement du commerce, à l'accroissement de l'industrie, à l'appréciation des beaux-arts, à l'adoucissement des mœurs et des usages. Les monnaies frappées par Érichtonius d'Athènes, les poids et mesures institués par Palamède, viennent régler les opérations commerciales et taxer la valeur relative des marchandises. Déjà les tuiles commencent à être employées pour la construction des maisons par le roi cypriote Cynire ; les chevaux vont être dressés pour la selle et former ces phalanges redoutables de cavaliers thraces et macédoniens ; et les vaisseaux, agrandis par Aminoclès de Corinthe, vont prendre une extension considérable, favoriser le transport des denrées et préserver les négociants hardis des tempêtes et des naufrages qui arrêtent et qui entravent la circulation des deux mers.

5. Aspect géographique.

Ce serait une injustice pour les Grecs que de restreindre leurs
connaissances géographiques au monde d'Homère, erreur dont
plusieurs historiens se sont rendus coupables. Homère est assurément un grand poète, mais ce n'est pas à coup sûr un grand
astronome et un grand géographe. Que les Grecs donnassent à
la terre la forme d'un disque environné par l'Océan, dominé par
la voûte du firmament céleste; qu'ils fussent convaincus que le
soleil sortait chaque matin de la mer pour s'y replonger chaque
soir; c'est là certainement de ces croyances que nous ne discuterons pas, car le vulgaire ignorant de notre époque n'a pas des
connaissances bien plus étendues à cet égard que les premiers
Hellènes; mais que pour les savants astronomes Atlas, Orion et
Albion, l'univers s'arrêtât, au Levant, à Sidon et au Pont-Euxin
au Couchant, au détroit d'Hercule et à l'Océan; qu'il fût borné au
Midi par l'Éthiopie; au Nord par la Thrace; que sous nos pieds
écumât le Tartare; que le centre du monde fût la Grèce et
l'Olympe ou le séjour des dieux, le centre de la Grèce et par conséquent du globe terrestre; c'est un fait que nous n'admettons
pas aussi facilement.

Il ne manquait pas, en effet, chez les Grecs primitifs, de ces
génies supérieurs qui pressentaient un monde encore inconnu
aux habitants civilisés de cette partie de la terre; le génie mathématique et artistique de Dédale, l'esprit calculateur de Palamède, la raison patiente et observatrice de Prométhée, le brillant Orphée lui-même, durent rêver un monde plus complet et
plus achevé. Les migrations pélasgiques en Asie-Mineure et en
Étrurie, les relations d'amitié avec les Phéniciens et les Égyp-

tiens, ces voyageurs instruits et savants, les incursions fréquentes des Scythes ou des Kimris, durent éveiller singulièrement l'imagination de ces hommes farouches et grossiers, mais intelligents et énergiques. Nous laissons à de plus savants que nous, le soin de soutenir une discussion qui n'entre point dans le plan de cet ouvrage, et d'adresser une réplique victorieuse et foudroyante à ceux qui ont mis en doute la science et le génie mathématiques des Grecs, ces peuples à l'instinct délicat et au flair pénétrant et subtil.

La Grèce, circonscrite dans ses limites propres, était bornée au Nord par les Alpes Carniques, représentées par le Pinde et le Parnasse, qui la séparaient de l'Illyrie et de la Macédoine ; à l'Orient et à l'Occident par la mer Ionienne. Un ciel doux et pur, des plaines fertiles, des riantes collines, des rivières limpides, faisaient de la Grèce primitive un pays agréable à l'homme, un séjour favorisé des dieux.

Dans le nord de la Grèce se trouvait l'Épire, grand royaume subdivisé en plusieurs états particuliers :

1° L'Épire propre ou Molosside ou Hellopie, arrosée par l'Inachus, avec la ville de Dodone pour capitale. Elle tirait le nom de Molosside de Molossus, l'un des fils de Néoptolème, qui eut cette partie de l'Épire pour sa part d'héritage. Près de Dodone se voyait la forêt de ce nom, connue par le célèbre oracle de Jupiter.

2° La Perrhébie, traversée par l'Aoüs et le Pénée, entre la ville d'Atrax et la vallée de Zempé. Coronus, l'un des Argonautes, et prince des Lapithes, régnait dans la Perrhébie avant la guerre de Troie.

3° La Dolopie ou pays des Dolopes, près du Pirée et du fleuve Achéloüs. Orménus, roi des Dolopes, fut tué par Hercule, qui était devenu amoureux de sa fille Astydamie. Phénix, fils d'Amyntor, neveu de ce prince, ayant été obligé de quitter sa patrie après un meurtre qu'il avait commis et de se réfugier auprès de

Pélée, père d'Achille, ce royaume passa entre les mains d'Eurypyle, fils d'Évémon, et fut ensuite conquis par les enfants de Néoptolème. L'Athamanie, qui joua plus tard un rôle important dans l'histoire, faisait à cette époque partie de la Dolopie, dont elle partagea le sort. La ville d'Orménium était la capitale de la Dolopie.

4° La Dryopie, dont les rois Laogoras et Théodamas furent également tués par Hercule. Antiochus, l'un des Héraclides, régna chez les Dryopes, qui furent gouvernés pendant longtemps par des membres de la famille d'Hercule.

5° La Chaonie, située près des monts Acrocérauniens, érigée en royaume par Néoptolème, fils d'Achille, en faveur d'Hélénus, fils de Priam, et d'Andromaque, veuve d'Hector. Cette province fut quelque temps après réunie à l'Épire propre.

6° La Thesprotie, avec Buthrote pour capitale. On cite parmi ses rois Thesprotus, issu de la famille royale d'Arcadie, Phyleus et Phidon.

7° La Cestrine, ainsi nommée de Cestrinus, fils d'Andromaque et d'Hélénus, qui y régna quelque temps.

8° L'Aïdonie, où était le Tartare et où coulait l'Achéron. On place dans cette partie de l'Épire l'expédition de Thésée et de Pirithoüs pour enlever Proserpine, femme du roi Aïdonée ou Pluton.

9° L'Ambracie, royaume fondé avec la ville d'Ambracie, sa capitale, par Ambrax, l'un des fils de Thesprotus, roi de Thesprotie.

10° L'Amphilochie, dont le premier roi fut Amphilochus, l'un des fils d'Alcméon, qui y bâtit la ville capitale de ce nom, sur le golfe Ambracique. Le fleuve Inachus traversait l'Amphilochie dans toute sa longueur.

La Thessalie, qui était comprise, ainsi que l'Épire, dans la Grèce septentrionale, se subdivisait aussi en plusieurs principautés ou états feudataires, dont les principaux étaient :

1° La Phtiotide, au Sud-Ouest, vis à vis d'Eubée, qui s'étendait jusqu'aux Thermopyles. Hellen, fils de Deucalion, eut la Phtiotide en partage avant de régner dans toute la Thessalie. Myrmidon, fils d'Ion, petit-fils d'Hellen, y fonda la ville de Phtie. Après lui régnèrent Actor et Eurytion, fils de ce dernier, dont la fille Antigone fut la première femme de Pélée, père d'Achille, qui succéda à son beau-père. On ignore ce que devint la Phtiotide après la mort du vieux Pélée, qui survécut à son fils.

2° La Magnésie, qui dut son origine à Magnés, l'un des fils d'Éole, de la race de Deucalion. C'est dans la Magnésie qu'habitaient les Centaures, aux environs du mont Pélion.

3° Le pays d'Alyzon, d'Ormène et de Mélibée, dont la souveraineté appartenait à Philoctète, l'un des héros de la guerre de Troïe.

4° La Thessalie propre, ou Thessaliotide et Pélasgiotide, l'un des plus anciens royaumes de la Grèce. Ce fut la patrie de Japet, d'Atlas, de Prométhée, de Deucalion; son territoire contenait l'Olympe, la montagne des immortels, le Pinde, l'Ossa, ces autres montagnes célèbres des Grecs. Le Pénée coulait dans ses plaines, réuni avec les eaux de l'Ion, de l'Apidanus et de plusieurs petites rivières. Larisse, où naquit le héros Achille, était sa capitale.

5° Le pays des Lapithes, vers l'embouchure du Pénée, voisin du pays des Centaures, avec lesquels ils eurent des querelles nombreuses consacrées dans la mythologie. Ixion, connu par son amour malheureux, et Pirithoüs, son fils, furent les rois les plus remarquables des Lapithes, qui habitaient une partie du Pinde et de l'Othys.

6° La Trachinie, dont la ville principale était Trachina, voisine de la Phtiotide, et près du mont Ossa, royaume et pays d'Astrée le Titanide, de Lucifer et de Dédalion, de Ceyx, connu par sa fin malheureuse, etc.

7° Phères, petit royaume et ville de Thessalie, ayant au Nord le mont Ossa, au Midi le golfe Pélasgique, à l'Orient le gofe Thermaïque, et au Couchant le mont Pélion. Admète, connu par son amour pour Alceste, sa femme, y régnait. Ce fut lui qui donna l'hospitalité à Apollon, déguisé en berger. Eumèle, fils d'Admète, avait les meilleurs chevaux de l'armée grecque au siége de Troïe. Près de Phères était la ville d'Iolchos, patrimoine d'Æson, de Pélias et de Jason l'Argonaute.

Puis encore le petit royaume de Budion, en Thessalie, dont les chefs suivirent Achille au siége de Troïe.

La Grèce du milieu, appelée aussi Hellade, contenait au sortir de l'Épire et de la Thessalie :

1° L'Acarnanie, royaume fondé par Alcméon, fils d'Amphiaraüs, roi d'Argos, chassé par ses compatriotes à cause du meurtre de sa mère Ériphyle. L'Acarnanie était bornée à l'Orient par l'Étolie, au Couchant et au Midi par les îles Échinades d'Ithaque et de Dulichium, au Nord par le golfe Ambracique.

2° L'Étolie, arrosée par l'Événus et l'Achéloüs, dominée par les monts Aracynthe et Amphryse, bornée au Nord par la Doride, au Couchant par l'Épire, au Midi par la mer, à l'Orient par la Phocide, se subdivisait en plusieurs petits états : Calydon, capitale des rois Agénor, Parthaon et OEnée, où eut lieu la fameuse chasse du sanglier; Pleuron, ville bâtie par le roi de ce nom, père d'Agénor, Thermos, etc. Les Étoliens, qui tiraient leur nom d'Étolus, un de leurs rois, de la famille des Locriens opuntiens, conservaient encore leur monarchie héréditaire à l'époque où nous sommes parvenus.

3° La Doride, patrimoine de Dorus, fils d'Hellen, prince deucalioride, bornée au Couchant par l'Étolie et l'Épire, au Midi par la Locride Osole, au Levant par la Phocide et la Locride Opuntienne. La Doride passa dans la famille des Héraclides par la donation de son dernier roi Ægynius, en faveur d'Hyllus, fils d'Hercule, son ami intime, après avoir été précédemment le berceau de ces émigrants Doriens qui, répandus d'abord dans le Péloponèse, fondèrent ensuite en Asie-Mineure de riches et de puissantes colonies.

4° La Locride, divisée en Osole au sud du Parnasse, entre le golfe de Crissa et celui de Corinthe, l'Épis Cnémide, au pied du mont Cnémis, et l'Opunte, autour du golfe de ce nom. Les Locriens, qui reconnaissaient pour fondateur l'uranide Locrus, donnèrent naissance aux familles royales d'Étolie et d'Élide. Parmi leurs rois on remarque Opus, fondateur de la ville du même nom, Oïlée, compagnon d'Hercule, et Ajax, son fils, l'un des guerriers célèbres du siège de Troie. C'est dans la Locride que se trouvaient les Thermopyles, nom depuis si fameux dans l'histoire.

5° L'Andréide, ou Orchoménie, ou Myniade, du nom de ses rois Andréus, Orchoménus et Mynias, sur les bords du lac Copaï. Plusieurs querelles avec les Thébains signalèrent l'existence de ce royaume, qui finit après la mort d'Ascalaphus et de Jalménus, tués au siège de Troie.

6° La Phocide, bornée à l'Est par la Béotie, au Nord et à l'Ouest par la Locride, au Sud par l'Isthme de Corinthe, renfermant les monts Parnasse et Hélicon, et la ville de Delphes, célèbre par l'oracle d'Apollon. Déionée, fils d'Éole, s'empara de la Phocide vers le quinzième siècle avant Jésus-Christ. Pylade, cousin d'Oreste, fut l'un de ses rois les plus connus. La Phocide s'érigea en république après la mort de Strophius et de Médon, fils de Pylade. A cette contrée appartenait le petit royaume d'Élaté, ville située sur le Céphise, qui en fut quelque temps séparé.

7° La Béotie, appelée Aonie ou Ogygie avant l'arrivée de Cadmus, pays de montagnes au milieu desquelles se dressent l'Hélicon et le Cithéron, qui la séparent de l'Attique, traversée par l'Asope, l'Isménus et le Céphise, avec Thèbes pour capitale. Nous avons assez parlé des rois et du royaume de Thèbes dans le cours de cette histoire pour pouvoir passer outre. La ville de Platée, royaume d'Asope, appartint plus tard à la Béotie, dont elle imita les institutions républicaines.

8° La Mégaride, au Nord d'Athènes et au Midi de Thèbes, ayant pour capitale Mégare, située au fond du golfe Saronique. L'un des descendants de Phoronée fonda ce royaume, qui fut l'un des plus anciens de la Grèce. Mégare, où régnèrent tour à tour les athéniens Pandion et Égée, le crétois Minos le jeune, le pélopide Alcathoüs, l'éacide Ajax, fils de Télamon, devenue république après la mort d'Hypérion, fils d'Ajax, fut prise par les Héraclides dans le douzième siècle avant l'ère chrétienne.

9° L'Attique, avec Athènes pour capitale, appelée d'abord Cécropie, bornée à l'Orient par l'île d'Eubée et la mer Égée, au Couchant par le golfe Saronique, au Midi par les Cyclades, au Nord par Corinthe et Mégare, arrosée par le Céphise et l'Illyssus, ayant pour montagnes principales l'Hymette et le Pentélique.

10° Le royaume et la ville d'Éleusis, dans l'Attique, patrie de Triptolème, qui ensemença le premier les campagnes de Rharie. C'est dans Éleusis que se célébraient les mystères de Cérès, renouvelés de l'Isis égyptienne. Nous pourrions ajouter dans cette liste les petits royaumes béotiens d'Asplédon, d'Isménie, d'Astaque, d'Arnée, de Chéronée et de Thespie, qui eurent aussi des lois particulières.

Dans la partie méridionale de la Grèce, comprenant le Péloponèse ou la Morée, on remarquait :

1° L'Achaïe, conquise par Achéus, descendant d'Éole et de Deucalion, et possédée par les fils d'Oreste, qui furent s'y établir après avoir été chassés d'Argos et de Sparte par les Héraclides. Patres, qui prit son nom de Patréus, fils de Tisamène, en devint la ville principale.

2° Les royaumes de Phliasie et d'Olénus, réunis ensuite à l'Achaïe par les Orestides.

3° La Sicyonie, avec la ville d'Égialée, depuis Sicyone, pour capitale. Sicyone fut fondée par Égialée, second fils d'Inachus, dont les descendants régnèrent longtemps dans ses murs. Aloéus et Épopéus, petit-fils de Persée, autres Inachides, y formèrent une seconde race de rois qui s'éteignit en la personne de Polybe, le protecteur d'Œdipe. Phestus et les Héraclides, qui succédèrent à ces derniers, furent détrônés par Agamemnon, roi de Mycènes, qui y laissa Échépolus, fils d'Anchise, pour gouverneur. Les institutions républicaines y remplacèrent quelque temps après l'ancienne monarchie.

4° La Corinthie, à l'Est d'Athènes, au Sud-Ouest de Thèbes, placée dans l'Isthme de Corinthe, qui brilla d'un assez grand éclat sous Sisyphe, l'instituteur des jeux Isthmiques, et ses fils Glaucus et Ornythion. La Corinthie fut conquise par les Héraclides dans le douzième siècle avant Jésus-Christ.

5° La ville d'Éphyre, qui fut aussi un royaume séparé possédé par Glaucus, fils de Sisyphe et père de Bellérophon.

6° Le royaume d'Argos, fondé par Inachus, le plus ancien royaume grec, borné au Nord par la Corinthie et le golfe Saronique, à l'Est par l'Archipel, au Sud par le golfe Argolique, à l'Ouest par l'Argolide. Le roi Mégapenthe, ayant vu ses filles guéries par Mélampe, fils d'Amithaon, de la race d'Éole, lui donna par reconnaissance une partie de son royaume que Mélampe, aussi généreux que lui, divisa bientôt en deux lots, dont il céda l'un à Bias, son frère. Il y eut ainsi trois royaumes d'Argos ou de l'Argolide. Le premier, possédé par les descendants directs de Persée, entr'autres par Sténélus, fils de Capanée, fut conquis par Oreste, fils d'Agamemnon d'abord, par les Héraclides ensuite.

Le deuxième (royaume de Mélampe), possédé par Amphiaraüs, fut réuni au royaume d'Argos après la fuite d'Alcméon, fils de ce dernier.

Le troisième (royaume de Bias), fut quelque temps célèbre. On compta parmi ses rois Adraste, beau-père de Polynice, Égiale, son fils, et Diomède, fils de Tydée, qui, chassé de ses états. fut obligé d'aller chercher fortune en Italie.

7° Les anciens royaumes de Trézène, d'Épidaure, de Tirynthe et de Némée en Argolide, dont les rois les plus remarquables furent Pithéus, grand-père de Thésée, qui institua à Trézène des écoles publiques, Lycurgue, l'instituteur des jeux Néméens, etc.

8° Le royaume de Mycènes, réuni aussi à l'Argolide et conquis par les Héraclides, dont le plus grand roi fut sans contredit Agamemnon.

9° L'Arcadie, bornée au Nord par l'Achaïe propre, au Sud par la Messénie, à l'Est par l'Argolide, à l'Ouest par l'Élide. Ce royaume, fondé par Azan, troisième fils d'Inachus, eut pour capitale la ville de Lycosura, fondée par Lycaon II. Tégée et Phégée, deux autres villes arcadiennes, donnèrent pendant quelque temps leur nom à deux petits états. L'Arcadie ne tomba point sous la domination des Héraclides et conserva ses rois distincts et séparés.

10° L'Élide, pays des Éléens et des Épéens, bornée au Nord par l'Achaïe propre, au Midi par la Messénie, au Levant par l'Arcadie, au Couchant par la mer, dont l'origine était due à un fils d'Endymion, roi d'Étolie, nommé Éléus ou Éthlius. Au nombre des rois d'Élide on cite Augias, l'ennemi d'Hercule, ses fils Actor et Amaryncée, ses petits-fils Amphimachus et Polyxène, puis Thoas, fils d'Andrémon, dont la postérité se maintint sur le trône. Ses villes principales étaient Élis, sa capitale, et Pise en Olympie, capitale du petit royaume d'OEnomaüs, contrée où se tenaient les célèbres jeux Olympiques.

11° La Messénie, dont les limites étaient au Nord l'Élide, au Couchant la mer Ionienne, au Midi la mer Égée, à l'Orient le golfe Messénique, avec Messène pour capitale. Son dernier roi fut Mélanthus, fils d'Andropompus, chassé par les Héraclides et appelé au trône d'Athènes.

12° Le royaume de Pylos en Messénie, qui compta parmi ses souverains Nélée et Nestor, son fils, père d'Antiloque et de Thrasymède. Alcméon, fils de Thrasymède, fut également chassé par les Héraclides.

13° Le royaume d'Œchalie, dont les rois Eurytus et Iphitus furent massacrés par Hercule après l'enlèvement d'Iole.

14° Le royaume de Phères, dont la capitale du même nom était surnommée la divine, pour la distinguer de Phères la thessalienne. Alphée, Créthon et Orsiloque, Machaon, fils d'Esculape, furent au nombre de ses monarques.

15° Le royaume de Sparte ou la Laconie, fondé aussi par les Inachides. Dans les murs de Sparte régnèrent Eurotas, qui fit creuser le canal de ce nom, Lacédémon, son gendre, Argalus, Amyclès, Tyndare, père de Castor et Pollux, de Clytemnestre et d'Hélène, Ménélas, mari de celle-ci, Oreste, fils d'Agamemnon, qui s'en empara sur les fils de son oncle, et les Héraclides, qui s'en emparèrent sur les enfants d'Oreste.

16° Le petit royaume de Cléonée, possédé par les Héraclides, réuni à celui de Sparte par le mariage des fils d'Aristodème avec les filles de Thersandre, roi de Cléonée.

Parmi les îles de la Grèce, nous citerons près des côtes d'Épire, d'Acarnanie, d'Étolie et du Péloponèse :

1° L'île de Corcyre ou des Phéaciens, pays du roi Alcinoüs, où débarqua Ulysse naufragé.

2° L'île d'Ithaque, possédée par Ulysse et Télémaque, et illustrée par les vertus de Pénélope.

Au Midi, sur la côte occidentale du golfe Saronique :

3° Égine et Salamine, qui furent gouvernées par Éaque, Télamon et Ajax, son fils, îles commerçantes et industrielles qui donnèrent l'essor à la navigation hellénique.

4° L'île d'Eubée, vis à vis de la Béotie, dont elle est séparée par l'Euripus, qu'habitaient les belliqueux Abantes. C'est dans cette île que se réfugièrent les fils de Thésée, Démophoon et

Acamas, chassés d'Athènes par leur cousin Ménesthée. Dans ce te île se trouvaient les petites villes d'Érétrie et de Chalcis, chefs-lieux d'états feudataires.

5° Celles de Thasos, de Lemnos, patrie d'Hypsipyle, plus au Nord, dans la mer Égée.

6° Les Cyclades : Andros, Paros, Naxos, fondées par les Crétois fils de Rhadamanthe ; Délos, conquise par les Athéniers, où naquirent, selon la fable, Apollon et Diane ; Théra, fondée par Membliarés, parent de Cadmus le phénicien ; Scyros, où régnait le roi Lycomède, à la cour duquel fut envoyé Achille sous des habits de femme ; Cos, que civilisèrent les enfants d'Apollon, etc.

7° L'île de Crète, contenant les royaumes de Gortyne et d'Oaxe, à qui les deux Minos donnèrent des lois, qui eut pour rois Rhadamanthe, Astérion et Idoménée, et qui s'érigea en république quelque temps après la guerre de Troïe.

Telle est la Grèce de l'époque demi-historique à laquelle on connait déjà plusieurs grandes colonies. Aux Ioniens appartiennent Milet, Mionte, Priène, Éphèse, Colophon, Lébédos, Sélinonte, Érythrée, Clazomène, Phocée, Téos, Samos et Chios, fondées par les enfants de Codrus ou d'Ion.

Les Éoliens ont donné naissance à Cyme, Smyrne, Mytilène, Lemnos, Pitane, Myrina, Lyrnesse ; les pélopides Penthile et Tisamènes, fils d'Oreste, et leurs successeurs Archélaüs et Graüs, se sont établis sur les côtes de Mysie, de Carie et dans les îles de Lesbos et de Ténédos.

Les Doriens ont fondé les colonies de Pédase, de Mynde, de Mylare, d'Héraclée, d'Aspende dans l'Asie-Mineure, de Tarse, d'Anchiale en Cilicie, de Rhodes et de l'île de Chypre.

Enfin les Pélasges tyrrhéniens, œnotriens ou peucétiens, se sont répandus sur les bords des mers Adriatique et Tyrrhénienne, ont peuplé le Latium, l'Étrurie, l'Apulie ; fondé les villes de Pallantium, de Lavinium, de Cumes et d'Albe ; établi les royaumes de Dyrrachium dans l'Illyrie, des Péoniens, de Phylacé, des Mygdoniens et des Bizaltins en Macédoine ; de Byzance, des Dolonces, des Amymnéens, des Dauliens, des Odomantes, des Odryzes et des Piériens dans la Thrace ; peuplé le pays des chevaleresques Amazones, sur les bords du Tanaïs, du Thermodon, et du Palus Méotides ; et donné peut-être naissance à ces Sarmates errants, à ces Scythes indomptables, connus sous le nom générique de barbares, à ces Kimris nomades et conquérants qui, se rejetant du Danube sur le Rhin, du Rhin sur les Pyrénées, des Pyrénées dans la Celtibérie, ont créé les races puissantes et formidables des Scandinaves, des Germains, des Francs ou Sicambres, des Celtes et des Celtibériens, et sans doute aussi des peuples d'Albion et de Trinovante ! On le voit, les enfants d'Inachus, de Japet ou d'Éole ont grandi considérablement depuis leur point de départ. Le misérable canot du corsaire est devenu la barque de l'industrieux et habile pêcheur ; la barque du pêcheur s'est métamorphosée en olcade (1) brillante qui, sous le nom d'*Argo*, portait la fortune de Jason en Colchide ; l'olcade brillante s'est changée en une galère menaçante, entraînant la flotte d'Agamemnon sur les rives de Troie ; la galère menaçante en un vaisseau immense et envahisseur, vaisseau des fils de Codrus, confisquant les villes et les cités étrangères au profit du peuple hellénique, et enveloppant les siècles et les âges de barbarie sous le manteau séduisant de la civilisation sociale et humaine !

(1) Olcade, — barque d'une grande portée.

LIVRE VII.

—

LES HÉBREUX.

CHAPITRE Ier.

ANTIQUITÉS ET PREUVES HISTORIQUES.

La civilisation n'a pas d'autre histoire que celle de la pierre de
Sisyphe ou de l'escalade du ciel par les Titans. La pierre, poussée
par les bras nerveux de l'illustre coupable de la mythologie,
arrive à peine au haut de la montagne prédestinée, qu'e le re-
tombe avec grand fracas dans l'abîme. Les Titans élèvent en vain
vers le ciel leurs têtes altières et menaçantes; ils entassent inuti-
lement rocs sur rocs, montagnes sur montagnes, pour arr ver à

leur but désiré ; la foudre de Jupiter illumine les airs et réduit en poussière les audacieux agresseurs de l'Olympe. La civilisation ainsi arrivée à son point culminant et à son apogée, s'efface tout à coup devant l'impulsion irrésistible de la barbarie farouche et brutale, et disparaît pendant des siècles entiers pour recommencer de nouveau des efforts prodigieux, mais impuissants et inutiles.

Quelles tristes et touchantes réflexions présente à notre esprit et à notre cœur le tableau de ces générations patriarchales, si vaillantes et si travailleuses ! de ces familles républicaines si pieuses et si dévouées ! de ces dynasties royales si héroïques et si malheureuses ! de la civilisation croissante du peuple juif anéantie pour la première fois par la domination assyrienne, renaissante après la domination des Perses et d'Alexandre, et ne se relevant dans l'arène que pour succomber une seconde fois sous l'étreinte musculeuse des soldats de Vespasien et de Titus !..

Le temple sacré de Silo, devenu sous les rois le merveilleux temple de Salomon, temple détruit par Nabuchodonosor et remplacé par celui d'Esdras et de Néhémie, s'efface pour toujours du sol de la Palestine, ne laissant pour tout souvenir qu'un amas informe de ruines dévorées par le feu terrible de l'incendie ! Avec le temple sacré s'enfuit aussi l'étoile du peuple de Moïse. Les enfants chéris de Jéhovah, dont la tache mondaine semble avoir été accomplie par l'apparition du Messie et la publication des saints évangiles ; les héritiers de Ruben et de Juda, de David et de Salomon, d'Asa et de Josaphat, qui ont proclamé si longtemps l'existence, l'unité et l'éternité d'un seul dieu, qui ont pris si souvent les armes pour en consacrer la mémoire ; les fils de ces patriarches sublimes pourvus de tant d'esprit, d'intelligence et de génie, sont devenus un peuple de mendiants et de vagabonds pourchassés de ville en ville, de royaume en royaume, franchissant les mers et les âges sans trouver du calme et du repos, célébrant à voix basse et sous le voile mystérieux de la nuit les fêtes nationales qu'ils n'osent plus célébrer en plein soleil, adorant sans cesse le veau d'or de leurs ancêtres représenté par l'usure et l'avarice, et se vengeant de la tyrannie des rois et de l'indifférence des peuples en leur faisant payer fort cher ce métal précieux dont ils ont fait leur idole et leur vie.

Aujourd'hui qu'une ère nouvelle semble sonner pour ces peuples, que la civilisation moderne a rétabli la malheureuse race d'Israël, sinon dans toute sa splendeur, du moins dans tous ses priviléges; que l'or des Rotschild dirige les rois et les royaumes, appelle ou conjure les révolutions des peuples et des empires; que des juifs distingués par leurs talents et par leur mérite sont appelés à prendre une part ostensible au mouvement des affaires politiques, à la vie morale et intellectuelle du monde; que les Hébreux tiennent leur place d'homme dans la société humaine : de quel regard de commisération et de pitié ne devons-nous pas envisager ce passé de dix-huit siècles, tout de souffrances et de tortures, de douleurs et de peines! cette servitude dernière plus poignante et plus longue que les huit premières servitudes hébraïques, supportée par cette nation autrefois glorieuse et puissante, dont nos aïeux, tout en demeurant apathiques et cruels pour une destinée fatale, attribuée à la malédiction divine, ne se faisaient pas moins honneur et gloire de descendre et de tirer leur primitive origine!

La vengeance de Dieu doit être maintenant satisfaite et assouvie sur tant d'innocentes victimes des fautes paternelles, sur les descendants des bourreaux de Jésus-Christ, punis du parricide de leurs pères; le peuple, autrefois nommé le peuple de Dieu, ne peut être maudit pour l'éternité. Il peut reprendre son rang dans l'assemblée des peuples, s'asseoir dans le cénacle des représentants et des élus des nations, marcher hardiment tête levée au milieu de ses frères et de ses amis; mais qui pourra nous dire à quoi ont servi les travaux immenses et le courage indomptable de

Moïse à travers les déserts, le bras robuste de Saül luttant contre les Philistins, la harpe de David murmurant des hymnes de victoire et d'amour, le compas mathématique du grand Salomon faisant surgir le temple sacré d'Adonaï sur Jérusalem inclinée, sinon à prouver la faiblesse ou l'impuissance des hommes, leur marche aveugle et fatale au milieu des sentiers inconnus de la vie, leur civilisation à l'enfantement pénible et laborieux s'affaissant à sa cime, les lumières et l'éclat du génie apparaissant comme des éclairs dans un horizon de ténèbres, engloutis à leur tour dans l'épais tourbillon de fumée qui enveloppe la vie physique des âges et des générations!

Quelles sont, après tout, les preuves matérielles et historiques de l'existence primitive de ce peuple si petit entre tous les peuples, qui tranche avec toutes les nations contemporaines par sa religion, ses croyances et ses institutions, qui croit à un seul dieu quand tous les hommes se prosternent devant des divinités multiples et innombrables, qui obéit à des lois quand les autres nations ont des rois pour maîtres et pour souverains, qui proclame la vie paisible et la culture des champs comme le but ostensible de la vie, quand leurs voisins de l'Inde, de la Perse et de l'Assyrie ne rêvent que conquêtes et expéditions guerrières, et qui se renferme si bien dans son obscurité patiente et contemplative que les glaives étincelants de Ninus et de Sésostris, les lances persannes et les piques macédoniennes passent à côté sans l'apercevoir, sans l'effleurer, sans l'atteindre; que la guerre de Troie ne laisse dans son sein ni un seul écho, ni un seul souvenir; qu'il échappe aux accords de la lyre d'Homère et d'Hésiode, d'Anacréon et de Stésichore, et aux plumes d'Hérodote et de Phérécydes?

La noble et sainte histoire du peuple juif ne s'appuie, hélas! sur aucunes ruines, sur aucuns monuments, sur aucunes pierres commémoratives; les colonnes des enfants de Seth n'existent plus pour nous raconter l'histoire des hommes avant le déluge; pas d'obélisque, pas de pyramide, pas de stèle funéraire qui puissent nous indiquer la demeure d'Abraham , ce père des patriarches , de Jacob , ce fils habile et rusé d'Isaac , et de ses douze enfants si forts , si vaillants et si braves ; le tombeau connu sous le nom de Rachel , qui est le seul monument cité par les voyageurs , est loin d'appartenir aux siècles antérieurs à la monarchie juive ; les sépulcres des rois de Juda , postérieurs aux temps de la république , ne servent point à remplacer la lacune immense qui sépare les temps historiques du peuple juif des temps demeurés mythiques et problématiques.

Il est toutefois un livre précieux et sublime que l'on appelle la Bible , dans lequel sont renfermées les traditions orales et écrites , les lois divines et humaines , religieuses et politiques , l'histoire , en un mot , de Dieu et du peuple choisi par lui entre tous les peuples. L'histoire des temps primitifs des Hébreux se lit dans le Pentateuque de Moïse , le livre de Josué qui en est la suite , celui des juges , les deux livres de Samuël qui nous conduisent aux temps monarchiques , et deux légendes privées qui nous donnent des détails curieux et précis sur les mœurs de l'époque , l'histoire de Job et l'épisode de Ruth le moabite. Viennent ensuite les livres des rois , les Paralipomènes , les Psaumes de David , les livres de Tobie , de Judith , d'Esther , d'Esdras et de Néhémie , les chroniques et les prophéties. Mais ces ouvrages appartiennent à des temps plus rapprochés de nous et ne doivent pas nous occuper à l'époque où nous sommes.

La Genèse ou histoire du peuple de Dieu depuis le commencement du monde jusqu'à la mort de Joseph , forme la première partie du Thorah ou loi de Moïse , appelée Pentateuque par les Grecs. L'Exode , qui est la seconde partie du Thorah , contient une partie des lois civiles de Moïse , le récit de la sortie d'Égypte qui a donné son nom à cette partie même , et la suite de l'histoire des Juifs, depuis leur fuite jusqu'à la construction du Tabernacle.

La troisième partie du Thorah , appelée Lévitique , s'occupe des lois religieuses des Hébreux. Elle règle le culte divin et la hiérarchie des prêtres.

Les Nombres contiennent le recensement du peuple hébreu, l'histoire de ce peuple jusqu'à son arrivée à Jéricho et les lois complémentaires ajoutées par Moïse à celles qui précèdent.

Le Deutéronome, enfin, est la récapitulation des lois mosaïques et renferme les derniers actes et la mort du prophète.

Les livres de Josué, des juges et de Samuël, contiennent l'histoire hébraïque depuis la mort de Moïse jusqu'à l'établissement de la monarchie. Quant aux histoires de Job et de Ruth, ce sont des études plutôt morales qu'historiques. Nous ne ferons donc sur ces deux derniers livres aucune observation.

Il n'en est pas de même des autres, principalement du Pentateuque, sur qui repose à peu près tout l'édifice historique des Hébreux et des Juifs qui sont venus d'eux.

On a reproché au Pentateuque ses contradictions, ses répétitions, ses anachronismes, ses mythes et ses fables, la similitude qui règne entre l'hébreu de Moïse et celui des prophètes, similitude inadmissible par la distance millénaire qui sépare le premier des derniers, le défaut d'unité dans le plan et dans la méthode ; on a prétendu avec juste raison que le Deutéronome, qui raconte la mort de Moïse, ne pouvait évidemment avoir été composé dans son entier par le grand législateur ; on a soupçonné des additions nombreuses ou des interpolations apportées ou ajustées dans le texte primitif, additions ou interpolations sévèrement critiquées par quelques écrivains ; énergiquement défendues par d'autres. On a même allégué que Moïse, chargé de conduire le peuple d'Israël à travers les obstacles sans cesse renaissants d'une route difficile et périlleuse, n'avait pas eu le temps de rédiger lui-même les annales et de composer les lois qu'on lui attribue (1). On va même jusqu'à nier qu'il sût écrire, à une époque où

_____

(1) On oublie de la sorte que Moïse passa quarante ans dans le désert.

l'écriture, en grand honneur chez les Chinois et les Égyptiens, pouvait être facilement connue des Hébreux à cause de leur long séjour en Égypte.

On a remarqué les grandes lacunes de la Genèse, le silence des livres juifs sur les temps de la servitude égyptienne, la confusion qui règne dans l'histoire des juges, le désordre qui existe dans les livres de Samuël (1), à qui l'on a attribué e récit posthume de faits accomplis après sa mort. Nous n'entrerons donc point dans un débat littéraire et religieux, suffisamment développé dans une immensité de volumes de controverse, procréés par les champions ou les adversaires des livres mosaïques. Notre tâche se borne à indiquer seulement les points principaux de la discussion, et nous venons de le faire dans les lignes qui précèdent.

Nous insisterons néanmoins sur la manière merveilleuse dont les livres divins furent retrouvés dans le temple du roi Salomon, dont nous avons déjà parlé du reste dans l'introduction de cette *Histoire universelle.*

Si les livres de Moïse ou mosaïques, comme on voudra les appeler, irréprochables sous le rapport du style, de la chronologie, de l'unité, s'étaient conservés pendant la suite des siècles dans leur pureté, leur naïveté, leur vérité primitives qu'ils fussent arrivés à la postérité, consignés par écrit dans les archives authentiques, répétés oralement de père en fils, de famille à famille, de tribu à tribu; que chaque génération humaine eût pu en apprécier l'évidence et en constater la conservation intégrale; qu'une lecture à haute voix, comme elle est indiquée dans les dernières instructions de Moïse, en eût été faite par le

<hr>

(1) Nous ne savons pourquoi on persiste à appeler Livres de Samuël les deux livres bibliques qui précèdent les livres des rois. Il est question de Samuël dans les vingt-quatre premiers chapitres du livre Ier. Le premier verset du chapitre vingt-cinq annonce la mort du prophète; dans les chapitres qui suivent et dans le livre II, se passent des événements postérieurs à lui.

chef du peuple d'Israël, au moins tous les sept ans ou chaque année
sabbatique, ou même l'année du Jubilé tous les cinquante ans;
nul doute qu'ils eussent trouvé chez tous confiance aveugle
et foi pleine et entière, alors même que nul monument contemporain et que nulle ruine officielle ne vinssent en consacrer la
légitimité.

Mais que les lois de Moïse, déposées probablement dans le
temple de Silo par Josué et ses successeurs, peut-être dans celui
d'Ophra par Gédéon, rapportées à Silo sous Tholah ou Jaïr, placées enfin dans le temple de Salomon par les lévites successeurs
d'Asaph et de Jéduthun; que ces mêmes lois, dont le livre des
juges constate la décadence et le complet abandon pour l'idolâtrie, traversent ainsi, oubliées, méprisées, profanées, mutilées,
les périodes avilissantes et dégradantes des persécutions des rois
philistins, madianites, moabites, ammonites ou cananéens;
qu'elles soient mystérieusement conservées par une famille de
pieux lévites, qui l'enfouissent furtivement, comme un trésor
précieux, dans un réduit obscur du temple de Salomon, où ces
pieux lévites finissent par l'oublier eux-mêmes; qu'elles disparaissent de la sorte pendant l'espace de neuf cents années, pour
reparaître tout à coup intactes, pures, authentiques, à peu près
complètes : avouons humblement que cette miraculeuse trouvaille
sort tout à fait du domaine restreint de l'histoire et appartient
toute entière au domaine tout aussi scrupuleux, sans doute,
mais au moins plus étendu, de la foi religieuse et de la théodicée
ecclésiastique.

Évènement merveilleux, impossible, inadmissible aux regards
limités de l'appréciation historique, et qui justifie jusqu'à un certain point les suppositions certainement erronées au point de
vue religieux, qui attribuent la rédaction du Pentateuque et des
livres mosaïques à une société collective d'écrivains plus modernes, au grand pontife Helkias lui-même, agissant sous l'inspiration du roi Josias, et du prophète Jérémie peut-être, trois hautes

intelligences bien capables d'opérer un semblable travai , enfin à Esdras lui-même , le restaurateur du temple de Jérusalem.

A ces raisons fallacieuses sans doute , très hypothétiques assurément, mais excusables toutefois, qu'opposerons-nous en faveur de Moïse et des œuvres qui lui sont attribuées? — La croyance générale du peuple d'Israël d'abord ; l'unité d'idée qui a présidé à la conception des livres mosaïques ensuite ; et puis cette suavité du récit, cette poësie de la pensée à la fois naïve et sublime , cette bonhomie touchante des détails , cette simplicité primitive , cette clarté brillante, cette lumière réellement divine, qui accompagnent les versets sacrés de la Bible et la rendent éclatante et resplendissante au milieu de ces livres mythologiques indiens, chinois , persans et égyptiens , peuplés de monstres informes, de géants fantastiques , d'histoires incroyables et fabuleuses qui s'évanouissent complètement devant l'ange divin de Jéhovah . ou Jéhovah lui-même , qui ordonne à Abraham le sacrifice de son fils, qui engage Loth à quitter la Sodome maudite, qui inspire à Moïse la fuite miraculeuse de la terre égyptienne , qui arrête l'ânesse de Balaam, envoyé pour maudire Israël , qui se révèle à Jacob, à Josué , à Gédéon , à David et à Salomon lui-même!

Enlevez à l'histoire de Moïse et de Josué ces fables astronomiques et astrologiques qui ressortent de l'histoire naturelle ou des sciences physiques et mathématiques, mais qui rentrent dans les mœurs de cette époque fertile en études et en opérations cabalistiques et magiques, qui expliquent aussi l'influence qu'ils obtinrent sur un peuple superstitieux et ignorant, élevé pendant quatre cents ans sous l'influence des mœurs égyptiennes ; dépouillez le récit de la sortie d'Égypte des fléaux destructeurs et des plaies dévastatrices, de la manne céleste tombant à la voix de Moïse , de la baguette mystérieuse sous la pression de laquelle l'eau jaillit limpide et transparente des arides rochers du désert ; du mont Sinaï resplendissant d'éclairs , disparaissant ensuite dans

l'épaisseur des nuages et des tempêtes ; du feu vengeur du ciel
frappant Coré, Dathan, Abiron et les autres candidats au souverain pontificat ; supprimez la voix de Josué commandant le repos
au soleil ; le passage surtout de la mer Rouge par l'armée israélite : vous aurez peut-être fait ainsi justice d'une partie des additions et des interpolations faites postérieurement pour satisfaire
aux traditions orales ou aux croyances populaires, et il vous
restera la Bible sainte dans toute sa clarté, sa netteté, sa précision,
sa vérité et sa majesté !

Alors apparaîtra dans toute sa splendeur l'histoire nationale du
peuple de Dieu ; alors ces traditions patriarchales, si chères et si
aimées de tout ce qui porte en soi un reflet lointain de ce premier père de l'espèce humaine fait à l'image du Créateur de toutes choses ; ces légendes touchantes d'Isaac et de Rébecca, de
Jacob et de Rachel, de Joseph vendu par ses frères, de Job invoquant Adonaï sur son fumier rustique, de Ruth glanant les
champs du riche Booz, de Samson trompé par Dalila, n'auront
plus rien de choquant pour les historiens sévères et consciencieux,
et l'incrédule ne pourra plus sourire de pitié en reniant les livres
sacrés et respectables du grand poète israélite, à la fois historien,
législateur, prophète et guerrier, qui, relevant la bannière du
vieil Abraham, a proclamé cette triple unité divine, humaine et
sociale consacrant l'unité des croyances et de la destinée future
des hommes, représentée dans ses principes et dans son application par ces trois mots significatifs :

UN DIEU ! UN PEUPLE ! UNE LOI !

Touchante et harmonieuse doctrine que celle qui réunit par la
main la protection divine et supérieure, et l'égalité et la fraternité
humaines !

Impartiaux comme nous l'avons été pour les Indiens et les
Persans, les Chinois et les Égyptiens, nous posons en attendant nos réserves personnelles au point de vue historique, sur

les traditions orales du peuple juif, recueillies par Moïse, sur le récit historique du peuple hébreu marchant à la conquête de la terre de Chanaan sous l'inspiration du prophète de Dieu, et sur les livres anté-historiques qu'aucun monument ne vient appuyer avant leur miraculeuse découverte, et que l'autorité de l'historien Josèphe ne peut corroborer que d'une manière imparfaite et insuffisante.

Religieusement parlant, ajoutons toujours que nous ne sommes pas de ceux qui contestent aux livres mosaïques le titre sacré de livres saints qui les place au-dessus de tous les livres passés, présents et à venir, et sur la même ligne que les saints évangiles.

Enfin, saluons avec respect et recueillement ces lois sages et prévoyantes, paternelles quoique sévères et répressives tolérantes pour les étrangers et les dieux étrangers eux-mêmes, ces dix commandements sublimes, qui ont été le fruit de l'inspiration divine s'ils n'ont pas été dictés par Dieu lui-même, et qui porteront dans la suite des âges et des temps, le nom de Moïse, ce nom gigantesque qui est à lui seul tout un monument et toue une ruine, dont les œuvres, plus historiques que les livres de Boudhâh, d'Hermés, de Koung-Tseu et de Zoroastre, sont le seul témoignage offert par les Hébreux et par les fils indignes qui en descendent, au nombre desquels nous nous plaçons avec joie, à la reconnaissance, à l'admiration et à la vénération de tous les hommes, fussent-ils même mécréants et incrédules (1).

(1) Les lois mosaïques ont été découvertes sous le règne du roi Josias, vers l'an 624 avant Jésus-Christ. En ne faisant remonter qu'à cette époque leur existence *historique,* on voit que la Bible conserve encore la priorité marquée sur les livres historiques sacrés des anciens peuples. Les livres chinois ne remontent guère qu'au deuxième siècle avant Jésus-Christ; Zoroastre a dû vivre du temps de Thalés et d'Anaximandre, c'est-à-dire cinquante ans après la découverte des livres mosaïques. On sait combien l'époque que l'on peut assigner à Boudhâh, Hermés et Sanchoniaton est hypothétique et problématique. Quant aux Grecs, nous savons, de leur propre aveu, qu'ils tirent leur origine soit de l'Égypte, soit de la Phénicie, ce qui les met infiniment au-dessous des Hébreux pour l'antiquité de race.

CHAPITRE II.

—

RELIGION DES JUIFS ET LOI SACERDOTALE.

Débarrassé de tout l'entourage mythologique qui signale les croyances et la religion des peuples idolâtres , Jéhovah , Adonaï , Élohim , le dieu éternel , illimité , le juge de toute la terre , le seigneur de tous les hommes , le maître des esprits de tous les mortels, qui se trouve partout et dans toutes choses, apparaît seul à la tête du peuple juif. L'unité de Dieu est sanctionnée par les premiers patriarches ; c'est lui qui crée le monde en six jours et qui se repose le septième ; c'est lui qui chasse Adam et Ève du paradis terrestre et qui les punit du péché qu'ils viennent de commettre ; lui qui submerge la terre et qui sauve Noë et sa famille ; lui que le sage Abrâm proclame au milieu des nations chaldéennes et égyptiennes , déjà vouées au polythéisme , et dont il annonce la sainte et sublime domination. Le peuple qui le reconnaît le premier est le peuple élu de son choix , prédestiné à une mis-

sion divine qui se terminera par l'apparition du Messie rédemp-
teur et sauveur. Le Dieu des Hébreux et des Juifs peut interrompre
les lois de la nature par des miracles ; tous les biens de la terre,
tous les malheurs des peuples viennent de lui et par lui ; c'est en
son nom que s'accomplissent toutes les révolutions humaines ;
c'est par l'effet de sa volonté que les épreuves et les persécutions
se succèdent sur les descendants d'Israël.

Le peuple juif est asservi par les Égyptiens ; Dieu l'a voulu
ainsi dans sa suprême sagesse ; il n'est pas permis de murmurer
contre ses arrêts irrévocables. Moïse apparaît pour sauver le peuple juif de la tyrannie de Pharaon ; c'est Dieu qui a suscité le
sauveur de la nation juive. C'est Dieu qui réveille les Chusar-
Rischataïm, les Églon, les Jabin qui oppriment la race de Jacob ;
c'est lui qui ordonne à Othoniel, à Gédéon, à Aod, à Jephte de
donner le signal de la délivrance de leurs frères. Abraham prêt à
immoler son fils Isaac obéit à l'ordre de Dieu ; Job malheureux
bénit le nom de Dieu qui permet sa misère ; Loth quitte par
l'ordre de Dieu Sodome maudite et condamnée ! Dieu seul est
grand ! Dieu seul est puissant ! Dieu est le seul maître !

Dieu est seul pour gouverner la terre et pour diriger les actions
des hommes ; son œil voit tout et embrasse tout, son bras atteint
tout ; il châtie et il récompense. L'ange de Dieu qui apparaît à
Agar dans le désert, à Jacob fuyant son beau-père Laban, à
Moïse, à Balaam, c'est Dieu lui-même et non un messager céleste. L'Écriture-Sainte est là pour attester que l'ange protecteur
ou menaçant n'est autre qu'Adonaï. Les chérubins et les séraphins,
qui gardent le paradis terrestre, ne sont que des êtres symboliques adoptés seulement par les croyances des peuples ignorants ;
c'est dans l'exil des Juifs à Babylone que se forma la hiérarchie
angéologique tolérée par la religion hébraïque, mais non accep-
tée par elle.

Dieu, le grand Dieu des Juifs, notre Dieu, n'a en effet besoin
ni de ministres ni de messagers pour faire entendre ses ordres.

Sa puissance est illimitée. Sa parole divine (l'Aoum des Indiens) a suffi pour la création du monde. Il a dit : « Je veux », et la terre a été; il a dit : « Je veux », et les astres ont brillé dans le firmament; il a dit : « Je veux », et les animaux ont marché sur la terre, les poissons ont nagé dans la mer, les oiseaux ont volé dans les airs; l'homme enfin, ce président de la nature, est apparu pour diriger les êtres inférieurs sous les auspices de Dieu.

L'homme naît libre de faire le bien ou le mal; c'est cette liberté qui cause sa première faute et les malheurs qui vont fondre sur sa race coupable du péché originel. Avant la connaissance du fruit défendu, du fruit de l'arbre de la science du bien et du mal, l'homme vivait matériellement et physiquement, et non intellectuellement et moralement. Après le péché, l'intelligence se révèle à l'homme; mais il reçoit avec elle la responsabilité morale de ses actes, déjà chèrement achetée par son ignominieuse expulsion du paradis qu'il a profané de sa curiosité indiscrète.

Dieu cependant est bon et généreux. Il est plein de miséricorde et sait pardonner les offenses. L'homme, créé à son image et à sa ressemblance, peut se racheter du péché d'Adam. Il doit pour cela aimer son prochain comme lui-même, étouffer les haines et les passions qui débordent dans son cœur, éviter la calomnie, la vengeance et le meurtre; se rapprocher, enfin, de son créateur autant qu'il lui est possible de le faire. A ces conditions, Dieu lui pardonnera et le placera au nombre de ses élus. L'entrée du ciel lui sera toujours interdite s'il fait mal et s'il n'exécute pas les ordres supérieurs. Bien plus, des peines éternelles, atroces lui seront infligées.

La croyance à l'immortalité, qui n'est pas clairement indiquée dans les livres mosaïques, existe toutefois dans le cœur des premiers hommes. Abraham, Isaac et Jacob croyaient au *schéol* ou séjour des morts, placé dans l'intérieur de la terre, où se réunissaient toutes les âmes. Samuël distinguait les âmes des bons et des méchants après leur mort; il admettait même la fin du

monde, qui ne se maintient que par la volonté toute-puissante
de Dieu. Dieu, qui avait déjà submergé la terre, pouvait arrêter, quand bon lui semblerait, le cours de l'existence générale
des hommes.

Le culte de Dieu devait être simple sous les premiers patriarches : la prière seule élevait Adam et sa famille vers la divinité ;
le jeune Abel se rendait Dieu favorable par le sacrifice volontaire
de ses plus beaux agneaux ; Noë se rapprochait de Dieu par la
prière et par des sacrifices agréables, tels qu'une génisse de trois
ans, une chèvre, un agneau, une colombe ou une tourterelle ;
Dieu lui-même fit connaître à Abraham la victime qui lu con-
venait le mieux ; il lui envoya le bélier sauveur qui prit la place
du jeune Isaac sur l'autel fumant du sacrifice. Les bois et les
montagnes, comme chez les Indiens, étaient les lieux les plus
favorables aux prières des hommes.

L'autel consacré à Jéhovah n'était d'abord qu'une simple pierre
ointe d'huile ; tel était sans doute l'autel élevé par Abraham entre
Bethel et Aï. Abraham était, du reste, fort aimé de l'éternel ;
les Arabes, qui professent un grand respect pour la mémoire du
saint patriarche, ne l'appellent que Khalil-Allah (le bien-aimé de
Dieu).

Le culte régulier, adressé par les hommes à la divinité, dut à
Moïse son existence et son institution. Moïse, qui avait longtemps vécu chez les Égyptiens, avait compris que l'attrait extérieur et imposant des cérémonies religieuses devait exercer une
impression profonde sur les esprits. Ennemi juré de toute idolâtrie et des idoles pour lesquelles le peuple hébreu avait un
penchant avoué, Moïse établit les cérémonies sacerdotales et la
hiérarchie des prêtres, afin de le retenir et de le concentrer tout
entier dans l'adoration qu'il devait au seul Dieu d'Israël. Il sentit
également le besoin de consacrer aux yeux des hommes indifférents les jours solennels et les époques brillantes de l'histoire
nationale de leurs ancêtres. Le Sabbat ou repos du septième jour
fut donc institué pour rappeler la création du monde ; la Circon-

cision du peuple hébreu, établie déjà par Abraham, devint le symbole religieux de l'élection de la nation juive entre toutes les autres et de sa distinction par Adonaï ; le Tabernacle fut regardé comme étant le séjour habituel et le plus affectionné de Dieu au milieu de son peuple ; les fêtes de Pâques vinrent éterniser le souvenir de la sortie d'Égypte ; la Pentecôte consacrer les moissons et la récolte.

Le Tabernacle ou sanctuaire divin était le centre des adorations de tout le peuple d'Israël. Un seul Dieu commandait à la terre et était reconnu par la nation de son choix ; le peuple juif était le peuple de Dieu ; il ne devait y avoir qu'un seul autel pour l'adorer.

Des ouvriers habiles — les Juifs en avaient alors en grand nombre par suite de leur captivité en Égypte — se mirent aussitôt à l'œuvre pour la construction du Tabernacle. A leur tête étaient Betsaléel, propre neveu de Moïse, et Ahqliab, de la tribu de Dan. Sept mois après, l'œuvre commencée était achevée ; les Hébreux avaient un monument merveilleux (1), un autel digne de la majesté divine et de la reconnaissance de ses enfants.

Le Tabernacle ou Mischcân, entouré d'un parvis, se divisait en deux parties : le sanctuaire ou lieu saint sur le devant ; le saint des saints sur le derrière, séparé du premier par un rideau supporté par quatre colonnes dorées, appelé *rideau de séparation*. Dans le parvis, vaste cour où s'assemblaient les fidèles, étaient l'autel des sacrifices, où brûlait jour et nuit le feu sacré, et le bassin pour les ablutions et les purifications des prêtres. Le sanctuaire contenait la table des pains de proposition, au nombre de douze, représentant les douze signes du zodiaque ou les douze mois de l'année ; le chandelier d'or à sept branches, symbole des sept jours de la semaine, et l'autel des parfums, devant le rideau

---

(1) Nous donnerons la description complète du Tabernacle dans la troisième partie de notre ouvrage, intitulée : *Histoire scientifique, littéraire et artistique*. Ici nous supprimerons les détails inutiles.

de séparation. Enfin le saint des saints renfermait l'Arche dite d'alliance, construite en souvenir de l'arche protectrice qui conduisit Noë sur le mont Ararâth, dans laquelle étaient déposées les deux tables du décalogue. Le sanctuaire était accessible aux prêtres ordinaires; mais le grand-prêtre seul pouvait entrer une fois dans l'année, le jour de la fête des expiations, dans le saint des saints.

Placé sur les épaules des lévites pendant la marche des Israélites dans le désert, assis au milieu du camp pendant les haltes fréquentes qui venaient les reposer de leurs fatigues, le Mischcân devait être déposé dans l'unique temple que l'on élevait dans la terre promise immédiatement après la conquête. C'est ainsi que les lévites le portèrent autour des murs de Jéricho, le déposèrent dans le temple de Silo, à Nob et à Gabaon, après son enlèvement par les Philistins, et enfin à Jérusalem, lors de la construction du temple de Salomon. Mais la volonté de Moïse, qui avait formellement défendu l'érection d'un second temple consacré à la divinité, fut néanmoins transgressée par Gédéon, qui éleva un second autel à Dieu dans la ville d'Ophra, et par Samuel, qui consacra celui de Rama. Le pélerinage de l'Arche de Silo devint une règle générale pour tous les Hébreux de la terre chananéenne; comme les Arabes, obligés de se rendre à la Mecque, l'adoration de Dieu dans le Mischcân était ordonnée à chaque citoyen au moins trois fois dans l'année, et vint jeter ainsi par cette réunion forcée, les bases fondamentales de l'union politique et religieuse des douze tribus séparées et dispersées.

Le Tabernacle construit, Moïse, qui avait eu à soutenir des luttes violentes contre un peuple à moitié idolâtre, qui avait été obligé de renverser le veau-d'or dressé pendant sa retraite sur le mont Sinaï et toléré par son frère Aaron, moins violent et plus dissimulé que son frère, devina que le meilleur moyen d'arriver à son but était de composer une hiérarchie sacerdotale formidable et puissante, toujours prête à défendre contre la masse indisciplinée les intérêts sacrés du culte hébraïque, réunis à ceux des prêtres ses créatures, ministres privilégiés du dieu unique et éternel. Le grand législateur, qui n'imita point les erreurs de Brahma et d'Osiris dans leurs divisions de la société en plusieurs classes distinctes et héréditaires, en créa cependant une entièrement séparée des autres, la classe des prêtres et des lévites. Mais cette corporation, toute puissante qu'elle fût, n'était pas destinée à jouer dans l'histoire des Hébreux le même rôle que les brahmânes dans l'Inde et les mages en Perse.

Moïse comprit sagement que les fonctions de ministres des autels sont incompatibles avec les fonctions politiques ou judiciaires (1), administratives ou législatives, et que les autres tribus ne verraient pas sans opposition leur abaissement présent et futur au profit d'une tribu privilégiée. La puissance des prêtres, au lieu de s'établir chez les Hébreux par l'accaparement des biens, par l'influence des richesses, par l'éclat et la majesté du pouvoir, se consolida par des bases tout à fait opposées, et n'en fut par cela même que plus respectable et plus respectée. La tribu de Lévi, à laquelle appartenait Moïse, fut désignée par lui comme devant seule fournir à Dieu les ministres du culte; aux hommes, les interprètes de la volonté divine.

Les lévites, devenus pontifes héréditaires, perdirent tout droit de puissance temporelle et tout titre légal d'hérédité. Ils n'eurent ni biens propres, ni terres personnelles et séparées; ils furent répartis dans les douze autres tribus ou familles juives, comme une branche appartenant à la nation tout entière, et quarante-huit villes, c'est-à-dire quatre par tribu, leur furent désignées à l'avance par Moïse comme devant être leur résidence habituelle après la conquête. Leur entretien était défrayé par les dîmes annuelles des propriétaires, sur les produits de la terre et de l'agri-

____

(1) Les lévites furent cependant admis par Moïse et ses successeurs, au rang des juges ou *élohim*.

culture, les offrandes et les sacrifices exigés de chacun, les repas solennels qui suivaient ces sacrifices, auxquels étaient engagés tous les lévites ; enfin par les parts de prises ou de butin qui leur étaient réservées avant celle des combattants, malgré leur exemption totale du service militaire et de tout travail agricole.

Moïse les divisa en deux catégories, celle des lévites proprement dits et celle des prêtres. Les lévites étaient composés des descendants de Guerson, de Kéhath et de Mérari, les trois fils de Lévi, quatrième fils de Jacob. La branche d'Aaron, frère de Moïse et petit-fils de Kéhath, fut la seule appelée à former la deuxième catégorie, celle des prêtres.

Les lévites ordinaires gardaient à l'extérieur le sanctuaire sacré. Ils fermaient ou ouvraient les portes du parvis accessible aux fidèles. Ils avaient soin de la propreté des vases destinés aux sacrifices ; ils préparaient les douze pains de proposition ; ils étaient chargés de l'intendance des revenus de la classe sacerdotale, dont ils réglaient tous les comptes et recevaient toutes les dîmes ; ils conservaient l'huile, la farine, l'encens et les parfums nécessaires au culte. Leur service actif commençait à l'âge de trente ans et finissait à l'âge de cinquante. Nul costume particulier ne les distinguait du reste de la communauté des fidèles.

Il en était autrement des prêtres de la famille d'Aaron, à qui des devoirs plus graves étaient assignés.

Les prêtres chargés du sacerdoce devaient, indépendamment de leur naissance, être exempts de défauts corporels ; leur réputation devait être bonne ; leur vie pure et sans reproche. L'ivresse et la débauche leur étaient interdites. Les femmes qu'ils épousaient indistinctement dans toutes les classes de la société, devaient être vierges et sans tache. La souillure de la mère et son inconduite rejaillissaient sur le fils, malgré la loi de Moïse sur la personnalité des fautes. Ce fils ne pouvait être prêtre et ne pouvait aspirer jamais à le devenir.

Les prêtres admis au sacerdoce à l'âge de vingt ans allumaient les parfums sur l'autel sacré, nettoyaient le chandelier d'or et répandaient de l'huile dans les lampes sacrées, prenaient les pains de proposition préparés par les lévites et les déposaient sur la table divine. Les sacrifices, les aspersions, l'entretien du feu des holocaustes entraient dans leurs attributions. Ils sonnaient des trompettes pour les fêtes publiques, bénissaient le peuple, visitaient les lépreux, enseignaient les lois sacerdotales aux aspirants à la prêtrise et décidaient des cas extraordinaires civils ou criminels qui leur étaient soumis par les juges des villes secondaires. Leur costume hiérarchique consistait dans le *michnasaïm*, sorte de caleçon de lin attaché sur les reins, recouvert de la tunique *chethoneth* de double toile de lin descendant jusqu'aux talons, serrant étroitement le corps, complétée par des manches également étroites, et retenue par la ceinture *émian* ou *abaneth*, représentant des figures de couleurs diverses et éclatantes, ceinture dont les bouts étaient rejetés sur l'épaule gauche pendant les sacrifices. Leur tête était couverte du *mighbaah* ou mitre tissue de lin et enveloppée au sommet par une toile fine. La ceinture *abaneth* était le plus souvent composée de quatre couleurs distinctes, symbole des quatre éléments, l'air, le feu, l'eau et la terre (1).

Telles étaient les attributions et les vêtements distinctifs des saints ministres des autels.

Un grand-prêtre ou grand-pontife avait été placé par Moïse à la tête de toute la hiérarchie religieuse. Le premier de tous fut Aaron, puis son fils Éléazar, dont la postérité le conserva sans interruption jusqu'à Héli, de la famille d'Ithamar, autre fils d'Aaron. Aaron eut plusieurs concurrents qui lui disputèrent le souverain pontifical ; Dieu punit ses adversaires par un châtiment terrible et montra clairement sa préférence pour le frère de

____

(1) Personne, excepté les prêtres, ne pouvaient s'habiller de lin et de laine mêlés.

Moïse et sa famille. Le grand-pontife administrait en dernier ressort l'ordre des lévites et des prêtres, et pénétrait seul une fois l'an dans le saint des saints. C'était lui qui lisait les articles de la loi tous les sept ans, le jour de la fête du Tabernacle, dans l'année sabbatique.

Son costume, qui était sous plusieurs rapports le même que celui des prêtres ordinaires, se faisait en outre remarquer par des signes distinctifs inhérents à son rang et à sa dignité.

Il portait dans les sacrifices et les cérémonies la tunique *méthir*, couleur d'hyacinthe, ornée de franges représentant des clochettes et des grenades d'or à ses extrémités, et retenue par une ceinture entrelacée d'or. Au-dessus du *méthir* était l'*éphod*, tunique en lin, courte et sans manches, sur laquelle apparaissait le *pectoral* ou *rational* (l'hoschen) également en lin fin, symbole du centre du monde, orné de douze pierres précieuses portant les noms des douze tribus d'Israël, dans le creux duquel était renfermé le célèbre oracle des sorts Ourim et Thummim, consultés dans les cas graves et extraordinaires. L'*éphod* était attaché aux épaules du grand-prêtre par des agrafes couronnées de deux pierres précieuses portant, comme sur le *pectoral*, les noms des douze tribus israélites. La tiare du grand-pontife, le *misnépheth*, était entourée d'une triple couronne d'or.

Cette formidable armée sacerdotale qui prêta au législateur un appui utile et nécessaire pour la promulgation et l'observation de ses lois, fut solennellement installée dans le mois de nisam, par Moïse, qui consacra lui-même son frère Aaron, sur la tête duquel il répandit l'huile sainte. Le Tabernacle, à la confection duquel chaque hébreu avait contribué pour un demi sicle (environ quatre drachmes attiques), y fut également exalté (1).

---

(1) Le Tabernacle et les prêtres furent purifiés avec de la myrrhe, du glaïeul, de la cannelle, d'huile d'olive et d'autres essences.

Les réglements et les lois de Moïse vinrent arrêter ensuite définitivement la discipline sacerdotale et la composition des sacrifices divins, dont l'usage patriarchal ne put être que modifié et non totalement changé par le réformateur de la nation juive. Les béliers, les bœufs, les agneaux et les chèvres furent donc immolés comme par le passé ; comme par le passé on égorgea les innocentes colombes sur l'autel sacré du Seigneur.

Dans l'holocauste sanglant, ordonné surtout pour racheter le meurtre commis par imprudence ou involontairement, on immolait une vache rousse, un bœuf, un chevreau et un agneau mâles, âgés d'un an seulement. La chair des victimes était entièrement consumée ; les prêtres n'en conservaient que la peau qu'ils employaient à leur usage particulier.

Dans l'holocauste pacifique, adressé à l'Être-Suprême en signe d'actions de grâce et de reconnaissance, on immolait les mêmes bêtes, femelles ou mâles, sans distinction d'âge. Seulement les sacrificateurs s'en réservaient la poitrine et la cuisse droite. Sur deux colombes ou deux tourterelles offertes en sacrifice, l'une était immolée sur l'autel sacré ; l'autre appartenait au sacrificateur. La viande provenant des sacrifices devait être consommée le jour même et ne pouvait être gardée pour le lendemain.

Après les sacrifices sanglants ou holocaustes, venaient les offrandes et les libations adressées à Dieu pour la conservation de la santé, pour la guérison des maladies, pour l'abondance de la récolte, pour la naissance des enfants, etc. La fleur de farine, l'huile sainte, le vin répandu autour de l'autel, des gâteaux avec de la chair des bêtes et les prémices des fruits terrestres, faisaient les frais de ces sacrifices ordinaires. On offrait à Dieu les prémices de l'orge pendant les Azymes, après lesquels on commençait la moisson. Le jour de la Pentecôte, les présents adressés à Dieu étaient des pains de farine de froment, deux chevreaux, trois veaux gras, quatorze agneaux et deux boucs expiatoires. Le prêtre nouvellement ordonné sacrifiait à Dieu un dixième d'épha de fleur de farine, moitié le matin et moitié le soir (1).

Les premiers nés des animaux, les prémices des toisons appartenaient de droit aux sacrificateurs. On donnait, en outre, le boyau gras, la poitrine et l'épaule droite d'une bête tuée dans l'intérieur d'une habitation aux prêtres et à leurs familles.

Les instructions et les recommandations de Moïse et d'Aaron, pour être agréable à Dieu, étaient les vœux, les prières, le jeûne pendant le jour des expiations, l'humiliation, l'adoration, la pureté et les aspersions fréquentes. On appelait Naziréens ceux qui juraient de s'abstenir de boire et de se couper les cheveux et la barbe. La chair des animaux impurs était également défendue aux sectateurs de la loi mosaïque. Tous les animaux non ruminants et au sabot uni, le chameau, le lièvre, le porc surtout, dont la viande était très nuisible pour la santé, l'aigle, le vautour, le corbeau, l'autruche, les reptiles, les insectes moins les sauterelles, les poissons qui n'ont ni nageoires ni écailles ou qui ont seulement des nageoires sans écailles ou des écailles sans nageoires, furent solennellement repoussés par la loi.

Les fêtes religieuses et consacrées étaient d'abord l'observation du Sabbat de l'année sabbatique et du Jubilé, célébré tous les cinquante ans (2), celle des Néoménies ou septième mois, la fête de Pâques, en l'honneur de la sortie d'Égypte, où les vêtements des pontifes étaient purifiés avec du sang de l'agneau pascal, suivie de celles des Azymes ou des pains sans levain, en commémoration de l'esclavage des Hébreux, instituées au printemps ou au commencement de l'année juive; la Pentecôte, en l'honneur des lois données sur le mont Sinaï, qui donnait l'essor à la moisson du froment dans les campagnes; le grand

___

(1) Le jour de la consécration du Tabernacle, les tribus offrirent chacune six charriots attelés de deux bœufs pour le transporter, un vase de soixante-dix sicles et un bassin pour la farine et l'huile, un encensoir pour les parfums, un mouton, un veau, des agneaux et un bouc expiatoire.

(2) Nous parlerons plus bas du Jubilé, de son institution et de son but.

jour des expiations présidé par le grand-prêtre lui-même, faisant la cérémonie religieuse et sacrifiant les deux boucs expiatoires du péché d'Israël ; enfin la grande fête des tabernacles ou des cabanes (1), cinq jours après la fête d'expiation, mais tous les sept ans seulement, où l'on lisait la Loi sainte, et que l'on clôturait par la fête Acéreth et le sacrifice d'un bouc expiatoïre pour la rémission des péchés.

La loi sacerdotale et religieuse de Moïse, si sévère pour la discipline ecclésiastique et pour l'observance du culte de Jéhovah, qu'elle punissait de mort tout blasphémateur du nom de Dieu, qu'elle réprimandait celui qui prononçait le même nom sans motif, qu'elle faisait brûler vive la fille d'un prêtre coupable d'adultère, qu'elle flétrissait les bâtards d'un prêtre et déclarait celui dont la mère s'était souillée par la débauche incapable de recevoir les ordres sacrés, la Thorah, qui défendait sous des peines très fortes l'adoration des idoles et surtout celle des animaux, se montrait toutefois tolérante, indulgente même pour les cultes étrangers. Moïse ordonnait à son peuple de respecter les dieux adorés par les peuples voisins, les Philistins, les Cananéens, les Madianites, les Ammonites et les Moabites ; lui défendait expressément le pillage des temples et des autels de leurs dieux, et permettait même à tout étranger fixé dans la terre sainte l'exercice tacite de son culte et de ses croyances religieuses.

La loi de Moïse, comme celle de Jésus-Christ, resserrant les croyants dans l'étreinte d'une même bannière, préférait arriver par la voie de la persuasion, plutôt que par la force, à la conversion des peuples incrédules et idolâtres. Loi étrange et singulière, qui venait contraster d'une manière bizarre avec les malédictions du prophète mourant sur la montagne de Nébo, demandant aux siens l'extermination et l'asservissement des races rivales et ennemies !...

______

(1) Tout le monde, même les esclaves et les enfants, devaient assister à la lecture des lois saintes pendant la *Succophonie* ou fête du Tabernacle.

CHAPITRE III.

—

TRADITIONS ET LÉGENDES BIBLIQUES.

1. D'Adam au déluge (4004 à 2348 avant Jésus-Christ).

Dieu crée le monde en six jours ; les cieux et la terre d'abord, le jour et la nuit ou les ténèbres ensuite ; puis la mer, les arbres, les fleurs et les prairies ; le soleil, la lune, les étoiles ; les poissons, les reptiles, les oiseaux et les animaux ; l'homme enfin, qui apparaît comme le complément de la création, comme l'œuvre ressemblant le plus à l'ouvrier divin qui lui donne la vie. Dieu se repose le septième, qui est le jour du Sabbat des Israélites.

Adam — tel est le nom donné par l'Être-Suprême au premier homme — est placé par lui dans l'Éden, séjour délicieux et divin ; c'est dans l'Éden qu'il passe par l'ordre de Dieu la revue de tous les poissons, de tous les animaux et de tous les oiseaux, mâles et femelles, et qu'il leur impose des noms distinctifs pour les reconnaître. Il en est de même sans doute des arbres, des plantes et des fleurs ; mais la Bible n'en dit mot. Cette revue générale afflige cependant Adam ; tous les êtres terrestres ont été créés par couples ; lui seul n'a pas de compagne ; il est triste et se trouve isolé. Jéhovah vient à son aide pendant son sommeil ; une autre créature est mise au monde ; c'est l'*hommesse* ou la femme de l'homme, Ève, la mère du genre humain, qu'Adam voit sourire à son réveil.

Adam et Ève ont la jouissance du paradis terrestre ; mais les fruits d'un seul arbre leur sont défendus par Dieu : les fruits de l'arbre de la science du bien et du mal. L'arbre de la science du bien et du mal, c'est l'intelligence, le jugement, la raison. Avant d'avoir goûté de son fruit, Adam et Ève sont des êtres vivant physiquement ; ce sont les rois des êtres créés ; ils sont nus, mais leur nudité ne les étonne ni ne leur fait honte.

La volonté de Dieu ne devait pas être longtemps respectée. Ève, tentée par le serpent séducteur, mange la première du poison défendu ; Adam suit ses conseils et l'imite. Le péché est commis ; la raison, l'intelligence et la honte viennent au même instant torturer l'homme et la femme coupables. Ils rougissent d'être nus, ils se cachent à la voix du Dieu vengeur qui les appelle. Ils sont punis et chassés. Leur existence et celle de leurs enfants vont maintenant s'écouler sur la terre qu'ils doivent travailler à la sueur de leur front.

Telle est la première légende de la création, légende naïve, simple, touchante, décisive, expliquant les mystères de la vie humaine, si terrible en épreuves cruelles.

Adam et Ève cultivent la terre ; ils labourent les champs. Ève conçoit enfin et engendre avec difficulté. Les douleurs de l'enfantement lui sont échues spécialement en partage, à elle, plus coupable que l'homme qu'elle a tenté. Caïn et Abel viennent ainsi au monde et sont suivis de plusieurs autres enfants du sexe féminin, sans doute, puisqu'il faut des compagnes aux jeunes fils d'Adam. Caïn laboure les champs de son père; Abel conduit ses moutons au pâturage. Les présents du jeune Abel sont plus agréables à Dieu que ceux de son frère; Caïn jaloux commet un crime plus grand que celui d'Adam, l'homicide. Il est maudit avec toute sa race. Ses descendants deviennent comme lui des brigands et des impies. Au point de vue religieux, cette famille perverse s'abandonne à toutes sortes de crimes, à la débauche, au vol, à l'inceste, au meurtre, à l'adultère; elle est condamnée par l'Être-Suprême.

Au point de vue historique et moral, il n'en est pas cependant ainsi; Caïn est un législateur prudent et éclairé; il construit et fortifie des villes, y rassemble le peuple errant des campagnes qu'il police et qu'il discipline; il sépare les héritages par des limites respectives; il invente les poids et les mesures pour régler les transactions commerciales; il donne les premières lois; c'est le Kaïou-Mors de la Perse, avec lequel il a du reste quelque ressemblance de nom et de caractère. Sa race est une race vaillante et laborieuse; les diverses industries naissent d'elle. Jabel fut un grand éleveur de troupeaux; Jubal, son frère, inventa la musique et les instruments, tels que le psaltérion et la harpe; Tubal Caïn (Ubalcaïn, Ulcaïn ou Vulcain) découvrit l'art de forger et de travailler le fer; Noëma, sa fille, fut la patronne des tisserands.

Ainsi fut la race de Caïn, qui serait admirable à notre époque. Mais les Caïnites n'adorent plus Dieu, ils négligent le culte divin, ils s'attribuent tout le mérite de leurs grandes découvertes; leur orgueil doit être puni, et Dieu se prépare à une punition exemplaire.

Cependant Adam, qui n'a plus de fils avec lui, puisqu'Abel est mort et que Caïn s'est éloigné, prie Dieu de lui en accorder un troisième. Seth arrive au monde pour remplacer Abel. De lui descendent les patriarches qui vivent longuement. Adam, à sa mort, qui arrive à l'âge de neuf cent trente ans, se trouve déjà père de huit générations humaines. Seth a engendré Énos, qui introduit les cérémonies du culte primitif; Énos est le père de Caïnan; Caïnan de Malaléel; Malaléel de Jared; Jared d'Énoch; Énoch de Mathusalem; Mathusalem de Lamech. Quelque temps après la mort d'Adam, Énoch, fils de Jared, disparaît tout à coup de la terre. Sa mort demeure un mystère pour sa famille et la postérité. En revanche, Noë, fils de Lamech, le père de la vigne, vient de naître.

Les descendants de Seth, connus sous le nom de fils de Dieu, croissent et multiplient sous la protection divine. Tout à coup l'amour, le serpent tentateur, qui a déjà perdu le premier homme, vient perdre la race prédestinée de Seth. La famille maudite de Caïn s'unit à la famille chérie de Dieu. Les Caïnites apportent leur instruction et leurs connaissances dangereuses à leurs parents les descendants de Seth, qui, à leur exemple, négligent le culte de l'Être-Suprême pour s'occuper d'écrire leur histoire privée sur des colonnes commémoratives, et d'interroger le cours des astres pour appliquer leurs observations au cours de la vie humaine. Les hommes sont méchants et corrompus.

Dieu, qui n'a plus de raison pour retarder le châtiment qu'il prépare depuis des siècles, attend cependant que les patriarches qui lui sont demeurés fidèles s'éteignent l'un après l'autre. Seth meurt âgé de neuf cent douze ans; Énos de neuf cent cinq; Caïnan de neuf cent dix; Malaléel de huit cent quatre-vingt-quinze; Jared de neuf cent soixante-deux; Mathusalem de neuf cent soixante-neuf; Lamech, fils de Mathusalem et père de Noë, était mort cinq ans avant son père, à l'âge de sept cent soixante-dix-sept ans. Noë seul, âgé de six cents ans et père de trois fils braves, courageux, pieux et aimés de Dieu, reste le dernier survivant des patriarches. Ses conseils demeurent impuissants pour réprimer l'impiété des hommes. Dieu se révèle à lui et lui ordonne la construction de l'Arche, vaisseau protecteur qui doit le sauver avec sa famille, les diverses espèces d'animaux, de poissons et d'oiseaux : l'humanité toute entière.

2. Depuis le déluge jusqu'à Abraham (2348 à 1998 avant Jésus-Christ).

Dieu a tenu sa promesse. L'inondation diluvienne a englouti les hommes coupables et corrompus. L'Arche sainte s'est arrêtée sur le mont Ararâth ; Noë et sa famille sortent du vaisseau sauveur ; les animaux préservés se dispersent sur la terre et travaillent à la reproduction de leur espèce détruite ; les oiseaux recommencent à voltiger dans l'air ; les poissons rentrent dans le lit des fleuves et des rivières ; les hommes survivants tremblent cependant devant Dieu ; la manifestation de sa colère passée les fait trembler pour l'avenir. Dieu les rassure et les console ; satisfait de la punition terrible dont il vient de frapper les races maudites, il promet à Noë qu'il n'y aura plus d'inondation générale.

Rassuré par cette promesse, Noë et ses enfants se mettent à cultiver les champs qui reprennent bientôt leur aspect primitif. Les arbres se couvrent de feuilles, les fleurs exhalent leurs parfums délicieux, les fruits abreuvent l'homme de leurs sucs exquis et savoureux. Noë plante la vigne et s'enivre ; l'ivresse de Noë excite la risée de Cham, le second de ses fils ; Cham reçoit la malédiction paternelle en punition de ses lazzis criminels et déplacés.

Les descendants de Noë se multiplient avec rapidité ; l'espace dans lequel ils vivent est trop resserré ; les hommes se dispersent au loin et vont fonder des villes éloignées ; ils veulent avant de se séparer construire une ville et une tour merveilleuses pour éterniser leur commune origine. Mais Dieu n'approuve pas cette audacieuse entreprise ; la confusion et la variété des langues naissent de la tour de Babel ; chacun suit sa langue et sa bannière et oublie sa patrie naturelle pour la terre nouvelle où la main de Dieu le dirige et le conduit. Chaque chef de tribu donne des lois à sa part d'héritage terrestre ; la grande association humaine est détruite pour faire place à des sociétés naissantes, avec leurs croyances, leurs passions, leurs vertus et leurs vices séparés. De là les luttes intestines et les guerres étrangères, l'ambition, la cupidité et l'égoïsme s'enlevant et s'arrachant par la force un sol convoité par plusieurs de ces hordes errantes et vagabondes.

Les enfants de Japhet s'établissent en Asie depuis le mont Taurus jusqu'au Tanaïs et peuplent les contrées occidentales de l'Europe. Des Japhétides viennent les Galates asiatiques, qui donnent naissance aux Celtes ou Gaulois, les Scythes, les Sarmates, les Scandinaves, les Ioniens et les Grecs, les Mèdes, les Celtibères ou Espagnols, les Cappadociens, les Tyriens et les Thraces, les Paphlagoniens, les Phrygiens, les Éoliens, les Ciliciens et les Cypriotes.

De Cham, maudit par Noë, son père, prennent naissance les Cananéens, les Philistins, les Babyloniens, les Sidoniens, les Amathéens, les Arudéens, les Arcéens, les Égyptiens, les Éthiopiens, les Lybiens et les autres peuples errants sur le sol de l'Afrique et de l'Asie Arabique, les Sabéens, les Géthuliens, les Astabériens et les Sabactéens.

Sem, qui possède l'Asie depuis l'Euphrate jusqu'à l'Indus, est la souche des Éliméens ou Persans, des Assyriens, des Chaldéens, des Orchoméniens, des Syriens, des Lydiens, des Bactriens, des Mézaniens et des Himyarites.

De puissants royaumes sont fondés ; de grandes villes sont construites ; de grands peuples sont réunis sous le gouvernement monarchique; Misraïm, l'un des fils de Cham, construit la ville de

Memphis en Égypte; Assur, fils de Sem, les villes de Ninive, de Résen, de Calah en Assyrie; Nemrod, fils de Cus, de la race de Cham, Nemrod, le puissant chasseur, érige les villes de Babylone, d'Érec, d'Accad et de Calamé, dans le pays de Sennaar; Arménag la ville d'Arakaj en Arménie; Joktan la ville de Saba, dans la terre d'Yémen; en résumé, les trois fils de Noë symbolisent les trois continents connus des anciens, qui leur doivent l'origine: Japhet les Européens, formant la première race; Sem, l'Asie ou la seconde; Cham, la troisième ou l'Afrique. A cette race appartiennent les nègres, dont la couleur est peut-être une suite de la malédiction paternelle. Lequel des enfants de Japhet, de Sem ou de Cham, sera la tige de l'Amérique et de l'Océanie, ces deux continents immenses inconnus aux générations passées?.. C'est ce que Moïse, qui ignore jusqu'où s'étendra dans les siècles à venir le génie explorateur des aventuriers du seizième siècle, ne prend pas la peine d'apprendre à la postérité, étonnée d'un oubli aussi injuste et aussi étrange.

Toutefois, la filière généalogique des ancêtres du grand Abraham nous est conservée par le législateur des Hébreux : Sem a engendré Arphaxad; Arphaxad, Sélah; Sélah, Héber, d'où les Hébreux tirent leur nom; Héber est le père de Phaleg; Phaleg, de Réhu; Réhu, de Sarug; Sarug, de Nachor; Nachor met au monde Tharé, qui est le père d'Abraham. Tous ces patriarches, qui continuent les anciens patriarches antédiluviens, et qui sont au nombre de dix, comme les premiers, ont habité la Chaldée. Mais Arâm, frère aîné d'Abraham, étant venu à mourir dans la ville d'Ar, le vieux Tharé prit en horreur le pays de ses ancêtres et vint se fixer à Carrhes en Mésopotamie, avec toute sa famille. Ce fut à Carrhes qu'Abraham épousa Saraï, sa nièce, fille d'Arâm, et adopta Loth, son neveu, devenu orphelin.

3. Abraham (1998 à 1881 avant Jésus-Christ).

Tharé étant venu à mourir, Abrâm (père élevé), car tel était alors son nom, quitte par ordre de Dieu la Mésopotamie; et, suivi de sa famille et de Loth, son fils adoptif, il vient habiter la terre promise, celle de Canaan, dont Josué devait faire plus tard la conquête. Le premier acte d'Abrâm est d'élever un autel à l'éternel, le seul Dieu qu'il juge digne de l'adoration des hommes à une époque où l'idolâtrie prédomine chez les peuples et les nations voisines.

La vie d'Abrâm dans la terre de Canaan est celle d'un bon père de famille, d'un riche fermier de campagne possesseur de plusieurs grands domaines. Une famine oblige Abrâm d'aller en Égypte pour acheter du blé et d'y séjourner quelque temps. C'était le temps des querelles entre les Hyksôs et les Pharaons. L'Égypte était divisée en deux royaumes; Osortâsen III, le Pharaon de la Bible, régnait à Thèbes; le roi pasteur Apôphis à Memphis. Est-ce à Memphis ou à Thèbes qu'Abrâm fut chercher du blé? C'est ce que la Bible oublie de nous dire, silence qui laisse sans explication pour nous la passion du Pharaon pour Saraï, femme d'Abrâm, et les égards dont il combla le patriarche pendant son séjour en Égypte.

Abrâm, revenu dans la terre de Canaan, partage fraternellement la terre promise avec son neveu. Ce partage, plutôt idéal que réel, met Loth en possession de quelques terres environnant le Jourdain, aux environs de Sodome et de Gomorrhe, alors administrées par des rois; Abrâm fixe sa résidence à Hébron, dans le bois de Manré.

C'est quelque temps après ce partage qu'a lieu l'invasion des

Assyriens nomades ou bédouins, sous la conduite d'Amraphel, d'Arjoc, de Kédor-Lahomer et de Tiddah, chefs des tribus d'El-lazar, de Hélam, de Goïm et de Sennaar, sur les terres de Sodome, de Gomorrhe et des terres voisines ; Loth, qui a pris les armes pour repousser les agresseurs, est pris dans la mêlée et emmené à la suite des rois victorieux. Abrâm apprend la terrible nouvelle ; il saisit à son tour les armes pour délivrer son héritier présomptif, le fils de son frère Arâm. Suivi de ses parents Aner, Escal et Mamré, il poursuit les ennemis, les atteint à l'extrémité de la Palestine et remporte sur eux la victoire d'Hobâh, couronnée par la mort des quatre rois alliés et la mise en liberté de Loth prisonnier.

Cet exploit audacieux a grandi la réputation d'Abrâm dans ces contrées qu'il vient de sauver d'une manière si miraculeuse. Melchisédech, roi de Solyme et grand-pontife, Bérah, roi de Sodome, se rendent au-devant d'Abrâm et le félicitent de sa victoire. Melchisédech le bénit au nom du Dieu fort et tout-puissant ; Abrâm lui offre en reconnaissance, comme au prêtre de l'éternel, la dîme du butin fait sur les ennemis. Un traité d'alliance est conclu entre Abrâm et les deux rois.

Abrâm cependant n'a point d'enfants à qui il puisse céder ses biens et sa fortune et léguer la gloire de son nom ; Saraï est stérile et déjà vieille ; l'éternel inspire Saraï qui, selon une coutume alors en usage chez les Hébreux, lui livre la jeune Agar, sa servante, qui concevra et qui enfantera au lieu et place de Saraï. Ismaël (Dieu exauce) est le premier fils d'Abrâm béni par l'éternel.

Quinze ans se sont écoulés depuis le retour d'Égypte. Abrâm a quatre-vingt-dix-neuf ans, Saraï en a quatre-vingt-dix ; le jeune Ismaël, âgé de treize ans, est élevé comme le seul héritier d'Abrâm. Un ange, un messager céleste, Jéhovah lui-même, apparaît à son patriarche, lui ordonne de changer son nom en celui d'Abraham (père de la multitude), lui prédit les plus brillantes destinées et lui révèle la circoncision comme le signe distinctif de l'élection de son peuple. Jéhovah prédit encore à Abrâm un fils dont Saraï doit être la mère. La foi robuste du bon Abrâm est quelque peu ébranlée à cette prédiction singulière ; mais l'éternel a parlé ; *Abraham* croit et obéit. La circoncision est ainsi établie sur sa race.

La destruction de Sodome et de Gomorrhe, la mort funeste de la femme de Loth, son inceste avec ses deux filles, qui donnent naissance aux Moabites et aux Ammonites, viennent affliger le cœur d'Abraham, mais contribuent à affermir sa foi, rassurée par la manifestation visible de la volonté divine. L'élu de Dieu s'établit alors à Gérar, où Saraï, âgée de cent ans, excite la passion du roi Abimélech, qui en devient épris, la prenant pour la sœur du patriarche hébreu. La méprise est expliquée, et des liens de bonne amitié viennent cimenter l'union des deux rivaux de hasard. La pierre de Bersabée consacre le serment qui unit les deux chefs.

La confiance d'Abraham est enfin récompensée ; Saraï conçoit et met au monde un fils qui reçoit le nom d'Isaac (roi). La naissance d'Isaac est l'exclusion d'Ismaël de la maison paternelle. Agar, trop fière de sa maternité, trop peu reconnaissante pour sa maîtresse, est chassée par Abraham avec le fils qu'elle a eu de lui. Dieu leur apparaît dans un désert et les guide dans le pays des Himyarites, où Ismaël doit établir sa famille. De lui descendent en effet les Arabes bédouins qui, se prétendant déshérités de leur part terrestre naturelle et légitime, admettent le brigandage comme la conséquence nécessaire de cette spoliation injuste et illégale.

La Bible nous représente Abraham comme rempli de déférence et de respect pour la volonté de son Dieu. La vieillesse ne détruit pas chez le bon patriarche les sentiments de reconnaissance et de gratitude qu'il doit à l'éternel pour prix de ses bienfaits. Dieu toutefois le met à une épreuve terrible dont Abraham sort victorieux et triomphant ; il lui ordonne le sacrifice de son fils Isaac, de ce fils qu'il a sollicité de sa bonté par tant de prières, de larmes d'angoisses et d'attente cruelle et désespérée. Abraham n'hésite point ; il saisit le couteau sanglant des sacrifices ; il va immoler son fils bien-aimé ; mais Dieu, satisfait, arrête son bras homicide.

La mort de Sara, âgée de cent vingt ans environ, plonge Abraham dans la douleur et l'inquiétude. Le bon patriarche a fait enterrer dans un champ qu'il achète dans les environs d'Hébron, à Macpéla, près du bois de Manré, son ancien domicile, et pleure pendant quelque temps sur le tombeau de sa femme bien-aimée, qui est aussi sa nièce, la sœur de ce Loth dont les livres mosaïques ne nous entretiennent plus depuis la destruction de Sodome et son inceste avec ses deux filles. Cependant les charmes de Kethoura la cananéenne font tarir les larmes de l'époux désolé ; un second mariage le rend père de six autres fils qui donnent naissance à une postérité nombreuse et puissante.

Le récit du mariage d'Isaac et de Rébecca est une des pages les plus naïves et les plus charmantes de la Bible. On s'intéresse à ce bon serviteur Éliézer qui part pour la Mésopotamie avec dix chameaux, ce premier et vénérable ambassadeur chargé d'une demande en mariage, le représentant et le résumé de toute a diplomatie de ces temps primitifs ; à Rébecca, la jeune fille de Béthuel et la petite-fille de Nachor (1), allant à la fontaine avec sa cruche sur l'épaule et donnant à boire au vieil Éliézer et aux chameaux qui l'accompagnent. La réception d'Éliézer chez Béthuel et Laban ; sa harangue matrimoniale ; les présents faits à la jeune fiancée (une bague et deux bracelets) ; enfin le retour triomphant de l'ambassadeur conduisant à son maître la future

____

(1) Nachor était encore un frère d'Abraham et d'Aram, qui était demeuré à Carrhes après la mort de Tharé, son père. Béthuel, l'un de ses fils, était le père de Laban et de Rébecca.

épouse de son fils, sont de ces tableaux grâcieux et agréables qui doivent inspirer le peintre chargé de les reproduire (1).

Le mariage d'Isaac et de Rébecca, la naissance de ses deux fils jumeaux, Ésaü et Jacob, viennent combler de joie le vieil Abraham, dont les souhaits sont tous exaucés, et qui n'a plus rien à faire dans ce monde d'où Dieu le retire bientôt.

4. Isaac (1881 à 1776 avant Jésus-Christ).

La vie du patriarche Isaac n'offre rien de bien saillant et de bien curieux au point de vue historique. La seconde famine de Canaan, le séjour d'Isaac à Gérar, l'amour du roi de Gérar pour Rébecca, sont des histoires renouvelées de celle d'Abraham. Ésaü, son fils aîné, est un grand chasseur comme Nemrod. Jacob, son frère, d'un caractère plus doux, est un berger comme Abel, à qui il ressemble. Ésaü est le favori du père dont il est l'aîné ; Jacob est le protégé de la mère, qui l'emploie aux soins domestiques. C'est avec l'aide de sa mère qu'il achète le droit d'aînesse d'Ésaü moyennant un plat de lentilles, et qu'il escamote la bénédiction paternelle. Isaac bénit Jacob, qu'il oblige à partir toutefois quand il connaît sa méprise. Jacob est envoyé en Méso-potamie par sa mère Rébecca, auprès de Laban, qui est père de deux jeunes filles. L'une d'elles, Rachel, qui gardait les trou-peaux de son père, accueille le jeune voyageur, qui en devient amoureux. Jacob se fait reconnaître de son oncle et s'engage pour sept ans à son service, ne demandant pour récompense que la main de Rachel, sa cousine. Mais Laban, qui a une fille aînée

(1) Rébecca donnant à boire à Éliézer a donné la vie à l'un de nos plus ravissants tableaux modernes, dont l'auteur est Horace Vernet.

nommée Lia , mal partagée des dons de la nature , ne se fait pas scrupule de manquer de parole à Jacob, et introduit dans son lit l'aînée de ses filles au lieu de la plus jeune. Jacob est furieux de la supercherie ; mais il a un moyen de réparer le mal ; c'est de servir autres sept ans et d'épouser les deux sœurs, qui lui appartiennent sur-le-champ moyennant sa promesse. Ces sept nouvelles années sont employées par Jacob, qui a obtenu une récompense et un intérêt privé dans l'administration des biens de Laban , à se constituer une fortune solide qui lui permet d'élever sa nombreuse famille. Jacob est en effet père de onze fils et d'une fille que lui ont donné ses deux femmes et leurs deux suivantes, passées dans le lit du maître comme Agar dans celui d'Abraham.

Les sept secondes années sont écoulées , et ces années sont suivies de quelques autres. Laban, qui a reconnu d'excellentes qualités administratives chez son gendre , refuse de le laisser partir. Jacob, ennuyé de cette résistance opiniâtre, quitte un beau jour la maison de Laban avec ses femmes, ses enfants, ses domestiques, ses meubles et ses troupeaux. Laban irrité le poursuit ; mais , sur l'ordre de Dieu , il lui pardonne et fait alliance avec lui. Jacob continue son voyage après avoir élevé un autel à Béthel en l'honneur de l'éternel et prend le nom d'Israël, qui doit passer à sa race et à sa nation.

Vingt-cinq ans environ se sont passés depuis le départ de Jacob pour la Mésopotamie ; il en a resté près de vingt chez son oncle Laban ; il en a consacré près de cinq à revenir dans la terre natale. Bien des changements ont eu lieu à Berséba depuis son départ ; Rébecca est morte ; Ésaü , marié avec des princesses cananéennes , possède des richesses considérables et se rend à la rencontre de son frère avec quatre cents serviteurs qui attestent sa puissance et sa considération dans la terre promise ; Isaac, son père , n'est plus qu'un vieillard caduc et infirme.

A l'exemple d'Abraham et de Loth, un partage fraternel a lieu entre les deux jumeaux : Ésaü va régner à Séir et dans l'Idumée ; Jacob se retire dans le pays de Sichem, dont le prince, devenu amoureux de sa fille Dina, l'enlève sans autre formalité. Siméon et Lévi, frères aînés de Dina, furieux et irrités, se vengent du roi de Sichem en s'emparant de sa ville capitale et en passant au fil de l'épée tous les habitants de cette ville, innocents du crime de leur maître. Jacob maudit ses deux fils pour ce meurtre barbare et inutile. Quelque temps après la prise de Sichem, il perd sa femme Rachel, qui vient de lui donner un douzième et dernier fils, le jeune Benjamin.

Le vieil Isaac, âgé de cent quatre-vingt-cinq ans, meurt à son tour à Berséba et est enterré dans la ville d'Hébron.

5. Jacob (1776 à 1749 avant Jésus-Christ).

Jacob, dont nous avons raconté la vie bizarre et agitée dans le chapitre précédent, est pendant quelque temps, après la mort d'Isaac, le plus heureux des pères et le plus riche des agriculteurs. Il a douze fils, tous jeunes, beaux et forts, augures d'une postérité formidable. Ses moissons sont florissantes, ses prairies productives. Ses chameaux, ses ânes, ses bœufs et ses serviteurs sont innombrables. Dieu lui réserve cependant une nouvelle épreuve.

Joseph, né de Rachel, est le plus chéri de ses enfants, dont il est aussi le plus sage et le plus docile. Les prédilections de Jacob, ses soins les plus touchants sont pour ce fils bien-aimé qui lui rappelle une femme adorée. Ses autres fils, les enfants de Lia et des servantes, sont jaloux de Joseph et veulent le faire mourir. Le seul Ruben, qui est l'aîné de tous, s'oppose à ce projet homicide et s'éloigne après avoir fait placer provisoirement Joseph dans une citerne, dont il espère le délivrer à l'insu de ses frères.

Juda, le quatrième des enfants de Jacob, devine le projet de Ruben et profite du passage d'une caravane de marchands se rendant en Égypte pour engager ses frères à leur vendre le jeune Joseph comme esclave. La proposition de Juda convient aux autres fils de Jacob ; le marché est fait, conclu et arrêté. Moyennant vingt pièces d'argent, les marchands emmènent leur esclave. Ruben arrive, mais trop tard pour Joseph. Un mensonge commun doit sauver ces frères également coupables ; ils couvrent du sang d'un bouc les vêtements dont ils ont dépouillé Joseph avant de le descendre dans la citerne, et les font présenter au vieux Jacob qui fond en larmes et est obligé d'accepter pour vraie la fin supposée de son fils préféré.

Il faut lire dans la Bible la suite des aventures de Joseph en Égypte, sa captivité chez Putiphar, la passion adultère de la femme de celui-ci pour Joseph, l'emprisonnement du fils de Jacob, l'explication des songes de l'échanson et du pannetier, l'élévation de Joseph aux fonctions de premier ministre du Pharaon d'alors (Touthmôsis II régnait en Égypte), la grande famine de sept ans qui désole la terre de Canaan et dont l'Égypte est préservée par les soins du premier ministre, l'arrivée des autres fils de Jacob en Égypte et leur reconnaissance par Joseph, la coupe trouvée dans le sac de Benjamin et la venue du vieux Jacob et de sa famille dans la terre égyptienne.

L'histoire, plus positive que les livres mosaïques, dont l'épisode de Joseph est une des parties les plus poétiques et les plus grâcieuses, n'aperçoit là qu'un grave évènement qui l'intéresse et qui doive l'occuper, l'émigration de la race patriarchale en Égypte et sa translation de la terre de Canaan dans les pays de Gessen et d'Héliopolis, qui sont accordés par Joseph à son père et à sa famille.

L'histoire de Joseph et de Jacob se termine par le mariage du premier avec la fille du grand-prêtre Potipharé, l'adoption de ses fils Éphraïm et Manassé par Jacob, qui admet leurs descendants à former une des douze tribus qui doivent composer la future nation israélite, et la mort de Jacob, dont le cadavre est transporté dans la terre de Canaan par les soins de Joseph et de ses frères, et enseveli à Hébron à côté de celui de son père Isaac.

Le caractère de Joseph est assurément l'un des plus beaux et des plus nobles de ceux consacrés dans l'Écriture-Sainte ; enfant docile et respectueux, il a mérité l'affection et les préférences paternelles ; esclave soumis et obéissant, il a respecté l'honneur de son maître en repoussant la femme adultère de Putiphar ; prisonnier et exilé, il a accepté avec résignation les épreuves imposées par la volonté divine ; humble et faible, il s'élève par ses talents aux fonctions de premier ministre ; administrateur habile et éclairé, il sauve le pays confié à sa garde d'un fléau cruel, la famine ; frère trahi par ses frères, il pardonne à ceux-ci qui l'ont vendu et abandonné ; il comble d'honneurs sa famille coupable et sacrilége. Mais la vengeance de Dieu n'est pas satisfaite ; et Joseph, dont le bon cœur a cru faire une bonne action en appelant les siens à participer à sa puissance et à son autorité, vient, sans le savoir, de faire aux Hébreux un triste présent en les appelant sur la terre d'Égypte ; ce présent fatal, c'est une humiliation et une servitude de plus de deux siècles.

Dieu a puni les frères parjures et criminels ; leurs enfants seront esclaves et persécutés ; Joseph, la victime abandonnée, a été le bras innocent qui a exécuté les ordres secrets de l'éternel, appelant son peuple libre à la poignante torture d'un cruel esclavage (1).

____

(1) Les douze fils de Jacob étaient Ruben, Siméon, Lévi, Juda, Issachar, Zabulon, nés de Lia, ainsi que Dina, enlevée par le prince des Sichemites ; Gad et Aser, issus de Zilpha, servante de Lia, par conséquent assimilés aux enfants de Lia elle-même ; Dan et Nephtali, engendrés par Bilha, servante de Rachel ; enfin Joseph et Benjamin, dont la mère était Rachel elle-même.

6. Servitude des Hébreux sous les Égyptiens (1749 à 1551 avant Jésus-Christ).

La mort de Joseph a laissé les Israélites sans protecteur et sans défenseur. Le peuple égyptien, qui n'a jamais aimé les étrangers, laisse déborder une haine intérieure que la crainte ne l'oblige plus à garder dans son cœur. Les services rendus par le premier ministre de Pharaon, l'Égypte préservée de la famine par ses soins éclairés, sont complètement oubliés par les indigènes. Les nouveaux Pharaons partagent l'antipathie populaire et se mettent à persécuter des étrangers dont les mœurs et les coutumes sont en opposition continuelle avec les coutumes et les mœurs égyptiennes.

L'Écriture-Sainte, qui ne nous donne aucuns détails particuliers sur la vie privée des Hébreux pendant leur servage, nous fait connaître cependant la nature des persécutions infligées par les souverains égyptiens au peuple juif. Ce sont des corvées accablantes, des impositions onéreuses et exorbitantes, des constructions difficiles et pénibles, des travaux serviles et humiliants ; les Hébreux paient à l'état le cinquième des impôts exigés de toute l'Égypte ; ils bâtissent les villes de Pithon et de Rahamsés ; ils travaillent à faire du mortier et des briques pour l'édification des pyramides, labourent et sèment les terres, moissonnent les récoltes, vendangent les raisins, et, malgré leurs travaux continus, leurs fatigues et leurs charges publiques, cette nation si humiliée, si méprisée et si détestée, croît et multiplie en richesse et en population, au grand désespoir et au grand regret des Égyptiens courroucés.

Leurs souffrances toutefois ne sont pas encore épuisées. Le roi d'Égypte, qui craint avec raison l'accroissement de la population

hébraïque, exige de chaque père de famille le sacrifice de leur
premier né, défend plus tard à tous les Israélites de laisser vivre
leurs enfants mâles. Les femmes refusent d'accéder à un ordre
aussi barbare; mais les officiers de leurs persécuteurs veillent
avec soin à l'exécution des ordonnances royales. Effrayés et me-
nacés jusque dans leur propre existence, les Hébreux demandent
à quitter l'Égypte; mais cette permission leur est dédaigneusement refusée. Les Égyptiens ont pour ces étrangers la même
affection que les fermiers ont pour leurs bêtes de somme; ils
veulent bien les exténuer de travail, les faire mourir sous le
fouet, arrêter à leur bon plaisir la multiplication de l'espèce;
mais leur accorder la liberté!... c'est ce que les fermiers ne font
pas; c'est ce que les Égyptiens ne veulent pas faire!... Qui donc
leur servirait après leur départ de maçons, de charpentiers, de
vignerons, de cultivateurs et de domestiques (1)?

Dieu est touché des malheurs de son peuple. Il lui suscite
un libérateur; ce libérateur est Moïse!

Moïse est un descendant de Lévi, le second fils d'Amrâm et
de Jocabed, le frère d'Aaron et de Miriam qui, la première des
femmes, a porté le nom si doux de Marie, nom de la mère du
Christ! Sa jeunesse a été orageuse et persécutée. Frappé par
l'édit de proscription contre les enfants des Hébreux, il a été exposé sur le Nil par sa mère qui veut le sauver à tout prix. La fille
du Pharaon, Thermutis (Tmahumot sans doute, fille d'Horus),
a recueilli le jeune enfant dormant dans son berceau d'osier;
moins cruelle que son père, elle l'a adopté et fait élever comme
son propre fils, et l'a appelé *Moïse* (le sauvé des eaux)!

Josèphe, qui n'invoque pas toujours les sources bibliques,
nous fait du jeune enfant d'Amrâm, parvenu à l'adolescence, un

______

(1) C'est pendant la servitude que doit être placée la touchante histoire de Job, descendant d'Issachar, naïve tradition de la résignation la plus complète et de la soumission entière de l'homme aux volontés de Dieu, son maître et son créateur.

général des troupes égyptiennes contre les Éthiopiens. La prise de Saba par Moïse, son amour pour la fille du roi de ce pays, sont de ces récits apocryphes que nous n'accepterons pas certainement d'après lui.

La Bible, plus avare de détails biographiques sur la jeunesse du prophète, nous représente Moïse reconnaissant de son adoption miraculeuse pour la princesse qui l'a recueilli, mais animé d'une haine instinctive contre tout ce qui porte un nom égyptien; terrassant un intendant indigène qui maltraitait un malheureux serf israélite; obligé de quitter l'Égypte à cause de ce meurtre, et se réfugiant dans le pays de Madian, où il garde les troupeaux de Jéthro (1), sacrificateur du vrai Dieu, qui lui donne une de ses filles en mariage.

C'est dans la montagne d'Horeb que Jéhovah apparaît à Moïse, lui révèle sa volonté, lui concède le don des miracles et l'électrise d'un feu divin. Moïse joyeux reprend la route d'Égypte pour accomplir la mission de l'Éternel vis à vis de son peuple. Aaron, son frère, dont la parole est éloquente, se joint à lui pour expliquer aux Israélites les intentions secrètes de Dieu et pour demander au Pharaon (2) la permission de sortir, eux et toutes les familles juives, d'une terre où ils n'ont depuis longtemps trouvé que mépris, haine et persécutions.

Le roi d'Égypte ne répond à la demande d'Aaron et de Moïse qu'en opprimant par de nouvelles exactions la malheureuse nation qui sert de but à sa colère et à sa tyrannie. L'Être-Suprême prend alors parti de son peuple et frappe ce royaume égyptien de plaies terribles et désolantes, qui fournissent au fils d'Amrâm

(1) Josèphe le nomme Raguël.

(2) D'après la concordance des dates, ce Pharaon serait le grand Sésostris; mais il n'y a rien d'impossible à ce que Moïse adressât sa demande à l'un des gouverneurs particuliers de l'Égypte, résidant à Rhamessés, ville égyptienne, d'où les Israélites sortirent tous à la fois.

l'occasion d'augmenter sa réputation par les grands miracles qu'il opère avec sa baguette miraculeuse.

Les eaux du Nil et des fleuves changées en sang, la multiplication des grenouilles, l'apparition des moustiques et des taons destructeurs de la végétation, la mortalité des bestiaux égyptiens, les ulcères et les pustules enflammées attaquant le corps des hommes et des animaux, la grêle terrible qui ravage les campagnes, la pluie de sauterelles, l'obscurité profonde qui fait disparaître le jour et la lumière, enfin l'épidémie impitoyable qui frappe à la même heure les premiers nés des égyptiens, attestent dans les traditions bibliques la toute-puissance du Dieu suprême, et la puissance presque illimitée dont Jéhovah a revêtu son mandataire docile.

Le Pharaon, ébranlé par ces maux successifs, par ces miracles improvisés, lassé de retenir injustement un peuple aussi étrangement protégé par la providence, cédant aux instances même de ses sujets effrayés, accorde enfin la permission si ardemment sollicitée. Moïse a prévu cette détermination royale. La nuit même de la permission, qui est celle de Pâques, trouve les Hébreux prêts au départ annoncé par le sublime prophète. L'agneau pascal est mangé à la hâte dans chaque famille, des gâteaux sans levain sont emportés avec précaution par les convives ; alors tous les Israélites, leur bâton de voyage à la main, conduisant les troupeaux qui leur appartiennent, riches de toutes les dépouilles qu'ils ont pu enlever à leurs oppresseurs (dépouilles et butin qu'ils dérobent par l'ordre de Dieu, comme juste récompense de leurs travaux passés), escortés de leurs femmes, de leurs enfants et de leurs domestiques, se mettent aussitôt sur la route qui doit les conduire hors de la terre étrangère.

L'émigration hébraïque compte dans ses rangs plus de six cent mille hommes en état de porter les armes ; environ deux millions de personnes, en y comprenant les vieillards, les femmes et les enfants. De Rhamessés, séjour ordinaire des Hébreux pendant leur servitude, les émigrants se rendent à Suecoth le premier jour, à Étham le second, enfin, le troisième ils arrivent à Pihahiroth, sur les bords de la mer Rouge.

C'est dans la plaine de Pihahiroth que les Israélites, si contents de fuir la servitude égyptienne, voient tout à coup déboucher derrière eux une armée formidable de fantassins et de cavaliers envoyés par le Pharaon, avec l'ordre formel de faire revenir les fugitifs sur leurs pas et de s'opposer à toute tentative d'évasion de leur part. Entourés à droite et à gauche par des montagnes, bloqués devant eux par la mer, les Hébreux ne peuvent être sauvés que par l'intervention du ciel. Jéhovah agit en effet. Une violente tempête survient pendant la nuit et sépare les eaux écumantes par un passage facile et commode. Les Hébreux, protégés par d'épaisses ténèbres, éclairés par la foi religieuse qui les conduit et encouragés par le prophète, se jettent avec résolution dans la voie ouverte miraculeusement devant eux. La mer Rouge est ainsi traversée dans cette seule nuit.

Au point du jour, les Égyptiens, qui se croient déjà maîtres de leurs ennemis, n'aperçoivent plus ni leur camp ni leurs tentes. Le désir de rattraper la proie qui leur échappe les précipite à leur tour dans le passage qui vient de servir si bien les Hébreux désespérés. Mais à peine sont-ils engagés au milieu des eaux retenues par la main de l'Éternel, que l'obstacle factice qui les rendait immobiles s'évanouit par enchantement; les flots contenus grondent, s'élancent et se réunissent, engloutissant ainsi hommes, chevaux et charriots de guerre. Au milieu de cette scène de mort et de désolation, de ce nouveau déluge qui frappe les méchants de la terre, on entend retentir de l'autre côté de la mer Rouge le tambour de Miriam, la sœur de Moïse, accompagnant le cantique immortel de son frère, répété par deux millions de créatures, cantique de victoire et de triomphe, de reconnaissance et d'amour envers l'Éternel, qui vient d'envoyer à son peuple ces deux bienfaits précieux et divins pour les hommes : la délivrance et la liberté !

Une grande partie de la mission céleste de Moïse se trouve alors heureusement accomplie. Là, de l'autre côté de la mer, sont les fers qu'ils viennent de briser pour toujours ; ici, dans des montagnes inconnues, doit être le chemin qui conduit à la terre promise !... Le peuple hébreu ne saurait hésiter ; il se précipite à la suite de Moïse dans les défilés étroits et périlleux du désert !

7. Moïse. — Les quarante ans du désert. (1551 à 1511 avant Jésus-Christ).

La tâche de Moïse n'est pas encore accomplie ; le peuple de Dieu ne pénètrera pas si facilement dans la terre promise ; lui-même, le grand prophète, n'y arrivera point. De tous les Hébreux sortis avec lui de l'Égypte, deux seulement, Josué et Caleb, verront la terre d'Abraham et de Jacob. Quarante années se passeront dans une marche difficile et pénible, à travers des agitations intestines, des querelles privées, des luttes et des guerres étrangères, des impiétés et des sacriléges. L'Éternel n'abandonnera pas son envoyé sublime et le soutiendra toujours de son inspiration toute-puissante. A chaque hésitation du peuple, à chaque profanation audacieuse, à chaque doute exprimé, à tout sourire de défiance et d'incrédulité, Moïse répondra par des miracles et confondra ses ennemis. Il donnera des lois au nom du Dieu fort et unique ; et ces lois, dictées par la bouche de Dieu, seront accueillies, reçues et respectées.

L'Exode nous montre d'abord les Israélites souffrant de faim, de soif et de fatigue (1) ; les sources d'Élim, l'eau du mont Horeb, les

____

(1) Un grand feu était allumé jour et nuit à la tête des colonnes hébraïques pour guider le reste de la nation à travers les montagnes.

cailles et la manne du désert de Sin, viennent apaiser les murmures du peuple. Puis ce sont les hordes amalécites qui accourent présenter la bataille aux Israélites, accablés de tant d'épreuves successives ; mais l'œil de Jéhovah préside à toutes choses ; Moïse envoie Josué combattre les ennemis de son peuple, et les Amalécites sont vaincus par le champion de la liberté juive.

Trois mois après la sortie d'Égypte, les Hébreux arrivent au pied du mont Sinaï ; c'est l'endroit désigné par Moïse pour donner des lois et des institutions à cette nation vaillante et courageuse, mais ignorante et abrutie par de longues années d'esclavage et de servitude. Il faut arracher surtout du cœur des Israélites ces tendances et cette propension à l'idolâtrie et au polythéisme que leur a donné le contact prolongé des Égyptiens. L'unité de Dieu doit être enfin proclamée par le peuple issu d'Abraham et d'Isaac, qui doit consacrer cette sainte croyance de leurs ancêtres.

Moïse, accompagné de son frère Aaron, s'élance au haut du Sinaï ; une colonne de fumée s'élève du sommet de la montagne divine ; les éclairs sillonnent la nue ; le tonnerre gronde avec fracas ; un bruit mystérieux de trompettes se mêle au bruit du tonnerre ; l'approche de la montagne sacrée est interdite à tous, même aux prêtres ; une voix redoutable, celle de Jéhovah, proclame les dix commandements principaux, dont Moïse doit être l'interprète auprès des siens.

Les dix commandements sont célébrés par des repas solennels et des sacrifices divins ; cette épreuve encourage Moïse qui, accompagné de Josué, monte une seconde fois sur le Sinaï, où il doit s'occuper, pendant quarante jours de retraite et de contemplation célestes, de la rédaction des lois sociales et humaines. Le peuple profite de son absence pour se construire une idole, et obtient de son frère Aaron, qu'il a laissé pour commander en son absence, l'érection du Veau-d'Or, devant lequel il se prosterne et s'humilie. Moïse apparaît tout à coup au peuple étonné, renverse l'idole sacrilège, adresse de grands reproches à son frère et aux Israélites et fait mettre à mort trois mille profanes et impies. Il brise les deux tables de pierre où sont gravés les dix commandements.

Le peuple, éperdu, demande grâce à son chef et le prie d'implorer pour sa faute le pardon de l'Éternel, présent dans la tente de Moïse (1). Moïse adhère à la prière générale, et, après une nouvelle retraite de quarante jours sur le mont Sinaï, il redescend radieux et content, portant dans sa main des nouvelles tables de la loi et le code complet et détaillé des lois nouvelles qui doivent régir le culte, les pratiques religieuses et les droits civils ou légaux des Hébreux.

D'après ces lois, qui sont acclamées et reçues par la majorité qui les admire, acceptées ostensiblement par une minorité turbulente, qui proteste toutefois en secret, Moïse est le chef du pouvoir civil et militaire, il est le prophète et le juge perpétuel de sa nation ; à lui le droit de décréter la guerre, de conclure la paix, de rendre les jugements, de punir les délits et les crimes. Aaron, son frère, est le chef des prêtres ou du pouvoir religieux ; à lui seul appartiendra l'entrée du saint des saints dans le Tabernacle que l'on va construire. Les juges ou chefs du peuple seront électifs ; les grands pontifes seuls seront héréditaires.

Le Tabernacle est achevé au bout de sept mois ; sa consécration est faite un an après, jour par jour, la délivrance et la sortie d'Égypte ; chaque tribu, chaque famille, chaque citoyen offrent à Dieu des sacrifices et des holocaustes ; Dieu punit cependant de mort Nadab et Abihu, fils aînés d'Aaron, qui ont offert des victimes défendues par les lois de Moïse. Moïse, qui ne monte plus sur le mont Sinaï pour consulter son Dieu qui se rapproche de lui dans le Tabernacle, annonce à haute voix le départ du peuple,

____

(1) Moïse fit construire une tente placée hors de son camp et appelée Ohel-Moïd ou du rendez-vous. Un nuage placé devant l'entrée de la tente annonçait aux Hébreux la présence de Moïse et ses entretiens avec Dieu.

reposé par un an de séjour aux environs du mont Sinaï, et fait le dénombrement de tous ceux qui l'accompagnent.

Le vingtième jour du deuxième mois de la seconde année, les trompettes d'argent de Moïse, nommées *assira*, se font entendre; le signal de continuer la route est donné aux Israélites. On se dirige vers le nord, vers le désert de Pharân et le midi de la Palestine. Les souffrances et les murmures des Hébreux recommencent; les miracles de Moïse se renouvellent pour les calmer. On arrive ainsi à Kadesch, d'où Moïse envoie douze chefs de tribu, entre lesquels Josué et Caleb, pour explorer le pays de Canaan et indiquer les moyens les plus sûrs pour en faire la conquête. Le rapport des envoyés de Moïse décourage le peuple et l'excite contre le prophète et son frère. Dieu punit les Israélites en leur annonçant qu'à l'exception de Caleb et de Josué (1), nul de ceux qui existaient alors n'entrerait dans la terre promise. Les plus factieux, malgré la défense de Moïse, engagent la guerre avec les Cananéens et les Amalécites, qui les battent et les repoussent dans plusieurs rencontres.

La prédiction de Moïse se vérifie; trente-huit ans s'écoulent dans le désert, trente-huit ans qui voient mourir toute une génération d'israélites, remplacée par une nouvelle race plus forte, plus vigoureuse, plus confiante, parce qu'elle est moins éprouvée; la révolte des lévites Koré, Dathan et Abiron contre Aaron et Moïse, et leurs prétentions au souverain pontificat, n'a servi qu'à accroître l'influence du prophète sur les siens et à légitimer les droits d'Aaron et de sa famille; les Israélites errent au hasard du nord au midi et du midi au nord, par la volonté de Dieu; Miriam, sœur de Moïse, vient de mourir dans le désert de Sin; Moïse et Aaron, vieillards de cent vingt ans,

(1) La prédiction de Moïse ne regardait pas sans doute les prêtres et les lévites, puisque Éléazar, fils d'Aaron, qui était sorti d'Égypte avec Moïse, son oncle, exerça les fonctions de grand-prêtre dans la terre promise.

renoncent eux-mêmes à tout espoir de conquête ; l'armée, par
l'inspiration de Moïse, se dirige toutefois vers la rive gauche du
Jourdain, en demandant le passage au roi d'Idumée, qui le
refuse sans hésiter.

Moïse perd encore son frère Aaron sur le mont Horeb, et
revêt son neveu Éléazar des fonctions de grand-pontife; il met
en fuite les Cananéens qui veulent intercepter sa route; remporte la victoire de Sossa sur Sihon , roi des Amorrhéens, des
états duquel il s'empare, et occupe également le pays de Basan,
dont le roi Og est battu par les Israélites. La vieillesse de Moïse
est digne de sa vie aventureuse et héroïque ; c'est le chant du
cygne de cette âme vaillante et guerrière, électrisée par l'aiguillon d'une foi robuste et inaltérable.

Les Madianites, réunis aux Moabites, ne sont pas plus heureux que les Amorrhéens et les Basanites ; leur prophète Balaam,
sur les imprécations duquel ils comptaient beaucoup, bénit les
Israélites au lieu de les maudire ; les séductions de leurs filles
dans les fêtes de Belphégor entraînent , à la vérité , quelques
jeunes gens d'Israël, mais sont vivement réprimées par Moïse ;
enfin Phinée, fils du grand-prêtre Éléazar , les attaque avec
douze mille hommes, et fait de ces nations ennemies un massacre terrible et effrayant. Deux tribus héroïques , celles de
Ruben et de Gad et la demi tribu de Manassé, s'établissent dans
les terres conquises à l'est du Jourdain , entre l'Arnôn et le
Yabbôk, fertiles en gras pâturages.

L'œuvre de Moïse est achevée. De sa tente , située près du
mont Nébo , en face de Jéricho , il peut entrevoir la terre de ses
pères , dont l'entrée lui demeure interdite. Il partage par anticipation cette patrie si regrettée des siens , où ses enfants trouveront , il l'espère du moins, la paix , le repos, le bonheur et
l'indépendance. Il exhorte son peuple à demeurer fidèle à la loi
divine , dont il a été l'organe et l'interprète. Il recommande la
lecture septennale des dix commandements de Dieu. Il institue
Josué pour son successeur au préjudice de ses propres enfants.

Il bénit enfin les douze tribus qui ont si longtemps exécuté ses ordres et marché sous son égide tutélaire. Sa voix s'éteint sur la montagne Nébo, d'où son œil bienveillant s'arrête une dernière fois sur sa famille, sur ses parents, sur ses amis et sur ses compagnons.

Le vieillard sublime qui a vu Dieu sur le mont Horeb, sur le mont Sinaï et sur le mont Nébo; qui a réprimandé le roi d'Égypte et frappé ce pays de plaies affreuses et désolantes; l'envoyé céleste qui a délivré le peuple d'Israël et passé la mer Rouge; le saint prophète qui a guidé son peuple dans les déserts et mis en fuite les Amorrhéens, les Moabites, les Madianites et les Cananéens; l'auteur inspiré de Dieu des lois divines, humaines et sociales, qui sont un objet d'admiration pour la postérité intelligente et éclairée; le juge suprême des Juifs, qui ne voulut pas ceindre la couronne royale, le grand Moïse, vient de mourir comme un simple mortel à l'entrée de cette terre de Canaan qu'il destine à sa race, dont la conquête, depuis si longtemps prévue et annoncée, est réservée à un homme plus jeune et plus vigoureux que lui, qui doit compléter et achever la mission céleste aux trois quarts accomplie!

Ainsi Dieu l'a voulu dans sa toute-puissance! Et par l'effet de cette volonté implacable, Moïse et Aaron, les deux symboles du génie de la persévérance humaine, résistant pendant quarante années d'épreuves successives et de luttes terribles contre un peuple incrédule, succombent avant d'avoir vu la réalisation de leurs projets sublimes et de leurs magnifiques espérances!

8. Josué (1511 à 1488 avant Jésus-Christ).

Josué est bien le successeur qu'il faut à Moïse, le bras nécessaire pour achever l'œuvre entreprise par la tête intelligente et

supérieure. Quarante jours après la mort de Moïse, le Jourdain
est franchi, comme l'avait été la mer Rouge, à l'aide d'un miracle
éclatant et solennel ; les murailles de Jéricho tombent aux accents
religieux des enfants d'Israël ; les habitants en sont tous massacrés, les maisons démolies, moins celle de la courtisanne Rahab
et sa famille ; l'or et l'argent trouvés dans la ville enrichissent le
saint Tabernacle du Dieu fort. Aï, près de Béthel, subit le même
sort que Jéricho. La ville de Sichem est enlevée par les Israélites.
Les Gabaonites, les habitants de Caphira, de Bérioth et de Kiriath-Jarim, effrayés, se hâtent de faire leur soumission aux
vainqueurs.

Cinq rois se réunissent contre les Hébreux et les Gabaonites ;
Adoni-Tsédek, roi de Solyme, marche contre Josué avec les chefs
d'Hébron, d'Yannoûth, de Lâchis et d'Églon ; la plaine de Sphé-
lah, près de Gabaon, voit la fuite et la destruction des cinq
rois. Le soleil, dit l'Écriture, s'arrête à la voix du successeur de
Moïse, à qui Dieu concède aussi le pouvoir des miracles. Les
villes de Mackédah, de Libnah, d'Églon, de Lâchis, de Débir et
d'Hébron se rendent sans coup férir. Jabin, roi de Hasor et les
Philistins, sont à leur tour battus et subjugués. La conquête est
en grande partie terminée ; Josué, fidèle observateur des volontés
de Moïse, s'occupe du partage du territoire de Canaan entre les
tribus, laissant à chacune d'elles le soin de soumettre à leur joug
les peuples et les villes qui peuvent résister encore.

Dix commissaires, envoyés par Josué, mesurent la superficie
de la terre conquise et fixent la valeur approximative des terrains
à partager. Ce travail, terminé au bout de sept mois, est suivi de
la distribution et de la division des lots par la voix du sort (1). La
tribu de Lévi, qui n'a point de part au partage, reçoit pour elle
quarante-huit villes prises dans les douze tribus, qui lui sont
assignées pour séjour et pour résidence.

____

(1) Voir plus bas, à l'article *Géographie*, la distribution faite par Josué.

Josué, qui réside alternativement à Guilgal et à Thimnath-Sérath, continue heureusement, après le partage, l'exercice d'une judicature qui n'est troublée par aucun évènement sérieux et important. Aimé et estimé des siens, respecté de ses ennemis, le vainqueur des Cananéens et des Philistins convoque, quelque temps avant sa mort, l'assemblée des anciens dans la ville de Sichem, rappelle au peuple les conseils et les instructions de Moïse, l'engage à adorer toujours le vrai Dieu, et lui fait prêter un serment solennel d'observation aux lois établies par le prophète inspiré du ciel. Il meurt quelques jours après, à l'âge de cent dix ans, ne laissant aucun successeur désigné, et se confiant à tort dans la sagesse et le discernement des Israélites pour lui en trouver un. La mort du grand-pontife Éléazar, qui suit de près celle de Josué, plonge les Hébreux dans une grande consternation et les entraîne insensiblement à leur perte. Les conseils de ces deux chefs vénérés et écoutés sont bien vite oubliés par leurs compatriotes insouciants et apathiques. Mais si la légèreté des Israélites laisse tomber dans l'abandon l'exercice du culte unique du vrai Dieu, la main de l'Éternel, toujours attentive, va s'appesantir sur son peuple et le punir cruellement de son égarement et de sa déloyauté.

Les Arabes errants, les Iduméens et les Philistins troublent les Israélites privés de leur chef glorieux. Les lévites et les prêtres cherchent en vain à maintenir la concorde et l'union dans les tribus séparées et divisées d'intérêts. Les unes s'allient avec les ennemis, les autres adoptent les coutumes de l'idolâtrie et élèvent des autels à Baal, à Astaroth et à Belzébuth. La parole du prophète Michée, de la montagne d'Éphraïm, est impuissante à ramener les esprits égarés.

Quelques tribus se signalent pourtant par leur courage et par leurs exploits. Juda et Siméon défont dix mille cananéens commandés par le roi Adoni-Bezek, et font périr du dernier supplice ce roi criminel et barbare. La partie basse de Solyme (Jérusalem),

Gaza, Ascalon et Azot, sont prises par les mêmes tribus. Béthel tombe au pouvoir des Éphraïmites.

Mais l'enlèvement de la femme du lévite d'Éphraïm par les Benjamites, occasionne une guerre odieuse et cruelle entre les Hébreux eux-mêmes. La race de Benjamin, coupable, presque entièrement exterminée par les autres tribus réunies contre elle, se rétablit par les mariages des fêtes de Silo, mariages accordés par l'indulgence et par la pitié des enfants de Jacob, peut-être aussi par raison d'intérêt politique. Le coup mortel est toutefois porté à l'unité nationale. Des jalousies, des animosités privées désolent les esprits; des crimes atroces sont commis; la justice n'est plus observée; la tribu de Dan, chassée dans les montagnes par les Cananéens, n'est pas même secourue. Dieu doit punir son peuple. Il l'asservit donc une première fois depuis sa sortie d'Égypte, sous Chusan-Rischataïm, roi de Mésopotamie.

9. Les servitudes hébraïques (1488 à 1138 avant Jésus-Christ).

L'histoire des servitudes hébraïques est à peu près la même. L'inconduite, la débauche, les crimes et l'impiété des Israélites attirent la vengeance divine; Dieu suscite contre les Hébreux les Philistins, les Moabites, les Ammonites, les Madianites, les rois Cusan, Églon, Jabin, Zébah et Salmona, qui les asservissent huit ans, dix-huit ans, vingt ans, toujours progressivement pour les années d'esclavage.

La colère de Dieu apaisée, un libérateur apparaît; c'est Othoniel, c'est Aod, c'est Barach, c'est Gédéon qu'on le nomme. Le vengeur de la nation juive est aussitôt proclamé juge par le peuple reconnaissant. Une femme même, Déborah la prophétesse, est l'instrument de Dieu pour la délivrance de son peuple des mains des Cananéens ; du haut du mont Thabor, sous l'ombrage du palmier d'Éphraïm , la Jeanne-d'Arc israélite excite ses frères et les appelle à la liberté. La ville d'Azot est prise ainsi par une femme inspirée. Une autre femme, Jabel la cananéenne, tue le général de Jabin, nommé Sisara, toujours par l'ordre de l'Éternel. C'est au nom de Dieu que s'accomplissent les prodigieux exploits de Gédéon sur les Madianites et les Amalécites ; c'est par l'effet de la volonté divine qu'une femme de Thèbes tue le juge Abimélech, fils naturel de Gédéon, ce bâtard audacieux, meurtrier de ses soixante-dix frères légitimes, qui avait osé prendre le premier le titre de roi, et qui avait passé au fil de l'épée les malheureux habitants de Sichem révoltée ; que Jephté triomphe des Ammonites et des Philistins et qu'il immole sa fille en sacrifice sur l'autel du Seigneur ; que l'assemblée générale de Mispâh choisit et confirme pour général et pour chef de la nation, ce bandit galaadite qui n'était connu jusque-là que par ses brigandages et ses rapines !

Dieu, comme nous l'avons dit, est le mobile de toutes les actions, de toutes les révolutions, de toutes les commotions humaines. Il punit ou il récompense son peuple, l'attire à lui dans ses bras protecteurs ou le repousse dans les chaînes asservissantes.

Malgré la touchante confraternité des peines et des douleurs communes, malgré le sentiment d'amour-propre national froissé par une domination étrangère, le patriotisme n'est plus qu'un vain mot pour les enfants d'Israël. Une jalousie aveugle et féroce anime tribu contre tribu, famille contre famille ; le danger commun ne peut même réunir tous ces enfants divisés par la cupidité ou l'intérêt personnel. Les tribus de Dan, d'Aser, de Juda et de Siméon ne répondent pas au cantique de Déborah, et la bataille d'Azot ne les compte au nombre des vainqueurs du roi Jabin. Les tribus de Manassé, d'Aser, de Zabulon et de Nephtali, aident seules Gédéon dans ses luttes avec les Philistins. Les Éphraïmites, qui arrivent après les tribus précédentes sur le champ de bataille, cherchent querelle à Gédéon au sujet du butin conquis sur les ennemis.

Les Sichemites reconnaissent pour roi Abimélech, fils de Gédéon, et se révoltent ensuite contre lui pour reconquérir leur liberté primitive ; les Éphraïmites refusent d'obéir à Jephté, vainqueur des Ammonites ; celui-ci leur tue quarante-deux mille hommes dans un combat terrible et opiniâtre. Le désordre est si grand chez les enfants d'Israël, qu'après la judicature insignifiante d'Abesan, d'Ahialon et d'Abdon, dont on connaît seulement la nombreuse famille, les Philistins apparaissent triomphants à l'ouest du Jourdain, dominent les tribus méridionales des Hébreux et obligent les descendants de Juda à leur payer un tribut onéreux et honteux. Plusieurs des israélites appartenant à cette tribu se réfugient même chez les Moabites, dont ils prennent les mœurs et les coutumes et avec lesquels ils contractent de fréquentes alliances. La naïve histoire de Ruth la moabite, belle-fille de Noëmi et d'Élimélech, doit être placée dans ces temps d'agitation et de trouble. Le mariage de Ruth et de Booz est une curieuse étude des mœurs juives postérieures à Moïse (1).

10. Samson, Héli et Samuël. — Derniers temps de la république hébraïque. (1138 à 1088 avant Jésus-Christ).

Héli, de la race d'Ithamar, vient de succéder comme grand-pontife à Achimaas, fils de Mérajoth, descendant d'Éléazar, fils aîné d'Aaron. On ignore les causes de ce changement hiérarchique. Un jeune homme, nommé Samson, de la tribu de Dan, renommé par sa force extraordinaire, se rend illustre par ses

____

(1) Booz, de la tribu de Juda, mari de Ruth, fut l'un des aïeux du roi David.

exploits contre les Philistins. Ses actes héroïques l'élèvent même, dit-on , au poste de schophet ou de juge suprême des Israélites.

Samson est l'Hercule juif. Porteur d'une longue et flottante chevelure , il met en pièces un lion furieux qu'il rencontre sur la route de Thimnath, dans le pays des Philistins, où il allait voir sa fiancée ; il tue trente philistins dans la ville d'Ascalon et détruit leurs champs et leurs récoltes au moyen de trois cents renards dont il enflamme les queues et qu'il lâche ensuite dans la campagne. Tombé entre les mains de ses ennemis , il déchire ses liens et tue mille de ses gardiens avec une mâchoire d'âne ; cerné , enfin , dans la ville de Gaza , où une intrigue amoureuse l'avait appelé , il échappe à la vengeance de ses adversaires en enlevant sur son dos les portes de la ville. Mais, comme l'Hercule thébain , Samson aime passionnément les femmes , et les femmes doivent aussi le perdre. Trahi par la courtisanne Dalila , sa maîtresse , secrètement soudoyée par les Philistins , qui lui coupe le talisman qui le protége, sa longue chevelure, il est livré tout endormi à ses ennemis , qui lui crèvent les yeux et le condamnent à tourner la meule dans la prison de Gaza. On le conduit ensuite dans le temple de Dâgon , où sont rassemblés les principaux chefs , les soldats , le peuple et les femmes de la ville pour célébrer des fêtes en l'honneur de la capture miraculeuse qu'ils viennent de faire. L'aveugle enchaîné , dont la chevelure a repoussé dans sa prison et qui sent ses forces revenues , se fait placer près des colonnes qui supportent le toit du temple , les saisit avec force dans ses bras nerveux et robustes , et fait écrouler le monument tout entier, qui écrase avec lui plus de trois mille de ses ennemis. Telle est la vie héroïque de Samson ; tels sont les exploits inouïs qu'il accomplit pendant vingt années, toujours par la volonté et au nom du Dieu d'Abraham et de Jacob.

Le courage sans pareil de Samson , ses hauts faits sans concurrence dans l'histoire, qui lui ont valu l'illustration et la célébrité, n'ont pas cependant servi beaucoup à l'amélioration et au bonheur de sa patrie persécutée. Le vieil Héli lui-même, plein d'une coupable indulgence pour ses fils Ophni et Phinée, qui abusaient de la sainteté du temple de Silo pour se livrer, dans le sanctuaire même du Seigneur, aux actes les plus infâmes de libertinage et de débauche, est impuissant à relever le courage abattu du peuple de Moïse et à le sauver encore une fois d'un esclavage odieux et abrutissant.

La bataille d'Aphêk semble être le coup de grâce apporté à la puissance d'Israël. Dans une première journée, les Hébreux sont repoussés avec une perte de quatre mille hommes ; dans une seconde journée, plus désastreuse encore, trente mille hébreux restent parmi les morts. Ophni et Phinée, leurs chefs, fils du pontife Héli, sont couchés dans la poussière. L'Arche sainte, apportée de Silo sur le lieu du combat pour encourager les Israélites, cette égide protectrice du peuple-juif, tombe au pouvoir des Philistins vainqueurs ! Dieu a résolu, sans doute, la perte d'Israël, criminel et coupable !

Un soldat échappé de la boucherie apporte à Silo la nouvelle fatale ; le vieux pontife, assis à l'entrée de la ville, écoute avec terreur le récit de la bataille perdue ; il laisse couler des larmes de désespoir sur la mort de ses fils laissés parmi les morts ; mais ses quatre-vingt-dix-huit ans ne peuvent résister à la prise du saint Tabernacle ; foudroyé, éperdu, anéanti, Héli tombe de son siége à la renverse, se rompt la clavicule et expire à l'instant. Sa belle-fille, femme de Phinée, alors enceinte, meurt d'épouvante et de saisissement en donnant le jour à son fils, qu'on nomma Icabôd (venu sans gloire).

L'Arche sainte, transportée par les Philistins dans le temple de la ville d'Asdôd, consacré aussi à Dâgon, semble être pour les idolâtres un présent de mauvais augure. A la suite de l'Arche arrivent pour les Philistins des plaies semblables à celles de l'Égypte ; les maladies épidémiques, les souris dévastatrices, etc. Les habitants d'Asdôd ne veulent plus garder dans leurs murs le saint Tabernacle, cause de tous leurs maux ; ils le transportent dans la ville de Gâth , puis dans celle d'Ekrôn , où les mêmes calamités signalent son apparition. Après sept mois de séjour chez les Philistins , l'Arche sainte est renvoyée aux Hébreux qui la déposent auprès de Kiriath-Jarim , sous la garde du lévite Aminadab et de son fils Éléazar.

Vingt années se sont cependant écoulées depuis la mort de Samson et la terrible catastrophe d'Aphêk. Rendus plus dociles et plus pieux , unis et meilleurs par leurs tribulations progressives , les Israélites adressent leurs prières à l'éternel, qui a déjà écouté leurs pères malheureux et tyrannisés. Dieu leur envoie Samuël de Rama , fils d'Elkanah, de la tribu de Benjamin , qui avait prophétisé dès l'âge de douze ans et qui avait passé plus de trente ans dans la solitude, méditant en silence ses projets de réforme morale et physique et d'affranchissement de son peuple. Samuël rappelle aux Hébreux les bienfaits de Jéhovah dont ils ont négligé le culte pendant si longtemps ; il convoque ensuite une assemblée générale dans la ville de Mispâh et accepte les fonctions de juge ou de chef de la nation, qui lui sont offertes d'une voix unanime. Un jeûne et des sacrifices sont ordonnés par le nouveau juge d'Israël.

Les Philistins , effrayés de la réunion des Israélites , arrivent à Mispâh pendant es sacrifices. D'abord épouvantés de cette apparition inattendue, les Hébreux, encouragés par Samuël qui les assure de la protection divine , marchent contre les ennemis et les mettent en fuite. Cette victoire est suivie de nouveaux triomphes qui rendent les Hébreux possesseurs des villes et du territoire qu'ils avaient perdus depuis quarante ans. Les Cananéens et les Philistins se trouvent heureux de faire la paix avec les Israélites. Samuël peut alors prendre facilement le titre de roi; mais, comme Gédéon, il refuse humblement une place qui appartient à Dieu seul.

Cet instant de calme et de repos permet à Samuël de s'occuper de l'administration privée du peuple confié à ses soins. Par ses ordres, des assemblées populaires se tiennent à Guilgal, à Béthel, à Mispâh ; là, sous sa présidence, on s'occupe des intérêts généraux du pays. Dans la ville de Rama, sa patrie et sa résidence habituelle, où il a fait construire un second autel au Seigneur malgré la défense de Moïse, Samuël crée ce célèbre Institut des prophètes qui doit influencer si fortement plus tard sur les destinées futures de la race juive. Les prophètes ou conseillers d'état, institués par Samuël, doivent interpréter les lois mosaïques, en faire connaître le véritable sens, en indiquer les modifications, s'en servir et les appliquer, enfin, pour le bonheur de tous et pour l'utilité nationale. On voit bientôt paraître dans les assemblées populaires, à Jéricho, à Guilgal, à Mispâh, ces nouveaux personnages politiques qui, par leur savoir, leur expérience et leurs graves études, tiennent bientôt le premier rang et les premières places de la nation.

Samuël n'est pas aussi heureux dans la réalisation de ses projets de judicature héréditaire que dans sa création du cénacle des orateurs inspirés ou sacrés. Ses deux fils, Joël et Abia, en faveur desquels il s'est démis volontairement du pouvoir, et qui siégent, le premier à Béthel et le second à Bersabé, déplaisent au peuple par leur avarice, leur immoralité, leurs exactions criantes et leur vénalité. Deux ans après l'abdication de Samuël en faveur de ses enfants, ses conseillers, pleins d'une déférence respectueuse pour le sauveur de leur patrie, se rendent auprès de lui, lui expliquent le mécontentement du peuple, et lui demandent toujours, au nom des Hébreux, l'abolissement des institutions républicaines et le remplacement de ces institutions par un roi ou souverain unique, en lui laissant d'ailleurs le soin de désigner lui-même celui qui serait le plus digne de diriger la nation sous ce nouveau titre.

Cette demande étonne Samuël, qui ne comprend pas assez que le peu de stabilité du gouvernement judicaire, l'absence d'unité

que cette forme administrative a inspirée à la nation, les malheurs
effroyables causés par la mort de plusieurs juges, tels que
Josué, Othoniel et Aod, morts sans désigner aucun successeur,
ont pu faire réfléchir profondément le peuple juif sur la destinée
qui l'attend à la mort de Samuël, homme respectable et considéré, sans doute, mais vieux et infirme et ne laissant poin. de fils
dignes de lui pour le remplacer. Le titre de monarque élu par la
nation tout entière, consacré par le seigneur; de souverain, dont
les enfants seraient appelés à régner par droit de naissance et
d'héridité, constituait à la vérité un privilége inouï pour une
famille seule placée ainsi au-dessus de toutes les familles, mais
était cependant la seule garantie possible dans ces temps d'épreuves et le seul bien durable et solide qui pût appeler sous le
même drapeau, le drapeau du Seigneur, les tribus jusqu'alors
séparées et divisées par l'ambition et la jalousie.

Ces raisons, bonnes et plausibles pour la plupart, sont acceptées par l'assemblée générale convoquée à Rama. Le vieux prophète républicain a beau représenter aux Hébreux tout le mal
qui va résulter pour eux en se donnant un roi, un maître cruel
et despote, un tyran, sans doute, qui enlèvera les filles du peuple
pour les placer dans ses palais réservés, qui opprimera ses sujets
par des impôts excessifs, qui fera contribuer le travail et le labeur
du plus grand nombre pour les plaisirs et les récréations de quelques courtisans; il montre vainement la liberté immolée à la
servitude, les lois dénaturées par une volonté arbitraire, les
droits sacrés du peuple annihilés par les abus et les vexations
des grands du royaume. Le nom même de Jéhovah, qui n'approuve pas le désir populaire, et qui punira le peuple de sa
désobéissance, reste sans effet auprès des esprits croyants et pré-
venus en faveur du changement réclamé.

Samuël, vaincu par la manifestation générale, s'incline devant
les vœux des Israélites; il promet d'accéder à leur désir; mais,
plein d'amour pour les anciennes institutions de sa patrie, rempli

de crainte pour l'avenir, il veut inspirer le regret du passé à ces hommes changeants et versatiles; il espère que le monarque choisi et désigné par lui dégoûtera bientôt le peuple juif du régime monarchique qu'il proclame à grands cris. C'est dans ce but caché et dans cet espoir secret, que son choix s'arrête sur un jeune laboureur nommé Saül, fils de Kis, de la tribu de Benjamin, homme fort et brave, robuste et courageux, mais esprit grossier et brutal, qu'il dirigera sans doute à sa fantaisie; bras docile et inerte dont il se servira, lui, la forte tête d'Israël, comme d'un levier ou d'une massue pour châtier le peuple inconstant et rebelle!

La matière ne doit-elle pas céder, dans tous les cas, le pas à l'intelligence active et supérieure?

Laissant maintenant le peuple élu de Dieu au temps d'arrêt qui précipite la république dans les bras de la monarchie, nous franchirons dans le volume suivant le large fossé qui sépare le gouvernement légal du gouvernement royal, et nous verrons alors lequel des deux fut le plus fort et le maître, ou de Saül ou de Samuël, et si le bras obéit instinctivement à la tête, ou si la tête intelligente fut domptée par la force du bras robuste et vigoureux!...

CHAPITRE IV.

—

ÉTAT MORAL ET PHYSIQUE DES ISRAÉLITES.

1. État administratif, politique et militaire.

Avant Moïse, le patriarche ou chef de la famille ou de la tribu, régissait et administrait ses biens. Ne relevant que de Dieu seul, qu'il représentait sur la terre, il avait droit de vie et de mort sur ses enfants ; il les chassait ou il les rappelait à volonté sous la tente natale. Abraham n'hésita point à saisir le couteau sanglant pour immoler son fils Isaac ; il chassa brutalement Ismaël et sa mère et les abandonna à une existence nomade et aventureuse. Isaac en fit autant pour Jacob, que sa mère Rébecca fit partir pour la Mésopotamie. Jacob maudit trois de ses enfants, Ruben à cause de son inceste avec Bilha, sa maîtresse ; Siméon et Lévi pour le massacre des Sichemites.

Les enfants étaient respectueux envers leurs pères ; ils devaient accomplir scrupuleusement ses ordres et ses volontés sous peine de sa colère, et, par suite, de la colère de Dieu, qui prenait fait et cause pour le père outragé. Loth, qui n'était que le neveu d'Abraham, lui obéissait comme s'il eût été son fils.

Le patriarche avait seul le droit de prendre les armes pour repousser les brigands et les ennemis ; Abraham arma ses domestiques et ses gens qui étaient nombreux pour poursuivre les assyriens Amraphel et Kédor-Lahomer.

Les lois régulières ne furent véritablement instituées que par Moïse après la sortie d'Égypte. La Thorah consacra le gouvernement du juge, président ou dictateur de la nation, qui avait aussi, comme le patriarche, droit de vie et de mort sur ses sujets ou subordonnés. Le juge devait être élu par le suffrage du peuple ou des chefs de tribus ; mais peu d'entr'eux furent réellement soumis à l'élection populaire.

Le plus courageux, le plus entreprenant, le plus habile prenait, en vertu de son courage, de son audace, de son habileté reconnus, le commandement du peuple. Moïse, Othoniel, Aod, Gédéon et Jephté, devinrent ainsi les chefs de la nation juive. Josué fut élu d'après la désignation de Moïse ; Tholah, Jaïr, Abesan, Ahialon et Abdon furent les seuls élus par la volonté nationale. Tous les pouvoirs, même le pouvoir sacerdotal, tout héréditaire qu'il fût, reposaient entre les mains du chef de la république, représentant de Jéhovah sur la terre. Il devait être sacré et installé par le grand-prêtre qui lui imposait les mains ; mais la Bible ne cite pas un seul cas de cette onction et de cette installation seulement indiquées. Le grand-prêtre lui-même remplissait les fonctions de juge pendant les temps de persécution et de servitude ; Phinée, fils d'Éléazar, réunit la judicature et le souverain pontificat pendant l'esclavage des Hébreux sous Chusan-Rischataïm ; nous citerons encore après lui Abisuë, son fils, pendant la tyrannie des Moabites ; Abiézer, fils de Bocci, Zaraïas,

Amarias, fils de Mérajoth, et peut-être Héli lui-même, si toutefois Samson ne remplit pas cette charge.

Jéhovah étant le Seigneur de son peuple, il ne pouvait y avoir d'autre roi que lui dans Israël; cependant la royauté est permise et tolérée dans les lois mosaïques, à la condition toutefois que le roi sera désigné par Dieu lui-même et qu'il n'aura ni sérails, ni trésors immenses, ni chevaux inutiles (1). Moïse, Gédéon et Samuël auraient pu être rois s'ils l'avaient voulu. Moïse, le type le plus pur du sincère républicanisme, obligea ses fils à vivre dans l'obscurité; Samuël fut puni de sa prédilection blâmable pour ses enfants par l'abolissement d'une judicature qu'il croyait rendre héréditaire; Abimélech, fils de Gédéon, est le seul qui ait osé prendre le titre de roi avant l'établissement de la monarchie juive; il fut puni de son usurpation par une mort terrible et méritée.

Le Conseil des anciens ou des soixante-dix vieillards, institué par Moïse pour l'aider de leurs lumières et de leur expérience, venait immédiatement après le juge dans la hiérarchie politique et administrative. Samuël remplaça le Conseil des anciens par l'Institut des prophètes, créé par lui dans la ville de Rama, chargé de la direction des intérêts privés du peuple et des affaires administratives. A leur tête était placé le chef de la tribu et les principaux membres des tribunaux criminels de chaque province. Les anciens de Galaad offrirent la souveraine judicature à Jephté, qui n'était qu'un brigand; les anciens d'Israël furent les premiers à demander un roi à Samuël.

Les douze chefs des douze tribus israélites, élus d'abord par le choix de leurs frères, en l'honneur de leurs vertus privées, de leur aptitude ou de leur capacité, faisaient, en vertu de ce titre, partie du Conseil des anciens (Zé-Kinim) ou du directoire général de la nation. Cette dignité, comme toutes les bonnes institu-

____

(1) Cette indication de la royauté est peut-être une des interpolations que l'on pourrait reprocher au texte biblique.

tions, perdit beaucoup de son importance primitive dans les derniers temps de la république. Elle devint héréditaire comme celle de chef de famille qui passa de droit aux aînés de chaque maison. Les chefs de famille ou *nasi* recevaient les ordres directs du grand *nasi* ou chef de tribu, sorte de juge inférieur ou de gouverneur responsable de ses actes devant le chef de la nation. Ils étaient convoqués dans la ville principale de leur tribu et se réunissaient au son de la trompette ; deux trompettes annonçaient la réunion de la tribu tout entière. Ces assemblées générales se tenaient sur la place publique, au portes de la ville indiquée comme le chef-lieu de la réunion. On y délibérait sur les impôts, sur la conscription militaire, sur les cas de guerre avec les nations étrangères.

Nous avons parlé des juges institués pour maintenir l'ordre et la discipline dans chaque tribu, dans chaque cité, dans chaque village. Ces juges étaient choisis et élus par le peuple, qui investissait de ces fonctions toutes de confiance des personnes capables, prudentes et réfléchies. Les lévites et les prêtres, les plus instruits et les plus éclairés de la nation, étaient admis à faire partie des *élohim* (juges) dans la proportion de deux sur sept. Ces juges, que nous retrouverons également en leur qualité de magistrats chargés d'appliquer la loi pénale et criminelle, relevaient, par mode de consultation seulement, du collége des prêtres, à qui ils soumettaient la décision des causes difficiles et épineuses, se réservant toutefois le droit de rendre et de faire exécuter les arrêts. Les juges tenaient le rang immédiat après celui de chef de tribu et avaient au-dessous d'eux et sous leur direction les greffiers ou *schotérim*, élus également par le peuple, chargés d'inscrire les décrets rendus par les juges sur un registre particulier, de proclamer les ordres militaires, de tenir les généalogies, de dresser le contrôle des citoyens aptes au service effectif de l'armée, de relever les rôles de contributions et de répartir les impôts le plus rigoureusement possible entre tous les contribuables. Le grand juge avait ses *schotérim* particuliers, de même que le chef de tribu en avait un à sa disposition pour transmettre et exécuter ses ordres.

Venait ensuite le peuple : laboureurs, vignerons, artisans et propriétaires, sans noblesse et sans bourgeoisie, sans castes distinctes et sans aristocratie, sans distinction de fortune et de race. Les prisonniers de guerre étaient seuls esclaves ; tous les Hébreux étaient libres, égaux devant la loi, frères de sang et d'origine. Les descendants des Égyptiens et des Iduméens étaient eux-mêmes naturalisés à la troisième génération. Les bâtards et leurs descendants, les mutilés, les insensés ou les imbéciles étaient cependant exclus des droits de citoyen. Malgré la division égale des terrains après la conquête, il y avait des riches et des pauvres : des riches par droit de travail, d'héritage ou d'économie ; des pauvres, devenus pauvres par leurs infirmités, leur paresse ou des malheurs de famille. Mais, riches et pauvres, comme nous l'avons dit, étaient égaux devant la loi comme ils l'étaient devant Dieu. Ils composèrent donc ces grandes assemblées populaires de Sichem, où Josué rappela les sages instructions de Moïse ; de Mispâh, où l'on déclara la guerre aux Ammonites ; de la même ville, quand on nomma Samuël juge des Juifs ; et, plus tard, quand on élut Saül pour roi d'Israël. Le Conseil des anciens ou des représentants du peuple expliqua dans ces assemblées la volonté de la nation que les magistrats dirigeaient sans doute à leur fantaisie. Outre ces assemblées générales, les traditions bibliques mentionnent encore l'assemblée privée des Sichemites, sous Abimélech, et les assemblées particulières tenues chaque année à Béthel, à Guilgal, à Jéricho et à Mispâh, par Samuël. Si le rôle du peuple fut annihilé comme toujours par les chefs qui guidaient sa marche timide et ignorante, il n'en est pas moins vrai que sa présence fut toujours regardée comme indispensable aux projets intéressant l'avenir du pays, et son adhésion consultée officiellement dans les cas de changements sociaux et gouvernementaux. Son serment solennel fut même exigé par Moïse, qui voulut placer dans le cœur du peuple la garantie la plus sûre de l'observation future de ses lois.

L'établissement dans la terre promise étant le but avoué de la sortie d'Égypte et de la marche périlleuse de Moïse et des Hébreux à travers le désert, la destruction des peuples habitant la terre de Canaan depuis le départ de Jacob, la croisade des douze tribus contre les idolâtres, la guerre d'extermination avec les nations qui osaient résister aux enfants bien-aimés de Jéhovah, durent être les sujets constants, successifs, traditionnels qui réveillaient les Hébreux de leur léthargie et les unissaient sous la même bannière pour la défense des intérêts communs et pour l'accomplissement de la mission commencée par le saint prophète. Moïse avait juré haine éternelle aux Cananéens, aux Amalécites et aux Madianites, dont l'alliance fut d'abord si rigoureusement interdite aux Hébreux ; les Moabites et les Ammonites, en leur qualité de descendants de Loth, avaient trouvé grâce aux yeux du fils d'Amrâm, qui toutefois recommandait d'éviter toutes bonnes relations avec eux. Les premiers temps de la conquête virent donc les effets terribles de la volonté de Moïse ; les villes pillées et saccagées, les campagnes dévastées, tous les hommes passés au fil de l'épée, les femmes et les enfants asservis, témoignèrent des bonnes dispositions du peuple israélite à tenir religieusement sa parole.

Mais dans les derniers temps, ces recommandations furent complètement méconnues ; de fréquentes alliances, un échange forcé de mœurs, de traditions et d'habitudes, le penchant inné des Hébreux à l'idolâtrie, leur asservissement par les nations ennemies, modifièrent cette haine héréditaire et en arrêtèrent la manifestation pendant des siècles, sans toutefois l'éteindre complètement dans le cœur des enfants de Jacob et d'Abraham. Les malédictions des monts Garizim et Gibal sur les Cananéens, prononcées par Josué, furent ainsi momentanément oubliées.

Le peuple de Dieu fut donc, en conséquence de sa mission providentielle, militaire autant qu'agriculteur et que laboureur : agriculteur pour cultiver la terre, travaillée par Abraham et Isaac ; militaire pour conquérir d'abord et pour défendre ensuite contre les ennemis ses moissons et ses récoltes abondantes.

Chaque citoyen, porté sur les rôles de l'armée, était apte au service depuis l'âge de vingt ans jusqu'à celui de cinquante. L'ouverture de la guerre s'annonçait au son des trompettes. Chaque tribu envoyait son contingent à l'armée active, d'après la répartition qui en était faite par les anciens. Les nouveaux soldats arrivaient au lieu indiqué pour le rendez-vous généra sous la conduite de leur *nasi* ou chef, qui devait les diriger sous les ordres du chef de la nation, de droit commandant de toutes les troupes. Moïse, d'après les conseils de Jéthro ou de Raguël, son beau-père, avait réglé la disposition et la composition des troupes. Il y avait un chef principal pour chaque corps de dix mille hommes ; ce chef avait sous lui dix officiers commandant chacun un régiment de mille hommes ; dans chaque régiment étaient deux bataillons de cinq cents hommes ; cinq compagnies de cent hommes par bataillon ; enfin des escouades et des pelotons de cinquante, de trente, de vingt, de dix hommes, obéissant à des officiers subalternes. Toutes les tribus avaient leurs drapeaux et leurs bannières ; les ordres se transmettaient ainsi régulièrement et hiérarchiquement sans encombrement et sans tumulte.

Les nouveaux époux, les constructeurs d'une maison, les planteurs d'une vigne, qui n'avaient pas au moins un an de jouissance de ces droits sacrés aux yeux de la loi, étaient exempts de tout service militaire. Les prêtres et les lévites en étaient dispensés en leur qualité de ministres des autels et de serviteurs de Dieu. On voyait cependant des lévites intrépides partager les périls de leurs frères et les exciter à la victoire sur les champs de bataille.

Ces armées toutes permanentes, puisque chaque soldat reprenait sa charrue après la promulgation de la paix et rentrait sous
le toit de ses pères, étaient assurément immenses et considérables. Moïse avait six cent mille hommes en état de porter les
armes. Les rois du Liban et les Philistins avaient réuni une
armée de trois cent mille fantassins, dix mille chevaux et vingt
mille chars de guerre.

L'armée restait en repos pendant les trois grandes fêtes des
Tabernacles, de Pâques et de la Pentecôte. On sommait les villes
assiégées de se rendre ; la vie des habitants de celles qui se rendaient volontairement était épargnée ; dans le cas contraire, on
tuait, on pillait, on saccageait sans miséricorde. Le butin, dont
une partie était accordée aux prêtres et aux lévites, et dont une
deuxième partie était mise en réserve pour les veuves et les orphelins, était partagé entre les combattants, qui célébraient
leur victoire par des festins et des sacrifices. Les Madianites perdirent dans une seule bataille cinquante-deux mille bœufs et
soixante mille ânes, un nombre immense de vases d'or, d'argent
et d'airain. Trente-deux mille filles de leur nation furent vendues
comme esclaves !

Nous avons rendu compte de l'état politique, administratif et
militaire de la Judée avant l'établissement des institutions monarchiques, qui y apportèrent, comme on le verra plus tard, de
grandes et importantes modifications. Il nous reste à envisager
maintenant les institutions judiciaires établies par Moïse.

2. État législatif et judiciaire.

L'association de l'homme et de la femme, ordonnée par Dieu
depuis le commencement du monde, avait besoin d'être consa-

crée solennellement par le grand réformateur du peuple hébreu. La vie des anciens patriarches nous apprend que le consentement des parents était exigé pour les alliances conjugales ; que le futur époux méritait la main d'une jeune fille par ses travaux et ses services, et devait apporter lui-même la dot qui devait assurer les besoins du ménage, dot provenant de l'héritage de ses pères, de son labeur personnel ou du butin échu dans les guerres ; mais elle nous laisse dans l'ignorance sur les cérémonies usitées pour l'union religieuse des deux fiancés.

La femme étant considérée comme la portion, la moitié ou le complément de l'homme, la première des créatures, devait nécessairement jouir de droits et de priviléges assurés dans une société toute patriarchale de son essence, où la direction et les soins de la maison étaient respectés et considérés. La plus grande liberté était donc accordée aux compagnes présentes ou futures de l'homme, qui grandissaient sous la protection des mœurs naïves et pures des temps antérieurs à la servitude. Saraï, Rébecca, Rachel, jouissaient de la plus grande influence sur l'esprit de leurs époux. Saraï fit renvoyer Agar, sa rivale, de la tente d'Abraham, à qui elle l'avait donnée. Rébecca fit prévaloir les droits de Jacob sur ceux d'Ésaü auprès d'Isaac, vieux et aveugle. Rachel fut acquise par Jacob au prix de quatorze ans de domesticité, et les enfants qui naquirent d'elle furent les plus aimés de leur père.

Le mariage, défendu entre proches parents, était néanmoins permis d'oncle à nièce, de cousin à cousine, de beau-frère à belle-sœur, de beau-père à belle-fille. Abraham et Nachor, son frère, épousèrent leurs nièces, Saraï et Milcha ; Thamar, femme des deux frères Her et Onan, fut épousée en troisièmes noces par Juda, son beau-père ; Rébecca était la cousine d'Isaac comme Rachel et Lia l'étaient de Jacob. La polygamie était défendue ; mais les femmes esclaves ou servantes, considérées comme une propriété de la femme légitime, pouvaient, avec sa permission, passer dans le lit du mari. Agar, sur les instances de Saraï, devint ainsi la maîtresse d'Abraham et lui enfanta Ismaël ; Bilha et Zilpa devinrent les maîtresses de Jacob avec l'assentiment des filles de Laban, à qui elles appartenaient. Les enfants provenus de ces transactions tolérées par l'épouse étaient considérés comme légitimes et prenaient part, en cette qualité, à l'héritage de leurs pères. L'adultère, presque inconnu dans les premiers temps hébraïques, causa de grands désordres dans la société du temps de Moïse, qui toutefois l'arrêta par des lois rigoureuses et énergiques. Le mariage, qu'il avait défendu avec les nations étrangères, fut néanmoins toléré par ses successeurs, impuissants à réprimer le mal (1). L'enlèvement des filles israélites dans les vignes de Silo, par les Benjamites, fut encore une preuve sensible du relâchement des mœurs des Hébreux pendant les servitudes. Le divorce était permis dans des cas extrêmement rares et avec l'intervention des prêtres, sans lesquels un mari n'avait le droit ni de chasser ni de répudier sa femme (2).

Le mariage ainsi consacré par la loi, ainsi sanctifié par les mœurs, n'empêchait pas cependant la prostitution des filles israélites et la consommation des actes les plus odieux et les plus révoltants du libertinage effréné des Hébreux. L'histoire de Sodome et de Gomorrhe est une preuve irrécusable de ces mœurs licencieuses et relâchées. Celle de la femme du lévite d'Éphraïm,

(1) Moïse permit cependant le mariage des Hébreux avec leurs prisonniers, qui étaient alors regardés comme libres. Mais ces cas étaient rares. La prisonnière ne pouvait se marier qu'après avoir coupé ses cheveux, pris le deuil et pleuré ses parents tués dans la guerre pendant trente jours au moins.

(2) La femme devenue grosse et soupçonnée d'adultère était conduite par le mari au saint Tabernacle. Un prêtre lui faisait alors avaler un verre d'eau dans lequel le nom de Dieu, appliqué sur un morceau de parchemin, était délayé jusqu'à son assimilation complète au liquide présenté. Si la femme était coupable, son parjure était sur-le-champ puni de mort ; dans le cas contraire, la vieillesse la plus heureuse lui était prédite. On conçoit aisément la joie du mari convaincu par une épreuve aussi décisive !

violée cruellement par les Benjamites, nous prouve aussi que ces mœurs infâmes c'étaient perpétuées de génération en génération. La prostitution, quoique tolérée, était regardée cependant comme ignominieuse. Le fils d'une prostituée ne pouvait être prêtre. Une fille prostituée publiquement ne pouvait se marier. Le juge avait le droit de prononcer la dissolution d'un mariage contracté, lorsque l'époux réussissait à prouver le défaut de virginité de la femme qu'on lui avait donnée.

Toutes ces lois étaient sans doute fort justes et fort sages ; mais il n'en était pas de même de celle qui engageait le frère d'un homme décédé sans enfants à épouser sa veuve. Les enfants issus du second mariage étaient réputés provenus du défunt et participaient ainsi à la succession des biens laissés par le premier mari de leur mère. Cette loi était presque obligatoire, car celui qui se refusait à l'exécuter était conduit devant les juges avec la veuve réclamant le mariage ; là, devant tout le monde, elle détachait son soulier et l'en frappait sur la tête, lui crachant en outre au visage en signe de mépris. Le moyen d'affronter une scène pareille de ridicule et d'ignominie !

Les enfants devaient être respectueux envers leurs parents. Les fils travaillaient pour le compte du père qui recueillait tous les revenus pendant sa vie, à charge seulement de les nourrir et de les entretenir. La loi mosaïque enleva toutefois aux pères le droit de vie ou de mort qu'ils avaient sur leurs enfants sous le régime des patriarches. Le père conservait néanmoins la faculté de vendre ses fils et ses filles pour esclaves pendant un certain temps, ou de les louer pour une époque déterminée. Les traites se faisaient seulement avec des Hébreux ; jamais avec des étrangers.

L'héritage se transmettait de père en fils ; l'aîné avait une double portion en sa qualité de chef futur de la famille. Les sœurs étaient nourries et établies par leurs frères et n'héritaient qu'à défaut de mâles. Dans ce cas, elles étaient obligées de se

marier dans leurs tribus, afin que le territoire primitif accordé
aux douze branches israélites ne fût jamais divisé! Les oncles
paternels, puis les plus proches parents du même côté, avaient
droit ensuite à la succession du défunt. La veuve demeurée sans
enfants retournait dans sa famille qui était obligée de la recevoir
et de pourvoir à ses besoins, sauf le cas prévu du mariage avec le
plus proche parent de son mari. Ce fut en vertu de cet usage que
Ruth, veuve d'Élimélech et de Noëmi, épousa le vieux et riche
Booz, aïeul du roi David.

La propriété, étant une chose sacrée aux yeux de Dieu et
de la loi, ne pouvait être complètement aliénée par les possesseurs légitimes et leurs héritiers; elle pouvait cependant servir
de garantie pour le paiement d'un emprunt contracté dans
des temps de détresse et de misère, emprunt qui ne pouvait
être qu'en argent ou en nature et motivé par les besoins matériels
de la vie. Le commerce n'étant pas admis dans les mœurs israélites, toutes agricoles et champêtres, il ne pouvait être réclamé
par le créancier aucune espèce d'intérêt pour la somme ou la
chose prêtée. Les meubles et effets du débiteur, à part toutefois
ceux indispensables aux nécessités des ménages, répondaient de
la dette contractée; à défaut de meubles, la propriété passait
entre les mains du créancier, qui l'exploitait pour son propre
compte jusqu'à l'année du Jubilé, où le débiteur rentrait de plein
droit dans la maison ou dans le champ de ses pères (1).

L'époque du Jubilé était donc une époque impatiemment atten-
due par le débiteur qu'elle affranchissait de sa dette, par les
esclaves qui recevaient leur liberté; mais peu désirée par le
créancier sans doute, surtout s'il n'avait pas eu le temps de rentrer dans l'argent avancé par lui, à l'époque prescrite par les lois

______

(1) Les dettes devaient être réclamées amiablement et à l'aide de bons procédés;
il était défendu d'entrer chez le débiteur et de s'emparer soi-même des meubles placés dans sa maison. Une autre loi de Moïse rendait le dépôt sacré ; tout dépositaire
était responsable d'un objet confié à sa garde comme d'une dette contractée.

mosaïques, époque ne se renouvelant, du reste, que tous les cinquante ans.

L'année sabbatique (tous les sept ans) était aussi une année consacrée par la loi prévoyante de Moïse. La terre, qui devait reposer tous les sept ans, n'était point cultivée et ensemencée. Les greniers, approvisionnés pour trois ans, permettaient aux propriétaires de vivre sans travailler. Tous les produits du sol étaient abandonnés aux esclaves, aux servantes, aux mercenaires et aux étrangers. On ne pouvait réclamer une dette dans le courant de l'année sabbatique. Celui qui vendait une maison à son voisin pouvait la reprendre avant l'expiration de cette année périodique.

De bonnes et prudentes lois garantissaient le sol de toute usurpation et de toute hostilité. Les bornes devaient être respectées ; les bêtes trouvées errantes devaient être ramenées à leurs maîtres ; les animaux volés étaient restitués en quantité quadruple ou quintuple de leur valeur réelle. Pour un bœuf on donnait quatre bœufs, pour un mouton cinq moutons. Le voleur, dans l'impossibilité de payer l'amende exigée, devenait de droit l'esclave du réclamant. L'or et l'argent trouvés étaient annoncés à son de trompe dans les villes, pour être mis à la disposition de celui qui les avait perdus. Tout dommage causé sur une propriété donnait droit à une amende envers le coupable. Un propriétaire avait enfin le droit de tuer un homme introduit chez lui furtivement pendant la nuit.

Si le propriétaire avait ainsi ses priviléges acquis, il avait aussi des devoirs sérieux à remplir envers la société. La peine de mort était prononcée contre quiconque construisait une maison sans s'assurer de sa solidité, et contre celui qui laissait un bœuf furieux courir en liberté. Un bœuf méchant ou monstrueux devait être immédiatement mis à mort ; les puits et les fontaines privées devaient être couverts pour éviter toute méprise fâcheuse ; les ouvriers employés dans les fermes ou dans les champs recevaient leur salaire le jour même ; le chef de famille était obligé d'accueillir les voyageurs et les pauvres avec les plus grands égards et de leur donner une hospitalité bienveillante, sous la peine des trente-neuf coups de fouet réservés par la loi ; de veiller à ce que ses moissons et ses vignerons laissassent aux malheureux leur part d'épis et de grappes oubliées à dessein par ses ordres ; de sacrifier sur l'autel du Seigneur les premiers nés de ses troupeaux ; il lui était défendu de récolter les premiers fruits d'un arbre avant que l'arbre eût atteint l'âge de cinq ans, de semer trois fois de suite le même grain dans un champ, de laisser la vigne intacte et sans mélange ; il devait employer les bœufs seuls au labourage, ne pas accoupler divers animaux, ni les maltraiter sans motifs, etc.

C'étaient là les droits, les devoirs et les charges des propriétaires qui se trouvaient intéressés de la sorte à prendre les armes pour la défense générale, qui ralliaient à leur cause les prêtres et les lévites par les prémices des fruits de leurs champs et de leurs vergers qu'ils leur apportaient avec empressement.

La position des serviteurs et des esclaves, si rigoureuse chez les autres nations, était convenable et singulièrement adoucie chez les Hébreux. L'intention de Moïse était de faire rappeler sans cesse aux Israélites les maux cruels qu'ils avaient soufferts sous les Égyptiens et de les engager à la clémence et à la bienveillance envers leurs domestiques et leurs prisonniers. Le serviteur dînait à table à côté de son maître ; s'il se cassait une dent ou un membre quelconque, il était de droit affranchi. Quiconque le tuait était puni de mort. Les esclaves se reposaient le jour du Sabbat et le jour des fêtes. Ils avaient droit aux produits de la terre pendant l'année sabbatique. Une loi de Moïse défendait à leurs maîtres de les battre et de les frapper. L'esclave qui s'enfuyait d'un pays étranger devenait libre en entrant dans la terre juive. On lui permettait d'exercer une profession industrielle dans les cités israélites ; on lui laissait même pratiquer l'exercice de la religion de ses pères ; mais il ne pouvait acquérir aucune terre et devenir propriétaire de la moindre partie du sol hébreu. Le trafic et la vente des esclaves, quoique permis, était cependant regardé comme indigne ; les négociants et les marchands d'esclaves étaient maudits de Dieu.

L'hygiène et la salubrité publique furent aussi l'objet de la vive sollicitude de Moïse. C'est pour satisfaire aux besoins de la santé et de la propreté que furent promulguées les lois qui obligeaient les hommes à respecter leurs femmes pendant la durée de leurs mois et de leur grossesse ; qui exigeaient une purification de quarante jours pour la naissance d'un garçon, de quatre-vingts pour la naissance d'une fille, des femmes nouvellement accouchées, avant leur entrée dans le temple de Dieu ; qui séparaient les lépreux et les excluaient des rangs de la société ; qui réclamaient des lévites chargés d'enterrer les morts une purification de sept jours avant de reprendre leurs fonctions dans le Tabernacle ; qui défendaient de manger des animaux morts naturellement ou de maladie, et proscrivaient certaines classes de bêtes, de poissons et d'oiseaux comme impurs et sacriléges.

Nous avons parlé précédemment des juges élus par le peuple chargés de la direction des affaires civiles. Les juges composaient aussi le personnel des tribunaux ; les lévites y étaient admis dans les proportions indiquées. Il y avait des juges supplémentaires que les juges titulaires s'adjoignaient selon la longueur, l'importance et la gravité des causes qui leur étaient soumises. Certaines causes étaient jugées par trois magistrats ; d'autres exigeaient la présence de sept juges ; d'autres enfin en réclamaient vingt-et-un. Les jugements se rendaient aux portes des villes, sur la place publique extérieure, ordinairement dans la matinée. Les juges ne recevaient aucun traitement pour les fonctions qu'ils remplissaient ; il leur était défendu, sous les peines les plus sévères, d'accepter des présents et de se laisser corrompre par les parties.

Le procès-verbal du délit ou l'énoncé de l'action civile étant lus par l'un des juges, on passait à l'audition des témoins appelés à dire ce qu'ils savaient sur l'affaire ; deux témoins étaient nécessaires pour l'attestation d'un crime commis, car l'aveu du coupable n'était pas admis comme preuve et ne pouvait entraîner sa condamnation. Un seul témoin suffisait pour une cause civile. Tous ceux qui pouvaient disculper l'accusé étaient priés de comparaître à l'audience (1). Les témoins prêtaient le serment de dire la vérité ; ce serment se faisait par l'imposition de la main gauche sur la cuisse droite. Les femmes, quoique considérées et estimées et les esclaves, ne pouvaient être admis en témoignage. Les débats s'ouvraient ensuite entre les parties, les accusateurs et les accusés, les demandeurs et les défenseurs, qui pouvaient se faire remplacer par un ami plus habile ou plus éloquent qu'eux-mêmes.

Les juges délibéraient ensuite. Si la cause était douteuse, elle était remise au lendemain ou communiquée au collége sacerdotal, qui dirigeait la conscience des juges sur la manière dont elle devait être interprétée. Les juges, suffisamment éclairés, prononçaient ensuite leur jugement, sur lequel ils ne pouvaient revenir. L'abstinence et le recueillement présidaient à ces sentences décisives. L'accusé reconnu coupable, était conduit sur-le-champ au lieu du supplice, à une certaine distance de la ville. Son crime, son nom, ceux des témoins et des accusateurs étaient proclamés hautement ; on l'enivrait avec du vin mélangé d'encens, de myrrhe et d'épices pour lui rendre la douleur du supplice supportable ; le supplice ordonné commençait ensuite ; les témoins, les accusateurs et la foule servaient de bourreaux. L'accusé reconnu non coupable était libre et placé sous la sauvegarde des lois et sous la protection spéciale du grand-pontife.

---

(1) On poussait la complaisance ou l'impartialité jusqu'à reconduire cinq fois l'accusé en présence des juges, afin d'entendre les raisons qu'il pouvait alléguer pour sa justification.

Les supplices appliqués aux coupables étaient la mort, les tortures corporelles, les mutilations; les amendes et les sacrifices expiatoires, peine toute vénielle et toute ecclésiastique. Il y avait aussi le retranchement social, représenté chez nous par la séquestration ou la prison, punition dont il n'est pas question dans les lois de Moïse, mais qui n'en existait pas moins chez les Hébreux (1).

L'intention probable du législateur était de proportionner le châtiment au crime et de le racheter par l'expiation; quelques-unes des peines appliquées par Moïse paraîtront sans doute justes et convenables; d'autres seront jugées peut-être trop sévères et trop barbares. La peine de mort était exécutée communément de plusieurs manières : la lapidation, le feu, le plomb coulé dans la bouche; le glaive ou la décapitation et le fouet; les coupables étaient quelquefois bouillis ou sciés en deux. Gédéon fit mourir les anciens de Succoth en leur faisant passer sur le corps des machines servant à battre le blé.

La lapidation était le châtiment le plus ordinaire. On l'infligeait aux idolâtres et aux impies, aux faux prophètes, aux blasphémateurs, aux sorciers, à ceux qui violaient le jour du Sabbat (2), aux séducteurs, aux femmes adultères et à leurs complices, et aux enfants peu respectueux envers leurs parents, dont on exposait en outre pendant un jour les cadavres sanglants.

La fille d'un prêtre convaincue d'adultère ou prostituée était brûlée vive. On brûlait vives également la mère et la fille livrées au même homme.

L'homicide volontaire ne pouvait se racheter par de l'argent et était toujours puni de mort, sans doute par le glaive ou la dé-

---

(1) Joseph fut mis en prison par ordre de Putiphar; Samson par les Philistins, etc.

(2) Cette peine paraîtra sans doute bien atroce pour un semblable délit qui ne serait même plus correctionnel de nos jours. Nous lisons cependant dans le *Lévitique* qu'un homme fut lapidé pour avoir ramassé du bois le jour du Sabbat.

capitation. Il était permis aux plus proches parents du mort de poursuivre l'assassin et de le tuer partout où on le rencontrerait, à l'exception des six villes d'asile désignées aux meurtriers (Bozor, Ramoth, Gaulan, Hébron, Sichem et Çadés), d'où il fallait une permission du grand-prêtre pour retirer les coupables.

Celui qui vendait son frère libre comme esclave était puni de mort. Il en était de même de ceux qui offensaient les autorités, qui se révoltaient contre les juges, qui causaient par leur brutalité la mort d'une femme enceinte, qui gardaient chez eux du poison, etc. Le viol entraînait la mort du criminel; il en était de même du vol des deniers publics et du détournement du butin conquis sur l'ennemi. La punition d'Achân, sous la judicature de Josué, en est une preuve assurée. Le parricide, ce grand crime des sociétés modernes, où l'on vit si peu, n'est pas même indiqué et prévu dans les lois criminelles de ces patriarches qui vivaient communément au-delà de cent ans.

Mais si le parricide n'existait pas dans les mœurs hébraïques, il y était malheureusement remplacé par l'inceste, fréquent à cette époque d'orages et de troubles domestiques, la bestialité et la sodomie, punies par la mort à coups de verges et de fouet. La castration et l'usure étaient également défendues et entraînaient avec elles la peine capitale. Le faux témoignage était encore puni d'une peine semblable, quand la fausse déposition du dénonciateur pouvait causer la mort d'un accusé innocent.

Le retranchement ou la prison s'appliquait probablement à ceux qui se rendaient volontairement eunuques et manquaient ainsi à l'un des devoirs sacrés imposés par la providence; aux séducteurs d'une jeune fiancée et à la fiancée elle-même, coupable de s'être laissée séduire; aux voleurs ou aux usurpateurs d'un champ, etc.

Les serviteurs ou les esclaves coupables envers leurs maîtres étaient punis de coups de bâton et de verges. Le patient, couché à terre, recevait trente-neuf coups de fouet. Ce châtiment était ré-

servé, en outre, à ceux qui ne pratiquaient pas les lois de l'hospitalité, à ceux qui refusaient le service militaire ou qui désertaient
pendant la guerre, à l'esclave coupable d'adultère, etc.

On mutilait ceux qui étaient coupables de mutilation. Par
cette même loi du Talion on arrachait les yeux à celui qui avait
rendu aveugle l'un de ses frères; on coupait les oreilles pour les
oreilles coupées; la jambe payait la jambe; le bras, le bras; la
main, la main. On pouvait cependant se racheter de cette peine,
ainsi que d'un meurtre commis involontairement, par une amende
qu'acceptait le blessé ou les parents du mort. La séduction d'une
jeune fille se réparait par le mariage, ou, dans le cas de refus du
père outragé, par une amende de cinquante sicles payée par le
séducteur. La femme enceinte ou le mari de cette femme pouvaient recevoir une amende pour les coups qu'elle aurait reçus
dans cet état. Celui qui blessait son adversaire dans une querelle
était obligé de payer les frais de maladie du blessé. Nous avons
dit plus haut qu'une amende quadruple ou quintuple de la valeur
de l'objet dérobé, était imposée à celui qui prenait un bœuf, un
agneau, un bélier, etc.

Les sacrifices expiatoires étaient indiqués comme le rachat des
crimes de médisance, de mensonge, de non observance des lois
hygiéniques, de non purification, d'infraction légère à la discipline des fêtes, etc.

Enfin, la loi sainte de Moïse, qui interdisait le suicide et qui
regardait les fautes comme personnelles, se résumait presque
en entier dans les deux tables sacrées de la loi, contenant les dix
commandements sublimes tracés par Jéhovah sur le mont Sinaï,
consacrés ainsi dans l'Exode :

> Adoration d'un seul Dieu ;
> Interdiction de l'idolâtrie ou du polythéisme ;
> Défense du blasphème et de l'invocation du nom de Dieu ;
> Prescription du repos sabbatique en commémoration de là création ;
> Respect envers les parents ;

Homicide,
Adultère et libertinage,
Vol,
Faux témoignage,
} Regardés comme crimes sociaux et blessant la divinité ;

Répression de l'envie des biens ou des possessions d'autrui.

Touchante communion des fidèles et des sages Israélites, gage sacré de la protection divine pour ceux qui observent ses commandements et ses ordres, symbole d'union et de concorde pour les peuples présents et à venir, qui doivent comprendre et pratiquer entr'eux, pour le bonheur de l'humanité, cette recommandation également sainte, également divine, également sortie de la bouche de Jéhovah :

« Aime ton prochain comme toi-même et traite-le comme tu voudrais être traité par lui ! »

3. Mœurs et coutumes des temps mosaïques.

L'hospitalité, le respect pour les pauvres et pour la vieillesse, la bienveillance et la protection pour les orphelins et les veuves étaient les signes caractéristiques de la nation hébraïque, si ressemblante aux Bédouins modernes ou aux Arabes anciens, moins le brigandage, qui n'était pas permis. On lavait les pieds à l'étranger qui se présentait à la porte d'une tente ou d'une maison ; le veau le plus jeune, l'agneau le plus tendre, le meilleur lit lui étaient destinés. Chacun s'empressait à lui plaire et lui prodiguait les soins les plus touchants. Abraham fait servir un veau rôti aux anges qui viennent le visiter. Des gâteaux de fleur de farine pétrie par Sara, sont mis par elle sous la cendre et présentés de ses propres mains à ces voyageurs inconnus. La mendicité et les hôtelleries étaient inconnues à cette époque bienheureuse où le titre d'étranger , de mendiant ou de pauvre était à la fois un passeport officiel et une sauvegarde puissante.

L'étranger pénétrait ainsi sous la tente des patriarches , sous le toit des juges ou des schotérim , sous le porche des prêtres et des lévites. Il trouvait la femme de son hôte filant la quenouille, tissant la laine ou préparant les aliments destinés à sa famille et à ses domestiques. Quelques-unes allaitaient les enfants en bas âge ; les plus grands , sous la tutelle du père depuis l'âge de sept ans , revenaient des champs avec leurs serviteurs ou leurs esclaves, ramenant les troupeaux dans les étables ou rapportant les produits agricoles ; d'autres s'adonnaient aux exercices de force ou d'adresse , à la lutte, à la course , au pugilat ; les enfants des lévites, plus graves par les devoirs qui leur étaient imposés, se livraient à l'étude et à l'explication des lois saintes; les jeunes filles , leurs cruches sur l'épaule , prenaient le chemin de la fontaine ou des puits du village , rendez-vous général des pâtres et des serviteurs de tous les fermiers et de toutes les jeunes filles de la contrée.

Dans l'intérieur de la maison retentissait le bruit du moulin rustique, destiné à moudre le blé, tourné par des femmes esclaves ; d'autres servantes s'occupaient à cuire le pain dans les fours portatifs , à pétrir des gâteaux de fleur de farine de froment , à confectionner des flans enduits d'huile d'olive , à façonner des biscuits ou des pâtés avec de la viande.

Les repas avaient lieu deux fois par jour, à midi et à l'entrée de la nuit. Les travailleurs des champs n'étaient pas sans doute astreints aux mêmes lois et aux mêmes règles (1). Le chef de la famille bénissait ses convives et adressait une prière à l'Éternel, répétée par tous ceux qui l'entouraient. Le repas commençait ensuite. Une sorte de bouillie était d'abord apportée sur la table;

____

(1) Les moissonneurs buvaient dans la forte chaleur de l'eau injectée de vinaigre pour se rafraîchir.

après la bouillie venaient les viandes rôties ou cuites à l'eau , assaisonnées d'huile d'olive ; c'était du bœuf, du mouton , de l'agneau , du chevreau , les animaux purs permis par Moïse. On servait ensuite les gâteaux et les légumes , les fèves, les lentilles surtout ; puis le fromage fait avec du lait de vache , les raisins secs ou les figues sèches. Tels étaient les mets et la nourriture ordinaire des Israélites. Le vin figurait aussi dans les repas, mais mêlé avec de l'eau et bu avec prudence. Les poissons apportés du Jourdain étaient rares et servis seulement les grandes fêtes. Le repas terminé , l'assemblée se levait et le chef récitait encore une prière d'actions de grâces envers l'Être-Suprême.

Les tentes étaient, comme nous l'avons dit, les habitations des anciens patriarches. Leurs femmes , en raison de leur rang et de leur dignité avaient aussi leurs tentes séparées de leurs époux. Des maisons bâties en argile et en pierres , cimentées par le sel du lac Asphaltite , quelques-unes même à plusieurs étages, aux toits en forme de terrasse sur lesquels on pouvait promener, causer et dormir pendant la chaleur, distribuées en salles de festins et chambres particulières commodes et agréables , percées de fenêtres s'ouvrant et se refermant à volonté , fermées avec des clés et des verroux de bois pour plus de sûreté et décorées d'inscriptions religieuses , remplacèrent bientôt les tentes disgrâcieuses et peu élégantes. Une loi de Moïse veillait à leur solidité et prescrivait l'établissement des balustrades sur les terrasses afin d'éviter tout danger et tout accident.

L'étranger trouvait dans ces maisons les objets de première nécessité et les meubles indispensables et utiles; un lit en bois ou en fer (1), une table , un siège et un chandelier. Dans la cour des maisons les plus grandes était placée une citerne couverte pour les besoins du ménage.

____

(1) Og , roi de Madian , avait un lit de fer.

Ces maisons, agglomérées et multipliées, formèrent bientôt des villages, des bourgs et des villes fortifiées, avec des tours et des portes gardées par un concierge, des rues étroites, une place publique servant à la réunion des assemblées et des juges ou magistrats, le plus souvent aux marchés publics, et des lavoirs et abreuvoirs publics situés à l'entrée de la ville ou du village. L'invasion des Hébreux dans la terre de Canaan trouva ces villes et villages bâtis par les Amorrhéens, les Amalécites et les Madianites; ils n'eurent donc qu'à s'emparer de ces villes, à les restaurer et à les disposer selon leur goût et leur convenance.

Dans l'intérieur des maisons et des villes se passaient des scènes charmantes et naïves, joyeuses ou tristes, agréables ou douloureuses, qui venaient ainsi récréer, amuser ou attrister le voyageur reçu sous la tente hébraïque. Ici, c'était un mariage; l'époux avait dix-huit ans; l'épouse douze ou quatorze, âge fixé pour la cérémonie. Le consentement des parents et celui de la jeune fille obtenus, les noces se faisaient au son des cymbales, des tambours et des trompettes; des danses bruyantes, des chants de bonheur et d'amour, des festins splendides venaient pendant sept jours consécutifs apporter dans la jeune famille le présage d'un avenir tranquille et prospère (1). Le père y bénissait solennellement les deux époux et réclamait pour eux la protection du ciel. La naissance ou la circoncision d'un enfant, déposé dans un berceau de jonc, et toujours accepté par ses parents avec joie et reconnaissance, en vertu de la parole divine : « Croissez et multipliez, » attirait plus loin non seulement les familles des deux époux, mais encore tous les amis et tous les voisins. La tribu tout entière fêtait la circoncision des enfants, cérémonie qui avait lieu au bout de huit jours pour les garçons;

(1) Les mariés ne se connaissaient point pour l'ordinaire. Les parents choisissaient l'épouse pour leur fils qui n'avait qu'à se marier. Abraham fit amener de la sorte Rébecca pour son fils Isaac, et le mariage fut heureux.

au bout de quinze pour les filles. Ici, le cadavre d'un chef de famille était porté hors la ville dans le cimetière ou le sépulcre de ses aïeux, presque toujours creusés dans les montagnes ou les rochers. Des joueurs de flûte précédaient le cortége funèbre; des hymnes de douleur et de deuil étaient chantés en l'honneur du défunt. Les parents les plus proches du mort, qui avaient déjà passé sept jours et sept nuits à pleurer le cadavre, assis sur la cendre et revêtus d'une sorte de sac ou d'habit de deuil destiné à ces tristes cérémonies, l'accompagnaient à sa dernière demeure en poussant de grands cris et déchirant leurs habits en signe de désespoir. La veuve et les enfants, exténués par le jeûne ordonné pour la mort d'un père ou d'un époux, hâves et défigurés, revêtus d'un grand sac qu'ils ne devaient plus quitter de l'année, assistaient à la sépulture et prenaient part aux prières funèbres qui étaient prononcées sur la tombe. Ils rentraient ensuite dans la maison conjugale, pendant que les amis et les voisins revenus des funérailles, célébraient les vertus et les qualités du mort par des banquets et des festins où la gaîté des convives remplaçait bientôt une tristesse souvent feinte et commandée par la circonstance (1). La fille de Jephté, immolée par son père, pour sa patrie, en vertu d'un vœu téméraire prononcé par lui, se retira pendant deux mois sur la montagne avec ses compagnes pour y pleurer sa virginité et sa mort prématurée. Un tel sacrifice était permis par les lois hébraïques; Abraham, prêt à immoler son fils Isaac, nous montre jusqu'où allait l'obéissance et le respect des Juifs pour la divinité.

Nous avons parlé des vêtements de deuil ou d'enterrement.

---

(1) Les tombes des patriarches étaient recouvertes d'une pierre tumulaire. Le sépulcre d'Abraham et de sa famille était à Hébron, dans un champ appartenant à Abimélech et acheté par Abraham pour quarante sicles; Sara y fut déposée la première. La sépulture était l'une des recommandations expresses de la loi mosaïque et était même ordonnée pour les cadavres des ennemis. Les corps des riches ou des puissants étaient embaumés; ceux des pauvres enterrés simplement.

Ces vêtements étaient portés aussi dans les jeûnes et les prières en usage dans toutes les cités à l'occasion des malheurs ou des calamités publiques, telles que la guerre, la peste, la mort de personnages illustres. Le deuil d'Aaron et de Moïse fut porté par la nation entière pendant trente jours. Mais dans les danses ou fêtes nationales, où la musique égayait tous les cœurs, les hommes apparaissaient avec le manteau de coton ou de laine et la tunique de lin fin semblable à celle portée par les habitants de l'Égypte, chaussés de sandales et coiffés d'une sorte de turban ; les vieillards, graves et dignes, majestueux par leurs grandes barbes et leurs longues chevelures ; les hommes faits, le bâton à la main, ayant à leur main droite l'anneau ou sceau de leur famille, polis et respectueux envers les plus âgés ; et les jeunes garçons, portant des boucles d'oreilles, et des amulettes ou talismans sur leur poitrine. Les vêtements des femmes étaient plus fins que ceux des hommes ; une ceinture de lin retenait leur tunique presque transparente ; sur leurs épaules flottait un manteau ample et spacieux (1); un voile discret cachait leur blanc visage ; et leurs cheveux longs et parfumés d'essence étaient retenus par un bandeau sur leur tête ; des boucles ou des pendants, des bracelets et des bagues ornaient ou décoraient leur nez, leurs oreilles, leurs bras charnus et leurs doigts effilés ; de leur corps, baigné fréquemment ou lavé avec de la neige, s'évaporaient les odeurs les plus délicates ; elles consultaient souvent un petit miroir portatif pour réparer le désordre de leurs cheveux ou de leurs toilettes, car la coquetterie des femmes était encore en assez grand progrès chez ces peuples pourtant si champêtres et si ignorants ! Les travestissements étaient sévèrement proscrits. Une loi de Moïse, entr'autres, défendait expressément aux femmes de porter ou de revêtir les habits des hommes ; aux hommes de revêtir les habits des femmes.

Dans ces réunions de tribus, toujours animées et bruyantes,

(1) Ruth glanant chez Booz cacha aisément sous son manteau six mesures d'orge.

et pendant la durée des audiences criminelles, entourées toujours de curieux, arrivait parfois un grave personnage monté sur un âne ou sur un mulet, un juge, un schotérim, un lévite ou un prêtre ; c'était là la monture ordinaire, et Samuël, Jephté et Balaam le madianite n'en avaient pas d'autre. On volait à sa rencontre ; l'inférieur s'inclinait devant son supérieur qui le bénissait ; il mettait pied à terre devant lui, se prosternait et lui offrait des présents.

Les rues des villes étaient vivantes et agitées, malgré la décadence des arts et des métiers depuis Moïse, sous lequel le peuple juif possédait d'excellents artistes, surtout à l'époque de la construction du Tabernacle. Le voyageur rencontrait dans les cités les plus florissantes, Sichem, Jéricho, Mispâh ou Béthel, de nombreuses fabriques de briques, de pots, de verres et d'autres ustensiles de ménage ; de casques, de cuirasses, de boucliers, de lances et de chars de guerre travaillés avec l'or, l'argent, l'airain, le fer et le plomb extraits dans les montagnes d'Éphraïm et de Dan par les mineurs indigènes. Le cuivre était employé aussi pour les mêmes objets et pour les chaînes des prisonniers, pour les chandeliers des habitations privées. Il y avait des ateliers de tisserands, de fileurs, de teinturiers, de tanneurs, de brodeurs et de tapissiers ; des magasins de bijouterie, de parfumerie, de chaussure, tenus quelquefois par des étrangers phéniciens ou assyriens venus de Ninive, de Tyr ou de Babylone; mais les maçons et les charrons, en grand nombre chez les Juifs, étaient tous indigènes et nationaux.

Il y avait toutefois peu de commerce chez les Hébreux, complètement ignorants en navigation et en marine. Les ânes servaient seuls pour le transport des denrées; les grandes routes, quoique bien tenues, étaient rares (1) ; les ponts n'étaient pas en-

____

(1) Les lettres — et la Bible en cite peu d'exemples — s'envoyaient roulées et cachetées au moyen d'une ficelle par un domestique ou un messager qui revenait avec les réponses.

core en usage dans ces pays arriérés ; un petit canot servait seulement au passage du Jourdain que l'on traversait le plus souvent dans des gués connus à peu près à sec. Dans les marchés publics pour la consommation , existant dans le désert et placés, à la sortie du Tabernacle , au milieu du camp , les vendeurs et les acheteurs se servaient pourtant de poids et de mesures dont la capacité ne nous est pas connue d'une manière très précise : la farine s'y vendait à l'épha, au cor, au gomor, au bâtk, au chomer ; le grain s'y pesait au sekel , au béka, au guéra, au mané , au kikkar ; on le payait en sicles, en demi-sicles, en quart de sicles, en agora ou petite monnaie ; les charpentiers, les couvreurs et les maçons toisaient à la palme ou topha , à la coudée ou ammâh , au zéreth ou au gomed (1).

L'agriculture , le labourage , l'élevage des troupeaux , était donc la mission principale et privilégiée des Hébreux sur la terre. Le sol cananéen , fertile et productif , fournissait sans beaucoup de peine aux besoins d'une population très importante en raison du peu d'espace où elle était renfermée. Les eaux des montagnes, les rosées et les pluies fréquentes, surtout dans le printemps et l'automne , des ruisseaux ou sources d'eaux vives nombreuses, vivifiaient les champs , bonifiaient les récoltes , serpentaient au loin dans les plaines. En sortant des villes, l'étranger rencontrait des cultivateurs portant de la paille ou du fumier pour engraisser les champs , des fermiers sarclant ou béchant la terre avant de l'ensemencer, et des laboureurs conduisant leur charrue en piquant de l'aiguillon les bœufs , les vaches ou les ânes paresseux , creusant un léger sillon à la superficie de la terre friable et maniable. Après les fêtes de la Pentecôte et de Pâques , époques fixées pour l'ouverture des récoltes, c'étaient des épis d'orge et de blé tombant sous la faulx des moissonneurs, liés en gerbes, entassés sur des charriots et battus sur l'aire ou dans le pressoir,

---

(1) L'ecba ou le doigt, et le kané ou roseau, servaient également à la mesure des bâtiments.

comme Gédéon nous en fournit la preuve (1); des pauvres glaneurs ramassant les épis oubliés dans les champs ; des esclaves ou des serviteurs emportant dans les granges ou les greniers le grain dégagé de l'épi, servant à la nourriture quotidienne du ménage et de la famille, et la paille destinée à la nourriture des bestiaux ou à la confection des briques.

Les vendanges avaient lieu vers la fin de septembre et précédaient de quelques jours la fête des Tabernacles ou la clôture des récoltes annuelles. Les vignes, en assez grand nombre, étaient entourées de haies. On ramassait le raisin dans de larges paniers ; on le prenait et on le conservait dans des outres. Les vins de Gaza, d'Ascalon, de Thimnath, de Sarepta et de la vallée d'Escol, étaient surtout en grand renom chez les Israélites. Venaient ensuite dans le même temps les récoltes des fruits de la terre ; les olives étaient abattues avant d'être mûres et foulées dans des pressoirs pour la composition de l'huile ordinairement employée dans les aliments et les sacrifices ; les jardins, bien cultivés, donnaient à leurs maîtres des noix, des dattes, des figues, des pistaches et des grenades bonnes et savoureuses. Les plaines de Jéricho produisaient des roses éclatantes, un miel abondant et un baume renommé pour la guérison des plaies et des blessures.

Les pâtres ou les bergers formant la troisième et dernière catégorie du peuple hébreu, gardaient leurs immenses troupeaux de bœufs, de chameaux, de brebis et de chèvres dans des pâturages communs, situés à l'est du Jourdain, ou dans les plaines Saroniques et les déserts de la terre promise. Les bergers les faisaient paître en plein air, aidés par des chiens dans leur surveillance active et pénible, portant des sacoches où ils mettaient leur pain, la peau de bouc contenant leur provision d'eau pour la

____

(1) Le battage des grains s'exécutait avec le fléau, avec des bœufs ou des chevaux ou des machines en bois chargées de pierres et traînées par des animaux.

journée (1), et la houlette et la fronde à la main pour s'exercer ou se distraire dans leur solitude. Le soir ils couchaient sous des tentes, laissant leurs troupeaux errer à l'aventure. Ils montaient quelquefois sur des tours ou des éminences pour observer la marche ou l'approche des ennemis. L'eau, excessivement rare dans ces contrées sauvages, était souvent une source de querelle pour les bergers trouvant par hasard des puits et des citernes.

Un intendant ou chef de troupeau commandait aux bergers et leur donnait des ordres ; c'était lui qui présidait à la tonte des brebis et des moutons servant à la confection des vêtemens du corps, au tissage du poil de chèvre et à l'extraction et la découpure des peaux des bœufs de Saron et de Basan, excessivement recherchées par les tanneurs, les fileurs et les tisserands. Jacob servit d'intendant à Laban, son beau-père, et préleva sur les animaux confiés à ses soins un bénéfice considérable. Moïse lui-même garda les troupeaux de Raguël ou de Jéthro le madianite, son beau-père.

En saluant d'un dernier adieu la terre promise d'Israël, le touriste aurait pu rencontrer quelquefois sur sa route des chasseurs explorant les montagnes et les déserts, armés d'un arc comme Nemrod, leur ancêtre, et poursuivant le gibier errant et vagabond, le lion de Basan ou d'Aphêk, l'ours ou la gazelle du Nébo. Cette distraction était permise aux Israélites, qui s'en dégoûtèrent bientôt ; mais plus rarement il eût vu des pêcheurs, armés d'un filet, d'un hameçon et d'un crochet, alors en usage, essayer de surprendre les poissons de Jéricho ou du lac de Génésareth.

Le poisson n'était pas toutefois défendu par Moïse, qui avait désigné les deux catégories des poissons purs et impurs ; mais le temps de la pêche miraculeuse n'était pas encore arrivé pour les Juifs.

---

(1) Abraham renvoya Agar et Ismaël et ne leur donna qu'un pain et une outre d'eau en les chassant de sa tente.

4. Distribution géographique.

Lorsque Abraham quitta la ville de Carrhes en Mésopotamie pour s'établir dans la terre cananéenne, appelée depuis Judée ou Palestine, cette contrée, exposée souvent aux attaques ou aux invasions des Sennaarites ou des Assyriens, était habitée non seulement par les Cananéens, descendants de Cham et de Canaan (1), mais encore par les débris des anciens géants de la Bible, les Rephaïtes, demeurant dans le pays de Basan, les Amorrhéens ou Amorites, les Éminites, les Zanzummites et les Zouzimites, répandus dans le pays plus tard habité par les Ammonites et les Moabites, enfin par les Anakites, disséminés sur les montagnes. Les Horimites habitaient les montagnes de Séïr ou une partie de l'Idumée; les Awimites la plaine de Gaza; les Kénites au Midi de la Palestine. Puis venaient les pays de Sodome, de Gomorrhe, d'Adama, de Tseboïm et de Ségor, soumis aux princes de l'Assyrie.

Après la mort de Loth et d'Abraham, les enfants de Moab et d'Ammon chassèrent les Éminites et les Zanzummites et s'établirent à leur place. Les Rephaïtes furent vaincus et soumis par les Amorrhéens ou Amorites, qui se fixèrent ainsi à l'Est du Jourdain; les Iduméens descendants d'Ésaü remplacèrent les Horimites; les Awimites furent obligés de céder une portion de leur territoire aux Philistins.

Ces différents changements étaient accomplis lors de la sortie d'Égypte; ainsi les Israélites, dans leurs projets de conquête de la terre promise, eurent donc à lutter contre les Cananéens d'abord, dispersés à Hébron, à Solyme ou Jérusalem, à Sichem

---

(1) Les villes de Sichem, Solyme, etc., étaient possédées par les Cananéens.

et à Gabaon, à Bethscan, à Emmaüs, à Béthel, sous les noms divers d'Hétites, d'Yébouvites, de Guirgarites, d'Hésites, de Gabaonites et de Phérisites (1); les Amorites ou Amorrhéens demeurant à Engaddi, Basan et Hesbon, commandés par les rois Og et Sihon; les Philistins, originaires d'Égypte, dominant les pays de Gaza, d'Asdôd, d'Ascalon, de Gâth et d'Ekrôn; les Ammonites, établis entre l'Yabbôk et l'Arnôn; les Moabites, leurs frères, en face de Jéricho et à l'Est du Jourdain; les Iduméens ou Édomites de l'Arabie-Pétrée, près des montagnes de Séïr; les Amalécites et les Madianites, leurs voisins, dans les environs des monts Horeb et Sinaï, ou même jusque dans les plaines de Moab, à l'Est du Jourdain, et les Anakites, descendants des races gigantesques (2).

Les Anakites furent exterminés par Josué; les Gabaonites se soumirent volontairement; les Madianites furent subjugués par Gédéon. Mais nous retrouverons encore sous le gouvernement monarchique des Hébreux, les Philistins, les Amalécites, les Moabites, les Ammonites et une partie des princes cananéens, dont plusieurs durent céder aux efforts des tribus conquérantes.

Ce fut donc ce territoire possédé par des nations belliqueuses et turbulentes, soumis aux circonstances accidentelles de guer-

(1) A l'époque de l'invasion de Josué, le roi cananéen Adoni-Sédek restait à Solyme; Horam à Hébron; Piréam à Yannoûth; Débir à Églon; Horam à Gazer; Jobab à Madon; Jabin à Azor, etc.

(2) L'Écriture-Sainte, outre les peuples que nous venons de nommer, signale trente-un rois ou chefs de villes et bourgades dépossédés par Josué. Ces rois étaient ceux de Jéricho, d'Aï, de Solyme, d'Hébron, d'Yannoûth, de Lâchis, d'Églon, de Guézer, de Débir, de Guéder, d'Homra, d'Harad, de Libna, d'Adullam, de Makkéda, de Béthel, de Tappuah, d'Hépher, d'Aphék, de Saron, de Madon, d'Hasor, de Simron-Méron, d'Acsaph, de Tahanac, de Meguiddo, de Kédés, de Jokmlan, de Carmel, de Dor, de Gojim, de Tirtsa. Caleb, fils de Jéphunné, reçut de Josué, pour sa part, le territoire d'un roi des Anakites, Hanak, fils d'Arbâh, l'un des chefs les plus puissants de cette contrée. Cette liste, quoique très incomplète, suffit néanmoins à donner une idée du morcellement et de la subdivision de la propriété chez les Cananéens.

res longues et difficiles, mais promis par Jéhovah aux enfants d'Israël sous le nom de la *terre promise;* ce fut cet héritage d'Abraham et de Jacob, ainsi divisé, gaspillé, dilapidé, que Moïse légua à son peuple par anticipation, après le retour des douze commissaires envoyés par lui pour explorer la contrée bienheureuse. Quarante ans après la donation faite par le prophète, Josué, son successeur, plus heureux que lui, délégua dix géomètres pour mesurer la superficie de la terre de Canaan et fixer la valeur approximative du sol conquis ou à conquérir. Ce travail, terminé au bout de sept mois, donna lieu au partage suivant, assigné nominalement aux tribus, sauf à celles-ci à se mettre en possession de leur part d'héritage et à en chasser les premiers possesseurs opiniâtres et tenaces.

Les tribus de Ruben, l'aîné des fils de Jacob, de Gad et la demi-tribu de Manassé, furent les premières pourvues de leur part de territoire par Moïse lui-même.

Ruben obtint le pays de Sihon, chef des Amorrhéens, demeurant à Hesbon, qui dominait depuis Haroher, sur le bord du torrent d'Arnôn jusqu'au torrent d'Yabbôk, c'est-à-dire le pays d'Ammon compris sur le littoral de la mer Morte. Les villes principales des Rubénites étaient Hesbon, la capitale, Sibna, célèbre par ses vignobles, Yasa, près de laquelle Moïse battit les Amorrhéens, Baal-Méon, Haroher sur l'Arnôn, ville frontière, etc.

A la tribu de Gad, dont les limites étaient depuis la mer de Kinnaroth à l'Orient à la mer Salée vers l'Occident et à Asdôth de Pirga au Midi, échurent les villes de Mahnaïm, Succoth, où Jacob fit la paix avec Ésaü, Ramoth, capitale de la tribu, Beth-Haran, Abila ou Abel-Sittim, en face de Jéricho, Haroher et Rabbath-Ammon, depuis capitale des Ammonites, Dibon sur l'Arnôn, etc.

La demi-tribu de Manassé obtint le pays d'Og, autre chef des Amorrhéens, sur les montagnes d'Hermon et de Sacca, dans lequel se trouvaient les villes de Gadara, de Gaulan, ville lévitique, dans le pays de Bazan, d'Astaroth, résidence du roi de Bazan, de Kénath, Salcha, Gérasa, dans le pays de Galaad, Jabés-Galaad et Éphrôn dans le même pays.

Les tribus de Ruben, de Gad et la moitié de Manassé, demeuraient à l'Est du Jourdain et possédaient la partie de la Palestine appelée Pérée par les Romains. Voici maintenant la répartition faite par Josué entre les tribus restantes.

La tribu de Juda reçut de Josué le Midi de la Palestine, depuis Kadés-Barnéa jusqu'à la vallée de Benhinnom, et depuis la mer Morte à la Méditerranée. On remarquait parmi ses villes : Thecoa, Bethléem, où devait naître Jésus-Christ ; Hébron, près de laquelle Abraham avait fixé sa demeure ; Engaddi, dont e vin était renommé ; enfin Gaza, dont Samson emporta les portes, Ascalon, Gâth, et Asdôd, villes philistines, etc. (1).

A la tribu de Siméon échut une partie du territoire accordé à celle de Juda, qui fut obligée de lui céder une partie de ses villes, entr'autres Béer-Sébah, où mourut Isaac, appartenant à Abimélech, roi de Gérar, Sébah, Malada, Béthul, Tsiklag, Rimmon, Heter, Gérar, patrie des Abimélech, et Horma.

Les Benjamites furent établis au Nord-Est de Juda. Leur territoire, borné par le Jourdain à l'Orient, s'étendait au Couchant jusqu'à Kiriath-Jarim. La ville de Melchisédech, l'ancienne Solyme, celles de Jéricho, Gualgala, Aï, Rama, Gabaon, Gabaa ou Guébah, Anathoth, Kiriath-Jarim, Mispâh ou Mispé, siége des assemblées générales du peuple, de Képhira, de Rama, patrie de Samuël, de Béthel, qui fut conquise par les Éphraïmites, faisaient partie de leurs possessions. Ces trois tribus comprenaient ensemble la Judée proprement dite, formant la deuxième division de la Palestine.

_____

(1) Ascalon, Gaza, Gâth et Asdôd, conquises d'abord par la tribu de Juda, restèrent néanmoins au pouvoir des Philistins jusqu'aux rois.

Les enfants de Dan , au Nord-Ouest de Juda et à l'Ouest des Benjamites , occupèrent les villes de Saréah , d'Estaol , d'Ajalon, de Thimnath , d'Ékrôn , de Jéhud , d'Yaffo ou Japho (depuis Joppé) et de Bahalath , etc. La ville de Laïsch (Dan) était leur capitale.

Les Éphraïmites , au Nord de Benjamin et de Dan, s'étendaient du Jourdain à la Méditerranée. Parmi leurs villes principales étaient Sichem, ancienne capitale des Héwites, Silo , où fut placé le Tabernacle jusqu'à la mort d'Héli , Thimnath-Sérath et Béthel, dont ils s'emparèrent au préjudice des Benjamites , avec lesquels ils furent souvent en guerre.

La seconde moitié de la tribu de Manassé , au Nord-Ouest d'Éphraïm , était bornée par la tribu d'Aser, le torrent de Kana et le pays de Tappuah du côté d'Éphraïm ; elle comprenait les villes de Bethséan , de Jébléham , d'Endor, de Tahanac , de Meguiddo , qu'ils devaient prendre aux Cananéens. Ceux-ci demeurèrent , en réalité , les maîtres du pays et du territoire.

Les tribus de Dan , d'Éphraïm et la moitié de Manassé composaient ainsi la province de Samarie , sous la domination romaine.

La Galilée , l'une des plus grandes et des plus belles parties de la Palestine , fut donc l'apanage des tribus d'Issachar, d'Aser, de Zabulon et de Nephtali , dont nous n'avons pas encore parlé dans la distribution du territoire juif.

Issachar, borné au Nord-Est par les Éphraïmites, au Nord par le torrent de Késon et à l'Est par le Jourdain, possédait les villes d'Yesréel , de Thirsa , de Gelboa , de Dabrath et de Sihon , contrées célèbres plus tard par les guerres de Saül contre les Philistins.

Aser occupa les terres du mont Carmel et de Sidon, au Nord-Ouest d'Issachar, et les villes d'Helkath , d'Acsaph, Beten , Miséal , Hébron , Réhab , Aphêk , Tsor et Hummah.

Le lac de Génésareth, le territoire d'Aser à l'Ouest, la tribu d'Issachar au Nord, bornaient celle de Zabulon. Jokmhan, Cana, Nazareth, Bethsaïde, Gatth-Hépher, appartenaient à cette tribu, dans laquelle se dressait le Thabor, si souvent cité dans l'Écriture-Sainte.

Enfin Nephtali, voisin de Zabulon au Nord, d'Aser à l'Ouest, s'étendait à l'Est jusqu'au Jourdain et à l'Ouest jusqu'à la Phénicie. Parmi ses villes nous citerons Tsiddim, Adama, Kadés, Bethanat, Benhatsor, Jiréon, Asor, etc.

Les Lévites ou descendants de Lévi, qui n'avaient aucun droit au partage, furent répartis dans quarante-huit villes qu'ils devaient posséder sur le territoire des autres tribus et dont treize furent assignées par les lévites aux prêtres de leur race, descendants d'Éléazar et d'Ithamar, fils d'Aaron, le premier pontife. Ces treize villes étaient dans les tribus de Juda, de Siméon et de Benjamin. Les tribus d'Éphraïm, de Dan et de Manassé (de ce côté du Jourdain) en fournirent dix sur les trente-cinq restantes. Treize furent demandées aux tribus d'Issachar, de Nephtali, d'Aser et l'autre moitié de Manassé. Zabulon, Gad et Ruben en fournirent douze. Six de ces villes devaient servir d'asile aux meurtriers poursuivis pour un crime involontaire ; c'étaient les villes de Béser, de Ramôth et de Gaulan, à l'Est du Jourdain, dans les terres des Rubénites et des Gadites ; de Kadés, dans la tribu de Nephtali ; de Sichem et d'Hébron, dans celles d'Éphraïm et de Juda.

Tel fut ce partage inégal (1) fait par Josué entre les douze tri-

---

(1) Ce partage fut en effet inégal. Juda obtint d'abord pour sa part cent cinquante-une villes dont il fut obligé de donner une partie à Siméon, qui n'en avait pas du tout, pendant qu'Aser n'avait que vingt-deux villes, Dan dix-sept, Issachar seize, etc. Les uns avaient un pays tout conquis ; les autres un pays et des villes entières à conquérir et à prendre. Cette disproportion d'héritage causa du reste beaucoup de divisions dans les tribus injustement pourvues.

bus du peuple israélite, partage demeuré longtemps impossible à cause des luttes avec les indigènes, qui occasionna plusieurs querelles particulières entre les enfants d'Israël eux-mêmes, et qui subsista pendant plus de quatre siècles au milieu des troubles privés et des servitudes sous les étrangers, jusqu'à ce que les bras de David et de Salomon extirpassent de la Judée les races primitives et les exterminassent selon la volonté de Moïse, l'apôtre inspiré de Dieu.

LIVRE VIII.

EUROPE ANCIENNE ET PRIMITIVE.
AMÉRIQUE ET OCÉANIE.

Peuples du Nord. — Scythes, Sarmates et Scandinaves. — Celtes, Cimbres ou Kimris, Gaëls ou Gaulois, etc. — Indigènes d'Amérique et d'Océanie, etc.

CHAPITRE Ier.

ANTIQUITÉ ET HISTOIRE PRIMITIVE DES PEUPLES EUROPÉENS.
PREUVES ET SOURCES HISTORIQUES.

Après les Chinois qui présentent à la postérité leurs grands tableaux chronologiques, après les Indiens et leurs hypogées gigantesques, soutenus par les Égyptiens qui en descendent et qui reconnaissent leur devoir l'origine, après les Persans et leurs fabuleuses légendes, les Phéniciens et les Assyriens escortés de de leurs ruines imposantes et respectables, après les Grecs aux mythes ingénieux et aux aèdes inspirés , après surtout les traditions naïves des Hébreux , on a le droit de se montrer quelque peu sévère pour les nations et les peuples qui entrent après eux dans l'arène historique.

Voici cependant plusieurs peuples formant presque la totalité d'un des trois continents terrestres , l'Europe , qui arrive sur le champ de bataille sans preuves historiques ou monumentales , sans mythes et sans légendes , sans traditions primitives ou originales. Les *Sagas* et l'*Edda* , poèmes mythologiques scandinaves , sont d'une composition trop récente et trop rapprochée de nous pour être admis comme preuves authentiques et véritables de l'histoire des peuples du Nord. Quelques tumulus celtiques, quelques pierres ou dolmens druidiques ont seuls traversé les siècles antérieurs à l'ère chrétienne et sont venus du moins attester l'existence de races antérieures et primitives, et consacrer les traces d'un culte célèbre quoique sanguinaire et terrible , mais sans pouvoir donner la moindre certitude aux antiquaires et aux amateurs scrupuleux de recherches historiques. Interrogez les champs de Karnâk , d'Erdeven et de Lokmaria , vous n'y trouverez que des pierres.

Nous sommes forcés de recourir aux historiens latins pour avoir quelques renseignements très incomplets et très vagues sur les migrations et les excursions aventureuses de ces races nomades et guerrières. composées de pâtres et de chasseurs , connues principalement chez les Grecs et les Romains sous le nom générique de Scythes ou barbares. Ces races, établies d'abord dans les environs du Caucase , dans la Sibérie , la Géorgie , la Circassie , s'étendirent ensuite dans les environs du Danube , du Borysthène et du Tanaïs , et peuplèrent enfin par des transplantations rapides et successives les pays de la mer Baltique, formant aujourd'hui la Russie , la Suède , la Norwège et le Danemarck (la Chersonèse Cimbrique des Romains). Vers le quinzième siècle avant Jésus-Christ , les races scythiques, subdivisées en tribus et en bandes diverses, se guerroyant et se combattant entre elles, apparaissent sous le nom de Cimmériens dans l'Arménie et une partie de l'Asie-Mineure; sous le nom de Sarmates et de Massagètes sur les bords de la mer Noire et de la mer Caspienne; puis imitant les Doriens et les Éoliens grecs, refoulés les uns par les autres, passent les monts Carpathes et gagnent l'Épire, la Thrace et l'Italie, où elles fondent des colonies importantes (1); ou, se dirigeant vers le Rhin, sous le nom de Skolotes ou Celtes, peuplent la Gaule inhabitée, franchissent les Pyrénées et se font appeler Ibères, mélangés depuis avec les Celtes, leurs voisins, sous la dénomination de Celtibères.

Les Cimmériens (Kimris ou Cimbres) et les Tauriens remplacent les Skolotes ou Celtes, les Ambrons et les Ibères sur les bords du Danube et du Dniéper (la Chersonèse Taurique) et s'établissent peut-être sous le nom de Pélasges dans la Thessalie, la Phocide et la Béotie (2).

Les Celtes établis dans la Gaule et la Germanie ont cependant donné naissance à plusieurs familles qui joueront plus tard un rôle brillant dans l'histoire du monde; les Armoricains s'établissent dans la Bretagne et s'y subdivisent en Nannètes, Vénètes, Redons et Andecaves; les Aquitains se séparent en Bituriges, Arvernes, Viricques, Nitiobriges, Héleuthésines et Ruthènes; les Tolosates, les Atarins, les Tectosages et les Volces, peuplent les pays de Toulouse, de Narbonne, de Carcassonne et de Nîmes; les Allobroges et les Helvètes établissent leurs domiciles sur es

(1) Les Ambrons ou Umbriens donnèrent leurs noms à l'Isombrie ou région du Pô, à l'Ollombrie ou région des Apennins, et à la Silombrie ou pays compris entre le Tibre et l'Arno. Chassés dans le onzième siècle avant l'ère chrétienne par les Ravènes ils laissèrent néanmoins leur nom à l'Ombrie, province romaine importante.

(2) Les Grecs avaient assigné des noms différents aux tribus ou hordes nomades appartenant à la race scythe ou hyperboréenne. Ainsi, les Scythes Hamoxobiens (vivant sur des charriots); les Hippomolques (buvant le lait de leurs juments); les Skénites (habitant les tentes); les Troglodytes (demeurant dans des grottes); les Aorses, les Eunomes, les Méotes ou Méotides, les Massagètes, etc.

montagnes du Dauphiné et de la Suisse ; les Séquanes fondent la ville de Sens ; les Rhémiens, celle de Rheims ; les Éduens, celle d'Autun ; les Lutétiens, Lutèce ; les Trévirs, les Suèves et les Éburons se dispersent dans les provinces rhénanes ; les Bavarois, les Frisons et les Huns se fixent dans la Germanie.

Dans le onzième siècle avant l'ère chrétienne, les Cimmériens (Cimbres ou Kimris), après avoir envahi la Colchide et le Pont-Euxin, envoient une de leurs bandes dans la Germanie demander leur part de butin et de territoire aux tribus précédentes que nous venons de citer. Mais, convoitant bientôt les plaines gauloises, plus fertiles et plus productives, enviant le climat plus doux possédé par les Aquitains et les Tectosages, les Kimris passent le Rhin à leur tour et viennent mêler leur sang à celui des Skolotes ou des Celtes, leurs ancêtres et leurs alliés.

Telles sont, à l'époque où s'arrête cette première partie de notre histoire, les migrations ou révolutions des peuplades barbares, cimmériennes, celtes ou scythes. La grande race du Nord peuple donc des empires étendus et immenses, mais sauvages et incultes, parsemés de vastes forêts, dominés par de hautes montagnes, où parque cependant une population vigoureuse et robuste, exercée à la chasse, à la pêche, aux exercices du corps, ignorant le luxe et le sybaritisme de la vie, tenant le milieu entre la bête et l'homme, se couvrant de peaux d'ours ou de rennes et se nourrissant des animaux des bois, des poissons des rivières ou des oiseaux des montagnes.

Nous retrouverons bientôt cette race, plus intelligente et plus envieuse, toujours audacieuse et terrible, turbulente et remuante, et nous la suivrons sous l'impulsion de Bellovèse et de Sigovèse, de Brennus ou de Viridomare, de Bojorix ou d'Épulon, jetant un regard de convoitise sur l'Italie florissante et civilisée, sur la Grèce luxueuse et corrompue, pénétrant dans Rome la sainte, menaçant le Capitole, prenant Amphipolis et saccageant le temple sacré d'Apollon, dans la ville de Delphes.

L'Écriture-Sainte est encore moins communicative sur les races du Nord que les historiens latins ; elle nous apprend seulement que de Japhet, souche du continent européen, vinrent Magog, qui donna naissance aux Scandinaves ; Gomer, qui fut le premier chef des Galates d'Asie, tige des Gaëls ou Gaulois d'Europe ; Tubal, qui s'établit dans l'Espagne ou Celtibérie ; Ascénas, fils de Gomer, fondateur des colonies celtiques en Gaule, Étrurie, Italie et Sicile.

Mais dans le quinzième siècle, le génie inventif des historiers se réveilla subitement et crut devoir suppléer à l'absence des monuments et des ouvrages historiques pour composer à chacune des nations européennes, injustement privées d'ancêtres successifs et continus, un arbre généalogique imposant et majestueux, mais malheureusement trop fabuleux et trop peu vraisemblable. On compulsa avec soin les notions traditionnelles du culte druidique ; on accolla quelques noms mythologiques aux noms plus rares conservés par les historiens latins ; on réunit à ces notions les prétentions consignées dans les livres bibliques ; on remonta jusqu'à l'origine des noms des pays, des provinces et des villes existant alors dans le monde ; et de cet amalgame maussade, bizarre, lourd et écrasant comme conception intellectuelle, inadmissible par la science éclairée, mais acceptable par l'érudition pédantesque de l'époque, agréable à l'amour-propre de toutes les nations, sortit l'histoire mal digérée, mal conçue, mal exprimée et mal écrite des peuples européens depuis le commencement du monde jusqu'à nous.

L'origine de tous ces peuples remontant à la bible, ce qui était orthodoxe, l'histoire séparée de chaque pays du monde venant ainsi corroborer les assertions mosaïques, la religion ne s'opposa point à la publication et à la propagation de ces livres peu sérieux et peu vrais ; et les prêtres, peu dupes dans le fond de leur âme de cette comédie singulière, autorisèrent par leur adhésion tacite et publique, les ignorants à se laisser prendre facilement au piége grossier qu'on venait de leur tendre.

De la sorte Annius ou Nanni de Viterbe, qui prétendit avoir
trouvé plusieurs historiens originaux dont les ouvrages nous
manquent, tels que Bérose, Manéthon, Sanchoniaton, Fabius
Pictor, publia une liste des rois de Gaule ou de France, depuis
Gomer, fils de Japhet, jusqu'à Pharamond. On vit alors apparaître avec étonnement des rois purement imaginaires, intercallés de
personnages historiques, tels qu'Ambigat, Bojorix, Ambiorix,
Arioviste, composant trois dynasties différentes : la dynastie celtique ou druidique, expliquée par des noms adhérents à ces
traditions ; la dynastie sicambre ou cimbrique, attribuée à l'un
des petits-fils d'Hector ; la dynastie franque ou germanique, fabri-
quée à l'aide de la langue germaine.

Dans la première de ces dynasties figurent Magus, célèbre
astrologue, qui donna son nom aux magiciens ou aux sorciers ;
Dryus, père des druides et l'instituteur du culte druidique ; Bar-
dus, d'où sont venus les Bardes ou poètes ; Britannus, d'où la
Bretagne tire son origine. Hercule le lybien est introduit ici sur la
scène historique ; on suppose qu'il conquit successivement l'Espagne, la Gaule et l'Italie, et laissa un de ses fils pour gouverner
chacun de ces royaumes. Celtés régna dans la Gaule et donna
son nom aux Celtes ; les Gaulois prirent leur nom de Galatés, fils
de Celtés ; Narbon fonda la ville de Narbonne ; Lugdus, celle
de Lyon ; Belgius baptisa la Belgique ; Namnés les Namnètes ou
habitants de Nantes ; Allobrox fut le parrain des Allobroges ; Lu-
tétius de Lutèce ; Lémanus du lac Léman ; enfin vint Rémus, qui
ferme la porte de la première dynastie.

La seconde dynastie s'ouvre en effet par Francus, nom typi-
que des Francs et de la France, merveilleuse invention des faus-
saires, lequel Francus était petit-fils d'Hector, fils de Priam, le
célèbre antagoniste d'Achille (1) ; cette filiation devait être agréable

----

(1) C'est ainsi que la ville d'Agen prétendait descendre d'Agénor, fils d'Anténor.
Dans ce temps on n'y regardait pas de si près pour les origines.

aux Français du seizième siècle, qui pouvaient lutter ainsi d'illustration nobiliaire avec les Italiens, qui se vantaient de descendre d'Énée ; mais Francus ne pouvait pas donner à sa famille les prénoms qui précèdent. Les ingénieux auteurs de l'histoire des Francs depuis les temps les plus reculés, comprirent cette inconvenance et ne la commirent point ; aussi les Priam, les Hector, les Troïle, figurent-ils parmi les descendants de Francus. On y remarque pourtant Sicamber, naturellement père des Sicambres ; Tongris, des Tongres ; Teuto, des Teutons ; Ambro, des Ambrons ; Cimber, des Cimbres, etc.

Marcomir, Clodion, Hérimer, Odemar, Rathier, Clogion, Childéric et Ricimer, sont les noms qui ornent la troisième liste et nous conduisent ainsi au règne de Pharamond, personnage lui-même très douteux et très problématique. Plusieurs auteurs et historiens estimés, Augustin Thierry entre autres, ont fait ressortir le ridicule de ces tristes inventeurs des quinzième et seizième siècles, au nombre desquels se place en première ligne Jean Charron, après qui nous regrettons de voir figurer notre compatriote Scipion Dupleix, homme de savoir et de vrai mérite.

L'Espagne fut aussi bien partagée que la France. Après Tubal, fils de Japhet, qui fut conservé comme souvenir biblique, elle eut ainsi parmi ses rois fabuleux Ibérus (l'Èbre) ; Tagus (le Tage) ; le grand Hercule de Lybie, qui s'empara de l'Espagne comme de la Gaule ; Hispalus, fondateur de Séville (Hispala) ; Hispanus, d'où Hispania (l'Espagne) ; Lusus, père de la Lusitanie ; Celtiber, chef des Celtibères, etc.

L'Étrurie ou l'Italie fut dotée de Comer Gallus, fils d'Ascénas et arrière-petit-fils de Japhet ; de Janus l'ancien, enlevé aux mythes grecs et romains ; de Janus le jeune ou Sicanus (Sicania, premier nom de la Sicile) ; de Sicélus (Sicilia, Sicile) ; d'Italus, petit-fils d'Hercule le lybien, qui lui donna son nom ; de Jasion, de Plutus, de Picus, de Faunus, enlevés aux traditions païennes, après lesquels on place l'invasion tyrrhénienne, dont nous avons parlé dans le livre sixième. Parmi les Tyrrhéniens figurent Tarcon, l'ancêtre des Tarquins; Véïbanus, père des Véïens; Tibérinus (le Tibre); Fésulanus, fondateur de Fiésole (Florence) ou de Felsine (ancien nom de Bologne), etc.

Du royaume d'Albe, fondé par Ascagne, fils d'Énée, autre généalogie fabuleuse, plus ancienne, mais plus ingénieuse et plus poétique, on fit venir un certain Brutus Sylvius, fils de Sylvius Postumus, lequel Brutus, accompagné de Corinée, descendant d'Anténor, vint débarquer sur les côtes d'Albion, où il régna et qu'il appela de son nom Britannia (Grande-Bretagne). Corinée, son compagnon, donna le sien à la Cornouaille; quant à Locrus, Albanatus et Kimber, fils de Brutus Sylvius, c'est évidemment la Locrie, l'Albanie et la Cambrie, provinces de l'antique Albion, qui leur doivent l'origine et la naissance.

Magog, fils de Japhet, et après lui Suénon I{{er}}, Ubbon ou Abbon, Othen, Éric, Karl et Biorn, noms des rois suédois modernes, furent accordés gratuitement par ces annalistes et chronologistes à la Suède primitive. On plaça ensuite sur la même liste plusieurs des héros de l'*Edda* ou des *Sagas* scandinaves : les dieux Odin, Thor et Freyr, que nous retrouverons dans le chapitre suivant, consacré à la mythologie des peuples du Nord.

On affubla le Danemarck de prétendus juges également issus de la race japhétique, après lesquels apparurent les rois ayant à leur tête Dan, qui donna son nom au royaume. Par la même raison Nor, descendant d'Odin, fut le premier roi de Norwège.

Ainsi s'expliquent parfaitement toutes les origines; les fleuves, les rivières, les montagnes et les nations doivent leur dénomination à des êtres imaginaires, que l'on collationne ainsi sans autre permission dans les listes *royales* historiques.

L'Irlande, ou pays d'Érin, est peut-être le pays du continent européen dont les traditions locales offrent quelque empreinte de vérité et d'authenticité. Dans ses légendes nationales figure d'abord un ancien culte, celui des Tuatha-Dadans, protégé par les rois Fénius-Farsa, Nionnual et Nioul, et les frères Éathoir, Céathoir et Téathoir, sous les règnes desquels un scott ou écossais, nommé Ith, essaya de réformer l'Irlande religieuse par l'introduction du culte druidique apporté du pays des Celtes ou Germains. Il fut assassiné par les trois frères, qui trouvèrent ce moyen plus commode pour délivrer le pays de ce missionnaire dangereux au pouvoir royal. La mort d'Ith fut vengée par un de ses parents, nommé Milèse, qui envahit l'Irlande à la tête de ses cinq fils, Armghyn, Eibhearborm, Errhéamon, Ir et Kolpa, qui régnèrent dans cette contrée et y établirent définitivement le culte druidique vers le commencement du ouzième siècle avant Jésus-Christ, c'est-à-dire au temps de l'élection d'un roi par les Hébreux républicains.

Nous croyons en avoir assez dit sur l'histoire fabuleuse des peuples européens et fait assez ample justice des généa ogies fabuleuses et mensongères qui leur ont été attribuées. L'amour-propre national doit être mis de côté dans une question semblable, et nous devons avouer bien humblement notre ignorance profonde sur les faits et gestes de nos ancêtres, en faveur de qui nous ne pouvons invoquer que les renseignements insuffisants émanés des auteurs profanes, et la simple indication biblique consignée dans la Genèse du grand prophète des Hébreux.

CHAPITRE II.

MYTHOLOGIE ET RELIGION DES PEUPLES DU NORD.

A défaut d'histoire, les peuples du Nord nous ont légué des notions plus précises sur leur religion et leur mythologie. Les forêts, la cime des montagnes sont préférées par eux pour les sacrifices divins et les hommages rendus aux divinités. Ils ont cela de commun avec les Chinois, les Indiens, les Perses et les Hébreux primitifs, avant l'érection et la consécration des temples et des pagodes. Des animaux, des oiseaux, les prémices des fruits de la terre, jusqu'à des victimes humaines, sont partout sacrifiés aux dieux. Nous disons dieux, car malgré la croyance des Slaves, des Scandinaves et des Germains à un être suprême et tout-puissant, malgré l'admission chez la plupart de ces peuples de l'immortalité de l'âme, il nous serait difficile de ne pas croire au polythéisme incarné dans les mœurs et les habitudes de toutes les nations, les Hébreux seuls exceptés. Nous retrouvons, en effet, dans les pays du Nord, la même tendance à l'idolâtrie que nous avons remarquée dans les pays méridionaux de l'Europe, la Grèce et l'Italie principalement. On voit figurer alternativement dans la mythologie septentrionale le bon et le mauvais principe des Perses et des Égyptiens, Ormuzd et Ahrimâne, Osiris et Typhon, les bons anges et les mauvais anges de l'Orient ; des dieux de l'air, du temps, des saisons, de la pluie, de la guerre et de la paix, du tonnerre, des vents, des ruisseaux, des montagnes, des forêts et des fontaines. La concorde, l'hymen, l'amour, la beauté et le crime ont également leurs autels et leurs protecteurs responsables et spéciaux.

En prenant les races scythes, cimbres ou sarmates dès leur point de départ et dès leur origine, dans les régions de l'Asie qu'elles habitaient avant leur émigration dans le continent européen, nous remarquerons les traces évidentes de ces croyances premières, semblables, sous beaucoup de rapports, avec celles qui caractérisent les cultes étrangers.

Schkaï, l'être suprême de la Russie asiatique, est le même qu'Aghogôk, le dieu tout-puissant de la Sibérie ; c'est l'Artoïsien des Iakoutes et l'Ollondon-Eurghencid des Tartares ; c'est le créateur de l'espèce humaine, le juge des hommes, le dispensateur des peines et des récompenses, l'esprit éternel et invisible auquel les hommages de la terre et des êtres créés appartiennent. Seulement la manière dont le monde a été créé diffère chez les Sibériens et chez les Iakoutes. D'après les Sibériens, les chiens, mis au monde par la volonté ou l'*avum* d'Aghogôk, donnèrent naissance aux hommes, sorte de chiens perfectionnés et intelligents ; chez les Iakoutes, Artoïsion épouse Khoubé-Khitoun, belle et glorieuse émanation de sa toute-puissance, et engendre avec elle l'espèce humaine. Le mal et le bien apparaissent avec les hommes sur la terre ; ils sont représentés par des génies opposés, combattant et luttant sous les auspices du dieu supérieur. Les *konghàs* sont les génies Sibériens ; les Kalmouks adorent les *bour-*

khâns ; chez les Iakoutes , les divinités bienfaisantes de la terre , Khécoubaï-Toision et sa femme Aksis , sont en lutte continuelle avec les génies du mal Sougaï-Toision qui lance la foudre , soulève les mers et détruit les récoltes par des fléaux incessants , et Eunaksis , sa femme , ennemie des vaches , des veaux et des animaux domestiques.

Les hommes , dont les prières arrivent à l'être suprême par l'intermédiaire du cheval ailé Ouchsit , invoquent dans les calamités publiques les anges Aïmak , protecteur des habitations, Slataba-Baba ou Dia , la grande déesse de l'Obi et de la Sibérie, le dieu kantchadale Balakity , directeur des vents et des tempêtes ; les Ostiaques invoquent aussi l'Obi , favorable à la pêche. Mais leur reconnaissance et leur respect à la divinité sont au moins très douteux : ils remercient l'Obi si la pêche est bonne ; ils l'accablent d'injures si elle est mauvaise.

Les Slaves étaient plus respectueux pour leur être suprême ; leurs prêtres dirigeaient la nation et commandaient à leurs chefs ou rois. Les ancêtres des Russes et des Polonais reconnaissaient aussi un bon principe , Bielbog , opposé au mauvais principe , Tchernobog , au visage sanglant. Le bon principe était représenté et soutenu dans le cœur des hommes par des anges nombreux et puissants , commandés par Kaleda , dieu de la paix , en l'honneur duquel on célébrait au commencement de l'hiver des fêtes solennelles. On distinguait parmi les défenseurs de l'espèce humaine Lado , dieu de la concorde , de l'hymen et de la gaîté , adoré principalement à Kiew ; Éla , déesse de l'amour ; Palélo , dieu de la fraternité ; Ziot , protecteur des enfants ; Prono , dieu de la justice ; et enfin le célèbre dieu poméranien Rasdgast , génie de l'hospitalité. On représentait Rasdgast la lance à la main , un coq sur la tête et une tête de bœuf sur la poitrine. On lui immolait les prisonniers de guerre , dont le grand-prêtre buvait le sang , indispensable aux révélations prophétiques et divines.

La terre était placée sous l'égide protectrice du vieillard Krodo, dieu de l'air, du temps et des saisons ; de Néhallénius , directeur des travaux agricoles ; de Niémiga , maître et souverain des vents ; de Pogoda , qui amenait le beau temps et le printemps ; de Simzerla , qui embellit les jardins des fleurs les plus charmantes ; de Suantoritch , le soleil déifié , qui réchauffe les plaines de ses rayons caressants ; de Séra , patronne des végétaux , sorte de Vénus ou plutôt de Cérès poméranienne , etc.

Les artistes invoquaient Vaïnamoinen et Ilmavenen , les deux enfants chéris de l'être suprême , inventeurs des arts , de la lyre, du fer, de la construction des vaisseaux , espèces d'Orphée charmant les bêtes féroces au son de la lyre *Kandela*. Les tisserands honoraient le génie samogitien Vairgantho, qui assurait la récolte du lin et du chanvre. On le consultait au moment des semailles , le pied en l'air , pendant toute la durée des sacrifices. Si le pied retombait , c'était un mauvais présage ; dans le cas contraire , la récolte était bonne et assurée.

Enfin le géant Hysis, agréable aux chasseurs, détruisait les loups et les ours blancs des forêts et des montagnes , et les trois frères Kiié , à qui l'on attribue la fondation de Kiew , Schekoritra et Khorivitsa , encourageaient les hommes à se bâtir des villes et des cités.

Telle était l'armée du bon principe des Slaves. En revanche Tchernobog , le mauvais principe , avait sous ses ordres Jaga-Baba , déesse de la guerre et de la discorde ; Koupala , dieu de la foudre ; Zémargla ou Zemsagra , dieu de l'hiver , représenté avec un manteau de neige et une couronne de grêle ; Polkan , dieu de l'incendie et des désastres , et plusieurs autres. Les *roussalkis* ou nymphes des forêts , réunies aux *léchirs* ou lutins ou farfadets , tourmentaient les voyageurs égarés dans les bois et exécutaient des danses sataniques.

Si nous insistons autant sur une nomenclature peut-être fastidieuse et indigeste , c'est dans le but d'établir une comparaison frappante et évidente des religions et des divinités primitives des

peuples du Nord, de laquelle découlent une foule d'usages et de
traditions locales que la sainte religion n'a pu extirper encore
entièrement de nos jours. Nous retrouvons ainsi dans les *roussalkis* et les *léchirs*, les fées, les lutins, les gnomes, les farfadets, les sylphes et les loups-garous dont les exploits charment
encore les oreilles candides des campagnards bretons, des paysans
gascons, des pâtres languedociens et des montagnards de l'Au-
vergne. Les feux allumés en l'honneur de Koupalo (1) ont donné
sans doute l'origine à nos feux de la Saint Jean et de la Saint
Pierre, célébrés avec les mêmes cérémonies et à la même époque de l'année. Qui ne reconnaît, enfin, dans le géant Hysis,
le fameux roi des aulnes et des ballades, le Drâk provençal ou
le fantôme errant de la forêt Noire?

Notre arrivée sur l'ancienne terre germanique et gauloise nous
confirmera dans cette opinion parfaitement raisonnable, que les
errements et les superstitions des premiers habitants d'une partie
de la terre quelconque, se conservent profondément enracinés
dans le sol et se transmettent ainsi de main en main, de génération à génération, de famille à famille, changeant seulement
de noms de baptême ou de forme, mais toujours identiques et
parfaitement semblables par le fond et l'idée génératrice. Malgré
les révolutions sociales et humaines, la propagation des lumières,
les inventions scientifiques et industrielles, niez l'existence du
loup-garou devant certaines personnes opiniâtres et obstinées :
elles souriront de pitié et hausseront les épaules en signe de mépris !

Les Germains et les Gaulois (Skolotes ou Celtes, Kimris ou
Sicambres) croyaient à la magie, à la divination, aux sorts, aux
présages heureux ou malheureux, à la métempsychose de l'âme

---

(1) La fête en l'honneur de Koupalo se célébrait le 24 juin ; on mettait le feu à des
monceaux de paille et de foin, autour desquels le peuple dansait en ronde en poussant
des cris perçants.

et de la matière. Le polythéisme de ces nations, — car, encore une fois, il nous serait impossible d'admettre chez elles la croyance à un dieu unique et éternel, — était exploité par les druides ou prêtres, et par les druidesses ou prêtresses, dont le pouvoir était immense et despotique. Le druide était tout dans l'état ; c'était lui qui dirigeait les bras des chefs, le cœur des peuples, faisait tomber les têtes altières et audacieuses ; sa présence glaçait d'épouvante et d'effroi. Le sixième jour de la lune de décembre (1), pendant la nuit et à la lueur des flambeaux, les druides apparaissaient majestueux et imposants, vénérables sous leurs longues barbes blanches, mais farouches et terribles. Ils cueillaient le gui sacré sur les chênes des forêts immenses, retentissantes de cris de joie et d'hurlements féroces; ils faisaient construire l'idole gigantesque de l'être suprême sous la forme d'un arbre-homme, aux bras et aux mains énormes, posaient sur la tête le gui fraîchement coupé, remplissaient l'idole vénérée des prisonniers de guerre ou des victimes désignées dans les tribus, et, la torche à la main, complétaient leur fête sauvage et barbare par un incendie horrible et sacrilége.

Irmensul était le dieu suprême des tribus germaines. Ses prêtres nommaient à tous les emplois, à toutes les dignités. Son idole était conduite sur les champs de bataille et servait à encourager les guerriers et l'armée. On lui sacrifiait aussi des victimes humaines. Les tribus gauloises supposaient deux divinités égales et opposées : Tuiston, dieu du bien et de la mort, partageant l'empire du monde avec Taran, génie de la lumière et du tonnerre et principe du mal. La mort était ainsi regardée comme un bienfait des dieux par ces peuples chez qui le courage était l'une des vertus principales, et qui s'honoraient de succomber après avoir fait mordre la poussière à plusieurs ennemis. Après ces dieux

____

(1) Dans le Midi de la France, les enfants célèbrent encore la fête du *gui* par des cris de joie et des chants traditionnels devant la porte des maisons, terminés par le refrain bien connu de au *gui l'an neuf*, transformé en *guillounéou* dans les campagnes agenaises et bordelaises.

venait Teutatès, dieu du commerce et de l'industrie, protecteur des combats et des batailles, le principe actif du monde, adoré sous la forme d'un chêne ou d'un javelot, et à qui l'on sacrifiait de préférence des chiens à défaut de victimes humaines. Tarros-Trigaranos, dieu-taureau aux cornes d'airain, était le juge des procès et le pacificateur des querelles. On déposait devant lui des gâteaux de froment que les oiseaux venaient bientôt becqueter; le jugement était ainsi prononcé selon le caprice ou la gourmandise des conseillers ailés de l'Éaque celtique. Puis venaient Tanfana, déesse dont les temples étaient célèbres, prophétisant l'avenir; Néhallénie, déesse de la lune et de la navigation; Hermil, dieu-terme des Vandales, apporté dans les sinistres ou les malheurs publics; Kermunos, dieu de la chasse; Vourchairtz, dieu des bêtes de somme; Pékollos, dieu des morts, avide de sang, à qui l'on consacrait chaque jour la tête d'un homme, etc.

Les divinités grecques et romaines se retrouvent presque toutes dans la mythologie celtique et gauloise. Mannus, Heu ou Pourith étaient le dieu Mars des Vandales et des Celtes; Hestus et Potrimp jouaient le rôle de Cérès chez les Suèves et les Prusses; Almane ou Camul était l'Hercule germain; Ogham l'Apollon celtique, le dieu de l'éloquence; Pluton s'y retrouvait sous les traits de Dis; Minerve sous ceux de la divinité gauloise Bellisana; Roth, patronne de Rouen (1), était la Vénus des Neustriens; Perdoit, Neptune ou dieu des mers; Andaté, ou Bellone, célèbre déesse de la victoire, adorée par les Trinovantes ou les habitants d'Albion; Trigla, l'Hécate des Vandales: Pléus, dieu lusacien, représentait l'Esculape d'Épidaure: Néthon était une sorte d'Hercule espagnol ou celtibère; Habis, le Mercure des mêmes contrées, etc. Il y avait, en outre, les *alcis* ou nymphes albionnaises, guérissant les maladies, dont les prêtres revêtaient les habits de femme pendant les sacrifices; les *bouh*, génies malfaisants, dont les prêtres portaient le nom de *chamans;* enfin le Rhin, les Alpes

____
(1. Rothomagus.

et les Apennins étaient admis au rang des divinités et représentés par des idoles sacrées.

Nous abandonnerons maintenant pour l'Irlande le culte et les traditions druidiques, sur lesquelles nous nous réservons de revenir en temps et lieu, c'est-à-dire quand la conquête des Gaules par César et les guerres de la Germanie sous Auguste, auront dissipé les ténèbres profondes qui enveloppent jusqu'à cette époque les mœurs de ces peuples sauvages et indomptables (1).

En Irlande, où les fictions des poètes ont inventé la religion dans les temps plus rapprochés de l'ère chrétienne, le culte d'un dieu unique et supérieur semble dominer sur le polythéisme inhérent aux religions précédentes. Bath est donc l'être suprême des Irlandais, androgyne, créant en cette qualité le monde et les animaux mâles et femelles, les hommes et les femmes. Kaisara, sa fille, sa première création, féconde et génératrice, est l'Irlande (l'Ir ou l'Érin poétique). Après Kaisara apparaissent tout à coup les premiers hommes ou héros, ou demi-dieux, impatronisés par les fables. L'histoire de ces héros mythologiques peut toutefois se traduire et s'interpréter de la manière suivante :

Fénius-Farsa, fils de Bath, ou le premier homme irlandais, fut un savant illustre et éclairé. Il épousa sa sœur Dadan, ou la première femme, de laquelle il eut trois enfants mâles, Brias, Juchor et Juchorba, qui instituèrent, en l'honneur de leur mère, le culte primitif des Tuatha-Dadans, reconnaissant Bath pour l'être primordial et organisateur du monde. Ces trois enfants de Fénius et de Dadan colonisèrent l'Irlande et eurent une postérité nombreuse et immense.

Brias engendra Adhnâ, prince doué d'une grande éloquence, qui régla les cérémonies du culte et fut regardé par les siens comme le messager des hommes auprès de Bath, le dieu suprême, à qui il communique leurs demandes et leurs réclamations.

____

(1) Voir le tome 3 de notre *Histoire universelle*, au chapitre intitulé : *Mœurs et institutions druidiques*.

De Juchor vint Nionnual, qui donna naissance aux Scots ou Écossais. Son cousin Nioul, fils de Juchorba, roi des Irlandais, guerroya longtemps contre lui et détruisit dans ses états le culte des Tuatha-Dadans pour en établir un second qui devint bientôt après la religion dominante sous les règnes des trois frères Éathoir, Céathoir et Théathoir, gendres de Nioul, maris de ses trois filles célèbres, Fodhla, Bamba et Ein, protectrices des beaux-arts et des belles-lettres.

Les Scots cependant continuèrent leur guerre avec les Irlandais. Ils prirent à leur solde un chef des Firbolgs ou Belges, nommé Ith, fils de Bréogham, qui pénétra dans l'Irlande à la tête des troupes écossaises. Les gendres de Nioul, ne pouvant vaincre ce rival redoutable, s'en débarrassèrent par un assassinat. C'est alors (environ vers le onzième siècle avant Jésus-Christ) que Milèse, autre chef des Firbolgs, époux de Scota (l'Écosse personnifiée), prit de nouveau les armes pour venger la mort de son parent assassiné, débarqua sur les côtes d'Irlande et s'empara bientôt de l'île tout entière, à l'aide de ses cinq fils, Armghyn, Eibhearfiorm, Errhéamon, Ir et Kolpe, princes remplis de courage et de valeur. Milèse étant venu à mourir quelque temps après, ses cinq fils se partagèrent l'Irlande et régnèrent chacun dans la portion qui lui était échue. Mais la tranquillité des frères fut bientôt troublée ; des querelles religieuses eurent lieu entre Érrhéamon, partisan déclaré du culte primitif de ses pères, et Armghyn, prince innovateur et remuant, imbu des dogmes du culte des druides et zélé propagateur de cette religion, auquel il avait été initié par sa femme, appelée Scine, princesse gauloise ou celtique. Armghyn, aidé d'Eibhearfiorm, fut le vainqueur de son frère. Le culte druidique renversa dès-lors celui des Tuatha-Dadans, et Armghyn, proclamé grand-pontife des Irlandais, éleva pour la première fois un temple au dieu Soleil, Ouiesmach, qui devint le siége principal de la nouvelle religion et de ses sacrifices.

Tel est le résumé de la mythologie irlandaise, qui peut se renfermer, comme on le voit, dans des limites plus ou moins historiques. Quant à Maacha et Némed, divinités invoquées par les Irlandais, ce sont des personnages purement humains, dont nous lirons plus tard l'histoire dans les traditions et les légendes modernes.

Nous nous étendrons davantage sur la religion des Scandinaves (aujourd'hui Suédois, Danois, Norwégiens, Islandais et Lapons).

Alfader ou Alfrâ est le père universel des Scandinaves, le créateur de l'âme immortelle des hommes. Avant la création de la terre, le monde, lumineux et inhabitable (Merspelsheim), était gouverné par le noir génie Sourtourg et traversé par des fleuves roulant des flots de poison âcre et subtil, nommés les Élivages. Ce poison, répandu et dispersé sur une surface étendue, s'étant gelé par les ordres d'Alfader, le dieu suprême réchauffa cette glace de son souffle divin et donna la vie au géant Irme et à la vache Andromabla, sans contredit le taureau primordial ou l'Amordad des Perses. De la salive de la vache primordiale léchant la glace encore répandue sur le sol créateur, naquit le premier homme Bure, sorte d'être androgyne ou à deux sexes. Ainsi fut produite la création du monde chez les Scandinaves, création qui tient un peu de la création persane, de la création indienne et de la création juive ou hébraïque.

La résidence d'Alfader est l'Alfsheim, ou paradis céleste, encore imité du paradis indien ou du paradis de la Perse. Autour de lui se groupent les *alfars* ou génies, au nombre de soixante-treize. Ces *alfars* se subdivisent en deux catégories : les bons et les mauvais. Les *liosalfars* sont les anges bienfaisants ; les *lockalfars* ou les *myrkalfars* sont les mauvais génies, les *amchaspands* ou les *ders* de la Perse. L'Alfsheim est encore la résidence des *dises*, génies femelles favorables à l'homme, à qui les peuples reconnaissants adressent des offrandes.

Cependant Bure, le premier homme androgyne, a donné naissance à Bore, qui, de son mariage avec Belsta, fille du géant

Bergthow , est devenu le père des trois grands *ases* ou dieux scandinaves, Odin. Vilé et Vé ; ces deux derniers, tiges des druides , qui s'honorent de leur devoir l'origine. La religion scandinave admet trente-deux *ases* subalternes, conservateurs du monde , dont quatorze dieux et dix-huit déesses.

L'histoire humaine d'Odin, le premier des *ases*, peut se résumer de la sorte : Odin , roi des Scandinaves , prince conquérant et guerrier, législateur et prophète , instituteur du culte druidique , signala le commencement de son règne par une vie licencieuse et débauchée. Il eut beaucoup de maîtresses qui scandalisèrent ses sujets. Chassé par eux , il demeura dix ans absent et persécuté ; reconquit ensuite son empire et soutint une guerre contre le roi Gilfo, qui l'avait dépossédé. Odin , remonté sur le trône , eut de longues et de nombreuses guerres à soutenir ; il fut aidé par ses deux frères , qui se montrèrent pleins d'affection et de dévouement pour lui. Les géants Iimer, Bergelmer et Throudgelmer, furent exterminés ou vaincus par les trois frères réunis (1). Odin épousa ensuite Frigga , fille de Fiurgin , qui le rendit père de quatre fils, nommés Balder, Braga, Hermode et Thor, célèbres par leurs exploits , et mourut après un règne long et glorieux.

Comme dieu , comme le premier des *ases* , Odin est le gardien du paradis , le protecteur des naissances et des mariages , le conducteur des morts , le directeur des arts et des opérations magiques , le père des soldats et des armées. C'est le créateur du premier homme (2), alors appelé Aske ou Askour (le frêne) ; et de Emla (l'aulne), la première femme ; le constructeur de la forteresse d'Asgard, destinée à défendre le paradis, habité par les bons gé-

(1) La mythologie scandinave prétend que le cadavre d'Iimer donna naissance au monde et à la terre ; de ses os furent formées les montagnes; les pierres vinrent de ses dents ; les fleuves de son sang ; le ciel sortit de son crâne ; de sa cervelle vinrent les nuages ; de ses sourcils la ville du milieu ; les jambes et les bras furent les quatre nains qui gardent le monde et la terre.

(2) Odin et ses frères prirent un bloc de bois; Odin lui donna la vie et l'âme ; Vilé l'activité et la raison ; Vé, l'ouïe, la vue et la parole. Le premier couple humain fut ainsi formé par les trois *ases*.

nies , des entreprises des mauvais anges ou géants , partisans de l'ange noir Sourtourg , l'ancien directeur du monde à l'état de chaos.

Odin habite ordinairement le magique palais du Walholl (Walhalla). Il siége sur le trône *Hlidokialf,* à coté de son épouse bien-aimée Frigga , qui connaît l'avenir et les destinées des hommes , mais qui ne peut toutefois les révéler aux mortels. Deux corbeaux placés sur les épaules d'Odin lui révèlent aussi le présent et l'avenir ; ils l'accompagnent à l'assemblée générale des dieux , convoquée fréquemment dans un autre palais , nommé Vingolf , séjour des âmes des justes.

Dans le Walholl se passent les scènes voluptueuses et passionnées inventées par les fictions des poètes scandinaves ; c'est dans le Walholl que Frigga abandonne sa belle chevelure aux soins de Fytta, sa suivante, et de Gna , sa messagère , qui l'enduisent des plus suaves parfums ; Odin boit l'hydromel ou la liqueur divine , qui assure l'immortalité aux dieux de l'Olympe du Nord , l'hydromel qu'il a dérobé à la belle Goulensa, fille du géant noir Sourtourg, après l'avoir séduite et abandonnée ; à ses pieds est Freski , loup dévorant qui partage les repas de son maître ; les *drottars* ou exécuteurs de ses ordres , introduisent à la table du dieu les *einhériars* ou héros immortels, appelés par Odin à partager ses festins et ses plaisirs, buvant le lait de la chèvre Heidoun, qui leur est versé par les *walkiries*, nymphes ou fées charmantes et grâcieuses ; devant eux est l'énorme sanglier Serimner, préparé par le cuisinier divin Andhrimner, sanglier mangé tous les jours par les convives et reparaissant intact le lendemain dans *Eldrimner*, la marmite enchantée du Walholl.

Parmi les *ases* ou dieux supérieurs brillent Balder, fils aîné d'Odin, remarquable par sa beauté et sa sagesse. Il fut autrefois tué par la flèche de l'aveugle Hoder qui périt bientôt après sous les coups de Vane , fils naturel d'Odin , vengeur de la mort de son frère. L'épouse de Balder, Nanna , saisie de chagrin à cette nouvelle funeste, se fit brûler toute vive avec le cadavre de son

époux. Ce couple tendre et uni possède maintenant une vie éternelle, et leurs regards saluent le grand Odin leur père, dont ils
environnent le trône éclatant. Leur fils Forsète, génie tutélaire
de la paix, de la concorde et de l'amitié, n'est point avec eux
dans le Walholl sacré; il habite le palais de Gletner, dont le toit
est d'argent et les murailles d'or massif et de pierreries.

A côté de Balder, Braga, son frère, l'Apollon des Scandinaves,
se tient debout, prêt à présenter à son père les hôtes illustres introduits dans le Walholl par les *drottars* obéissants et dociles;
Idouna, sa femme, qui garde les pommes d'or destinées à assurer
aux dieux une jeunesse et une beauté impérissables, est assise
devant lui.

Thor, le troisième fils d'Odin et de Frigga, aux mains couvertes de gantelets de fer, portant la massue *Iolmer* qui brise les
têtes des géants et vient d'elle-même s'ajuster à son bras victorieux, la poitrine garantie par le baudrier de la vaillance et assisté
de son ministre et favori Storiomskar, apparaît dans le Walholl
sur un char attelé de deux boucs. L'air, les orages, les saisons
et le tonnerre, obéissent à Thor, sorte d'Hercule Jupiter scandinave. Ce guerrier célèbre combat le serpent Ionnoungandow (1),
fils du démon Loke et de la géante Anghourbada, qui, sans cesse
terrassé, ne recevra cependant le coup mortel qu'à la fin du
monde. La mort du serpent maudit précèdera de bien peu celle
de son vainqueur, qui doit mourir du venin exhalé de sa bouche.
Mais ses deux fils Mod et Magour, qui l'accompagnent, doivent lui
survivre et habiter, après l'incendie de la terre, les prairies ver-
doyantes de l'Ida.

Hermode, le quatrième fils légitime d'Odin, messager ordinaire des dieux, couvert d'un casque et d'une cuirasse brillante,
ne quitte son frère Thor que pour exécuter les ordres de son père
adoré.

____

(1) Ou Ingeramandhom.

Ainsi se placent les quatre fils d'Odin et de Frigga dans le Walholl resplendissant et joyeux.

Les fils naturels d'Odin et leurs familles complètent la liste des hôtes illustres du palais des dieux.

Vane ou Vidor paraît à leur tête ; Vane, le vengeur de Balder, qui doit venger également son père Odin en tuant le loup Fenzir, qui le déchirera à la fin des siècles ; après lui vient Niord, son fils, dieu des vents, des flots, du feu central, adoré des chasseurs, des pêcheurs et des marins. Niord habite quelquefois aussi le palais du Notan, près de la ville d'Upsal, avec son épouse Skada, fille du géant Thiane. Ce palais est aussi la résidence de Freyr, fils de Niord, qui dispense les pluies, les rayons du soleil et le beau temps sur la terre, qui reçoit de lui l'abondance et la richesse. Freyr fut cependant malheureux en amour. Gerda, la noble fille d'Umer et d'Aormbodha, fut insensible à ses tendres protestations. L'éloquence de Skidner, écuyer-porte-glaive de Freyr, et es pommes d'or qu'il lui présenta de la part de son maître, ne purent toucher cette belle inhumaine (1). Le malheureux Freyr, désespéré de la cruauté de son amante, chercha querelle au terrible Sourtourg, qui le fit tomber sous ses coups redoutables.

Sa sœur Frey, la grande déesse scandinave, placée par l'adoration des peuples au-dessus de Frigga elle-même, ne fut pas plus heureuse que son frère. Déesse de l'amour et de la beauté, mère de deux charmantes filles, Huona ou la perfection, Gersenn ou la grâce, elle fut cependant abandonnée par son mari Odsar. Frey poursuivit son époux infidèle, refusa le géant Thrien qui voulait l'épouser, et s'honora par un dévouement et une constance à toute épreuve. On attribuait aussi à Frey le don des métamorphoses.

______

(1) On voit les pommes jouer un grand rôle dans plusieurs religions. Le lecteur se rappelle les pommes d'or des Hespérides, d'Atalante et d'Hippomène, la pomme présentée par Ève à Adam, etc.

Heimdall, fils naturel d'Odin comme Vane, devait le jour à neuf mères, filles du géant Griwendour. Doué d'une vue prodigieuse, embrassant toute l'étendue des mondes, d'une puissance d'ouïe surnaturelle, Heimdall fut destiné par son père à la garde du pont Bifrost, arc-en-ciel protecteur placé à l'entrée de la ville céleste. Monté sur le cheval Hoffond, il sonne éternellement de la trompette, dont le bruit retentit dans tout l'univers. Lorsque la trompette cessera de sonner, les peuples existants seront près de leur fin. Il doit être tué par les enfants du mauvais ange Muspall. Heimdall a eu de sa femme Har plusieurs enfants, tiges des castes ou des familles primitives, divisant l'ancienne société scandinave, les hommes nobles descendus d'Éadit, les hommes libres de Karl, les esclaves d'Aï ou d'Apasfi, fils naturel issu d'Amma, maîtresse du terrible Heimdall.

Nous sortirons maintenant du Walholl d'Odin pour entrer dans les demeures ténébreuses qui renferment les légions des mauvais génies, dont les efforts longtemps comprimés doivent finir par la conquête et l'incendie du monde et de la terre.

Le principe du mal, le chef des noirs génies, est Loke, fils du géant Farbanta et de la géante Lanféïa (1). Il échappa longtemps aux *ases* lignés contre lui, et finit par se jeter à la mer sous la forme d'un poisson monstrueux. Thor saisit ce poisson par la queue et l'enchaîna comme Prométhée sur des rochers escarpés, où un serpent, placé sur sa tête, darde sur lui son poison venimeux et fait pousser au malheureux condamné des hurlements terribles. Ce misérable espère néanmoins ; savant dans la divination, il attend avec patience l'heure marquée de la fin du monde pour s'élancer sur ses persécuteurs.

La famille de Loke est digne de son chef ; la méchante Au-

(1) On retrouve souvent l'existence de géants signalée dans les traditions et les mythes scandinaves. Mais l'origine de ces géants n'est point expliquée dans ces mythes et ces traditions.

gourbada ou Gigour, sa femme , mère des géants et des monstres , a engendré le loup-prophète Fenzir , qui doit dévorer Odin à la fin des siècles et tombera sous les coups de Vanc , le vengeur prédestiné de la mort de son frère ; le serpent noir Iormoursgondour et Nare , sont les autres enfants produits par cette monstrueuse alliance. Tous ces mauvais anges , attachés par de fortes chaînes à des rochers énormes, les briseront un jour et feront retentir des accents de victoire. Héla , la digne sœur des enfants de Loke , préside à la mort et gouverne les enfers ; sa demeure est l'Éliond ou palais de la misère, sombre résidence du souci, de la faim , de la famine et des maladies. Ce palais est baigné par le Gioll que l'on passe sur un pont d'or ; dans son enceinte se voit la fontaine primordiale Houergelmer, mère de tous les fleuves, habitée par le grand serpent Nidhagg , qui ronge les racines du chêne Igydracil. Ce sont là les enfants et la famille de Loke, le chef des mauvais génies.

Plusieurs esprits ténébreux obéissent aux commandements de Loke et de sa famille. Tels sont Arminga , l'incestueux amant de sa sœur Malina , qu'il poursuivit dans toutes les régions du ciel et de la terre ; Alvaldi , qui distribue les richesses ; les géants terribles Rastfelger aux ailes d'aigle , Modgondour, gardien du pont de Nifiheim ou des enfers , sur lequel passent journellement vingt-cinq mille âmes ; Erleusortock , qui dévore les âmes des damnés ; Agnor, fils de Cuirrod , célèbre astronome , dont le père fit charger de fers le grand Odin lui-même ; Mésothim, magicien, qui usurpa le trône d'Odin pendant dix années ; Brock, nain célèbre et malin opposé aux nains Galarr et Fialarr, amis d'Odin, qui composèrent l'hydromel (1) avec le sang du sage Kouacer, massacré par les *ases*, tués eux-mêmes par Sourtourg, qui leur déroba la composition précieuse ; et Boarder-Snocfello, le sorcier, à la barbe

____

(1) L'hydromel — l'ambroisie des Grecs, l'amrita des Indiens, — donnait l'imagination, la sagesse et l'inspiration poétique à ceux qui en buvaient.

noire, habitant la caverne du même nom avec sa femme, la magicienne Hir. Tous ces personnages infernaux appartiennent à la célèbre race des Hrinthoumar.

N'oublions pas encore dans la sombre armée de Loke, Fro, dieu de l'air et des tempêtes, à qui les habitants d'Upsal adressent des sacrifices sanglants ; Mimir, vénéré des forgerons, qui le reconnaissent comme leur patron ; Peskoun, dieu du tonnerre, à la tête d'argent, au corps de bois, aux pieds de fer, aux oreilles et aux moustaches d'or ; les trois nomes ou parques Ourda ou le passé, Vérandi ou le présent, Skalda ou l'avenir, cette dernière adorée par les Skaldes ou prophètes qui prétendent être descendus d'elle ; les *innouarolits*, qui président à l'extraction des mines ; les *nons*, qui connaissent les remèdes et les simples, dont ils dérobent les secrets aux mortels, objets de leur inimitié ; les *dvergars*, génies des rochers et reproducteurs des échos ; Nott, la nuit, unie au crépuscule (Dellingour) et mère de Dagour ou le jour, alternativement monté sur un cheval lumineux et sur un cheval à crinière de glace ; et au-dessus Sourtourg le noir, dont nous avons déjà signalé l'existence, qui viendra à la tête des siens envahir la ville céleste après avoir brisé le pont Bifrost ou arc-en-ciel qui la protége, tuer le dieu Freyr et les autres *ases* et incendier le monde entier.

Après l'expédition de Sourtourg et de ses complices, apparaîtra alors un nouveau couple humain, l'homme Lif et la femme Lifthrasour, qui repeuplera la terre déserte, laquelle produira à l'avenir sans culture les fruits les plus délicieux, sorte de paradis déguisé sous une métempsychose factice, où les âmes des justes, dégagées de toutes douleurs et de toutes souffrances, viendront jouir d'une vie immortelle et célébrer la gloire d'Alfader dans des hymnes d'allégresse et de reconnaissance. Cette métempsychose est la clôture de la mythologie scandinave, si ressemblante sous plusieurs rapports aux autres mythologies, mais enrichie de plus par des traditions ou des légendes mythiques ou héroïques.

Chez les habitants du Groënland, qui s'offrent maintenant a notre examen , les dieux les plus respectés après les *ases* scandinaves qu'ils possédaient en commun avec les autres peuples du Nord, étaient les Erkigtithes ou anges de la guerre ; Géféiom , déesse de la virginité ; Kolna, génie des fleurs ; Kouan-In. déesse de la fécondité, et les *ingersoit* ou lutins acariâtres , acharnés à la poursuite des voyageurs et des passants.

Rava était le dieu suprême des Finnois ou Finlandais , qui reconnaissaient, en outre, un esprit du mal , Perkel, opposé au bon esprit Ioumala , dont les temples étaient splendides.

Les Lapons vénéraient le dieu suprême Radien-Athéié, habitant avec son fils Radien-Licddé ou Barabakied, le Vérald ou paradis des justes ; Baïra ou Païre , déesse ou dieu-feu Soleil ; Tiennés, dieu de la nature, à qui l'on sacrifiait des jeunes rennes; Iabmé-Akko, la déesse des enfers, etc. Les Lapons admettaient également l'immortalité de l'âme et croyaient à une punilion ou à une récompense future. Les *saïros* ou esprits des cavernes recevaient dans ce but toutes les âmes ; conduisaient celles des justes à Radien-Athéié, qui les admettait dans le Vérald, et celles des méchants à la déesse infernale Iabmé, qui les faisait torturer par la cruelle Rota, exécuteur femelle de ses volontés.

Nous terminerons cette analyse mythologique des peuples du Nord en mentionnant les fées *alrunes* , ou *runes* , ou *runiques*, idoles de bois placées dans les maisons comme des pénates protecteurs de la vie domestique, décorées des parures les plus riches et les plus magnifiques , entourées du plus grand respect et adorées par la généralité des peuples dont nous venons de nous occuper.

CHAPITRE III.

—

AMÈRIQUE ET OCÉANIE.

---

1. Amérique.

Ce fut un jour de stupeur pour le monde religieux et civilisé
du seizième siècle, que celui qui vint apprendre à tous les hommes du continent européen qu'il existait, au-delà des mers,
des nations puissantes et populeuses, des contrées fertiles et
abondantes, des êtres aux formes humaines comme les nôtres,
au visage doux et intelligent, à la parole facile et déliée, aux
membres vigoureux et robustes, habitant comme nous des villages et des villes, gouvernés par des chefs et régis par des lois,
sacrifiant comme nous à un dieu suprême et éternel représenté
par le soleil aux regards étonnés de la créature respectueuse et
reconnaissante, subdivisés par tribus et par familles dans une

vaste étendue de pays, destiné à devenir, sous le compas des navigateurs et des géographes, le quatrième continent ou la quatrième partie de la terre connue et délimitée. Alvarès Cabral, Christophe Colomb, Améric Vespuce, ces heureux chercheurs d'aventures, qui devinèrent au-delà de l'Océan ces contrées immenses égarées dans le grand livre de la nature, riches d'or et de pierres précieuses, mères nourrices du tabac, du sucre et du café, qui composent aujourd'hui la trinité souveraine du commerce moderne, portèrent, sans le savoir, un coup terrible aux traditions mosaïques, paré d'abord avec habileté par le clergé tout-puissant de l'époque, auquel la philosophie éclairée du dix-huitième siècle vint bientôt donner une réplique victorieuse et décisive aux yeux des esprits éclairés et impartiaux. Les suppositions et les probabilités historiques, les traditions des indigènes, les rapports et les ressemblances physiques, quelques coïncidences dans les idiomes et dans les langues (1), des rapprochements de la religion mexicaine avec le culte indien de Boudhah, des comparaisons entre l'art oriental et les monuments de sculpture et d'architecture trouvés chez les Astèques et les Toltèques, enfants du soleil et de la lune, ont servi de base à des interprétations diverses, à des conjectures nombreuses et donné matière à des théories plus ou moins sérieuses, à des livres plus ou moins raisonnables et judicieux. La variété même de ces hypothèses attestant un esprit d'imagination ou d'invention plus ou moins grand chez les auteurs qui les ont prises sous leur responsabilité, est loin de concourir en aucune façon à rectifier des opinions éparses et souvent dissemblables, quoique se dirigeant vers le même but, et à leur donner une apparence d'unité fixe et prédominante.

(1) Malte Brun, partisan de l'origine indienne des Astèques, a fait remarquer l'analogie d'une soixantaine de mots de la langue mexicaine avec la langue asiatique. Klaproth cite plusieurs autres mots identiques, tout en combattant néanmoins le système et l'opinion du savant géographe.

La race américaine , malgré la ressemblance et l'assimilation des Esquimaux du Nord à la race mongole , n'en reste pas moins à nos yeux une race distincte et séparée des races connues d'autrefois , quoique fractionnée depuis son origine en plusieurs branches ou familles plus ou moins éloignées , physiquement et moralement parlant , de leur tige commune et de leur souche première. Que quelques enfants de Sem ou de Japhet , chassés de leur patrie ou avides de découvertes , entraînés par les orages et poussés par des tempêtes furieuses , se soient écartés de la route ordinaire des mers et aient été jetés sur ces plages lointaines et inconnues , c'est un fait dont la probabilité , sans nous paraître absolument impossible , nous semble toutefois douteuse, et que nous n'admettrons qu'avec la plus grande réserve. Cette hypothèse admise, et on voit avec quelles difficultés nous sommes disposés à l'accepter comme rationnelle , il ne s'en suivrait point pour cela que l'on dût en tirer la conséquence de l'origine asiatique des habitants du Mexique et de la Colombie , des Brésiliens et des Péruviens , des Hurons et des Iroquois. Les voyageurs errants de la race sémitique ont dû trouver des indigènes établis dans les plaines de Cusco et de Quito , de la Caroline et de la Floride modernes. Les prairies vierges de l'Amérique du Nord devaient être depuis longtemps sous la protection toute-puissante du grand Esprit des sauvages primitifs , ces farouches ancêtres des Magas et des Delawares.

Soyons toutefois juste pour les adversaires d'une opinion que nous exprimons avec toute la loyauté d'un esprit qui ne demande qu'à être éclairé dans une voie sombre et ténébreuse , et demandons à la mythologie et à la religion primitive ou traditionnelle des peuples américains avant la découverte de l'Amérique , les preuves corrélatives , les traits étincelants de lumière , les témoignages probables ou admissibles qui peuvent servir à combattre nos idées propres et nos sentiments personnels. Nous ne sommes pas de ceux qu'une discussion littéraire , faite à armes courtoises et parlementaires , puisse blesser le moins du monde , et nous sommes tout disposés à céder la victoire à nos antagonistes , si notre défaite peut servir à réparer dans l'avenir cette fatale erreur de Moïse ou des livres bibliques , qui ont eu le tort inexcusable de laisser de côté le nouveau monde dans le partage des enfants de Noë , et de ne pas enregistrer dans les contrats et les actes primitifs de la grande famille humaine, la cession présente ou future d'un lot raisonnablement considérable et bien fait pour être envié par les co-partageants ou leurs successeurs. L'absence d'un quatrième fils de Noë n'est-elle pas une de ces distractions malheureuses qui ont causé plus de préjudice à la Genèse et au Pentateuque que ne l'eût fait sans doute le nombre plus étendu des héritiers du grand patriarche? Le ressort le plus discret, le plus humble, le plus méprisé, ne contribue-t-il pas au mouvement et à la vie d'une machine importante? La moindre négligence de l'artiste n'entraîne-t-elle pas souvent avec elle la destruction de son œuvre admirable? La rupture du moindre filon , qui se rattache à notre fragile et chétive existence , ne compromet-elle pas notre existence et notre vie?

Moïse n'a donc pas prévu et n'a pas dû prévoir les découvertes de Colomb et d'Améric Vespuce. C'est une grande lacune historique et religieuse. Toutefois, si les Américains n'ont pas, comme nous, le privilége de savoir d'où ils viennent , si l'origine de leur race n'est pas consacrée dans les archives du peuple de Dieu , ils n'en ont pas moins tenu à se composer un arbre généalogique humain et divin, qui varie selon les pays et les royaumes , et qui repose plus ou moins sur des fables ou des fictions mythologiques.

Les traditions orales et les tableaux hiéroglyphiques des Astèques admettent le règne de quatre âges primitifs ou de quatre races primordiales. D'après Humboldt, dont l'opinion se fonde sur un dessin mexicain dont il est l'interprète, le premier âge ou époque des géants dura cinq mille deux cent six ans. Un trem-

blement de terre détruisit l'espèce humaine pour la première fois.
Les montagnes d'Anahuac renferment encore de nos jours , nous
dit-on , des fossiles nombreux de ces générations antédiluvien-
nes et de plusieurs animaux gigantesques leurs contemporains.
L'âge du feu remplaça celui de la terre ; sa durée fut de quatre
mille huit cent quatre ans. Le monde vit finir cette seconde période par un immense incendie , à la fureur duquel échappèrent
les oiseaux réfugiés dans les cieux , et un couple mortel abrité
dans une caverne protectrice. Ce second cataclysme terrestre fut
réparé par l'arrivée du troisième âge ou kalpa mexicain , ou le
règne de l'air, le troisième élément représenté dans cette ingénieuse allégorie. L'air domine la nature pendant quatre mille dix
ans ; les vents déchaînés et furieux donnèrent le signal de la
nouvelle catastrophe menaçant l'humanité tout entière. Les hommes furent changés en singes et restèrent sous cette forme jusqu'à
l'apparition du quatrième âge , où l'eau joua le rôle principal dans
les destinées de notre globe futur. Le règne de l'eau se termine
par une grande inondation qui rappelle le déluge des peuples de
l'Europe ; les hommes , engloutis par les eaux , se changèrent en
poissons de formes et de couleurs variées ; un seul homme , Cor-
toz ou Coxcox , réfugié dans un tronc d'arbre avec sa femme
Xochiquetzal , survécut à ses frères et devint le créateur de la
cinquième race humaine , actuellement existante (1). Mexi , fils
de Coxcox , fonda la ville de Mexico , dont une autre tradition
attribue l'érection à Vizlibochtli ou Vitzlipuchli , dieu de la guerre
des Astèques.

L'opinion de M. de Humboldt se trouve du reste corroborée

(1) Une colombe, d'après les Astèques, un colibri, d'après les habitants du Mé-
choacan , annoncèrent à Coxcox la cessation du déluge. Renfermé comme Noë dans
une barque, avec les animaux de toute espèce, une autre tradition intéressante nous
montre Coxcox et Xochiquetzal abordant sur la montagne Colhuaçan , l'Araráth ou la
montagne sacrée des Astèques. L'histoire de Coxcox est assurément la même que celle
de Noë et de Satiavétra.

par une tradition indigène constatant l'existence de quatre soleils
(ou quatre âges) primitifs mexicains. La disparition du dernier
de ces soleils divins fut suivie d'une nuit obscure qui dura
vingt-cinq ans, après laquelle nuit les dieux créèrent le premier
homme et la première femme. Les descendants du premier couple
mexicain jouirent d'abord paisiblement du patrimoine délaissé
par leurs pères ; mais l'accroissement de la population donna lieu
à plusieurs subdivisions successives du grand rameau national et
générateur, et, vers le septième siècle de l'ère chrétienne, on distinguait déjà les tribus puissantes des Toltèques, des Olmèques,
des Hulmèques, des Xicalanques, des Tépanèques, des Tarasques
et des Trapatèques, toutes issues du soleil à un degré plus ou
moins rapproché.

Le culte du soleil, regardé comme le premier dieu de la nature, n'excluait pas chez les premiers Astèques la croyance en
un dieu suprême et tout-puissant, ordonnateur et créateur du
monde et père de tous les astres ; du soleil lui-même On
offrait les prémices des fruits de la terre à cet être inconnu que
l'on implorait avec respect et vénération ; on priait dans les bois,
sur les montagnes, au bord des fleuves, comme nous l'avons fait
remarquer dans les cérémonies religieuses des Chinois et des Indiens, qui ont avec les cérémonies religieuses mexicaines une
analogie évidente et irrécusable. L'érection du temple en l'honneur
des dieux fut accompagnée des sacrifices humains qui remplacèrent les candides offrandes des premiers temps ; on éleva de nombreuses pyramides en l'honneur du soleil (Touatricli) et de la
lune (Metzeli), sa compagne. On cite entr'autres monuments de
l'art national, les pyramides de Cholula, de Papantla, de Xochi-
chales et de Téotihuacan, consacrés à ces deux astres aimés.

Quetzalcoalt ou Quitequetzel (1), personnage mystérieux dont

___

(1) Les religieux espagnols n'hésitèrent pas à attribuer à saint Thomas l'apôtre, les
faits et gestes de Quetzalcoalt.

l'époque est inconnue , fut l'Hermès ou le Zoroastre des Astèques. Il fut à la fois le législateur, le pontife et le prophète de ce pays chéri de la divinité. C'était un homme blanc et barbu , qui apparut un jour à Parsulo (treize mille soixante ans après la création), accompagné d'étrangers habillés de noir. Son manteau noir était parsemé de croix rouges étincelantes. Il s'intitulait grand-prêtre de Tula (du ciel) et roi spirituel de la terre. Il apprit aux hommes à honorer les dieux, à vivre sous l'empire de lois sages et prudentes, à détester la discorde et les guerres terribles ; il encouragea le commerce et l'industrie ; il prédit aux Mexicains l'arrivée de barques ou de pirogues étrangères (l'invasion future du Mexique par les Espagnols). La reconnaissance des Astèques éleva au rang des dieux l'instituteur ou le réformateur de leur religion primitive. Le temple principal dédié à Quetzalcoalt était rond ; la porte d'entrée taillée en gueule de serpent. Des victimes humaines, engraissées pendant quarante jours, étaient précipitées du haut de la pyramide Réocalli , en l'honneur de sa fête , célébrée vers la fin de chaque année, et consacrée par des chants joyeux et des danses lascives et provoquantes.

Hucmac, l'un des compagnons de Quetzalcoalt, fut chargé par son maître du gouvernement temporel des peuples subjugués par son éloquence persuasive et insinuante. Hucmac fonda la ville de Cholula et y régna vingt ans. Les habitants lui durent l'art de fondre les métaux, la répartition des saisons de l'année, l'institution des ablutions, des jeûnes et prières en l'honneur des dieux ; la consécration divine des temples, le culte des idoles et des images sacrés, etc. Mais Hucmac, ayant bu un breuvage qui le rendit immortel, se sentit pris tout-à-coup d'un désir effréné de courses vagabondes et de voyages lointains. Il quitta un jour la ville de Cholula en promettant aux habitants de revenir bientôt. Les Cholulains purent attendre longtemps le retour de leur souverain regretté.

La doctrine religieuse de Quetzalcoalt admettait l'immortalité de l'âme humaine, ainsi que celle des âmes des animaux. Les nobles et les soldats morts pour leur patrie étaient récompensés par leur introduction dans un séjour délicieux (le Walhalla d'Odin), ou caressés par des femmes voluptueuses et passionnées (les *houris* ou les *walkiries*); ils avaient l'honneur insigne d'accompagner le char du soleil pendant quatre années et de se purifier sous ses rayons de feu. Après quatre ans de cette existence privilégiée, leurs âmes se changaient en nuages, en lions, en éléphants, en léopards ou en oiseaux, sorte de métempsychose progressive et ascendante s'élevant par degrés jusqu'à la divinité supérieure. Un second paradis ou purgatoire, moins accompli que celui qui précède, était destiné à l'âme des jeunes enfants ou des victimes sacrifiées aux dieux. Les autres âmes é aient conduites dans un lieu sombre et ténébreux (l'enfer des nations civilisées de l'Europe), où leur seule punition était d'être privées de jour et de lumière.

Les prêtres et les prêtresses astèques, dont nous envisagerons en d'autres temps la constitution hiérarchique et administrative, rendaient des oracles en leur qualité d'inspirés du très-haut, Théathl, le grand dieu créateur, éternel et invisible à l'espèce humaine (1). Ils reconnaissaient un esprit du mal, Flacatékolatotl, qui dirigeait l'homme vers les mauvaises actions et le remettait après sa mort entre les mains des concierges de l'enfer (Miclars), Miclan Tuncli et sa femme Lancihuati, qui l'empêchaient de franchir à jamais l'enceinte de ce lieu de punition éternelle.

Le vengeur des crimes, le grand juge des âmes, le Minos ou le Rhadamanthe mexicain, s'appelait Tercatlipoca, émanation de

____

(1) La tradition d'un déluge universel, les ablutions, les jeûnes, les prières, la confession des péchés, la croyance à une âme immortelle, l'association religieuse, la croyance à un enfer, à un paradis qui existaient dans le culte des Astèques à l'époque de la conquête, ont pu faire supposer aisément aux prêtres catholiques que le catholicisme avait été connu précédemment dans ces contrées et y avait laissé des traces ineffaçables.

l'être suprême et distributeur des fléaux de la terre. Les cheveux flottants , la tête ornée de rubans et de banderoles , ayant à ses lèvres des anneaux d'or et d'argent , un lingot d'or sur la poitrine , le nombril décoré d'une brillante émeraude , ce dieu terrible était représenté portant des flèches et des javelots à sa main droite pour châtier les hommes coupables et sacriléges , et tenant de la main gauche le célèbre miroir d'or de la vérité , orné de plumes de couleurs différentes , à travers lesquelles le juge clairvoyant des enfers lisait les crimes et les fautes terrestres.

Les Toltèques, qui s'emparèrent du Mexique dans le huitième siècle de notre ère et exercèrent la prééminence sur les autres tribus dont nous avons parlé plus haut , adoraient principalement Vistlirbochtli ou Vistliputzli , le dieu de la guerre et des sorciers , célèbre dans les légendes mythologiques par son amour pour sa mère Koatlikoé et sa sœur Koiolkhaouqui , qu'il défendit vaillamment contre des géants qui voulaient les tuer. Son idole , représentant le dieu assis sur un trône soutenu par un globe d'azur et quatre bâtons à forme de serpent , le casque couronné de plumes éclatantes , le visage affreux sillonné d'une profonde cicatrice bleue , portant pour attributs distinctifs un bouclier, des flèches et une couleuvre, des ailes de chauve-souris et des pieds de chèvre , portée par quatre prêtres dans une arche en roseaux (l'arche sainte des Juifs) sur les champs de bataille, facilita beaucoup les conquêtes et les victoires de ses respectueux adorateurs.

L'influence de Vistliputzli, le dieu de la guerre et du tumulte, se trouvait à peine combattue par celle d'Ométeuchtli , dieu de la paix et de la concorde, protecteur des hommes comme son épouse Omécihuati était la protrectrice des femmes, mais domicilié dans une grande ville du ciel, trop éloignée de la terre pour le bonheur de l'humanité persécutée, représentée par le serpent féminin Cihnacoahnati, autre dieu révéré par les Astèques crédules.

Tlaloc, dieu des montagnes, adoré sous la forme d'une grosse pierre, Matlacueze, sa femme, souveraine des mers, Xiatucthl, le Vulcain du Mexique, Centéoïl, directrice des champs et des moissons, Joaltuctli (la nuit), Joalticith (la fécondité), Xipe (Plutus ou dieu des richesses), Ilamateuchtli (déesse de la vieillesse), recevaient après ces grands dieux les hommages des disciples et des sectateurs du sage Quetzaltcoalt. Des femmes étaient immolées en l'honneur de cette dernière déesse; le soir du sacrifice, les prêtres, armés de hottes de foin, en frappaient toutes les femmes qui se trouvaient sur leur passage.

La doctrine religieuse et le culte pratique de l'Anahuac étaient à peu près identiques chez tous les peuples composant aujourd'hui l'Amérique du Nord. Les Californiens admettaient l'existence d'Oïot, l'être mystérieux, le créateur du premier homme et de la première femme, le père de la lumière; un premier âge terminé par un déluge universel; l'apparition du messie divin, Chiningchining, dans le deuxième âge, chargé de la restauration et de la réformation du monde nouveau; les Apaches et les Papagos adoraient le soleil, la lune et les étoiles; leurs *piayes* (prêtres ou sorciers) se disaient issus du grand loup des prairies. L'idée du dualisme, étrangère aux nations mexicaines, se retrouve toutefois dans les traditions californiennes; Niparaïa, le génie du bien, est opposé à Touparan, le principe du mal, qu'il parvient à vaincre et à renfermer dans une caverne dont la garde est confiée à des baleines; Niparaïa ouvre l'entrée du paradis aux âmes des justes qui l'ont servi dans sa lutte acharnée; il est, de plus, le mari d'Anaïkondi, déesse de l'agriculture, et le père du sage Quaïcaïp, qui construisit les premières cabanes et donna des lois à ses sujets sauvages et indisciplinés.

Oïot est le Manitou des Hurons, des Algonquins et des Iroquois, le grand esprit invoqué par les créations pittoresques dues à la plume du célèbre romancier américain Fenimore Cooper, le Kionsa des anciens habitants de la Virginie, qui protége le tabac et en surveille la récolte ; le Kichtan, dieu du ciel et de l'enfer de la nouvelle Angleterre ; Niparaïa est l'Attabéira des Haïtiens, le bon principe présidant à la pêche, à la chasse, à la santé, à la fécondité terrestre ; Touparan, l'Ataïnbic des Hurons, dieu de la mort et des malheurs terrestres, chassé du ciel par sa méchanceté ; la Matchi ou la lune des Algonquins, qui préside aux orages ; le Tsia, enfin, ou mauvais génie de la Floride, qui s'abreuve du sang des jeunes filles et des jeunes garçons.

A côté de ces dieux voltigent les anges ou démons secondaires, les Totann et les Oïairon des Iroquois, qui prennent l'homme sous leur garde et l'accompagnent pas à pas sous la forme d'un animal quelconque ; les Zèmes, adorés dans les Antilles, mauvais lutins qui tourmentent les voyageurs, mettent la discorde dans le sein des familles et font tomber les Caciques eux-mêmes dans les piéges du noir Touparan. L'Ahrimâne et l'Ormuzd de la Perse, avec les *amschaspands* et les *devs* qui les secondent dans leur guerre terrible et éternelle, se retrouvent tout entiers dans ces croyances du nouveau monde, où le génie du mal reçoit la punition de ses crimes et tombe sous la main vengeresse du génie bienfaisant et protecteur de la terre.

L'Amérique méridionale est presque sans traditions nationales, sans vestiges et sans monuments. Les Quipos ou cordons à nœuds indiquant les années péruviennes et les récits de Garcilasso de la Véga, sont impuissants à déchiffrer le terrain historique et laissent aux écrivains et aux historiens un vaste champ de conjectures et d'hypothèses à parcourir.

On suppose néanmoins que les ancêtres de Montézuma vivaient dans un état complet de barbarie, sans institutions régulières, sans lois connues, sans industrie, sans agriculture, s'accouplant comme des animaux, adorant les astres, les arbres, les plantes, les animaux eux-mêmes, et égorgeant en leur honneur des victimes humaines. Catequil (le tonnerre), considéré comme le maître de la foudre, remplissait d'effroi les âmes candides de ces esprits naïfs et ignorants.

L'arrivée de Manco-Inca, qui eut lieu vers le huitième siècle de l'ère chrétienne (et non vers le douzième), vint éclairer ces peuples d'une vive lumière et jeter dans leur cœur un germe de progrès et de civilisation qui leur était si nécessaire et si indispensable. Manco-Inca, accompagné de sa sœur et femme Hama-OElla, se fit passer pour un enfant du soleil, envoyé par son père pour gouverner temporellement et spirituellement le Pérou. Il fut à la fois le grand-prêtre et le roi des Péruviens, leur apprit à cultiver la terre, à labourer les champs, à construire des maisons, à filer et à tisser des étoffes et à vivre sous l'empire d'une administration sage et protectrice, de lois prudentes et conservatrices. Par ses soins, la ville de Cusco fut édifiée.

Les principes du culte religieux et la pratique des sacrifices divins ne furent pas oubliés par le législateur éclairé. L'être suprême ou créateur (Patchakarnak), le bon ange luttant contre le mauvais ange (Attagayn contre Koupaï ou Cupaï) (1), l'immortalité de l'âme, la différence de l'homme et des animaux, la résurrection du corps et l'admission à une vie future et durable, de plaisirs pour les justes, de souffrances pour les coupables, furent révélés et consacrés par le prophète-roi, en cela complet imitateur de Boudhâ, de Zoroastre, de Moïse et d'Odin. Hanan-Pacha (le ciel ou le paradis des bons) promettait aux élus le bonheur ineffable d'une vie extatique et contemplative; Hurin-Pacha (ou le purgatoire), purifiait les âmes souillées mais non tout-à-fait corrompues et les préparait à s'élever vers la maison de Dieu; Veu-Pacha (l'enfer) ou Cupappa-Huazin (le palais du diable), renfermait des instruments de tortures pour les damnés et les réprouvés.

____

(1) Les indigènes ne prononçaient pas le nom de Koupaï sans cracher à terre en signe de mépris et de haine.

Avant la venue de Manco-Inca, le soleil était tout pour les indigènes; nulle puissance ne pouvait être mise en parallèle avec ses rayons de feu, si ce n'est le tonnerre lui-même; Manco-Inca plaça sans hésiter Patchakamâk au-dessus du soleil et du tonnerre et le rendit l'objet de l'hommage principal de tous ses sujets, qui lui offraient la virginité de leurs filles, pas à la façon des Babyloniennes, sans doute.

Vira-Kotcha et Mama-Kotcha (dieu le fils et dieu l'esprit) composaient avec Patchakamâk, une sorte de trinité puissante et respectée. Sagad-Zawa, Vaungavad, fils d'Attagayn, Urigaïcho, Urustigni, ses serviteurs, aidaient celui-ci à gouverner le monde et à triompher de l'esprit du mal Koupaï, soutenu par Apo-Catequil (le dieu du tonnerre) et Piguras, fils de Guamansiri et de Mama-Catequil, autres dieux de la horde infernale.

Les idoles se multiplièrent avec les divinités. Chaque village, chaque famille se plaça sous l'invocation de pénates ou dieux protecteurs. Tantaguaguanay, dieu du vent, fils de Catequil, prenait sous sa protection le foyer domestique et éloignait la tempête; l'enfant nouveau-né était placé sous la protection d'Acuchuccaïque; les malades imploraient Maillor et le serpent Uscaguaï, dieux de la médecine; Xanaguanca et Xulcaguaca conduisaient les guerriers sur les champs de bataille et leur procuraient la victoire; et la ville de Cuzco conjurait Illapa, le dieu de la pluie, de la grêle et de la foudre, en immolant de jeunes enfants sur ses autels (1).

Tel fut le résultat religieux des réformes du sage Manco-Inca, auquel nous reviendrons dans la suite de cette histoire.

Les souffrances et les joies humaines sont les causes frappantes de cette idée générale de dualisme que l'on retrouve pas à pas chez

____

(1) Les neuf *guacas* ou principaux dieux, pénates péruviens, s'appelaient Ulpillo, Pomacana, Caoquilca, Quingachugo, Nomadoï, Garacayac, Quanacatéquil, Caripoma et Élaiguen.

tous les peuples, reconnue par tous les hommes, arborée sur la bannière de presque toutes les religions. Les Caraïbes, qui n'ont pas de religion distincte et originale, n'en reconnaissent pas moins deux principes opposés : Maboïa (l'ange du mal), qui amène avec lui tous les maux terrestres ; Opoïam (l'ange du bien), la source de tous les bonheurs possibles. La manière d'adorer ces divinités était aussi singulière que bizarre ; on se déchirait le corps à coups de couteaux pour honorer le premier ; de simples tables de roseaux suffisaient pour les sacrifices du second. Fanatisme pour l'un, que l'on redoutait ; mépris et dérision pour le dernier, dont on n'avait rien à craindre.

Les habitants de Panama adoraient Dabaïba, qu'ils regardaient comme la mère des dieux et la souveraine des hommes, lui consacraient des pierres informes et grossières, et lui sacrifiaient des esclaves.

Les Patagons croient également à l'immortalité de l'âme, à un paradis et à une nouvelle vie. Superstitieux et craintifs, ils conjurent le grand dieu Achekenat-Kanet, le dispensateur du bien et du mal, et l'adorent sous toutes les formes. Ils le reconnaissent dans un tronc d'arbre, dans un morceau de bois, dans une branche isolée ; ils s'inclinent devant cette idole et déposent avec respect leurs offrandes devant le dieu improvisé de la sorte ; les carcasses de chevaux, les habits, les verres sont surtout agréables à Achekenat. L'arbre Galichu ou Algambo, ou reflet de la majesté divine, est leur principal fétiche. Leurs prêtres, qui sont aussi leurs médecins, les encouragent dans leur ignorante idolâtrie et sont secondés par les sorcières, qui exercent une grande influence sur les naturels effrayés de leurs prophéties.

Les hommes, disent les prêtres patagons, sortirent des entrailles de la terre avec leurs armes, par ordre de l'être suprême ; une caverne immense s'ouvrit au même commandement et donna passage à tous les animaux.

Les Araucans du Chili sont aussi superstitieux et aussi fanatiques que les Patagons dont nous venons de parler. Chez eux, les sorciers-médecins , ou *machis*, sont entretenus aux frais de l'état ; on sacrifie des animaux vivants quand on les consulte ; le machi donne en échange à son fidèle client un rameau d'arbre odorant, en témoignage de son intervention efficace et protectrice. Quoique chaque araucan ait son *ulmène* ou génie bienfaisant, qui l'accompagne dans tout le cours de sa vie , tout néanmoins lui fait ombrage et le fait reculer d'horreur ; l'oiseau de nuit surtout, la tempête, le tonnerre et les revenants.

La religion araucanienne, qui ne se traduit au-dehors ni par des temples, ni par des idoles, ni par des fétiches, admet un corps périssable, une âme immortelle et un dieu unique, Pillan ou Gouénoupillan (l'esprit du ciel), Vilvemroé (le créateur de toutes choses), Vilpelvilroé (le tout-puissant), Aunonilli (l'infini), sous les yeux duquel combattent Méoulen ou Meulen (principe du bien) à la tête des Ulmènes et des Apoulmènes, et Houékoub ou Wankerbu (génie du mal).

Houékoub , ayant essayé de faire périr la terre par un déluge universel, Alrée , le patriarche aimé de Dieu , fut conservé par Méoulen et repeupla la terre dépouillée. Houékoub se vengea de Méoulen en créant les rats et les vers, destinés à tourmenter l'homme dans ses travaux agricoles.

Après ces dieux supérieurs, nous citerons encore dans la hiérarchie théocratique du Chili, le dieu soleil Autonmalgouen, Épounamoun , sa femme, déesse de la guerre ; Kamachtlé, dieu des malades, et Kniapps, dont les statues étaient teintes du sang des prisonniers de guerre, et dont les prêtres ne pouvaient manger du sel pendant toute leur vie.

La rivière de Tonsgha engloutit un jour les habitants de la vallée de Bogota. Botchica, l'un des fils du soleil, marié à la méchante Chia, vint au secours de la vallée submergée ; il repoussa du pied l'île envahissante qui s'envola dans l'air et s'établit dans le ciel sous la forme de la lune. Botchica s'occupa alors de civiliser la terre et de lui donner des lois ; il vécut de la sorte deux mille ans dans la ville d'Isrân. Telle est l'histoire et la légende mythique des bons habitants de Bogota.

Dans le Brésil, nous retrouverons encore Toupan ou Tupan (le bon ange) aux prises avec Auhanga ou Géopari (le Koupaï du Pérou), ou le mauvais ange. Les Apoïaveué sont les satellites de Toupan, qui dirige le tonnerre et préside à l'agriculture. L'une des principales malices d'Auhanga (1), c'est de faire enlever par ses démons subalternes (les *ouiaouipia*) les morts inhumés dont les parents ne laissaient pas autour de la fosse des aliments destinés à ses prêtres ou ses sectateurs. Ces mauvais démons tourmentent aussi les voyageurs et les étrangers.

Sumé (dieu sage) passe pour le législateur du Brésil. Il enseigna la culture du manioc. On montre encore l'empreinte de ses pieds sur un roc consacré. Après lui vint l'inondation diluvienne, qui engloutit la terre, à l'exception du vieillard Témendaré, protégé par les dieux, qui put se sauver avec sa famille sur un palmier élevé et repeupler ainsi le monde anéanti.

Les Tapuyas ou Tupinambas, tribus primitives du Brésil, descendent du vieillard Témendaré. Leurs *pagayes* ou caraïbes, à la fois devins, savants, médecins et prêtres des dieux, habitent des cabanes mystérieuses où ils annoncent le sort des guerres et des batailles, et interprêtent le chant des oiseaux comme des avertissements adressés aux vivants par les morts. Les Tupinambas admettent l'immortalité de l'âme (l'An ou l'Aoûm des Indiens). Les pensées sont sous la direction de certains génies appelés *curupira ;* les génies *maraguina* sont les précurseurs de la mort. Les bons et les forts, sous la conduite de Marakas, protecteur des maisons ; les méchants et les criminels, sous celle du démon Honcha, s'acheminaient vers le pont de bois gardé nuit et jour par Tatonsio (le Caron et le Cerbère brésilien), qui purifiait

____
(1) Il est appelé aussi Aguiaré

les premiers avant leur entrée dans le ciel et jetait les seconds dans l'abîme profond et ténébreux.

En terminant cette analyse rapide des différentes religions éparses sur le sol Américain au moment de la conquête, en renvoyant à un temps plus rapproché l'appréciation de la constitution sociale, législative et morale de ces nations alors complètement oubliées dans les annales historiques des peuples civilisés, nous ne nous dissimulons pas qu'il existe entre les indigènes de l'Amérique et les habitants plus connus de l'Asie, des ressemblances religieuses et mythologiques patentes, visibles et irrécusables, manifestées soit par les idées communes sur l'unité d'un dieu créateur, du dualisme divisant l'humanité, de l'immortalité de l'âme, d'une vie future de punition ou de récompense, soit par les traditions orales d'un déluge ou d'un cataclysme consacré dans toutes les traditions nationales respectives, ou par les cérémonies et les sacrifices adressés aux divinités supérieures.

Mais en y réfléchissant de près, il n'y a rien d'étonnant à ce que l'esprit d'investigation d'hommes inconnus, placés en présence de la nature céleste et terrestre, dans des conditions pareilles et semblables, avec une intelligence égale ou susceptible de le devenir, avec le secours de la seule raison, de l'observation et de l'expérience des faits passés, avec les mêmes maux et les mêmes douleurs, les mêmes plaisirs et les mêmes joies, les ait portés à envisager la création du monde comme originaire d'un pouvoir essentiellement divin, et s'accomplissant par un ordre supérieur pour aider à la lutte et au triomphe de la bonne cause sur la mauvaise, de l'esprit du mal contre l'esprit du bien, du bon principe contre le mauvais principe.

L'admission des génies secondaires dans le cœur des hommes n'a-t-elle pas dû les porter à se regarder eux-mêmes comme des génies ou des anges de troisième ordre, destinés à seconder, d'après leurs forces et leur puissance relatives, la grande marche de la nature, dont le but ostensible a été dérobé à son intelligence limitée?

De ce rôle actif, mais volontaire, attribué aux hommes et aux créatures, ne découle-t-il pas aux yeux de tous ce système religieux qui fait envisager une vie future et éternelle comme la destinée probable de nos efforts et de nos luttes terrestres? et cette vie future n'ouvre-t-elle pas elle-même la porte d'un paradis de récompense à ceux qui accomplissent les ordres de Dieu sur la terre, et d'un enfer de punition pour ceux qui s'en écartent et les méprisent?

Jetez un sauvage fort et vigoureux dans une île déserte, mais susceptible d'être cultivée: il y trouvera d'abord sa subsistance, sans connaître l'art de travailler la terre; il en étudiera ensuite et en appréciera la valeur productive par l'expérience; son instinct le conduira plus tard à la travailler; il finira par y trouver enfin l'épi sauveur que Dieu a prodigué partout à ses enfants dispersés, mais non abandonnés par lui.

Si l'instinct physique et matériel de l'homme lui sert, dans un temps donné, à découvrir le froment et le pain qui manquent à son corps, pourquoi l'intelligence morale, qui est autrement puissante et développée que l'instinct physique, se refuserait-elle à lui révéler, à l'heure voulue, l'existence de ce Dieu supérieur qui doit être le même partout et en tous lieux?

Dieu, révélé à l'homme par son intelligence, où sont les limites où peut s'arrêter cette intelligence clairvoyante et progressive? Quels obstacles ne franchira-t-elle pas pour se rendre compte de ce qu'elle sait et de ce qu'elle ignore?

Nous persistons à croire que la race américaine est une famille à part jetée par la volonté divine dans un point éloigné du reste de la terre, comme tant d'autres familles inconnues, qui apparaissent chaque jour à nos yeux étonnés, du pôle Arctique au pôle Antarctique, de la zône Glaciale à la zône Torride, et que le rideau qui protége son berceau et sa jeunesse ténébreuse, ne

s'est subitement déchiré devant les yeux de Christophe Colomb ,
que par la volonté de cette puissance inconnue, mais certaine, que
les Hébreux appellent Jéhovah ou Adonaï, les Scandinaves Alfader, les Persans Zervan-Akérène, les Indiens Brâm ou Bhagavân,
Dieu en un mot, le Manitou des bords de l'Ahio et du Missis-
sipi !

2. Océanie.

Nous ne serons pas aussi incrédules pour les peuples du
cinquième continent terrestre, appelé l'Océanie, que nous l'avons
été pour l'Amérique. Le brahmaïsme, pratiqué à Madoura, à
Bali et à Javâ ; le Boudhisme, introduit dans la Malaisie par des
chinois chassés de leur patrie ; les traditions javanaises identiques
à celles des brahmânes, l'existence de Ramâ et de Ravanâ consacrée dans les tableaux· généalogiques de la race de Tritvestâ,
la relation du voyage colonisateur d'Aji-Saka, le Xe-Kiam des
Indiens, la transplantation des mille familles d'Astinapour sur
le sol javanais, nous attestent sans contredit une origine indienne.

Une paix profonde, disent les chroniques javanaises (1), signala
le commencement du monde. Plusieurs rois régnèrent dans le
premier âge ou kalpâ et firent la guerre contre une femme célèbre, appelée Devi-Darouki. L'écriture fut inventée dans ce premier
âge.

La seconde période durà quinze cents ans et fut terminée par
une autre guerre avec Devi-Droupadi, seconde héroïne mythique
de Javâ.

____

(1) Et d'après Nata-Kassouna, savant javanais du dix-huitième siècle, qui rassembla en corps d'histoire les légendes et les chroniques locales de sa patrie.

La troisième dura deux mille ans et fut illustrée par les luttes des rois de Javâ contre Devi-Droupadi, qui fut plus célèbre que les deux autres amazones.

Deux mille cinq cents ans composèrent la durée du quatrième âge, contemporain d'une quatrième guerre exactement pareille aux trois précédentes. Ce fut alors qu'arriva la première émigration indienne, composée de huit cents familles, sous la conduite de Tritvestâ, fils de Parasirit, prince descendant d'Ardjouna, le vainqueur des Kourous redoutables. Tritvestâ fonda la ville de Semiton, dont il fit sa capitale, et y mourut après un règne glorieux (1).

Longtemps après, dans le premier siècle de l'ère chrétienne, eut lieu la seconde émigration indienne, celle d'Aji-Saka (Xe-Kiam), qui arriva d'Astinapour à la tête de deux mille familles destinées à repeupler le pays appauvri par les guerres et les maladies, et à renouer les liens de la colonie et de la mère-patrie. Aji-Saka introduisit le boudhisme dans le royaume de Tritvestâ.

Avant sa venue, les indigènes adoraient Chivâ (Sivâ), appelé Mahadéva (le grand dieu); Gourou ou Dourga (l'instructeur), etc. Les habitants de Chéribon honoraient principalement Kesawa ou Kesaya (Wischnou). Ils admettaient un nombre considérable de bons et de mauvais génies : les *banaspati*, qui errent la nuit et habitent au haut des arbres ; les *kabo-kamali*, qui, sous la forme d'un buffle, donnent aide et protection aux voleurs et aux criminels; et les *dadoung*, qui aiment les chasseurs et leur indiquent le gibier. Dans l'air voltigent les *borkasabars* et les *wiwi*, qui enlèvent les petits enfants; sur le bord des rivières se tiennent les *prayangan*, qui rendent fous les hommes les plus sages, etc.

Les Javanais croient à la métempsychose, à une vie future

____

(1) Tritvestâ eut pour successeurs Manco-Manasa, Soutapa, Sapoutram, Sarksi, Poulasarâ, Abiasâ, Pandou et Devanatâ.

mêlée de peines et de récompenses ; leurs sacrifices ressemblent à ceux des Indiens ; leurs femmes se brûlent sur le corps de leurs maris comme les Indiennes.

Le brahmaïsme précéda également le boudhisme et le chiwaïsme chez les habitants de Bali. Brahmâ était leur dieu suprême. Venaient après lui Wischnou , protecteur des rivières , Ségara , le dieu de la mer, Rama, Ganésa et Dourya , enlevés aux traditions historiques de l'Inde.

Les prêtres de Bali portent une chevelure flottante. Les plus élevés portent le nom de *brahmes ;* on donne le nom d'*aïdas* aux prêtres de second ordre , chargés d'administrer l'état et de rendre la justice. La caste privilégiée des habitants de Bali est la famille des *soudras* et *vaïcias*, plus heureux que leurs consorts de l'Inde ancienne et moderne.

La solitude , l'abstinence, les prières et le célibat sont recommandés par les prêtres , qui distinguent également les animaux purs des impurs et défendent de manger les chats, les rats, les lézards, les chiens, les serpents, les chenilles et les chauve-souris.

La population des Célèbes est aussi d'origine indoue. Les Alfouras connaissent Salivahama , Varouna ou Gourou. Ils placent quatre rois dans les temps primitifs. Toummanouroug , princesse du ciel, descendit sur la terre pour les instruire et épousa le roi de Bouthaïn, dont elle eut deux ans après un fils, Salinga-Baïang, le père des hommes.

Il en est de même de la race des Tzingaris , sur la côte du Kou-Kân ou du Malabar, originaires du fleuve Sind , près de l'Indus, anciens parias émigrés , divisés en quatre classes comme les Indiens leurs ancêtres (1).

---

(1) Les Tzingaris sont la source des Bohémiens dispersés dans l'Europe et appelés Zingaris en Italie. Ils se divisent en Wallouras, qui sont les plus considérés ; en Pouliahs ou abjects, Chakilis (savetiers), Moatchins (tanneurs), Kalla-Bantroum (voleurs), Kouravez (marchands de sel), Dombarous (jongleurs et mendiants), Ollers (travailleurs nomades), etc. Les jongleurs bohémiens si répandus en Europe, sont donc loin de venir de la Bohême, ainsi que semblerait l'indiquer leur nom.

Nous sommes maintenant en Polynésie, dont les habitants viennent, d'après Ellis, de l'Amérique méridionale, de la Phénicie, d'après Court de Gibelin, de Java, suivant Malte-Brun, d'une région inconnue, d'après Forster et Dumont d'Urville, de Kalemantan ou de Bornéo, d'après Rienzi, de l'Inde, d'après nous, comme leurs frères de Java. On voit que les Polynésiens ont à choisir.

Les Polynésiens sont idolâtres, antropophages, partisans des sacrifices humains; ils exercent des cruautés inouïes sur leurs prisonniers dans l'espoir de se rendre agréables aux dieux. Leurs prêtres leur apprennent la divination des âmes et l'existence d'un paradis pour les justes et les forts (Balotou, Hippâh, Atta-Mira, suivant les peuplades) et d'un enfer pour les méchants (Pouké-Tapon, ou montagne sacrée). Leur puissance est immense sur les fidèles, à Tounga surtout, où la décision d'un *touitonga* (grand-pontife) et d'un *véacchi* (prophète) est irrévocable et sans appel.

Les habitants des îles Mariannes ne reconnaissaient toutefois ni dieux, ni religion, ni prêtres avant l'introduction du christianisme. Ils n'avaient ni temples ni idoles. Pour eux le monde, qui avait eu un commencement, n'aurait pas de fin. Le premier homme fut formé d'une pierre du rocher de l'île de Faréra. Un géant nommé Pountan composa le ciel et la terre avec ses épaules, le soleil et la lune avec ses yeux, l'arc-en-ciel avec ses sourcils, ainsi de suite.

Les naturels de l'île Haouéi sont peut-être les plus superstitieux de la Polynésie. Rien ne saurait arrêter leur confiance dans les sorciers, les augures et les devins. Leurs idoles sont nombreuses et variées; leurs dieux composent une véritable armée. Le temps, les saisons, les astres, la mer et les animaux ont leurs protecteurs particuliers. Maroaron est le patron des lézards; son culte est principalement dans l'île de Marokat. Les requins sont soumis au dieu Tiha, adoré à Mawi. Racapoua et Kasseapoua dirigent les vaisseaux sur les ondes frémissantes.

Kaonohiokala et Kona-Païro envoient les rois sur la terre et dirigent leurs actes privés et publics. Karaï-Pahoa est un dieu malfaisant, dont l'effigie se retrouve dans un morceau de bois vénéneux exposé à la porte des villes. On jette à la mer des enfants pour apaiser sa colère et en conjurer les effets. Mais la famille la plus redoutable de l'Olympe d'Haouéi est celle des dieux volcaniques. On retrouve dans cette race amie de la discorde et des désastres, Pélé (1), la déesse des volcans, dont l'ennemi perpétuel est le monstre géant Tama-Pouara, qui la combat sous la forme d'un cochon ; l'esprit de la guerre (Taïri), le feu de la guerre (Teoahitamatura), le génie de la vapeur (Kamohoarii), le tonnerre (Tanchetivi), la foudre (Tapoha-Itahiora), les éclairs (Noirtepori), la flamme (Hiatawava ou Hiata-Noholani), le génie de la tempête (Tereuïa-Opio) la grêle (Macon ou Taarara-Mata), etc. Le conseil suprême de ces dieux déchaînés contre l'homme lance le Tabou, ce mauvais sort semblable à l'excommunication catholique, dont les effets se retrouvent chez tous les peuples de l'Océanie. Les maladies, les infirmités, les blessures et les chutes accidentelles sont causées par la présence du Tabou dans la personne qui en est la victime. On ne peut soigner ceux qui ont le Tabou ; on s'éloigne et l'on fuit à son approche. Un chef battu dans une entreprise guerrière est regardé sous l'influence du Tabou ; un roi soupçonné d'être la proie de ce mauvais génie est à l'instant même détrôné par ses sujets fanatiques et superstitieux.

Les prêtres haouéiens ont toutefois de charmants récits à raconter sur la première origine nationale. Haouméa, la déesse du bien, et les esprits placés sous ses ordres, résidèrent d'abord dans l'île inhabitée, formée depuis longtemps, dit-on, par un œuf pondu par un oiseau qui était venu faire son nid sur l'Océan. Un jour arriva dans une pirogue un étranger nommé Akéa, venu

---

(1) Pendant les fêtes de Pélé, on jette des aliments et des habits dans le cratère sacré de Kelonia. On cite encore d'autres dieux, tels que Tanétéa, déesse à la figure tatouée ; Mau, dont la bouche est énorme ; Kalioko, dieu de la fécondité, etc.

de Taïti. La pirogue d'Akéa contenait sa femme , un cochon , des poules et un chien. Ce furent là les premiers habitants humains d'Haouéi. Akéa et ses descendants vécurent en paix avec la déesse Haouméa et ses génies subalternes pendant de longues années. Toutefois les nouveaux habitants , ayant négligé de se concilier les bonnes grâces d'un puissant esprit du mal , nommé Akaïnawi , ce dieu s'en vengea par un déluge universel qui submergea l'île tout entière. Tous les êtres humains périrent à l'exception de la famille d'un prêtre vénérable , nommé Kama-Pii-Kaï , qui se réfugia sur le piton Mounakéa. Ce prêtre , miraculeusement sauvé , repeupla bientôt Haouéi et la colonisa pour toujours.

Kama-Pii-Kaï rétablit des relations amicales entre Haouéi , Taïti et Noukahiva , regardées comme les mères-patries des Haouéiens. Le dieu Kama-Noui-Akéa lui apparut un jour en songe et lui ordonna plusieurs voyages. Kama-Pii-Kaï apporta du premier, qui dura quinze ans, des choses bien curieuses et bien extraordinaires à ses compatriotes étonnés , entr'autres l'eau de la fontaine Waïsvason (eau de Jouvence ou de longue vie), trouvée sur une plage merveilleuse , accordée par l'être puissant qui règne à Pélion. Kama-Pii-Kaï ne revint pas d'un quatrième voyage. Longtemps après lui régna Kahou-Kapou , sous lequel arriva un prêtre étranger , nommé Paao , blanc de couleur, accompagné d'un petit et d'un grand génies, de couleur blanche comme lui. Paao guérit les enfants du roi d'une grave et douloureuse maladie. S'étant fixé dans l'île , le roi lui permit de bâtir le temple de Makini , dont il fut le premier *houaïa* (ou grand-prêtre). Opivi , fils de Paao, lui succéda dans ces fonctions importantes.

Près du temple habitait , dit-on , un bon géant accablé d'années et d'expérience , qui passait pour le propre frère du sage Kama-Pii-Kaï. Les crédules habitants d'Haouéi , très peu astronomes et mathématiciens , mais, en revanche, très superstitieux , inquiets de la disparition du soleil (lisez d'une éclipse), dont ils ne pouvaient se rendre compte, crurent avoir perdu pour toujours l'astre lumineux qui éclaire la terre. Ils prièrent le bon géant de se rendre à Taïti pour réclamer auprès du dieu Soleil (le grand Kahoa-Avii). L'étrange ambassadeur réussit dans sa mission singulière et leur ramena le soleil qui n'a plus bougé depuis cette époque.

Tel est le naïf résumé des chroniques locales d'Haouéi, où l'on retrouve la trace d'un déluge originel, d'une éclipse et de voyages lointains indiquant l'existence d'une sorte de commerce et d'industrie chez les premiers indigènes.

Sabucor, l'être suprême, et Italmelcul, sa femme, furent, dit-on, les créateurs du monde, d'après les *pagayes* des Carolines occidentales. Ils eurent un fils et une fille. La fille, nommée Ligobud ou Bigobound (1), ayant conçu dans les airs, devint mère de trois enfants qui peuplèrent la terre et y semèrent des graines de toute espèce. L'un d'eux, nommé Morogrog, fut le Vulcain des Carolines. Un noir démon, connu sous le nom d'Aigiregen, n'ayant pu obtenir les faveurs de la belle Ligobud, dont il était amoureux, s'en vengea en soumettant ses enfants à l'empire de la mort et de la destruction.

Alouélep, fils de Sabucor, marié à Letenhiul, jeune fille de l'île d'Ouléal, continua la postérité des dieux. Il forme avec son fils Leugueileng et son petit-fils Olifat, une trinité célèbre représentée par les astres principaux du firmament, le soleil, la lune et les étoiles. Leugueileng, fils d'Alouélep, est le dieu du ciel par excellence. Alouélep eut en outre un fils adoptif, Rechahouileng, originaire de l'île de Lamourck, qui eut la terre sous sa garde et sous sa protection. Cawer et Mélibian partagèrent avec Olifat, leur frère, la succession de leur père Leugueileng; mais Olifat, précipité du ciel pour une faute légère, comme Phaëton,

____

(1) Ligobud, le bon génie opposé à Aigiregen, ou mauvais génie.

vint civiliser l'île Falabon et y resta jusqu'à son rappel dans le céleste empire.

Les habitants des Carolines ne rendent point de culte à leurs dieux, desquels ils attendent cependant récompense ou punition dans une nouvelle vie, c'est-à-dire paradis ou enfer. Le crocodile est respecté dans l'île de Gonap; on l'évoque en faisant brûler des feuilles de palmier prétendues enchantées.

La boisson du Séka est en usage chez les prêtres d'Ualan pour invoquer leurs divinités principales (1).

Oataïa, le père de tous les hommes, et Oranova, sa femme, venaient, d'après les Noukahiviens, de l'île de Varao. Ils eurent quarante enfants qui peuplèrent le monde et qui plantèrent les premiers arbres et les premières fleurs. Un navigateur, nommé Haii, divinisé depuis par la superstition des infidèles, gratifia Noukahiva des cochons et des oiseaux. Ce grand économiste se reposa sous un arbre de la baie de Hataotina, devant lequel les habitants du pays se prosternent avec respect. Le cocotier fut introduit par un autre dieu voyageur, Tao, originaire de l'île Outoupou.

Le cochon joue un grand rôle dans l'histoire mythique et théogonique des îles Marquises. D'après les annales taïtiennes, Roumia ou Tamédoua, dieu supérieur (ou le chaos), donna naissance à la déesse Po (la nuit ou les ténèbres), mère de tous les dieux. De cette déesse descendirent Taaroa ou Tangoroa, dieu du ciel et des astres, uni à sa sœur Ofcon-Maïteraï; Hiro, dieu de l'Océan, et les divinités maritimes; Roua-Haton, dieu des eaux fluviales; Takchanpado, déesse de la pluie; Fouttafoua et sa femme Faïkarakadjiha, dieux des moissons et des semailles; Gouléhon (la mort), qui habite l'empire Balesta; et les *ti* ou *tarides*, bons et

---

(1) Les habitants d'Ualan reconnaissent pour être suprême Sitel-Nazuenziap, dont les deux femmes, Kapoua-Sin-Liaga et Kapoua-Sin-Nioufon, le rendirent père de quatre fils, Rin, Aouriévi, Naïloaïolen et Sconapia, tiges des quatre familles principales de l'île.

mauvais génies, protecteurs des airs et de l'intérieur des maisons, surveillants des Moraï (cimetières), sortes de lares ou de pénates pris sous un aspect favorable, représentant dans leur sens opposé nos goules, nos sylphes, nos gnomes, nos salamandres et nos lutins; et d'autres dieux inférieurs dont la quantité est innombrable et les attributions indéfinies.

Oro fut le fils aîné de Taaroa; il prit pour femme sa sœur Hina et donna naissance au premier couple humain, Taï et Hina-Avii. Taata (qui signifie homme) naquit de ces derniers; et de son union incestueuse avec Hina, sa grand'mère, vinrent Ouron et Fana, qui perpétuèrent et étendirent la race humaine et habitèrent la grande terre Fenoa-Naü, fondée par le dieu créateur. L'homme fut formé, disent les *mawi* ou prêtres taïtiens, par l'intermédiaire de Taaroa, qui le façonna avec de la terre rouge animée par son souffle divin. La femme, à l'imitation de l'histoire d'Adam et d'Ève, dut son origine à l'un des os de Taï. La ressemblance de la légende noukahivienne avec la tradition biblique se complète par un déluge universel qui submergea la terre. Un simple pêcheur, Tiamarataô, être androgyne, d'après la fable, échappa seul dans une barque avec son chien, des poules et un cochon (en grande vénération dans l'île taïtienne), et se réfugia dans une caverne de l'île Toa-Maranca, d'où il sortit après l'écoulement des eaux pour repeupler la terre dévastée.

Tamédoua (le père), Oro (le fils) et Taaroa ou Manou (1) (l'oiseau), l'esprit créateur, les chefs des *atouas* ou dieux sublimes, composent la trimourti taïtienne, issue de la trimourti brahmaïque. Selon d'autres légendes nationales, ces trois *atouas* seraient frères et porteraient les noms de Tehouettou-Matoraï, Oumar-Céo et One-One, issus d'Ohina, fille d'Étona-Rahaï, l'être suprême ou pur esprit, et d'Otépapad, sa femme, d'essence

---

(1) Ce nom de Manou ne rappelle-t-il pas involontairement à l'esprit le Manou créateur de l'Inde, le Ménés de l'Égypte, le Minos des Grecs, le Manès des Persans?

charnelle et matérielle. Les membres de cette nouvelle trimourti (ou trinité chrétienne) ne font qu'un avec leur père, qui créa les dieux inférieurs, le peuple, l'univers, les écueils et les îles. Tehouettou-Matoraï dirige les étoiles, Oumar-Céo la mer; les vents sont sous le commandement d'One-One. Tane, fils de Tehouettou-Matoraï, épousa Tawa, fille d'Oumar-Céo, personnifiant ainsi l'alliance du ciel et de la mer, et la rendit mère d'Arié ou le firmament, d'Avié ou l'eau douce, d'Alié ou l'eau salee, de Mataï ou le vent, de Taunou-Mahanna ou le soleil, et de Tiatoriva ou le feu de la terre. Mahanna, époux de sa sœur Tauna (la lune), eut avec elle les treize mois de l'année et Tetouba-Amatou, qui se métamorphosa en poussière et s'unit au sable de la mer. De cette union sortit Ti, l'époux d'Ohiva-Riné-Mouna, fille de Tiatoriva, qui laissa mourir sa femme pour épouser sa fille Opiva, qu'il avait eue de son mariage. Ti et Opiva représentent le couple humain Taï et Hina-Avii, c'est-à-dire l'Adam et l'Ève des Taïtiens.

L'un des dogmes principaux de la religion taïtienne est celui de l'immortalité de l'âme, immortalité qu'ils étendent même aux plantes et aux animaux. Dans les îles Philippines, le culte des animaux est en grand honneur, et Barhalamaicapal, leur être suprême, n'est autre qu'un éléphant assimilé aux dieux. On connaît les bracelets divins (Mamakouni), sortes de féiches invoqués dans les îles Moluques avec le sang d'une poule immolée au commencement de la nouvelle lune, et les *nitoïs*, génies des familles, qu'on appelle au son du tambour, à la clarté de cierges allumés.

La religion des Tongas est plus distincte et plus originale que les religions qui précèdent. Les *atouas* ou dieux éternels ne sont pas les seuls à récompenser les bonnes actions et à punir les crimes des hommes. Les âmes humaines (l'âme, appelée la partie éthérée du corps) des *mataboules* ou justes, introduites dans le Balotou ou paradis des dieux sous une forme céleste, sont appelées à prendre part à ces jugements et à ces décisions souveraines. Les dieux et les justes admis dans le Balotou ont le pouvoir d'apparaître aux vivants sous l'apparence de serpents, de lézards ou de couleuvres prophètes. Les *hons* ou prêtres prédisent aussi l'avenir et s'occupent à faire ressortir dans des leçons pleines de morale et de haute sagesse, les avantages assurés à ceux qui respectent les dieux, les nobles et les vieillards, qui pratiquent leurs devoirs civils et religieux et qui supportent avec patience les peines de ce monde.

L'univers repose sur le dos du dieu géant Mouï, toujours accroupi et dormant d'un sommeil sans limites. Un tremblement de terre annonce qu'un cauchemar terrible trouble ses rêves calmes et délicieux, et que le corps de Mouï s'agite ; le peuple crie et frappe la terre avec force pour prier le géant de demeurer tranquille. Les bons *atouas* ont seuls des temples. Les principaux d'entr'eux sont Tahiai-Tonbo, patron des familles, honoré dans les îles de Waraon, Lafonga, Haano et Wina. L'île de Balotou a une déesse privilégiée, Touïfona, qui protége les récoltes. Toubo-Toty est le génie des voyages ; Alaï-Valou l'Esculape de Tonga ; Alo-Alo commande aux vents, à la pluie et aux tempêtes (1) ; Hala-Api, Togui-Onkou, Tonbo-Bougo, président à la mer. Higouléo, le souverain du ciel, n'a pas de prêtres ni de temples ; on l'adore partout et en tous lieux. Les *hotouas hons*, ou dieux malfaisants, passent pour avoir eu un commencement, mais doivent être éternels comme les bons génies. La terreur des hommes ne leur élève pas des autels ; ils ne sont pas invoqués dans les prières saintes (2).

L'un des dieux les plus curieux de la mythologie tongulaire est assurément Tangaloa, dieu des artisans et des commerçants, dont

---

(1) On offre des ignames en l'honneur de ce dieu , à l'occasion de sa fête , qui est à la fin de chaque année.

(2) Les *hotouas* ou *atouas* primitifs, bons ou mauvais, sont au nombre de trois cents.

les prêtres sont tous charpentiers. On lui doit l'origine du monde, ainsi que l'atteste le récit ingénieux qu'on va lire :

Le ciel, l'Océan et le paradis de Balotou précédèrent la venue ou la création de la terre. Le dieu Tangaloa pêchait un jour du ciel dans l'Océan. Il sent un poids énorme au bout de sa ligne; bientôt les flots s'entr'ouvrent pour donner passage à d'énormes rochers. La ligne ne peut toutefois résister; elle se brise, et les rochers, arrêtés un peu au-dessus de la surface de la mer, se cramponnent solidement à cette surface et deviennent l'île de Tonga. Tangaloa, enchanté de sa pêche miraculeuse, couvre cette terre d'herbes, d'animaux et de fruits, et ordonne à ses deux fils Toubo et Vaka-Akoouli, de quitter le séjour des dieux et de s'établir avec leurs femmes dans l'île embellie par ses soins.

Vaka-Akoouli, ouvrier habile et industrieux, s'amusait à fabriquer des haches, des colliers de verre, des étoffes de papalangui et des miroirs. Toubo, paresseux et jaloux, assomma son frère qu'il ne pouvait égaler en mérite. Comme Caïn coupable de la mort d'Abel, Toubo fut maudit par son père avec toute sa postérité. Les enfants de Vaka-Akoouli, privilégiés des cieux, eurent la couleur blanche en partage. Les descendants de Toubo furent noirs. Quelques dieux quittèrent Balotou pour habiter Tonga, dont le séjour était agréable; ils y devinrent mortels comme tous les autres hommes et ne purent revenir dans le ciel. Un dieu, nommé Langui, y perdit ainsi ses deux filles, dont la curiosité et la désobéissance furent cruellement punies. L'une d'elles eut la tête coupée et fut précipitée dans la mer. Le sang de la fille de Langui donna naissance aux tortues.

Le changement des dieux en lézards est aussi l'une des croyances de la Nouvelle-Zélande. Le bruit du tonnerre présage les batailles. Les Zélandais ont une trinité supérieure (Maoui-Ranga, l'être suprême, Topoko, dieu de la mort et de la colère, Towaki, dieu des éléments); des dieux volcaniques comme ceux d'Haouéi; un dieu des sorciers et des enchantements, Heko-Toro.

Ils se disent issus de la lune (Runa). L'antropophagie est de plus en usage dans ces contrées, en souvenir de Maoui-Moua, le premier homme terrestre, le protecteur des naissances et le préservateur des maladies, qui tua son frère Maoui-Potiki, sur les bords du Chouraki, et le mangea sur place sans autres formalités.

Les habitants de l'île de la Trinité admettent l'immortalité de l'âme, ne croient pas à la résurrection des corps, et regardent le monde placé sous l'influence d'un dieu méchant et destructeur. Leurs *avikis* (prêtres) et leurs *walriné-aviki* (prêtresses), rendent cependant dans chaque temple de village (Waré-Atoua ou maison de Dieu) un hommage de reconnaissance à une sorte de trimourti indienne composée de Nouaï-Atoua, le maître du monde et le chef des génies (le Père), Maoui (le Fils), et Oaï-Doua (l'Esprit), mais n'en restent pas moins dominés par le Tabou ou mauvais sort, dont les malédictions sont inévitables.

En comparant les religions et les mythes fabuleux qui entourent les cérémonies du culte chez tous les peuples, on est surtout frappé de la ressemblance qui règne entre toutes les croyances humaines, de la similitude parfaite qui étreint le Nord et le Midi, l'Orient et l'Occident, l'Asie, l'Amérique, l'Afrique, l'Europe et l'Océanie dans des liens solides et puissants, similitude qui leur fait se donner un baiser sympathique de fraternité religieuse qui rapproche le cœur comme elle rapproche la pensée, qui resserre les mains et réunit les poitrines. On est également saisi d'un sentiment de compassion pour cette pauvre intelligence humaine si orgueilleuse et si vaniteuse, mais pourtant si limitée et si bornée, qui se copie sans le savoir, qui se parodie à son insu dans ce qu'elle a de plus grand, de plus noble, de plus sacré, la religion et les croyances, et qui présente ainsi aux yeux de l'observateur, une série de religions principales toutes originales, toutes primordiales dans leur essence, mais cependant toutes semblables quant au fond et à la forme. Partout on retrouve ce dieu créateur et suprême environné de puissants satellites, cette trinité divine qui s'appelle Brahmâ, Sivâ et Wischnou chez les Indiens ; Zervan-Akérène, Ormuzd et Ahrimâne, chez les Persans ; Alfader, Odin et Loke chez les Scandinaves ; Ammon, Osiris et Typhon chez les Égyptiens ; Fo ou Fohi, Ti-Koung et Saria-Sing chez les Chinois. Partout se retrouve ce dualisme constant, permanent, offensif et définitif du bien contre le mal, de l'ange blanc contre l'ange noir ; l'âme immortelle punie ou récompensée, les enfers et le paradis, le monde submergé, bouleversé, incendié, consumé ; une vie meilleure et inconnue, agréable et éternelle ; partout apparaissent Jupiter et le cortége olympique, Apollon, Mars, Vénus, Hercule, Cupidon (l'esprit, la guerre, la beauté, la force et l'amour); partout les cé émonies du culte se ressemblent ; s'élèvent des temples consécrateurs, des autels où l'on sacrifie ; partout des prémices candides, des fleurs, des fruits et des gâteaux, des victimes sanglantes, des animaux, des oiseaux, jusqu'à des hommes, sont offerts à la divinité comme holocaustes, dans l'épaisseur des bois, sur le bord des rivières, sur la hauteur des montagnes ; des fêtes bruyantes, des jeux ardents, des festins splendides, des danses frémissantes attestent l'ivresse ou la reconnaissance des peuples ; partout images ou fétiches, statues et piédestaux, talismans ou génies, amschaspands et devs, liosalfars ou dockalfars, anges ou démons, fakirs ou bonzes, mages ou dervis, katours ou prêtres, devins ou sorciers ; encens et parfums, couteaux ruisselants, offrandes de paix ou de guerre, couronnes de myrthe ou de chêne, ablutions et libations, macérations et jeûnes, abstinence et prières, — l'idolâtrie, — en un mot : tel est le résumé de ce que les hommes de toutes les nations, les peuples de tout l'univers, les créatures intelligentes du globe ont su offrir, dans les temps primitifs, en hommage à la divinité supérieure et conservatrice.

Un petit peuple au milieu de ces grands empires, une poignée d'hommes au milieu de ces masses d'hommes, un essaim de pâtres, de laboureurs et de fermiers, s'isole cependant de toutes ces croyances, de toutes ces erreurs, de toutes ces inepties, et fonde, sous la sage direction des patriarches, à la voix du prophète inspiré du ciel qui les dirige à travers les déserts de la Palestine, une religion sainte, unique et originale entre toutes les autres, la religion de la vérité, de la clarté, des lumières, qui, dégagée de toutes ténèbres, s'élance des nuages du mont Sinaï pour proclamer le culte d'un seul Dieu !

Jéhovah a désigné les élus de son choix ; la Judée reçoit la mission d'éclairer le monde ; et la terre Cananéenne, qui a déjà produit Moïse et Josué, nous enverra bientôt Jésus-Christ, le divin Messie, le libérateur des esclaves, le destructeur des idoles païennes, l'ami des pauvres et des orphelins !

FIN.

TABLE

DES MATIÈRES DU TOME SECOND.

HISTOIRE UNIVERSELLE,

PAR M. ANDRÉ DE BELLECOMBE,

En vente chez M. FURNE et Cᵉ., rue Saint-André-des-Arts, 45, à Paris.

Volumes parus :

PREMIÈRE PARTIE. — CHRONOLOGIE UNIVERSELLE.

Tome 1er. — Temps fabuleux.
— 2. — Temps demi-historiques — Cyrus à Alexandre.
— 3. — Alexandre et ses successeurs — Les Lagides d'Egypte — Annibal et Scipion — César et Pompée — Brutus et Cassius — Antoine et Octave.
Tome 4. — Auguste à Domitien.

DEUXIÈME PARTIE. — HISTOIRE GÉNÉRALE.

Tome 1er. — Les origines (première partie) — Chine — Japon — Inde — Chaldée — Phénicie — Assyrie et Perse.
Tome 2. — Les origines (suite et fin) — Egypte — Grèce et Italie — Peuple juif — Peuples européens — Amérique et Océanie.
(Prix des six volumes parus : 30 francs).

Sous presse :

PREMIÈRE PARTIE. — CHRONOLOGIE UNIVERSELLE.

Tome 5. — Nerva — Trajan — Adrien — Antonin — Marc-Aurèle — Commode — Pertinax — Julien 1er — Niger et Albin.
Tome 6. — Septime-Sévère — Caracalla — Macrin — Héliogabale — Alexandre Sévère — Maximin 1er — Gordien 1er — Gordien II — Maxime et Pupien — Gordien III — Dèce — Gallus — Valérien — Posthume — Zénobie — Gallien — les Tyrans — Auréole — Claude II — Aurélien — Probus — Carus — Carin — Numérien — Dioclétien et Maximien Hercule.
Tome 7. — Constance Chlore — Galère — Constantin 1er — Licinius — Constantin II — Constance II — Constant — Julien — Jovien — Valentinien 1er — Valens — Gratien — Valentinien II — Théodose le Grand — Arcadius et Honorius — Théodose le jeune.
Tome 8. — Royaume Franc (premier volume) — Clodion — Mérovée — Aétius — Attila — Childéric 1er — Clovis 1er — Théodoric le Grand.

DEUXIÈME PARTIE. — HISTOIRE GÉNÉRALE.

Tome 3. — La fusion des peuples — Histoire de la monarchie juive — Les peuples de l'Asie jusqu'à Cyrus — L'Egypte jusqu'à Amasis — Rome et ses rois — La Grèce et ses sages — Les Druides en Gaule et en Grande-Bretagne — La Chine jusqu'à Lao-Tseu — L'Inde pendant les réformes de Boudhah — Religion de Zoroastre, etc.
Tome 4. — Civilisation des peuples — La Perse et la Grèce, de Cyrus à Alexandre — La république romaine — Réformes de Koung-Tseu (Confucius) en Chine, etc.

S'adresser à M. FURNE et Cᵉ., rue Saint-André-des-Arts, 45, à Paris.

TYP. BRASSAC, A CAHORS.